■ 2013年度浙江省哲学社会科学规划立项课题（13HQZZ010）

浙江省哲学社会科学规划
后期资助课题成果文库

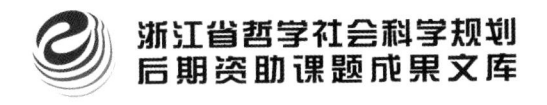

质量至上与层层保障
——澳大利亚教师教育研究

Zhiliang Zhishang Yu Cengceng Baozhang：
Aodaliya Jiaoshi Jiaoyu Yanjiu

赵凌 著

中国社会科学出版社

图书在版编目(CIP)数据

质量至上与层层保障：澳大利亚教师教育研究／赵凌著.
—北京：中国社会科学出版社，2015.6
ISBN 978-7-5161-6728-1

Ⅰ.①质… Ⅱ.①赵… Ⅲ.①师资培养－研究－澳大利亚 Ⅳ.①G561.15

中国版本图书馆 CIP 数据核字(2015)第 173987 号

出 版 人	赵剑英
责任编辑	宫京蕾
特约编辑	大　乔
责任校对	王善翔
责任印制	何　艳

出　　版	中国社会科学出版社
社　　址	北京鼓楼西大街甲 158 号
邮　　编	100720
网　　址	http：//www.csspw.cn
发 行 部	010-84083685
门 市 部	010-84029450
经　　销	新华书店及其他书店
印刷装订	北京市兴怀印刷厂
版　　次	2015 年 6 月第 1 版
印　　次	2015 年 6 月第 1 次印刷
开　　本	710×1000　1/16
印　　张	22.5
插　　页	2
字　　数	369 千字
定　　价	73.00 元

凡购买中国社会科学出版社图书，如有质量问题请与本社营销中心联系调换
电话：010-84083683
版权所有　侵权必究

序　一

赵凌博士的《质量至上与层层保障：澳大利亚教师教育研究》一书，作为2013年度浙江省哲学社会规划课题研究成果，即将于读者见面。对她的学术成果我由衷地感到高兴，同时欣然为其作序。

教师是人类社会的一个古老职业。尽管自西方近代师范教育出现后教师培养受到了重视，但更值得关注的是，教师教育已成为当今西方国家教育领域的一个热点问题。20世纪60年代中期，西方国家开始了教师专业化运动。特别是80年代以来，出现了教师专业发展由群体的、外在的、被动的发展转向更注重个体的、内在的、终身的发展，使教师从"职业"走向"专业"，不仅凸现了西方社会对教师素质的极大关注，而且体现了西方教师教育发展的共同趋势。

作为一个西方国家，澳大利亚的教师教育无疑也受到了整个西方教师教育发展的影响。在澳大利亚，其教师教育是职前教育、入职教育和职后更新教育的统一体，并建立了较为严密和完备的教师教育体系，这对于提高澳大利亚教师素质和保证教育质量起着十分重要的作用。对于澳大利亚在教师教育方面有什么理论启迪和实践经验的问题，赵凌博士的《质量至上与层层保障：澳大利亚教师教育研究》一书显然给我们做了很好的回答。

赵凌博士在杭州师范大学接受本科和硕士教育，后来进入浙江大学教育学院攻读比较教育学专业。早在硕士阶段，她就在《教育研究》、《教育发展研究》等期刊上发表了文章。在攻读博士学位期间，她就澳大利亚教师教育问题在《比较教育研究》、《教师教育研究》、《教育评论》等期刊上发表了不少论文，如《教师的专业标准：澳大利亚的实践与探索》、《澳大利亚的教师教育认证机制解析》、《澳大利亚教师入职教育的理论与思考》；毕业后，她又刊发了一些相关论著，其中有《中小学师资质量保障：澳大利亚的策略》、《教师教育何以优质高效：澳大利亚的经验》等。这充分表明赵凌博士在澳大利亚教师教育问题上已有了颇深的研究，并取得了较多的学术成果。

作为一个具有前沿性的研究领域，赵凌博士的《质量至上与层层保障：澳大利亚教师教育研究》一书具有以下的学术特点。

一是对澳大利亚教师教育进行了系统而整体的研究。

近年来，我国教育学者对澳大利亚教师教育也有一些研究，并发表了一些相关的论文，但并没有系统而整体的研究。就这一点而言，《质量至上与层层保障：澳大利亚教师教育研究》一书是对澳大利亚教师教育系统而整体的研究成果，可以看做是在这个研究领域的一个新的进展。全书除绪论和结语外，列有"澳大利亚教师教育发展的历史"、"澳大利亚的教师专业标准"、"澳大利亚的教师职前教育"、"澳大利亚的教师教育认证制度"、"澳大利亚的教师入职教育"、"澳大利亚的教师职后更新教育"等章。整个研究既有对澳大利亚教师教育历史的考察，又有澳大利亚教师教育现实的分析；既有对澳大利亚的教师职前教育的论述，又有对澳大利亚的教师入职教育和职后更新教育的思考，充分体现了一体化的研究视角，从而对澳大利亚教师教育提供了整体的解读。

二是在澳大利亚教师教育认证制度上做了专门研究。

澳大利亚教师教育认证是指教师职前教育认证，其中主要是教师职前教育课程的认证。对于澳大利亚教师教育认证制度，我国教育学者的相关研究甚少。因此，对澳大利亚教师教育认证制度的研究成为了《质量至上与层层保障：澳大利亚教师教育研究》一书一大特点。该书对澳大利亚建立国家统一的教师教育认证制度进行了较为全面的阐述，不仅对澳大利亚教师教育认证的理论基础和实践基础进行了论述，而且对澳大利亚教师教育认证，尤其是各州教师教育认证实践的历史做了详细的梳理，还有对澳大利亚现行教师教育认证的标准和认证过程做了一定的分析。特别是，该书也对澳大利亚教师教育认证制度的特点进行了解读，例如，教师职前教育的严格性和质量至上、教师教育认证制度具体实施透明公开和系统有序。

三是以历史视角研究了澳大利亚教师教育发展历史。

我国教育学者对澳大利亚教育历史的研究不多，对澳大利亚教师教育发展历史的研究就更少。然而，《质量至上与层层保障：澳大利亚教师教育研究》一书的一个值得注意的亮点就是对澳大利亚教师教育发展历史进行了较为系统的研究。该书把澳大利亚教师教育的发展划分为萌芽期（1788—1850）、初创期（1850—1880）、演化期（1880—1914）、成型期（1914—1930）、停滞期（1930—1950）、改革发展期（1950年以后），清楚地勾画了澳大利亚教师教育的发展进程。该书明确指出，澳大利亚教师教育发展历史是一个不断提升的过程，20世纪80年代末90年代初开始澳大利亚教师教育走向大学化。"在某种意义上，这种发展既是社会大众对中小学教育高期望的产物，也是教师教育内在规律使然"。

在对澳大利亚教师教育的研究中，赵凌博士收集了大量英文资料，并进行了系统的梳理和分析。在论述澳大利亚教师教育的过程中，她也运用了很多图表，使得整个研究更为具体和客观。总之，从《质量至上与层层保障：澳大利亚教师教育研究》一书的整体结构来看，框架合理，条理清楚，资料丰富，观点明确，论述得当，文字朴实流畅，凸现出赵凌博士较宽泛的学术视野、较扎实的学术功底和较深刻的学术见解。

澳大利亚教师教育在实践中取得了很大的成效，正如《质量至上与层层保障：澳大利亚教师教育研究》一书所指出的：促进了中小学教师的角色胜任，推进了中小学教师的专业发展，推动了中小学教师的工作流动。在这个意义上，该书对澳大利亚教师教育的系统研究对我国教师教育的改革和发展具有现实的借鉴意义。

对于学术研究，赵凌博士具有很高的学术热情，表现出笃爱的学术精神以及勤奋的学术态度。正因为如此，她能够在学术研究上不断有一些新的成果涌现。生命有涯，学术无涯。在此，衷心祝愿赵凌博士能够在学术研究上不懈努力，不断提升自己的学术水平，并相信她在学术道路上能够取得更多更好的成果。是为序。

华东师范大学教授、博导
单中惠

序 二

  秋风徐来，层林尽染。在这丹桂飘香的金秋时节，赵凌博士研究经年、笔耕数载的大作，终于在精雕细琢、几易其稿后付梓出版。这是一份沉甸甸的秋的果实，也是一份智慧与汗水的结晶。

  其实，今天读到这样一部集学术性和实践性于一体的澳大利亚教师教育研究专著，对于我来说，丝毫也没有感到意外。认识赵凌的人，特别与她一起度过本科、硕士尤其博士生涯的同学，都曾领略过她的努力与勤奋，更感受过她的智慧与才华。记得还在硕士研究生期间，她就以独到的视角与犀利的笔锋，对校本教研、合作学习等教育界热点问题，进行了深入系统的剖析与研究，并在国家权威期刊《教育研究》、核心期刊《教育发展研究》上发表了《当前中小学校本教研：问题与对策》等论文，并为多家刊物或论著所引用，引起了较大的反响。近年来，她潜心于国内外高等教育实践的探索，著述颇多，成果丰硕。其在《高教探索》上发表的《德国高等教育财政拨款制度探略》一文，先后被国务院发展研究中心信息网、财政部财政科学研究所的《外国财政》专栏、中国社会科学院《环球市场信息导报》杂志社的"范文导读"栏目全文转载。堪称教育学术界的新秀。显然，仅有刻苦勤奋抑或些许小聪明，是无法如此这般的。

  "建国君民，教学为先"。古今中西，概莫能外。然而，对于教学教育质量乃至国家人才培养有着不可估量影响的师资质量，又如何保障与提升呢？对于中外教育界一直关注的这一学术和实践命题，探索多年来颇有建树的澳大利亚教师教育实践，或许能找到清晰的答案。

  赵凌博士对澳大利亚教师教育问题可以说已关注多年。她曾经基于大量原始资料，对该国教师教育实践进行了诸多分析和研究；并在《比较教育研究》、《教师教育研究》、《教育评论》、《当代教育科学》等期刊上发表了,《教师的专业标准:澳大利亚的实践与探索》、《澳大利亚的教师教育认证机制解析》、《澳大利亚教师入职教育的实践与思考》、《中小学师资质量保障:澳大利亚的策略》、《教师教育何以优质高效:澳大利亚的经验》,引起了学术界的广泛关注。正因为如此,赵凌博士的课题《澳大利亚教师教育研究》,在外审内评、严格筛选的基础上,终于得以冲出重围,被浙江省哲学社会科学规划办公室正式立项。作为省级课题,它为澳大利亚教师教育研究提供了良好的平台,也对这一研究提出了更高层次的要求。它要求相关研究不能只涉一点而不及其余;不能就事论事而非系统探讨。赵凌博士的《质量至上与层层保障:澳大利亚教师教育研究》一书,正是这样一本以澳大利亚的教师教育为研究对象,把该国的教师教育作为一个整体进行研究的学术专著。

野百合也有春天。澳大利亚的教师教育发轫于英国流放犯子女教育的需要。自从澳洲这一当年人迹罕至的蛮荒之地成为英国罪犯流放地后,日益增加的罪犯的子女们便迫切需要由训练有素的教师来教育他们。澳大利亚的教师教育因此而产生。历经数百年岁月的沧桑,该国教师教育如今已是春色盎然,一派生机。赵凌博士的这一专著从澳大利亚教师教育的发端到眼花缭乱的现状,从中小学教师的职前教育、入职教育到职后更新教育,对澳大利亚教师教育的理论与实践进行了全面而系统的梳理和研究,既总结了其成功的各方面经验,也分析了其存在的诸多问题;书中对澳大利亚教师教育认证机制的研究尤有新意,它为我国制定教师的准入机制方面提供了参考。

难能可贵的是,不同于一般的比较教育书籍,该书不满足于有关现象的描述、有关情况的介绍,而是在描述事实、介绍情况的同时,更是把重点放在了其特点的解析上;它在研究该国教师专业标准、教师教育认证机制等问题时,不但论述了国家层面的框架而且还阐述了各州层面标准,对两个层面专业标准和认证机制的特点,作了系统全面、入木三分的刻画与剖析,让读者清晰地了解到澳大利亚因地制宜的做法是其教师教育成功的一大法宝。同时,作者基于辩证唯物主义和历史唯物主义的准则和系统科学的方法,对该国每一教育段的教师教育实践、效益及相关经验和策略,进行了较为中肯、恰如其分的评价,显示了作者扎实的学科基础和独到的学术见解。

《质量至上与层层保障:澳大利亚教师教育研究》一书,利用了百余种第一手材料，包括数据、期刊论文、政府报告等等，还有数十家官方网站，资料翔实，内容可信、结论可靠，论证严谨、逻辑性较强。它强调历史与现实的联系，也关注英国与该国的互动；注重对该国教师教育的理论分析，也倚重该国教师教育的案例研究；有自己独到的理论推演，也重视直观的实例支持，有详有略，有论有据，是一本学术与实践价值皆高、可读性与应用性俱强的专著。

值得一提的是，该书在全方位深入研究澳大利亚教师教育的同时，又恰如其分地结合我国教师教育实际进行了探析。指出了该国在教师教育方面获得成功的基本经验，目前尚存的主要问题。认为各国教师教育固然有各自的特点，但也存在共性。因此，澳大利亚教师教育的成功经验固然可为我国借鉴，其存在的问题也可作为我国的警示。作者这些论点无疑是十分中肯的，也是该书的价值所在。

长江后浪推前浪，江山代有才人出。愿赵凌博士在教育学术研究和实践应用研究之路上，越走越远，向学术界和一线教师呈献更多高质量的成果，推动我国教育科学的繁荣与发展。

杭州师范大学　教授
浙江省教育学分会会长　张伟平
2013年10月于西子湖畔

前　　言

　　澳大利亚的教师教育是职前教育、入职教育和职后更新教育的统一体，教师的专业发展是该系统整合运作的产物。这种较为严密和完备的教师教育体制对于提高教师素质、保障教育质量起了十分重要的作用。研究分析澳大利亚的教师教育，可以为我国教师教育的改革和发展提供一定的理论启发和实践借鉴。

　　在澳大利亚，既有全国性的教师专业标准框架，也有各州和地区自订的教师专业标准，这些标准各具地方特色，也有共性，为教师的资格认定与专业发展提供了科学的专业标准，对教师教育系统的高质量运行，尤其对教师入职教育以及职后更新教育的良好发展，有着重要的导向作用。

　　在教师职前教育的实施途径方面，澳大利亚推行了大学化的策略；在课程设置、规模与质量等方面，建立了一整套教师教育认证体系。该体系以教师职前教育课程是否能使学生毕业时达到规定的教师专业标准、学历资格、英语语言水平、专业实践要求等为基本标尺，以发布受理通告、地方专家小组初步讨论、认证机构组织专家评估、认证机构核准实施等为基本程序，对其教师职前教育的高质量进行起了重要的监控与保障作用。

　　为使新教师尽快进入角色和胜任工作，澳大利亚还构建了一套教师入职教育制度，包括为新教师选配指导教师、酌量减轻新教师教学任务、不同发展阶段区别对待，提供必要的经费等。

　　学校教育的高水准运行维系于教师的专业的持续发展。为此，澳大利亚非常重视教师职后更新教育工作的进行。在内容上，它强调课堂教学课程、学校管理课程以及特定课程相结合；在形式上，主张校本教育及会议培训、高校的学历学位教育、中小学与高校合作的非学历学位教育相统一；在政府财政资助上，推行学校定向资助与项目定向资助并举的做法，形成了一个富有成效的教师职后更新教育体系。

总体上看，澳大利亚的教师教育制度的建立和发展适应了社会发展的需要，也符合教育自身发展的规律。澳大利亚的教师教育制度具有入职教育与职后更新教育体系比较完备、质量保障体系同步跟进等一系列特征。这种制度的实践促进了中小学教师的角色胜任、推进了中小学教师的专业发展、推动了中小学教师的工作流动。但是，澳大利亚的教师教育目前依然存在着资源整合困难、中小学教师合理流动仍然不足、教师教育活动偏离教师发展需要等问题。在澳大利亚教师教育的进一步改革过程中，行政介入更加积极、教师专业标准与教师教育认证进一步全国化、教师教育更加重视实践过程，可能是比较可行的发展思路和趋势。

目　录

第一章　绪论 …………………………………………………………（1）
　一　问题的提出 ……………………………………………………（1）
　二　研究意义 ………………………………………………………（3）
　　（一）理论意义 …………………………………………………（3）
　　（二）实践意义 …………………………………………………（4）
　三　相关概念界定 …………………………………………………（5）
　　（一）教师职前教育、入职教育与职后更新教育 ……………（5）
　　（二）教师教育 …………………………………………………（8）
　四　文献综述 ………………………………………………………（9）
　　（一）国外研究 …………………………………………………（9）
　　（二）国内研究 …………………………………………………（15）
　五　基本思路与研究方法 …………………………………………（18）
　　（一）基本思路 …………………………………………………（18）
　　（二）研究方法 …………………………………………………（19）

第二章　澳大利亚教师教育的发展历史 ……………………………（20）
　一　萌芽期（1788—1850）…………………………………………（20）
　　（一）新生代教育的兴起及其对教师的需求 …………………（21）
　　（二）导生制与短期培训班 ……………………………………（24）
　二　初创期（1850—1880）…………………………………………（27）
　　（一）初级师范学校的创建 ……………………………………（27）
　　（二）州立师范学院的建立 ……………………………………（30）
　三　演化期（1880—1914）…………………………………………（34）
　　（一）"主辅制"实践 ……………………………………………（34）
　　（二）经济危机前后的教师教育 ………………………………（36）

（三）各州师范学院的相继建立或重建 …………………………… (38)
　四　成型期（1914—1930） ……………………………………………… (40)
　　　（一）高校中的教师培养 …………………………………………… (41)
　　　（二）各地教师专业性的职前培训 ………………………………… (42)
　五　停滞期（1930—1950） ……………………………………………… (44)
　　　（一）专业性的职前培训裹足不前 ………………………………… (44)
　　　（二）培训理念趋于保守 …………………………………………… (47)
　　　（三）教师教育课程发展滞缓 ……………………………………… (48)
　　　（四）培训部门缺乏积极态度 ……………………………………… (51)
　六　改革发展期（1950年以后） ………………………………………… (52)
　　　（一）高等教育学院问世 …………………………………………… (52)
　　　（二）教师教育大学化 ……………………………………………… (53)
　七　澳大利亚教师教育发展轨迹分析 …………………………………… (54)

第三章　澳大利亚的教师专业标准 …………………………………………… (57)
　一　教师专业标准的历史背景 …………………………………………… (57)
　　　（一）国外"教师专业标准"潮流的推动 ………………………… (57)
　　　（二）澳大利亚教育界观念的变化 ………………………………… (58)
　二　教师专业标准的理论基础 …………………………………………… (61)
　　　（一）关于教师的专业地位理论 …………………………………… (61)
　　　（二）关于教师的专业发展理论 …………………………………… (62)
　三　教师专业标准的国家框架 …………………………………………… (63)
　　　（一）性质界定 ……………………………………………………… (64)
　　　（二）基本架构 ……………………………………………………… (65)
　四　各州的教师专业标准解析 …………………………………………… (69)
　　　（一）维多利亚州教师专业标准 …………………………………… (69)
　　　（二）昆士兰州教师专业标准 ……………………………………… (74)
　　　（三）新南威尔士州教师专业标准 ………………………………… (88)
　　　（四）南澳大利亚州教师专业标准 ………………………………… (99)
　　　（五）西澳大利亚州教师能力框架 ………………………………… (102)
　五　澳大利亚教师专业标准的特点分析 ………………………………… (110)

第四章　澳大利亚的教师职前教育 …………………………………………… (114)
　一　教师职前教育的理论基础 …………………………………………… (114)

（一）教师职前教育与教师专业发展 …………………………（114）
　　（二）教师职前教育与教师个性发展 …………………………（115）
　二　教师职前教育的途径与课程 …………………………………（116）
　　（一）教师职前教育的途径 ……………………………………（116）
　　（二）教师职前教育课程学制的争论 …………………………（119）
　　（三）各州各地区高校教师教育课程的设置概况 ……………（120）
　　（四）各类教师职前教育课程结构举要 ………………………（126）
　　（五）教师职前教育课程的实施 ………………………………（135）
　三　教师职前教育中的教学实习 …………………………………（140）
　　（一）教学实习的时间要求 ……………………………………（141）
　　（二）教学实习的结构 …………………………………………（142）
　　（三）教学实习中存在的问题与对策 …………………………（143）
　四　新教师对职前教育的评价 ……………………………………（148）
　　（一）对职前教育效益的总体感受 ……………………………（148）
　　（二）对职前教育课程的分类估值 ……………………………（150）
　五　澳大利亚教师职前教育实践的剖析 …………………………（153）
第五章　澳大利亚的教师教育认证机制 ………………………………（156）
　一　教师教育认证的历史背景及理论与实践基础 ………………（157）
　　（一）教师教育认证的历史背景 ………………………………（157）
　　（二）教师教育认证的理论基础 ………………………………（159）
　　（三）教师教育认证的实践基础 ………………………………（161）
　二　澳大利亚各地的教师教育认证实践 …………………………（162）
　　（一）昆士兰州的教师教育认证 ………………………………（162）
　　（二）维多利亚州的教师教育认证 ……………………………（164）
　　（三）南澳大利亚州、塔斯马尼亚州的教师教育认证 ………（165）
　　（四）西澳大利亚州与新南威尔士州的教师教育认证 ………（167）
　　（五）北部地区的教师教育认证 ………………………………（169）
　三　国家认可框架体系下的现行教师教育认证机制 ……………（170）
　　（一）认证的主要标尺 …………………………………………（171）
　　（二）认证的条件 ………………………………………………（172）
　　（三）认证过程的要素 …………………………………………（173）
　　（四）国家认可框架体系下的各地做法列举 …………………（174）

四 澳大利亚教师教育认证的发展趋势——建立国家认证体系 (185)
（一）实行国家认证的益处 (187)
（二）关于国家认证体系的原则、过程与管理 (188)
（三）教师职前教育课程的国家认证标准 (190)
（四）关于国家认证框架的制定过程 (195)
（五）教师职前教育认证国家模型 (198)
五 澳大利亚教师教育认证机制特点的解读 (199)

第六章 澳大利亚的教师入职教育 (202)
一 教师入职教育的本质内涵与理论基础 (202)
（一）入职教育的含义 (202)
（二）教师入职教育的理论基础 (204)
二 教师入职教育的基本架构 (206)
（一）教师入职教育的目标所在 (206)
（二）教师入职教育的实施原则 (208)
（三）教师入职教育的主要内容 (210)
三 新教师的需求与有效入职教育的特征 (212)
（一）新教师的需求 (212)
（二）有效入职教育的特征 (213)
四 有效入职教育的途径 (215)
（一）"超前"实施 (216)
（二）行政力倡 (216)
（三）校本主导 (217)
五 有效入职教育的策略 (218)
（一）为新教师配置指导者 (219)
（二）量身定制"教学任务" (225)
（三）因"段"制宜因需调适 (229)
六 入职教育的保障 (238)
（一）入职教育的管理与设计模型 (238)
（二）入职教育的评估 (241)
（三）入职教育的经费及时间保障 (243)
七 案例："飞翔的起点"——昆士兰州新教师入职教育 (244)

八　澳大利亚教师入职教育的特色分析 ……………………………（249）
第七章　澳大利亚的教师职后更新教育 ………………………………（251）
　　一　教师职后更新教育的概念与社会历史背景 …………………（251）
　　　　（一）教师职后更新教育的内涵 ……………………………（251）
　　　　（二）教师职后更新教育发展的历史背景 …………………（252）
　　二　理论基础与实践意义 …………………………………………（254）
　　　　（一）教师职后更新教育的理论渊源 ………………………（254）
　　　　（二）教师职后更新教育的实践意义 ………………………（255）
　　三　教师职后更新教育的目标与原则 ……………………………（257）
　　　　（一）教师职后更新教育的目标追求 ………………………（257）
　　　　（二）教师职后更新教育的基本原则 ………………………（258）
　　四　教师职后更新教育的实施形式 ………………………………（260）
　　　　（一）校本教育与"会议培训" ……………………………（260）
　　　　（二）高校的学历（学位）教育 ……………………………（262）
　　　　（三）中小学与高校合作进行的非学历职后更新教育 ……（264）
　　　　（四）各类职后更新教育的教师参与度 ……………………（265）
　　五　教师职后更新教育的一般内容 ………………………………（267）
　　　　（一）课堂教学课程 …………………………………………（267）
　　　　（二）学校管理课程 …………………………………………（268）
　　　　（三）特定课程 ………………………………………………（270）
　　　　（四）校本课程 ………………………………………………（271）
　　六　教师职后更新教育的优化实施策略 …………………………（272）
　　　　（一）优异教学计划 …………………………………………（272）
　　　　（二）教育主体互动 …………………………………………（274）
　　七　职后更新教育诸要素与中小学教师的需求 …………………（279）
　　　　（一）职后更新教育目标设置与中小学教师的期望 ………（279）
　　　　（二）职后更新教育领域与中小学教师的兴趣 ……………（281）
　　　　（三）职后更新教育的方式与中小学教师的倾向 …………（286）
　　八　教师职后更新教育的政府财政保障 …………………………（289）
　　　　（一）学校定向资助 …………………………………………（289）
　　　　（二）项目定向资助 …………………………………………（290）
　　九　教师职后更新教育的行动计划 ………………………………（292）

（一）高质量教师行动及专门项目行动 …………………………（292）
　　（二）联邦高质量教师计划政策 ……………………………………（296）
 十　案例：昆士兰州教师职后更新教育框架 ………………………（302）
 十一　澳大利亚教师职后更新教育实践的透视 ……………………（306）

第八章　结语 ………………………………………………………………（310）
 一　澳大利亚教师教育的主要特征 …………………………………（310）
　　（一）如影随形于社会发展的需要 …………………………………（310）
　　（二）丝丝入扣于教育发展的规律 …………………………………（311）
　　（三）教师职前教育的严格性 ………………………………………（312）
　　（四）教师入职教育与职后更新教育体系的相对完备性 ………（313）
　　（五）教师教育的质量保障体系的同步性 ………………………（315）
 二　澳大利亚教师教育的实施成效 …………………………………（317）
　　（一）促进了中小学教师的角色胜任 ……………………………（317）
　　（二）推进了中小学教师的专业发展 ……………………………（317）
　　（三）推动了中小学教师的工作流动 ……………………………（318）
 三　澳大利亚教师教育存在的问题与发展趋势展望 ………………（319）
　　（一）教育资源整合的困难与行政介入的积极化 ………………（319）
　　（二）教师流动的受限与教师专业标准、教师教育认证的
　　　　　全国化 ……………………………………………………（320）
　　（三）教师发展需要的偏离与教师教育过程的实践化 …………（321）

参考文献 …………………………………………………………………（323）
后记 ………………………………………………………………………（341）

第一章

绪　论

一　问题的提出

　　对教师教育问题展开系统而深入的研究，探讨其发展的内在规律，寻找其高质量实施的途径，是各国教育界所共同关注的热点命题。

　　从教育理论研究的角度看，教师教育研究是现代教育科学研究和教育学科建设的不可或缺的关键领域之一。学校教育是一种以培养人为使命的社会活动，在校青少年儿童受教育的质量，他们的发展态势，从根本上看，是维系于作为教育者的教师的综合素质和教学水平的。而教师的教育教学水平在很大程度上又与教师教育质量的高低息息相关。无论从推动社会进步的视角，还是从促进教师个体价值实现的维度，抑或从对新生代儿童发展负责的观点来看，都有必要推进教师教育水准的提升，以确保其培养出来的中小学教师都具备较高的业务能力和职业操守。

　　与其他范畴的事物一样，教师教育有其自身独特的运行机制。为了有效地推进教师教育工作，人们必须有效地研究和揭示教育的规律，正确地运用教育的规律。教师教育研究的首要任务就在于揭示教师教育的基本规律。不仅如此，人们还应该致力于探明现代教师教育的性质和特点，探索教师教育的科学模式、有效策略和创新方法。

　　从教育实践的角度看，教师教育是整个教育系统的重要的亚系统之一，其水准如何将直接关系到中小学师资的质量乃至整个中小学教育的质量。很难想象会有教师质量很低而学生质量很高的情形。从教育质量保障机制的角度看，教师质量的提升具有先行性。教育大计，教师为本；教师大计，教师教育为基础。教师从来都是教育质量赖以维系的关键因素之一，离开教师质量而遑论中小学教育质量，就会显得荒诞不经。

　　教师教育的价值实现最终要体现在学校发展和学生发展上。以良好的师资力量为依托，学校得以实施各种显性或隐性课程，开展各种类型的教育活动。在这些课程学习与活动开展过程中，教师依据社会对青少年一代的要求，遵循课堂教学内在的规律，采用符合青少年身心发展年龄特征的方式方法，引导和帮助他们学习系统的现代科学知识，开发他们各种可能的心智潜能，促进他们全面发展。从另一层面上看，中小学教师本身也是一切重大教育变革的核心力量。教师不只是教育改革决策被动的执行者，而应是教育改革的积极参与者。离开中小学教师积极能动的参与，任何教育改革的效能都将受限甚至归零。

当前，我国正在进行深化教师教育体制改革，全面提高中小学教育教学的质量和效益的探索。在教师教育改革的这种探索中，采用比较法了解其他国家这方面的发展态势以及教师教育的目标设计、内容筛选、途径和方式采用等方面的具体做法，将之进行解剖分析是十分必要和有益的。因为分析和探究不同国家尤其发达国家教师教育的基本做法，对于加深我们对教师教育过程的认识，揭示教师教育的内在规律，具有现实意义。

澳大利亚是一个发达国家，它在教师教育的改革和发展方面积累了一些有益的经验和教训。了解澳大利亚教师教育的基本情况，学习和借鉴其经验具有现实的意义。

澳大利亚由澳大利亚大陆和塔斯马尼亚岛等岛屿及一些海外领土组成，面积 769.2 万平方公里。至 2009 年 3 月，全国人口已为 2177.9 万。[①] 全国计有 6 个州和 2 个地区。分别是新南威尔士州、维多利亚州、昆士兰州、南澳大利亚州、西澳大利亚州、塔斯马尼亚州以及北部地区和首都地区。

近些年来，澳大利亚中小学教育发展速度较快，势头良好。到 2006 年时，澳大利亚幼儿园的学前儿童入园数为 222998 人，其中 4 周岁学前儿童入园率达到了 62%。澳大利亚小学教育和初中教育为义务教育，迄今义务教育已经全面普及。2006 年，78% 的适龄青年完成高中教育。[②] 这一切同澳大利亚教师教育的良好发展从而为中小学乃至幼儿园培养了大量符合社会要求、资质合格的中小学和幼儿园师资是密不可分的。澳大利亚

---

① Australian Bureau of Statistics. Year Book Australia. Canberra：Australian Statistical Press. 2009：36.

② Ibid.，378.

在2006年时中小学教师已经达到24万,其中男教师为7.6万,女教师为17.4万。[①] 正是澳大利亚运行良好的教师教育体系为中小学输送了大量合乎学校教育要求和社会期望的教师,才使得该国中小学教育的发展呈现了勃勃生机。

那么,澳大利亚的教师教育是如何发展起来,又是如何为中小学输送一批批高质量的中小学师资的?它是通过什么样的机制来保障教师教育质量的?该国的教师职前教育、教师入职教育以及职后更新教育又是如何运作的?本书试图以终身教育的视角,对澳大利亚教师教育的发展历程、教师专业化进程中的教师专业标准的制定和实施、教师职前教育、教师的入职教育、教师的职后更新教育、教师教育的认证制度等方面的内容进行全面深入的分析与探究,以期对我国的教师教育工作的完善有所裨益。

二 研究意义

(一) 理论意义

教师教育是澳大利亚教育体系的重要组成部分之一。在澳大利亚,中小学教师被视为既是中小学教育的具体实施者与执行者,也是中小学教育改革和发展的主体。中小学教师无论在高质量的课堂教学实施中,还是在学校教育的改革中,都扮演着十分重要的角色。这显然是该国高质量地实施教师教育,使中小学教师的素养达到一定的高度所致。

通过对澳大利亚教师教育的研究,无疑有助于我们探明学生个体从准教师、初步合格教师到完全胜任教育教学工作教师的成长抑或发展规律。为此,第一,它必须得研究澳大利亚的教师职前教育。教师的职前教育是使有志于中小学教育的大学生,成长为学科知识扎实、教育能力初成的准教师的基础工程。在职前教育过程中,准教师们必须在学习学科知识技能的同时掌握教育科学方面的知识,并形成应用这些知识参悟、分析和解决各种教育实际问题的能力。澳大利亚各州各地区是如何有效实施教师职前教育,以达成预期的目的,内中有何规律性的因子存在?这就需要系统

---

① Australian Bureau of Statistics. Year Book Australia. Canberra: Australian Statistical Press. 2009: 380.

研究。

第二，通过对澳大利亚的教师教育进行研究，也有助于我们摸清有效教师入职教育的规律。澳大利亚的教师入职教育比较发达，研究澳大利亚教师教育，显然必须关注其教师入职教育的情况。进岗后的入职教育，是新教师由准教师向初步合格教师转换，在中小学站稳脚跟的关键。入职教育到底应该怎样进行，才能使新教师通过各种教育科学知识的学习、各种教育实际问题的研究与解决、各种教学实践经验的习得，实现新教师新环境的快速适应，对新角色的顺利转换？澳大利亚在这方面做了许多探索，积累了不少有益的经验，对它进行梳理和提炼，无疑有助于我们探明其中的规律。

第三，通过对澳大利亚的教师教育进行研究，还有助于我们对有效教师职后更新教育内在规律与原理的思考。职后更新教育对于教师的专业持续发展具有十分重要的意义。澳大利亚是怎样做的？其职后更新教育目标是如何恰如其分地设定的？其职后更新教育课程是如何设计、职后更新教育形式与策略的选用有何特色，何以对教师职后更新教育比较有效？这种研究将有益于我们对有效教师职后更新教育过程的把握及其理论的探索。

第四，研究澳大利亚教师教育，将有助于丰富我们的教师专业标准与教师专业认证理论。澳大利亚的教师教育质量保障机制相对比较完善，几十年来，进行了不懈的探索与实践，取得了良好的效果。在对澳大利亚的教师教育进行研究时，无疑是不能无视这一客观存在的。而对其教师专业标准体系、教师专业认证机制进行解构与研究，对我们深入了解教师质量保障机制有效构建的原理与方法，显然是有百利而无一弊的。

总之，鉴于澳大利亚教师教育体系比较完善，实施比较有效，对该国教师教育所有这些要素进行比较系统而深入的研究，既有助于我们构建科学的教师专业发展理论，也有助于我国中小学教师培养理论的充实与现代化。

（二）实践意义

当今世界，教育改革的浪潮可谓此起彼伏、高潮迭起。随着知识经济社会和学习型社会的到来，学校教育不可避免地面临巨大挑战，其固有的组织架构和运行方式都将因为新时代的到来而必须作出相当程度的调整。在学校教育改革中，教师无疑将扮演重要的角色，学校教育改革的推进有赖于教师队伍的建设。教师的积极参与和有效工作决定学校变革及发展的广度与深度。教师教育的整体水平决定教师队伍的整体水平，探究教师教育的性质和特点，积极改进教师教育，具有十分重要的实践意义。

教师的生活世界是丰富多彩、充满生机和活力的，教育实践是一个由众多的教育活动者参与的过程。从教师的成长和发展的情况看，任何令人满意的教师教育方面的课程设置和教学实施，都应当通过不断提升教师的实践能力的方式予以实现。

在探讨我国教师教育改革和发展的过程中，学习和借鉴别国的经验，吸取别国的教训，显然是十分重要的。我国教师教育的发展有必要找到适合自身发展规律的恰当的发展途径。在寻找规律的过程中，有必要学习和借鉴发达国家的先进经验。对澳大利亚教师教育的历史发展、现状、问题和对策进行论述，探讨澳大利亚教师教育的规律，对我国教师教育的改革不无借鉴意义。

澳大利亚教师教育起步迟，起点低，但发展却很迅速。澳大利亚最初的教师是由女罪犯充当的，她们大多只受过小学教育。澳大利亚第一所初级师范学校成立于1850年，第一所师资培训学院成立于1870年，第二次世界大战后，澳大利亚经济快速发展，教师教育进入改革发展时期。20世纪60年代中后期，师范学院大都升格为综合性高等教育学院，由于高等教育学院的学术性较强，对教育科学的重视程度也有所增强。20世纪90年代中期，高等教育学院为大学所代替，教师教育全面实现大学化。它的教师职前教育、系统的入职教育、丰富多彩的职后更新教育、作为教师质量保障机制的教师专业标准和教师教育认证制度等，都是值得我们思考的。

三 相关概念界定

（一）教师职前教育、入职教育与职后更新教育

1. 教师职前教育

学校教育是一项培养人的系统工程。这一工程的设计者和操作者，主要的不是其他，而是教师。教师自身的素养与水平，将直接制约教育工程的质量，乃至影响受教育者的人生轨迹。因此教人者必先受教，必须具备

良好的职业品德、扎实的学科知识基础、必要的教育科学功底。这是人类千百年来形成的"传统共识"。

所谓教师职前教育，指的就是教师进入教育这个"职业"前所需接受的有关教育与培训。这种教育或培训一般在师范学院（师范大学）或综合性大学的教育学院中进行。其内容主要是有关的学科课程、教育科学课程以及一定期限的教育教学实践方面的课程；其目标则在于使那些受教育者成为既有优良的职业情操、又有广博的科学涵养以及初通教育科学的"候任教师"。

需要指出的是，在相当长一段时期内，我国教育界都把"teacher education"翻译成师范教育。究其原因主要有二：其一是终身教育理论或思想尚未辐射，中小学教师的入职教育与职后教育尚未纳入人们的视野，教育领域也因此未能从终身教育的视角来审视教师教育。其二是准教师的培养大多在师范学院或师范大学中进行，故而称作"师范教育"也顺理成章。而目前世界上很多国家尤其发达国家，教师教育早已实现大学化，教师的职前培养都在大学中进行。同时，就我国而言，很多综合性大学都设有教育学院，它们事实上也在承担着一部分的教师职前教育工作。即便是非教育专业的毕业生，也有相当一部分进入教师职业的，虽然他们所受的职前教育不是教师教育抑或不是完全意义上的教师教育。这些毕业生进入教师职业前需要特殊的"补课"，尤其是补教育科学方面的课。因而，即使师范教育与教师职前教育的内涵差不多，"师范教育"这个词也不适用于当今社会了，既不恰当也不符合事实。也正因为如此，本书以教师"职前教育"而非"师范教育"，来分析论述教师入职前所受和所需受的规定程度的教育。但在涉及澳大利亚教师教育的早期历史时，文中会使用"师范教育"一词，考虑到当时大学还未承担教师职前培训的职责，且还未出现教师入职教育与职后更新教育，因而当时的"师范教育"纯粹指在师范学院进行的教师职前教育。除此之外，在引用文献材料时，也无可避免地会出现"师范教育"一词。

2. 教师入职教育

任何地区任何类型的学校，都不乏而且也需要初任教师。初任教师是一些已经完成了所有的职前培训课程（包括学生阶段教学实践）的教师；他已被授予临时教师资格证书，并受聘于某个学区；他负有的责任通常与那些较有经验的教师所必须负有的责任在种类和程度上是相同的；同时，他或她正处于从事这个职业或服务的第一年。①

在某种意义上,任何一个刚进教育教学专业的初任教师,都要经历一个特殊的时期,即入职期。在这一时期,他们不乏理论知识,但往往尚未形成基本的教学技能与教学常规,从而影响到他们对教师角色的适应和对教师工作的完成。所谓入职教育,指的就是为初任教师提供一定时间(通常是至少一年)的有计划、有系统而持续的指导与培训,包括校本指导与校外培训,其中主要是前者,以帮助初任教师在尽可能短的时间内迅速掌握基本的教学技能与教学常规,克服教学中所遇到的困难和问题,提高教学的有效性,减少挫折感,从而适应教师角色。实际上,这种对于新教师走好其专业发展的第一步具有非常重要作用的"入职教育",是沟通教师职前培养与在职教育的一个桥梁。在欧美国家,人们谓之"入职指导计划",日本称为"新教师研修",在我国,以往一般叫新教师培训。为了突出体现这种"培训"或"研修"的时间性、职业性与专业发展性,考虑到澳大利亚教师教育界的提法,笔者主张用"入职教育"一词,来标示这类活动或工作。

3. 教师职后更新教育

所谓职后更新教育,主要是指教师任职后需要接受的各种教育与培训,这种教育或培训可以是校本、在职式的,也可以是"访学"、脱产式的。

可以说没有持续的职后更新教育,教师要胜任自己的教师职业、很好的引领学生最大限度的发展,将是难以想象的。因为一方面,不同于其他工作,教育工作的对象是活生生的青少年。他们的发展既有亘古不变的年龄阶段性,也有鲜明的时代背景性。每一时期的青少年的发展都有其鲜明的时代印记。就如"70后看不懂80后","80后不明白90后"那样,每一时期的教育对象,其思考问题的方式,往往有很大的差距存在。教师如无不间断的"职后更新教育",其对学生的认知尤其对他们身心发展特性的认知始终滞留于某一点上,就会不可避免地发生对学生的"教育障碍"甚至"教育无效"现象。另一方面,随着现代科学技术的进步,学科知识的更新速度在不断加快,教师若不及时与不断地接受"更新教育",其知识结构就会逐渐老化,其教育方法也会渐现陈旧,从而难以胜任现代青少年的教育教学任

---

① 胡森:《国际教育百科全书》(第5卷),贵州教育出版社1990年版,第91页。

务。世界各国因此对教师的职后更新教育都十分重视。

这种教育与培训固然也可以叫"继续教育",但笔者认为,用"职后更新教育"似乎更能体现它"更新"的本质,更能凸显教师职后教育的重心。为此,本书用"职后更新教育"来诠释教师任职后进行的各种旨在不断更新他们知识结构、更新他们对学生的发展认知的教育与培训。

(二) 教师教育

所谓教师教育,顾名思义,就是有关培养教师、促进教师发展的教育,包括职前培养、入职教育和职后更新教育三个方面。它们既相对独立又相互衔接,构成了一个教师教育的连续统一体。从广义来说,教师教育包括教师的选拔、培养、培训、管理、评价等方面,从狭义来说,教师教育主要是对教师的培养和培训,包括对教师的职前培养、在职培养、继续教育等方面。[1] 本书所探讨的,就是包含教师职前教育抑或师范教育、入职辅导教育和职后更新抑或继续教育在内的教师教育,而非只关注其中的一般部分——教师职前教育。

现代终身教育的理论与实践告诉我们,以往那种将教师教育与师范教育同一而语的做法不恰当、不科学,甚至是谬误的。"教师教育"一词比在习惯用法上强调职前培养的"师范教育"概念含义更广,它体现了终身教育的理念,强调教师教育的连续性和教师专业发展的终身性。[2] 我国教育部于2002年2月6日在《关于"十五"期间教师教育改革与发展的意见》一文中明确指出,教师教育是在终身教育思想指导下,按照教师专业发展的不同阶段,对教师的职前培养、入职教育和在职培训的统称。关于"教师教育"的概念,教育部师范教育司原司长马立认为,教师教育是对教师培养和培训的统称,在终身教育思想指导下,按照教师专业发展的不同阶段,对教师职前培养、职业培训和在职研修通盘考虑,总体设计。[3] 黄崴认为,"教师教育是职前培养和在职进修的统一,是正规教育和非正规教育的结合,是多层次、全方位立体式的教师终身'大'

---

[1] 王保华:《国际教师教育机构认证制度研究》,华中师范大学出版社2007年版,第6页。

[2] 任学印:《教师入职教育理论与实践比较研究》,博士学位论文,东北师范大学,2004年,第10页。

[3] 姚志峰:《教师教育应有的基本理念》,硕士学位论文,内蒙古师范大学,2008年,第6页。

教育"。①

四　文献综述

（一）国外研究

教师教育事关教师队伍的水准乃至整个中小学教育的质量。因此澳大利亚的不少学者近十几年来开始着手研究自己国家的教师教育问题，试图从中摸清规律，总结经验。其中较为知名的当推 B. K. 海姆斯（B. K. Hyams）。他在《澳大利亚的教师培养：1850—1950 的发展史》（*Teacher Preparation in Australia：A History of its Development from 1850 to 1950*）一书中对澳大利亚教师职前教育的百年史作了较为深入的探索，书中清晰展现了澳大利亚教师教育在这百年中经历的起起伏伏。从 1850 年在悉尼建立第一所初级师范学校——福特街初级师范学校（the Fort Street Model School），② 到 1870 年维多利亚殖民区政府首先开办了第一所师资培训学院（the Training Institution），③ 随着大学参与协助师范学院培训师资，澳大利亚的教师职前教育的发展出现了一个高潮。19 世纪末发生的经济危机和一场旱灾严重地影响了澳大利亚的教育，教师改行，师范学院关闭，致使澳大利亚教师职前教育陷入了低谷，学校重新启用教生和导生来补充师资。1901 年 1 月 1 日澳大利亚联邦独立后，国民经济逐渐恢复。关闭的师范学院重新复办，同时又创建了几所师范学院，各州都有了自己的师范学院。随后，澳大利亚的师资培养进入了一个巩固的阶段，师范学院在数量上急剧增长，也意味着培养的师资人数不断地跃升。大学也逐步地参与师资培训，除了教育学士学位外，大学中还设立了教育硕士学位。而 1930 年后的 20 年，澳大利亚的教师教育却呈现出停滞的状态。由于受到经济危机和两次世界大战等的影响，澳大利亚的教育受到了沉重的打击，教师教育也不例外。无论是校舍环境还是教学质量都相当地不理想，

---

① 黄崴：《教师教育体制国际比较研究》，广东高等教育出版社 2002 年版，第 9 页。

② B. K. Hyams. Teacher preparation in Australia：a history of its development from 1850 to 1950. Hawthorn, Vic：Australian Council for Educational Research, 1979：12.

③ Alan, Barcan. A History of Australian Education. Melbourne：Oxford University Press, 1980：160.

澳大利亚的教师教育又再度陷入了低谷。

特尼（Turney）在《教师教育的创新》（Innovation in Teacher Education）一书中也对澳大利亚20世纪60—70年代的教师职前教育改革作了分析。他指出，20世纪60年代中期后的十年间，一些大学和高等教育学院对各自设置的学位证书制度作了进一步的修正和完善，从中可以看到其改革新意。最突出的一点是改革和延长一年制的研究生教育证书。延长后的二年制教育证书课程，不仅要让学生接受全日制的教育课程学习，取得规定的学分，并且要拿到有关教育专题研究和讨论的一些学分，同时还要到中小学进行实习，这样才能获得教师合格证书。① 这一改革使那些非教育类专业毕业的本科生在进入教师职业前，既能习得必要的教育理论知识，又能得到专业实践经验，从而保证了教师的质量。书中还提到了一些高等教育学院在20世纪70年代后期创办了一些新教师研修班，以帮助初任教师更好更快地适应教学工作。②

此外，艾伦·巴肯（Alan Barcan）在《澳大利亚教育史》（A History of Australian Education）一书中对澳大利亚的教师教育状况也做了一定的梳理。澳大利亚在1850年第一所师范学校成立之前，是由英国流放到澳大利亚的罪犯来担任教师的。然后在相当长的一段时期内采用导生制的方式来培养师资。书中也对师范学院的发展情况作了描述。如在1946年师范学院只有7所，到了1962年便增至28所。③ 20世纪60年代中期，澳大利亚联邦政府采纳了当时澳大利亚高等教育咨询委员会有关改革师范学院和建立新型高等学校的建议，各州相继采取措施，将原有的师范学院、技术学院和其他一些高等教育机构合并，建立了一种新型的高等教育学院。这种将教师教育置于更广范围的职业教育之中的做法，使教师这一职业的培训与其他职业的培训并驾齐驱，无疑在一定程度上提高了教师教育的地位。

菲利普·休斯（Philip Hughes）在《教师的专业发展》（Teachers'

---

① C. Turney. Innovation in teacher education: a study of the directions, processes and problems of innovation in teacher preparation with special reference to the Australia context and to the role of co-operating schools. Sydney: Sydney University Press, 1977: 118.

② Ibid., 125.

③ Alan, Barcan. A History of Australian Education. Melbourne: Oxford University Press, 1980: 338.

Professional Development）① 一书中对澳大利亚教师职后专业发展的目标以及中小学教师对专业发展的关注领域作了较为细致的调查研究。

澳大利亚对其教师教育的研究最多的还是体现在"报告"上。本书最多采用的文献来自20世纪80年代以后的报告。在80年代早期，有关教师教育的一系列报告就已经号召人们对新教师的入职给予更多的关注。如教师教育委员会的调查报告《西澳大利亚州的教师教育》（Teacher Education in Western Australia）中就号召要减轻新教师的教学负担，并且还建议那些作为指导者的教师要做好充分的准备工作，为新教师提供高质量的指导。② 联邦政府在1988年的报告——《高等教育院校在教师在职培训中的作用》（The Role of Higher Education Institutions in Inservice Teacher Training）中阐述了高等教育院校在教师职后培训中的优势，并对高校开设的一系列教师进修课程作了介绍。③ 同年，澳大利亚联邦政府的报告——《教师的学习：通过教师的在职培训与发展提高澳大利亚学校的办学质量（Teachers Learning：improving Australian schools through inservice teacher training and development）中，较为全面地分析了教师职后教育的理念、原则，具体阐释了联邦政府对教师职后教育所提供的资助。④

联邦政府在1990年的报告——《澳大利亚的教师教育》（Teacher education in Australia）中对澳大利亚20世纪70—80年代的教师职前教育和职后更新教育作了较为详细的分析。⑤

澳大利亚教育学院院长理事会在1998年的《为职业作准备——有关教师职前教育课程的国家标准和指南的报告》（Preparing a Profession：Report of the National Standards and Guidelines for Initial Teacher Education Pro-

---

① Philip Hughes. Teachers' Professional Development. Vic：The Australian Council for Educational Research Ltd，1991.

② Committee of Inquiry into Teacher Education. Teacher Education in Western Australia. Western Australia：Education Dept. of Western Australia. 1980.

③ Johnson，Neville. The role of higher education institutions in inservice teacher training. Canberra：Australian Govt. Pub. Service，1988.

④ Australia. Inservice Teacher Education Project Steering Committee. Teachers learning：improving Australian schools through inservice teacher training and development. Canberra：Australian Govt. Pub. Service，1988.

⑤ F Ebbeck. Teacher education in Australia，report to the Australian Education Council by an AEC working party. Canberra：Australian Government Publishing Service，1990.

ject)中，对教师教育专业毕业生的标准作出了规定，并建议建立一个国家层面的教师教育课程认证制度。①

1999年，澳大利亚教育学会对澳大利亚公立、天主教会和私立学校的教师进行了一次调查研究，形成了"澳大利亚学校的教师：1999年国家调研报告"（Teachers in Australian Schools：A Report from the 1999 National Survey）。该报告对澳大利亚全国教师的职后教师培训作了深入的调查，包括教师的学历进修与一些相关部门开展的非学历活动。②

澳大利亚联邦教育、科学与培训部于2001年发布了文件——21世纪的教师：创造特色——联邦政府高质量教师行动（Teachers for the 21st Century：Making the Difference：A Commonwealth Government Quality Teacher Initiatives），其核心目的是提高教师的素质、增加高效益学校的数量，以期最大化提高学生的学业成绩和提升国家学校教育水准。③

2001年，塔斯马尼亚州教育领导机构（塔斯马尼亚州教育部）承担了一项有关学校入职教育的研究项目。该项目由联邦教育、科学与培训部资助，是《21世纪的教师——联邦政府高质量教师行动》中的"高质量教师计划"中的子项目，形成了报告——《一种值得关注的道德——新教师的有效入职教育计划》（An Ethic of Care：Effective Programme for Beginning Teachers）。它对新教师入职教育的三个阶段——适应阶段、确立阶段、发展阶段的内容和策略以及成效作了深入的研究，基于调查的数据，在各专家探讨的基础上，提出了入职教育计划管理的模型和校本入职计划的设计模型，为澳大利亚各州和地区的学校在实施教师入职教育提供了新的思路。④

---

① Australian Council of Deans of Education. Preparing a Profession：Report of the National Standards and Guidelines for Initial Teacher Education Project. Canberra：Australian Council of Deans of Education，1998.

② Australian College of Education. Teachers in Australian Schools：A Report from the 1999 National Survey. Canberra：Dept of Education，Training and Youth Affairs，2001.

③ Commonwealth Department of Education，Science and Training. Teachers for the 21st Century：Making the Difference：A Commonwealth Government Quality Teacher Initiative. Canberra：Commonwealth of Australia. 2000.

④ The Tasmanian Educational Leaders Institute. An Ethic of Care：Effective Programme for Beginning Teachers. Canberra：Commonwealth of Australia. 2002.

2003 年,澳大利亚教学与教师教育评估委员会发布的《澳大利亚的教师:澳大利亚的未来》(Australia's teachers: Australia's future: advancing innovation, science, technology and mathematics)报告中,对澳大利亚教师培养的途径、教师职前教育课程及其毕业生人数概况、教师专业标准、教师的专业学习作了较为详细的阐述,并对未来的学校教育作了展望。① 同年,澳大利亚教育、就业、培训与青年事务部部长理事会发布了《教师专业标准国家框架》(A National Framework for Professional Standards for Teaching)。该国家框架对教师职业生涯的维度作了分析,将教师职业分为毕业期、胜任期、成就期与领导期,并对教师专业的四要素——专业知识、专业实践力、专业价值观、专业关系协调力作了分析。② 澳大利亚各州和地区(除了首都直辖区)也根据国家框架的准则出台了当地的教师专业标准。

2005 年,澳大利亚教育、科学与培训部与澳大利亚教育学院院长理事会对学习教师教育专业毕业前一年的学生进行了一次调查,形成了报告——《对毕业前一年的教师教育专业学生的调查研究》(Survey of Final Year Teacher Education Students),③ 2006 年,澳大利亚教育、科学与培训部又对那些在 2005 年接受过调查的一部分人进行了再次调查,形成了报告——《对以前的教师教育专业的学生的调查研究——"对毕业前一年的教师教育专业学生的调查"的后续研究》(Survey of Former Teacher Education Students: A Follow-up to the Survey of Final Year Teacher Education Students)。报告表明了教师教育专业的学生对他们所受的职前教育的评价,也体现了他们关注的一些因素与学习领域。④

澳大利亚国会教育与职业培训委员会于 2007 年发布了报告——《一流教育:教师教育的调查报告》(Top of the Class: Report on the Inquiry into

---

① Committee for the Review of Teaching and Teacher Education. Australia's teachers: Australia's future: advancing innovation, science, technology and mathematics: main report. Canberra: Department of Education, Science and Training, 2003.

② Ministerial Council on Education, Employment Training and Youth Affairs: A National Framework for Professional Standards for Teaching. Canberra: Curriculum Corporation, 2003.

③ Department of Education, Science and Training. Survey of Final Year Teacher Education Students. Canberra: DEST, 2006.

④ Department of Education, Science and Training. Survey of Former Teacher Education Students: A Follow-up to the Survey of Final Year Teacher Education Students. Canberra: DEST, 2007.

Teacher Education),其对澳大利亚的教师职前培养、教师教育认证、教师专业标准、教师入职教育和教师持续的专业学习的情况均作了较为详细的阐述。①

英格瓦森(Ingvarson)等在2006年出版的《教师教育认证：澳大利亚国内与国际的趋势与实践的回顾》(Teacher Education Accreditation: A Review of National and International Trends and Practices)中对澳大利亚数十年来各州和地区的教师教育认证制度作了介绍，并提出建立国家层面的教师职前教育课程认证体系。② 2007年，澳大利亚教学机构(Teaching Australia)发表了有关国家教师职前教育认证体系的建议(A Proposal for a National System for the Accreditation of Pre-service Teacher Education)，其中阐述了国家教师职前教育课程认证的过程与方法，认证机构与成员组成以及国家认证的标准。③

另外，还有一些期刊文章也对澳大利亚的教师教育作了一些探讨。如洛伦·M. 玲(Lorraine M. Ling)与诺雅拉·麦肯思(Noella Mackenzie)在论文《澳大利亚教师专业发展》(The Professional Development of Teachers in Australia)中对澳大利亚教师专业发展的历史背景作了分析，对专业发展的概念作了界定，对教师专业发展的理念与专业发展计划作了阐释，并对两种教师专业发展模式作了细致入微的探讨与解析。④

哈迪·伊恩(Hardy, Ian)在《澳大利亚教师专业化发展政策文本讨论的产物：联邦高质量教师计划》(The production of Australian professional development policy texts as a site of contest: The case of the federal quality teacher programme)对澳大利亚联邦政府的三个高质量教师计划文本作了详细的分

---

① Australia. Parliament. House of Representatives. Standing Committee on Education and Vocational Training. Top of the class: report on the inquiry into teacher education. Canberra: House of Representatives Publishing Unit, 2007.

② Lawrence Ingvarson, Alison Elliott, Elizabeth Kleinhenz, Phil McKenzie. Teacher Education Accreditation: A Review of National and International Trends and Practices. Canberra: Teaching Australia, 2006.

③ Teaching Australia. A Proposal for a National System for the Accreditation of Pre-service Teacher Education. http://www.teachingaustralia.edu.au/ta/webdav/site/tasite/shared/Publications%20and%20Covers/A%20Proposal%20for%20a%20National%20System%20for%20the%20Accreditation%20of%20Pre-service%20Teacher%20Education%20June%202007.pdf, 2009-11-25.

④ Lorraine M. Ling, Noella Mackenzie. The Professional Development of Teachers in Australia. European Journal of Teacher Education, 2001, 24 (2): 87—98.

析，分别是最早的《2000—2002 高质量教师计划客户指南》、《联邦高质量教师计划：修订后的 2003 年客户指南》以及《澳大利亚政府高质量教师计划：客户指南，2005—2009》。① 再如，马丁内斯（Martinez）的《支持反思性的新教师》（Supporting the Reflective Beginning Teacher）与《再论教师入职教育》（Teacher Induction Revisited）；默里（Murray）、米切尔（Mitchell）、多宾斯（Dobbins）的《澳大利亚新教师指导计划：指导者的益处》（An Australian Mentoring Programme for Beginning Teachers: Benefits for Mentors）等文章中都对新教师的入职教育情况作了一些介绍。

（二）国内研究

这些年来，我国也有学者对澳大利亚的教师教育进行了一些研究。雷晓春的《澳大利亚师范教育》一书对澳大利亚教师职前教育问题作了比较深入的探究。他在阐述澳大利亚教师职前教育历史的基础上，着重对二战后该国各类师资的职前教育问题进行了探讨，包括幼儿师资、小学师资、中等学校师资等的职前教育问题。②

鞠彦华的《澳大利亚的师范教育》（上、下）两篇论文也对澳大利亚教师职前教育问题作过探讨，这两篇论文被收录在《十国师范教育和教师》一书中。他在分析该国教师职前教育历史的同时，着重对 20 世纪 50—80 年代的澳大利亚教师职前教育改革作了详细的分析。他对澳大利亚该时期教师职前教育的课程设置情况作了比较深入的梳理，总结出该国的教师职前教育的课程设置总的特征是博而专、严而活。③ 同时，他对该国教师职前教育中的教学实践问题也作了比较系统的探究，指出，澳大利亚在教师职前教育过程中特别强调教育理论与实践的相互结合，在这方面澳大利亚从 70 年代中期便进行改革，采取各项措施以使职前课程与中小学实践教学工作紧密联系。④

王斌华在《澳大利亚教育》一书中对澳大利亚教师职前教育与入职教

---

① Hardy, Ian. The production of Australian professional development policy texts as a site of contest: The case of the federal quality teacher programme. Australian Educational Researcher, 2009, 36 (1): 73—88.
② 雷晓春：《澳大利亚师范教育》，广东高等教育出版社 1991 年版。
③ 成有信：《十国师范教育和教师》，人民教育出版社 1990 年版，第 291 页。
④ 同上书，第 298 页。

育问题作过一些分析。他详略得当地阐述了澳大利亚一个包含校外活动、书面材料、校内活动及其他活动四个方面内容的"新教师指导计划",[①] 并对 20 世纪 80 年代前的教师职前教育与 80 年代后的教师职前教育特点作了分析,尤其对 80 年代后的职前教育改革作了阐释。

此外,祝怀新等还对澳大利亚教师教育的政策问题作过研究。他在《封闭与开放——教师教育政策研究》一书的第七章"教师教育发展新趋向:以质量为本——澳大利亚政策案例"中从质量为本的角度对澳大利亚教师教育政策的产生和发展、教师专业化政策框架的主要内容、教师专业标准国家框架的发展情况作了较为明晰的介绍。[②]

近二三十年来,不少期刊上也出现了一些探讨澳大利亚教师教育的文章。如谷贤林、彭岚在《90 年代澳大利亚师范教育的变革》一文中介绍了澳大利亚教师职前教育改革的背景、基本思路与措施,[③] 周川在《悉尼大学是怎样培养各级师资的》[④] 与《悉尼大学的师范教育及其给我们的启示》[⑤] 两篇论文中对悉尼大学师资培养的方式和课程设置作了细致的介绍与分析。张贵新、张连玉在《澳大利亚师范教育改革与教师培训考察纪实》[⑥] 一文中描述了 20 世纪 90 年代澳大利亚师范教育的现状与改革情况。王金秀在《澳大利亚师范教育考察之思考》一文中对澳大利亚 90 年代及以前的师资培训的基本情况作了阐述。[⑦] 以上均是 20 世纪 80—90 年代期刊上对澳大利亚教师教育的一些介绍与探讨情况。从总体上来看,这个时期国内有关这方面的期刊文章较少,且基本集中在描述澳大利亚教师职前教育情况与改革方面。

进入 21 世纪,人们对澳大利亚的教师教育的关注度不断提高,也出现

---

① 王斌华:《澳大利亚教育》,华东师范大学出版社 1996 年版,第 143 页。

② 祝怀新:《封闭与开放——教师教育政策研究》,浙江教育出版社 2007 年版,第 256—288 页。

③ 谷贤林、彭岚:《90 年代澳大利亚师范教育的变革》,《比较教育研究》2000 年第 4 期,第 47—49 页。

④ 周川:《悉尼大学是怎样培养各级师资的》,《师范教育》1985 年第 4 期,第 27 页。

⑤ 周川:《悉尼大学的师范教育及其给我们的启示》,《比较教育研究》1985 年第 1 期,第 28—32 页。

⑥ 张贵新、张连玉:《澳大利亚师范教育改革与教师培训考察纪实》,《中小学教师培训》(中学版)1998 年第 1 期,第 57—59 页。

⑦ 王金秀:《澳大利亚师范教育考察之思考》,《贵州师范大学学报》(社会科学版)1997 年第 2 期,第 82—85 页。

了不少论述这方面的论文。朱水萍在《澳大利亚教师教育实践课程述评与启示——拉筹伯大学教育学院的教学实习考察》[①]一文中介绍了澳大利亚教师职前教育的实践课程的计划与内容,并作了相关的评析,她又在《教师成长初期的教育实践能力培养——基于澳大利亚拉筹伯大学教育实践课程考察的启示》[②]一文中对教师职前的教育实践能力培养作了一些思考。郭威在《澳大利亚校本教师教育特点》[③]一文中对澳大利亚教师校本入职辅导的操作原则和专业发展模式作了介绍。徐莉莉在《澳大利亚校本入职教育的有效策略探析》[④]一文中对澳大利亚中小学入职教育的基本策略作了阐述。张文军、朱艳在《澳大利亚全国教师专业标准评析》[⑤]一文中对澳大利亚教师专业标准国家框架的产生背景与内容作了述评。俞婷婕、肖甦在《推动中小学教师专业发展的一项新举措——评述澳大利亚政府优秀教师计划及其进展》[⑥]一文中对澳大利亚政府优秀教师计划的背景、内容、实施进程及其未来走向逐一进行了评述。谌启标在《澳大利亚基于合作伙伴的教师教育政策述评》[⑦]一文中对20世纪90年代以来澳大利亚教师教育在大学与中小学的合作伙伴关系方面的创新和改革进行了评析。

浙江大学朱艳的硕士论文《澳大利亚教师专业标准研究》[⑧]对澳大利亚教师专业标准产生的背景以及各州和地区的教师专业标准、教师专业标准国家框架作了一些分析。凌朝霞的硕士论文《澳大利亚"教育专业标准运动"

---

① 朱水萍:《澳大利亚教师教育实践课程述评与启示——拉筹伯大学教育学院的教学实习考察》,《南通大学学报》(教育科学版)2006年第12期,第62—65页。

② 朱水萍:《教师成长初期的教育实践能力培养——基于澳大利亚拉筹伯大学教育实践课程考察的启示》,《宁波大学学报》(教育科学版)2007年第2期,第48—51页。

③ 郭威:《澳大利亚校本教师教育特点》,《中小学教师培训》2007年第5期,第58—60页。

④ 徐莉莉:《澳大利亚校本入职教育的有效策略探析》,《中小学教师培训》2007年第4期,第60—62页。

⑤ 张文军、朱艳:《澳大利亚全国教师专业标准评析》,《全球教育展望》2007年第4期,第80—83页。

⑥ 俞婷婕、肖甦:《推动中小学教师专业发展的一项新举措——评述澳大利亚政府优秀教师计划及其进展》,《外国中小学教育》2007年第9期,第13—17页。

⑦ 谌启标:《澳大利亚基于合作伙伴的教师教育政策述评》,《比较教育研究》2009年第8期,第87—90页。

⑧ 朱艳:《澳大利亚教师专业标准研究》,硕士学位论文,浙江大学,2007年。

研究》① 也对澳大利亚的一些教师专业标准做过研究。

从总体上看，目前国内这方面的研究成果大多局限于对澳大利亚早期教师职前教育的描述上，对入职教育和职后培训往往是寥寥数语、一带而过。全面、系统而深入研究澳大利亚教师教育的著作，迄今未见。至于现有的期刊文章中对入职教育的论述也往往只聚焦于实施策略上，很少涉及入职教育的内容，对澳大利亚职后更新教育的研究也不够完善，对澳大利亚教师教育认证尤其各州认证实践的历史也没有做过研究。

五　基本思路与研究方法

（一）基本思路

澳大利亚的教师教育虽然起点低，但发展快，颇具特色，有力地推动了该国中小学教育的发展。本书基于大量的一手资料，对澳大利亚教师教育的概况作了较为详细的梳理。

本书从澳大利亚教师教育历史分析入手，解构了澳大利亚教师教育从1788年成为英国殖民地到现今的发展状况与特征，对它经历的六大历史阶段即萌芽期、初创期、演化期、成型期、停滞期和改革发展期进行论述。

澳大利亚近些年来在教师专业发展标准的制定方面进行了不少有益的探究。本书对澳大利亚教师专业标准国家框架以及各州和地区的自定教师专业标准进行了评析。

本书对终身教育视域下的澳大利亚教师教育体系作了较为深入的研究。教师的职前培养是教师教育的起始阶段，也是至关重要的阶段。教师的职前教育主要阐释培养的途径、课程的设置、规模和质量、教学实习等。澳大利亚教师教育的认证机制是保障职前课程质量的一种制度，以确保修完职前教育课程的毕业生达到入职的标准。

新教师入职后，要接受入职教育，澳大利亚的入职教育体系较为完备，本书在分析澳大利亚教师入职教育的背景的基础上，通过论述入职教育的三个阶段（适应阶段、确立阶段、成长阶段）的内容与策略，以及由联邦政

---

① 凌朝霞：《澳大利亚"教育专业标准运动"研究》，硕士学位论文，华南师范大学，2008年。

府与各州与地区政府提供必要经费等一系列举措，来诠释澳大利亚的教师入职教育。

澳大利亚的教师职后更新教育体系也较为健全。本书在分析职后更新教育的背景基础上，对高等院校与联邦政府给予职后教育大力支持作了论述。职后教育包括学历教育和非学历教育，本书着重对非学历教育的类型、内容等作了详细的阐述。

此外，本书还对澳大利亚的教师教育进行概括，从质量的角度对当今的澳大利亚较为完备的教师教育体系与质量保障体系作了总结。

（二）研究方法

因素分析法。作为社会的亚系统之一，教师教育不仅受到教育政策、教育理论理念的制约，同时也受到社会、经济、文化等宏观层面因素的影响。探索外部因素对澳大利亚教师教育的影响，无疑有助于我们对澳大利亚教师教育发展机制的全面把握。

文献法。本研究的选题是澳大利亚的教师教育。由于无法远赴对象国进行实地调查研究，因此，本研究主要采取文献法，通过海外邮购、网上搜寻和图书馆检索，对国内外各种相关的图书、论文进行了查阅、鉴别、分析和整理，在确保材料的真实性、代表性的基础上，对教师专业标准、教师教育认证机制、职前教育、入职教育以及职后更新教育在内的澳大利亚教师教育的各个层面进行了较为系统的研究。

比较法。本书虽然没有另辟一章单独写中澳教师教育的异同，但在研究澳大利亚教师教育的过程中，始终是以比较的思想方法，对其历史发展、教师专业标准、职前教育、入职教育以及职后更新教育进行解读与分析，试图从中总结经验、吸取教训，以促进我国教师教育的发展。

第二章

澳大利亚教师教育的发展历史

一个国家的教育发展，总是密切相关于该国政治经济、历史文化诸因素的。澳大利亚教师教育的发展亦然。在其特有的国家背景和外部因素的影响下，该国的教师教育从无到有、从弱到强，走过了一个蜿蜒曲折的历程。

一 萌芽期（1788—1850）

澳大利亚是世界上最晚被发现的大陆，在地质上，它也是世界上最古老的大陆。据考古学考证，约公元前7万年到公元前1万年的第四纪冰期时，澳洲大陆就已经有人类居住与生活了。到15世纪至16世纪时，这块几乎与外界隔绝的土地引起了欧洲殖民者的注意。1770年，英国的探险家詹姆士·库克发现了澳大利亚这块神秘的土地，澳大利亚的宁静从此不复存在。1788年1月26日，澳大利亚正式成为英国的殖民地。[①]

事实上，在此之前，澳大利亚的教育活动就已出现在那里居住的土著居民部落中。当然，当时的教育并非学校教育，主要是一种因生存的需要，由年长的一代把劳动和社会活动中的技能及经验传授给年青一代的劳动教育。传递知识的"教师"就是家族中的亲属、智者和同龄人，同时整个氏族及部落都在各式各样的活动中向年青一代传授知识和技能。反复讲解和模仿是基本的教与学的方式。在教学中，长者反复地讲述仪式、歌曲、舞蹈和宗教的意义。当人们表演世俗舞蹈的时候，长者反复地讲解复杂的舞步和形体动作，孩子们则在一旁进行模仿。人们用"威吓"的方

---

① 吴祯福：《澳大利亚历史（1788—1942年）》，北京出版社1992年版，第39页。

式将知识灌输给孩子，如果孩子在教学活动中三心二意，就会受到各种惩罚。① 当时，还没有出现文字，也没有正规的学校，当然也没有培训师资的教师教育。

（一）新生代教育的兴起及其对教师的需求

随着英国殖民者的登陆，澳大利亚无教师教育的情况开始发生变化。1787 年 5 月 13 日，总督阿瑟·菲利普（Arthur Philip）率领第一舰队从朴次茅斯出发，向澳洲大陆进发。船上有 212 名海军官兵押送着 565 名男囚犯和 192 名女囚犯。② 船上没有教师，只有一个名叫理查德·约翰逊（Richard Johnson）的牧师，他是英国圣公会福音传播运动的支持者，海外福音传播协会赠予他大批的书籍。在航行中，约翰逊以"咒骂之罪恶"为题向囚犯们布教。一段时间过后，约翰逊发现这种"教育"产生了作用，囚犯的污言秽语少了许多。可能可以这样说，澳大利亚的教育是始于成人教育和道德教育。

1788 年，第一舰队抵达澳洲大陆，1 月 26 日，澳大利亚正式成为英国的殖民地。从此，这块大陆开始了近代人类文明的历史，教育也成了人们生活中关注的大事。教育之所以一开始就被提上议事日程主要有两个原因。首要的原因是学龄儿童人数的急剧增长。随着第一舰队到来的只有 36 个儿童，其中 17 个是囚犯的子女，19 个海军官兵的子女。然而在 1788 年至 1792 年间，新南威尔士殖民区的欧洲人口从 1024 人迅速增长至 3120 人，在其后的几年中儿童人数也达到了 246 人左右。1793 年 3 月，英国与俄国、奥地利、普鲁士、西班牙、荷兰、撒丁、那不勒斯等国组成反法联盟出兵进攻法国，送到澳洲的囚犯也相应地大为减少，然而，儿童人数仍然保持增长的态势，因而解决儿童的入学问题成了当务之急。另一层原因则是社会和道德问题的加剧。当时新南威尔士殖民区的人口组成绝大多数都是囚犯，1788 年，囚犯占了总人口的 74%，1792 年，这个比例高达 80%，甚至到了 1800 年，这个比例仍有 32% 之多。频发的犯罪现象、暴力事件、酗酒和偷窃，成了人们不得不正视的严重的社会问题。由于英国政府对遣送女犯制定了限制政策，导致了当时新南威尔士殖民区人

---

① Alan Barcan. A History of Australian Education. Melbourne: Oxford University Press, 1980: 4.
② Ibid., 7.

口的男女比例失调。1788 年，男囚犯为 2105 人，女囚犯为 360 人；1800 年，男囚犯为 1230 人，女囚犯为 328 人。① 卖淫和同居现象十分普遍，正常的家庭生活荡然无存，无人看管的儿童到处游荡。儿童在这样的环境下成长，对他们的发展是极为不利的，因此，当时有位前任军法检察官戴维·柯林斯（David Colins）曾指出，要将儿童与他们品行不端的父母隔离开来，对儿童进行社会责任和道德方面的教育是非常重要的，这也使得兴办教育成了头等大事。

当时已有新南威尔士、诺福克岛和帕拉马塔三个殖民点。1789 年，牧师理查德·约翰逊委任女囚犯伊莎贝拉·罗森（Isabella Rosson）在悉尼的一间茅屋里开办了一所学校，1791 年，他又让另一名女囚犯玛丽·约翰逊（Marry Johnson）掌管帕拉马塔的一所学校。理查德·约翰逊又于 1794 年在囚犯中物色到一位经验丰富的教师托马斯·麦奎因（Thomas McQueen），并任命其为诺福克岛学校的校长。②

澳大利亚最初的教师都是由罪犯担任的。由于当时环境恶劣，女罪犯比男罪犯更难找到理想的工作，所以早期的教师大多是女性，而且都是女囚犯。③ 他们教授给周围的孩子们一些较简单的读写算知识。虽然澳大利亚一开始隶属于当时世界上的资本主义国家英国，但最初只是作为英国的一个罪犯流放地，罪犯不可能带来当时英国社会贵族式的教育，所以当时澳大利亚的教育尽管属于英式教育，但它的起点却是在较低的层次上的，整个教育的发展水平和文明程度远远落后于它的宗主国英国的教育。最初的校舍是诸如帐篷、茅舍和临时搭建的房屋之类的。1793 年 8 月，第一所教堂在悉尼建成，除了做礼拜外，平时作校舍用，流放犯威廉姆·理查森（William Richardson）掌管这所学校。④ 由此，澳大利亚的殖民地教育迈出了第一步。

到 19 世纪初，澳大利亚的英国流放犯已逾 2000 人，伴随而来的儿童也不断增多，其中既有流放犯的孩子，也有流放犯管理者、军人以及商人的孩子。人口的增长尤其儿童的增加，不可避免地使教育问题成了人们关

---

① Alan Barcan. A History of Australian Education. Melbourne：Oxford University Press，1980：10.
② Ibid.，9.
③ Ibid..
④ Ibid..

注的焦点问题之一。为了解决教育问题，当时的澳大利亚出现了各种各样的学校，包括各教派创办的全日制学校、夜校，也包括慈善机构设置的贫儿学校、孤儿院，还有一些私立小学、寄宿小学等。从总体上看，这些学校通常并无统一的教学计划、教学内容，教育如何进行，完全取决于办校者自己对教育的认识和需要。一般说来，教会学校是以宗教教育为宗旨的，当然也教授一些读写算方面的知识；慈善机构设置的学校本质上是一种流浪儿童收养所，其教学水平通常较低。相对而言，私立学校的条件要好一些，教学也正规一些。这些早期学校的教师大多还是由具有一定文化的罪犯担任的，除此之外，还有一些是宗教牧师，少数是官吏和军人的家属。这些人大多数只有小学文化水平，只有极少数人在英国受过较好的教育，在当时教育水平低下的情况下尚能勉强应付，所以师资培训问题还没提到议事日程上来。

英国殖民当局强迫流放犯在澳大利亚建造房屋、修筑道路、开荒种地，但生产效率极其低下。因而仅仅利用他们所创造的财富是难以促进殖民地的发展的。1815年，利物浦山后的大平原被发现，这为以后大规模移民及农牧业尤其养羊业的发展创造了条件。到了1820年，英国从18世纪60年代开始的工业革命已接近完成。宗主国迅速发展的工业尤其是毛纺织业增加了对原料与粮食的需求。把澳大利亚仅作为流放地的殖民方法已不能满足养羊业对劳动力的需求，为此，英国采取了一些鼓励一般公民移居澳大利亚的优惠政策，给移民提供一定的生活补助和各方面的方便，如对自由移民一律无偿分给土地，因而从1820年起英国大批移民蜂拥涌入澳大利亚。从此，澳大利亚人口急剧上升，1820年为33543人，1830年为70000人，1840年增至190408人。[①] 劳动力的增长一方面为澳大利亚创造了财富，为教育事业的发展也提供了一定的物质基础，另一方面由于学龄儿童的成倍增长，也给教育事业带来了很大的压力，学校的教学条件不足，教师严重匮乏的弊端日益显现出来。由于流放犯逐渐减少，所以自1809年开始，殖民地的教师被自由移民所取代。然而大多数的移民文化水平都较低，能胜任教师工作的也为数不多，而且也没有受过专门的教师职前培训，因而当时的小学教育无论是在质量上还是效率上都是处于较

---

① 南开大学经济研究所世界经济研究室编：《澳大利亚经济》，人民出版社1975年版，第5页。

低的水准的。

肩负新生代教育职责的学校的出现与发展，便无可避免地对教师教育提出了迫切的要求。执教者没有受过良好的教师教育、没有掌握扎实的科学知识、不懂教育教学方法，学校教育工作如何有效开展，其基本质量何以得到保障？这便为澳大利亚教师教育的产生提供了社会基础。

（二）导生制与短期培训班

在某种意义上可以说，澳大利亚的教师教育肇始于导生制和短期培训班。

与其他各国类似，澳大利亚学校中最早采用的也是个别教学的形式。这是一种几个世纪以来学校教育中惯常的做法。在这种教学形式下，教师往往把一个班的学生集中在一个房间，通常是他的家中，学生人数也较少，这些学生的年龄和知识程度各异，教师分别对个别学生进行不同内容的讲授，教学效率很低。

悉尼一所教会学校的牧师克鲁克（W. P. Crook）从英国引进了一种教学组织形式——导生制（monitorial system）。这是英国的约瑟夫·兰开斯特（Joseph Lancaster）经过多年的实验所开创的。[1] 这种导生制很快便在澳大利亚的学校中得到推行。所谓导生制，就是由一位有经验的教师在班级里选择一些年龄较大或较优秀的学生作"导生"，然后把所要教授的知识和技能先传授给这些导生，接着导生把自己刚学的内容教给他所负责的一组学生，一般来说，一个导生要带25个学生。[2] 有了导生的帮助，一个教师可以同时教上百个学生。采用这种教学形式，在相当程度上解决了教师缺乏的困难，而且也十分经济，十分适合当时澳大利亚物质条件尚不发达，教师严重匮乏的情况，不失为一种普及教育的好方法。

19世纪20年代，澳大利亚人口继续大幅度增加，殖民地区也不断扩充。除了原来的新南威尔士外，还分别于1825年、1829年、1836年建立了塔斯马尼亚殖民区、西澳大利亚殖民区和南澳大利亚殖民区。这个时期，经济发展大大加快。1820—1850年间澳大利亚经济的主要部门是养羊业。羊毛成为澳大利亚的主要出口商品。1810年出口羊毛为167磅，

---

[1] Alan Barcan. A History of Australian Education. Melbourne：Oxford University Press，1980：17.
[2] Ibid.，17.

1821年为175000磅，1830年达200万磅。此间，种植业也有所发展。由于人口不断增加，市场逐渐扩大，于是简单的制造业也兴起了，出现了酿酒、制粉以及生产皂烛、食盐、陶器、衣服、靴鞋、革制品、帽子家具等日用必需品的小型工厂。随着工商业及进出口贸易的发展，销售机构、金融机构均随之产生。① 由于移居到澳大利亚的英国公民都能无偿分得土地，大批家庭都建立了自己的家业。因此，学习新技术、发展家庭经济、改善生活成为了当时人们所追求的目标。为此，人们都迫切希望能提高小学教育的质量，从而提升年青一代的文化水平。要提高小学教育的水平，关键还在于提高师资队伍的水平。而在以导生制为教学形式的学校教育下，教学水平无疑是低下的。导生制固然为当时小学教育效率的提高发挥了重要作用，但它也有不足之处：第一由于导生还是在读的学生，虽然他们是年龄较长或较优秀的学生，但对知识和技能的掌握未必是全面、透彻和熟练的；第二，导生向其他学生传授知识和技能时，语言表达可能并不到位，如此一来，在自身可能还对知识技能一知半解再加上语言表达不够准确的情况下，便毋庸置疑地使得知识技能在传递过程中的效果大打折扣；第三，由于缺乏教学的方法与技能，这种知识的传递无疑助长了死记硬背的风气，因此教学质量也难以保证。当人们要求提高小学教育的质量，要求提高年青一代的受教育水平的时候，这个弊端无疑就凸显出来。

1825年，一位从英国来的副主教T.H.斯科特（T.H.Scott）创办了一个师资短期培训班，这个培训班主要是面向他所掌管的教会学校的教师的，同时还招募了一些其他人员，并聘请一位当时在悉尼最资深的小学教师W.T.凯浦（W.T.Cape）来当培训班的教员，采用导生制的模式对学员进行为期3个月的培训。② 短期培训班以参加教学实践为主，学员入学后，每周的大部分时间都是到附近小学去进行实践，只有小部分时间用来学习文化课和教学法知识，由凯浦亲自授课。③ 学生完成学业通过考核后，原先是教师的则被派回原来所在的小学继续任教，原先不是教师的则被安排到教会小学当半年的见习教师，见习期满后经学校考核，合格者发

---

① 南开大学经济研究所世界经济研究室编：《澳大利亚经济》，人民出版社1975年版，第5—6页。

② B. K. Hyams. Teacher preparation in Australia: a history of its development from 1850 to 1950. Hawthorn, Vic: Australian Council for Educational Research, 1979: 8.

③ 雷晓春：《澳大利亚师范教育》，广东高等教育出版社1991年版，第7页。

给毕业证书，成为正式的小学教师。由斯科特创办的短期师资培训班的出现，标志着澳大利亚教师职前教育的萌芽。尽管它的规模不大，学习期限很短，也没有完善的教学计划，许多方面都很不成熟，但是它揭开了澳大利亚教师职前教育的第一页，在该国教师职前教育发展史上具有重大意义。这种培训师资的方式，相比导生制有了一定的专业性，同时又非常适合澳大利亚当时的国情，因而快速地在澳大利亚传播开来，在相当长的一段时间内成为私立学校培训师资的主要形式，公立师范学校在办学初期也会汲取它的一些经验。

澳大利亚从殖民地时期开始，学校除了一部分是由私人或社会团体等筹办外，大多数是宗教团体主办的。与英国的传统一脉相承的是，教会基本上垄断了学校教育事业。19世纪20年代后，由于移民大幅度增多，澳大利亚人口增长很快。1830年时它的人口只有7万，到1840年时已然超过19万，人口的大幅增长向学校教育提出了新的挑战。19世纪30年代后，澳大利亚各殖民区政府通过拨款资助的方式，使教会学校获得了较快的发展。但是仍无法满足实际的需要。加上各教派谁也不愿意到自己教区以外的地方办学，造成学校布局不合理、许多地方的孩子无法上学的局面。新南威尔士区立法局在1844年进行的一项调查就表明，该区4—14岁的儿童中，已上学的有12507人，而无法上学的竟多达13169人。[①] 事实说明，完全依靠教派办学是行不通的，必须寻找新的解决问题的途径，此时，澳大利亚看到了美国独立前由地方政府出资办学的经验，因而他们开始谋划由区政府投资开办公立学校，以弥补教会学校的不足。

在与教会保守势力反复较量后，新南威尔士区立法局于1847年通过了开办公立学校的法案，区政府随即拨款2000英镑用来建立公立学校。1848年4所公立学校建成并正式开学，到了1849年公立学校又增至25所。从此澳大利亚开始了政府直接办学的历史。[②]

公立学校的建立和发展之路也颇多周折，其中主要问题是师资不足。因为在此前的教会学校大发展过程中，各种堪当教师的人才基本上都网罗殆尽。此时，要解决公立学校的师资问题，除了由区政府投资开办师范学

---

① B. K. Hyams. Teacher preparation in Australia: a history of its development from 1850 to 1950. Hawthorn, Vic: Australian Council for Educational Research, 1979: 50.

② Ibid., 51.

校来培训师资,已经别无他途。因此,新南威尔士区立法局一方面主张政府创办公立学校,另一方面还进一步建议投资建公立师范学校,以培训师资。

事实上,当时举办公立师范学校也是具备了一定条件的。首先,这一地区经济发展相对较快,政府财政收入增加较快,这便为办学经费提供了保障。其次,当时英国已有师范学校,这便为该地区举办师范学校提供了借鉴。第三,当时在澳大利亚已有一批在英国受过良好教育且从教多年的教师,他们能胜任师范学校的教职工作。[1]

二 初创期(1850—1880)

如果说导生制、短期培训班的出现,在某种意义上意味着澳大利亚的教师教育开始萌芽了,那么人们不得不承认,这还仅仅是一种萌芽状态的教师教育而已,离真正意义上的教师教育还相距甚远。因为,无论是导生制或由此衍生而来的短期培训班,都存在着太多的随意性、非确定性与无序性。这无论从这种萌芽状态的教师教育的课程抑或内容层面上看,还是从其教育方法与包括时间、证书等因素在内的制度范畴上来说,都是如此。澳大利亚真正抑或正式意义上的教师教育,当从该国师范学校的建立论起。因为至此,该国才有了相对完整的教育课程体系设置、相对确定的教育期限规定以及一整套质量保障举措包括达到要求者才给予毕业证书的专门性的教师教育机构。

(一)初级师范学校的创建

1850年,澳大利亚第一所初级师范学校——福特街初级师范学校(the Fort Street Model School)在悉尼诞生了。[2] 1851年1月,英国的威廉·威尔金斯(William Wilkins)来此担任第一任校长。

澳大利亚的第一所公立师范学校,初期以私立师资培训班的经验为基础,适当汲取英国师范学校的某些做法,结合本地实际情况办学。

---

[1] 参见雷晓春《澳大利亚师范教育》,广东高等教育出版社1991年版,第10页。
[2] B. K. Hyams. Teacher preparation in Australia: a history of its development from 1850 to 1950. Hawthorn, Vic: Australian Council for Educational Research, 1979: 12.

1852年，教生制传入了澳大利亚，英国仅在四年前开始实施这种培训制度。[①] 当时，英国为了提高师资质量，一些教育家尝试将导生制改造成为教生制（pupil-teacher system）的形式来培训师资。教生制实质上是另一种特殊形态的师资培训方法。它继续发扬导生制通过教学实践来培养师资的优点，不同的是，导生制是挑选在读学生充当导生，而教生制则是招收13岁左右的小学毕业生来当教生，即跟一位有实际教学经验的主任教师学徒式地学习五年。在规模稍大一些的学校，几个班级的学生通常聚集于一个大教室内，其中某一班级的学生听教师讲课，其他班级则由教生负责管理。这些教生在主任教师的指导下，通过教学实践掌握一定的教学方法和技能。应该说，教生制比导生制在培训师资方面向前迈进了一步，它已逐渐向师资培训专业化的方向发展，采用这种制度培训师资既简单又经济，同时又可暂时弥补小学师资不足的缺陷，很符合当时英国各教派和私立学校培训师资的需要。

在教生制传入澳大利亚的第二年，威尔金斯便在师范学校中采用了这种师资培训制度。福特街初级师范学校招收年满13岁的小学毕业生，经过考试择优录取，学制最初为3个月，后来延长至6个月。在教学方法上，该校强调因材施教。学生入校后，按考试成绩把他们分成两个班：初级教生班（Junior pupil—teacher）和高级教生班（Senior pupil—teacher），并对这两个班施以不同层次的教育。在课程涵盖面上也比较广泛，包括：英语、语法、文学史、描述代数、体育、音乐、绘画、教学法等。[②] 尽管当时文化课的水平很低，教员也相当有限，但音乐、绘画却是必修课。学生到小学担任教生角色，并按其各自的能力情况来安排教学任务，一般而言，能力强的学生上课任务多安排一点，能力稍弱的则少安排一些。与此同时，学校对学生的实践学习和理论学习也进行统筹安排：一般每天上午让他们到小学去参加教生实践，下午小学放学后，就让他们回师范学校学习文化课或教育学课；另外，给到小学去当教生的学生以一定的薪酬，虽然数额不多，但逐月递增，以资鼓励他们投入教生实践。这些学生毕业

[①] B. K. Hyams. Teacher preparation in Australia: a history of its development from 1850 to 1950. Hawthorn, Vic: Australian Council for Educational Research, 1979: 21.

[②] Turney, C. Sources in the History of Australian Education, 1788—1970. Sydney: Augus & Robertson Pub. Pty Ltd, 1975: 444.

后，一般会由区教育局安排到各公立学校任教。①

福特街师范学校在成立后的最初几年，并没有正规的教学计划和培训形式，也没有固定的学时限制。从严格意义上来说，它只是一个实习性质的学校，教生的学习主要是观摩课堂教学，然后进行模仿练习。

若干年后，福特街师范学校便为公立小学培养了一批批有较好素养的师资。威尔金斯认为，师范学校毕业生在教学中的表现，总体上令人满意，但也存在一些问题。如由于他们入学时文化起点较低，学习时间不长，文化基础知识相对比较薄弱，从而难以适应进一步提高小学教育水平的需要。因此，他认为应该就如何改革师范学校的教育教学以提高教师教育质量问题，进行认真的探索。

1857年，威尔金斯制定了一种新的课程，称作师范学校课程(Normal School Course)。这个课程的授课对象是教生中比较优秀的学生以及有多年教学经验但未受过专业训练的在职教师。这些人在文化水平和实践经验上都比原来所招收的小学毕业生要略胜一筹。这个师范学校课程的设计以小学三、四年级的教学大纲为起点，除了保留音乐、绘画、体育三科不变外，在文化基础课程方面作了大幅度的改革，主要涉及以下六个方面：

（1）英语：包括语法学习、句子分析、用词纠错。
（2）地理（新增课程）：大陆地理、欧洲地理以及澳大利亚地理。
（3）基础科学（新增课程）：气体的组成、水的成分、空气及其应用。
（4）算术及代数：小数、分数、比例。
（5）初等机械：机械功率、机械组成、气体能量。
（6）学校管理：学校训导、课堂纪律和课堂组织。②

从福特街初级师范学校的发展来看，它有以下一些特点：
（1）课程设置较为全面、实际。首先，新的课程比师范学校成立之初所设置的课程有了明显的改动：如把原来的"英语"和"语法"两门课合并为"英语"一门，废除"文学史"课，增设"地理、基础科学、

---

① Alan Barcan. A History of Australian Education. Melbourne：Oxford University Press，1980：84.
② Turney, C. Sources in the History of Australian Education, 1788—1970. Sydney：Augus & Robertson Pub. Pty Ltd，1975：446.

初等机械"三门通识课程，有助于提升未来教师的知识广度，可见改革后的师资培训计划在提高未来教师的文化素养上下了功夫。而在教育专业课方面，把原来的"教学法"课改为"学校管理"课，重在学习如何掌握维持课堂纪律的方法和手段，但是还没有引进有关教育教学的理论。其次，课程的设置与小学教学大纲紧密相连，力求做到今后所教就是现在所学，[①] 当然，新的课程计划的程度要比小学教材高一些。

（2）继续采用"因材施教"的教学方法。对不同来源的学生分为两个班：那些优秀的教生为一班，另一班则为未受过任何专业训练的在职教师，称作"候选班"。这样便可以根据学生的不同背景、不同的基础和起点来进行教育。

（3）延长了学制。由最初的3个月延长至6个月，后来又延长至一年。

（4）增加理论课学习的比重。新的课程计划中，重心被放到了文化基础课和教育管理课的学习上，每周只安排一天的时间供学生去有关小学参加实践活动。与此同时，参加实践的学生也不再固定于在某一城镇小学当教生，而是改为让他们分散去有关农村小学见习，结业前再安排一段相对集中的时间让学生进行教学实习。从表面看来，后期的师范班虽然减少了学生参加教学实践的时间，但并不意味着这所师范学校不再重视教学实践了，这一改变，是因为考虑到这些学生原本都是经过实践训练的，因而更加注重他们的文化素养的提高。不过从总体上来看，实践还是占了很大比重，这与澳大利亚强调实践的传统是一致的。

（二）州立师范学院的建立

1. 背景因素

澳大利亚各州立师范学院的建立，教师教育水准的提升，是当时该国经济、政治、文化等方面发展所致，更是该国中小学教育对教师受训质量提高的要求使然。

首先，19世纪50年代后，澳大利亚的经济又有了大发展。1851年1月，人们在维多利亚发现黄金矿，这一消息很快传遍了全世界。从1852年起，海外移民如潮水般涌进了墨尔本。1851年澳大利亚人口为438000

---

① 鞠彦华：《澳大利亚的师范教育》（上），《教师教育研究》1990年第1期，第75页。

人，1861年增至1168000人。黄金矿的发现为澳大利亚增加了财富并引入了大量的人口，也刺激了殖民地经济的发展，于是产生了新的经济区。1851年从新南威尔士划出了维多利亚殖民区，1859年又划分出昆士兰殖民区。黄金热进一步促进了澳大利亚的制造业、采矿业、交通运输及公用事业的发展。养羊业也大大发展，1861年澳大利亚产绵羊20980123头，羊毛产量67004000磅。此外，它在种植业方面也有了大发展，粮食播种面积急剧增加。① 在澳大利亚境内，各殖民区的经济到19世纪70—80年代已呈现出了普遍的繁荣景象。

经济的繁荣使人们的生活条件得到了改善，在日常生活得到保障的情况下，人们开始关心孩子的教育问题。同时，随着经济的发展及技术的进步，也要求提高人们尤其是年青一代的文化水平，从而可以掌握更先进的技术。再者，随着人口的不断增长，适龄儿童的数量不断上升，也迫切需要建立更多的学校、扩大原有学校的规模。这意味着需要一大批师资，因而大力发展教师职前教育已是迫在眉睫之事。

其次，各殖民区为了加强教育事业都采取了许多措施。1857—1867年间，澳大利亚出现了自由、平等、民主、世俗的教育运动。南澳大利亚、维多利亚、昆士兰、新南威尔士、塔斯马尼亚和西澳大利亚六个殖民经济区纷纷成立教育委员会，以管理公立、私立学校，并纷纷颁布了各自的教育法规。如昆士兰在1860年通过了"初等教育法"，维多利亚1862年通过"公共教育法"② 等，限制教派学校的发展，保证了教育民主化和世俗化的顺利发展，为进一步发展教育事业创造了必要的条件。各殖民区的教育委员会不仅有聘用教师的权力，而且还有担负教师的部分工资的职责，这就意味着公立学校和教派学校并立的局面已经开始瓦解，国民教育有了统一的安排，从而开始了教师职前教育国家化进程。

再次，各殖民区延长了义务教育年限并推动中等教育的发展。19世纪50年代后，公立学校迅速发展。从60年代末起各区先后实施普及小学教育，这一任务主要由公立学校承担。但在那些经济发展较快的地区，许

---

① 南开大学经济研究所世界经济研究室编：《澳大利亚经济》，人民出版社1975年版，第6—7页。

② Alan Barcan. A History of Australian Education. Melbourne：Oxford University Press，1980：103—106.

多民众还希望自己的子女能有机会进一步接受中等教育。然而，当时除了一些教会办的文法中学外，尚无公立中学，因而很难满足民众的这种需求。为了缓解民众需求与中学缺乏之间的矛盾，澳大利亚采取了一种折中的办法，即把义务教育年限再延长一至两年，使学生在小学教育后再学一至两年的中等教育课程，从而暂时满足儿童接受小学后教育的需求。而在较发达的城市地区就鼓励教会和私人积极筹办中等学校，以满足中上层阶级子女接受中等教育的需要。到了70年代，澳大利亚共有五种类型的中等教育学校：第一种是水平较高的教会专科学校，也是贵族学校，偏重古典学科的教育；第二种是政府资助的文法中学（新南威尔士和昆士兰）；第三种是在公立小学的四、五年级增设较高级的学科（新南威尔士、维多利亚和南澳大利亚殖民区）；第四种是地方文法学校，数量多但规模小；第五种是为中下阶层而办的一些私立学校，大多只提供小学教育，仅有个别学校开设一些文法中学的课程和较高层次的商业教育课程。[①] 在这一形势下，培养一批能胜任小学后课程教学的教师已是当务之急，而想要依靠当时的初级师范学校培养中等教育的师资显然是不可能的，所以建立一种比师范学校更高一级的师资培训学校势在必行。这便是建立州立师范学院的直接推动力。

最后，"成果津贴制度"（Payment-by-Result）的建立刺激了教师职前教育的发展。"成果津贴制度"的实质是一种教师工作评价和教师工资分配制度，源自于英国。19世纪60年代，澳大利亚为了提高教师工作的积极性、稳定教师队伍，就仿照英国教育行政部门施行的这一措施，之后便在澳大利亚的小学作为一种公认的制度实施。所谓"成果津贴制度"，就是教师的工资依据其所教学生的入学率以及每学年学生参加的统考成绩来评定。"成果津贴制度"在各殖民区实行了20年，其成效是显著的。这个制度的实施保证了那些优秀教师的留任，同时也大大刺激了教师的上进心，为了争取提高自己的教学绩效，教师们纷纷要求参加更高层次的师资培训，这对州立师范学院的产生也起了举足轻重的促进作用。

2. 州立师范学院的兴办

在急需提高师资培训水平的形势下，一些殖民区在原有师范学校的基础上创建了师资培训学院。虽然19世纪下半叶，澳大利亚的经济有了较

[①] 参见鞠彦华《澳大利亚的师范教育》（上），《教师教育研究》1990年第1期，第76页。

大的发展，但各区的发展是不均衡的，由于新南威尔士、维多利亚和南澳大利亚三个殖民区开发较早，自然条件较为优厚，人口相对集中，因而经济发展也比其他三个区要快得多。所以，这三个区首先具备了创办师范学院的物质条件。1870年，经济发展较快的维多利亚殖民区政府首先拨款开办了第一所培训学院（the Training Institution），这便是墨尔本师范学院的前身。1874年，南澳大利亚也创建了阿德莱德培训学院（Adelaide Training College）。接着，新南威尔士殖民区把原来的福特街师范学校改建为只招收男生的男子培训学院。①

至此，澳大利亚成立了三所师资培训学院。其他殖民区由于经济发展较慢，尚不具备开办师范学院的物质条件，同时对更高层次的教师的需求也不那么急切，所以师资还是依靠教生制的形式，由初级师范学校来培养。

虽然这三所师资培训学院是仿照英国师范学院的模式创办的，但就师资力量和生源情况来看是远不如当时的英国的。就师资方面来说，英国师范学院的师资大都受过高等教育，而澳大利亚由于当时高等院校稀少，所以师资培训学院的教师很少有受过高等教育的，因此，有相当一部分培训学院的教师是从小学优秀教师中挑选出来的，无论是文化水平还是学术水平与英国师范学院的教师比都是相去甚远的。就生源情况来看，英国的师范学院招收中学毕业生，而由于澳大利亚的中学毕业生很少，只能把门槛放宽到小学毕业生。正是由于这种种客观情况的限制，也致使澳大利亚师资培训学院的课程设置、修业年限都不能与当时的英国相提并论，而必须针对本国的实际来办学。这些学院的修业年限一般为二年。仍旧延续澳大利亚重视实践的传统，第一年把学生分配到小学去当一年的教生，第二年则主要在培训学院修习课程。如维多利亚殖民区的培训学院的学生第一年便在一所联合培训学校（Associated Training School）② 学习，学生在教师的指导下，一方面要参加小学的教学工作，充当教生，另一方面又要学习一些教学法知识，学年结束后要通过教学理论与实践的考试方可进入下一阶段的学习；第二年的学习就在培训学院中进行。学生要选修一些学术课

---

① Alan Barcan. A History of Australian Education. Melbourne：Oxford University Press，1980：160.

② 相当于一所普通的小学，一个教学实践基地。

程，如英语和文学、英国与澳大利亚历史、几何与代数学、大众天文、基础生理学和动物学等。学生必须通过学校管理课程以及上述的任何三门选修课的考试，才能被授予"培训合格教师证书"（Trained Teacher's Certificate）。①

就这些培训学院的修业年限、课程设置以及考核要求来看，比初级师范学校是更上了一个台阶，但与它的宗主国英国相比还是落后的。它们的课程设置大致与中学程度相当，虽说是师资培训学院，实为中等师范学校，远未达到高等教育或大专的水平。师范学院重实习，也重基础课程的学习，但却忽视教育理论知识的习得和研究，可见其师范性还不够强。它所建立的考核制度还是比较严格的，这有利于为国家培养一批合格的师资。

三　演化期（1880—1914）

随着社会政治经济情势的变化，澳大利亚的教师教育在创建后经历了30余年的较为漫长的演化期。期间，该国的教师教育出现了一系列新的变化，以适应当时社会政治经济尤其学校教育事业的需求。

（一）"主辅制"实践

这是澳大利亚教师教育演化的大学协助培训师资的特殊时期。

1880年至第一次世界大战爆发这段时间，是澳大利亚教师职前培训发展较快、改革幅度较大的时期。在州立师范学院成立几年后，实践证明师范学院的毕业生在教学技能技巧方面的训练比较到位，基础知识也比较扎实，但学术水平相对而言不尽如人意，他们所学习与掌握的学科知识无论在广度还是在深度上都存在诸多的缺陷，以至于他们在毕业、入职时面对学校需要开设的各种各样课程、方方面面瞩目的高质量教学时，常常感到手足无措甚至茫然困惑。因此，有关人士开始酝酿进行师范学院教学改革的问题。而对于采用何种方式开展教学改革则有不同的意见。有的人认为，要提高师范生的学术水平首先要强化课程的深度；有的人主张，提高

---

① Alan Barcan. A History of Australian Education. Melbourne: Oxford University Press, 1980: 160.

教学质量关键在于提高教师的水平等。这两种意见都是合理的，而且互为补充。仅仅改革课程，提高内容的深度和广度，没有水平较高的教师来从事教学工作也是行不通的。而当时师范学院要进行上述两方面的改革难度是很大的，因为当时高等教育不发达，高水平的教师匮乏，从国外聘请教师也非易事。经过全面的分析，最终得出一个最佳方法，即借助大学的力量，聘请大学中的教师为师范生开设学术水平较高的基础课程来提高师范生的学术水平。此时在已开办三个师范学院的殖民区中都分别有了一所大学，分别是墨尔本大学、悉尼大学和阿德莱德大学。这些大学社会地位较高，师资力量较强，还能聘请英国学术水平较高的专家来任教。加上当时这些大学规模不是很大，教学任务相对都不是很重，因而完全有能力为师范生开设课程。于是，各师范学院便向当地的大学请求支援。

19世纪80年代，在有关殖民区政府的帮助下，墨尔本大学、悉尼大学和阿德莱德大学都先后同意协助师范学院培训师资，由此开创了综合性大学协助师范学院培训师资的历史，这在澳大利亚教师职前教育的发展史上具有深远的意义。

师范学院与大学建立联系后，促进了其办学的各方面建设以及学术水平的提高。

最早要求大学协助师范学院培训师资的是维多利亚殖民区。该区在1881年颁布的"大学法令"上就明文规定大学有协助师范学院培训师资的义务。[1] 于是，墨尔本大学很快就同意墨尔本师范学院的学生到大学来修读一些基础课程，以帮助师范生提高学术水平。1888年墨尔本大学又在校园南部建立了寄宿师范学院，1889年正式开放，为师范生来校上课和听学术讲座提供便利。[2]

自1884年起，新南威尔士殖民区的悉尼大学也开始接受福特街男子师范学院的学生来校听学术讲座。至1890年，又进一步接受师范生到该校文学院学习基础课程。福特街男子师范学院为了配合学生到大学修习课程，在悉尼大学的协助下，对原有的教学计划做了适当的调整，以使学生

---

[1] B. K. Hyams. Teacher preparation in Australia: a history of its development from 1850 to 1950. Hawthorn, Vic: Australian Council for Educational Research, 1979: 45.

[2] Turney, C. Sources in the History of Australian Education, 1788—1970. Sydney: Augus & Robertson Pub. Pty Ltd, 1975: 457.

去大学上课的时间不与在本校学习的时间相冲突，同时也尽量以大学的水准来要求学生。

南澳大利亚殖民区的阿德莱德大学建校时间虽然不早，只比阿德莱德师范学院早成立两年，其师资与设备条件虽然略逊于墨尔本大学和悉尼大学，但也在19世纪80年代后期宣布允许师范学院学生来校修习基础课程，由于该校与师范学院在地理位置上相距很近，两校在建成初期就互相帮助，当大学参与协助师范学院培训师资以后，两校关系便更为密切，于是大学的部分基础科学课程便纳入了师范生的教学计划中。

澳大利亚大学在教师教育领域协助师范学院的特点主要有二：一是大学对师资培训只参与但不承办。小学教师的培养主要的仍由师范学院负责，大学的这种参与主要体现为给师范生开设一些基础课程，而且师范生是与大学本科生一起听课的，没给大学教师增加太大的负担，而大学教师又可以多拿一些报酬，这对双方来说是互利的。

二是大学参与小学教师教育，并不影响师范学院教师教育的独立性，后者在招生和毕业生的分配上拥有自主权，大多数课程也由师范学院自己开设与安排，师范生去小学见习和实习仍按师范学院自己的计划进行，大学只负责开设一些基础课程而已。这样既能提高师范生的受教育质量，又不挫伤师范学院办学的积极性，也不会给大学增添太大的负担。[①]

总体而言，大学协助师范学院参与小学教师教育，既在一定程度上弥补了师范学院学术水平有所不足的缺陷，又能促进师范学院的教师专业教育，从而有助于提高教师教育质量。这不能不说是澳大利亚教师职前教育史上的一次飞跃。

（二）经济危机前后的教师教育

1892年，澳大利亚出现了严重的经济危机。其时，在该国经济中有着举足轻重地位的羊毛、小麦等产品，价格大幅度下跌，由于缺乏资金，许多公共工程被迫停工，一些中小商业银行、中小企业纷纷在危机中破产或倒闭，与此同时，一些有实力的集团则趁机大肆兼并那些濒临破产或倒

---

① 参见雷晓春《澳大利亚师范教育》，广东高等教育出版社1991年版，第23页。

闭的工商企业，于是又加速了生产和资本的集中，从而开始形成垄断资本。① 没有一定的经济基础的支撑，任何教育改革都将无从谈起。19 世纪末，当时的经济萧条和严重的旱灾，对澳大利亚的整个教育基础产生了严重的影响，教师纷纷因工资微薄而改行。学校不得不大量招录教生以及社会上一些未受过专业训练的妇女来充当教师，这便无可避免地造成了师资质量的下降。

　　资本主义的发展，必然要求减少甚至取消各地区内部的关税壁垒，形成相对统一和自由流通的市场。澳大利亚于 19 世纪末开始由自由资本主义向垄断资本主义过渡，这使得原来的殖民区制度越来越无法适应经济发展的要求，从而在客观上加速了各殖民区的统一。与此同时，民族主义思潮也在澳大利亚社会滋生与发展，加上经济衰退、国防问题和移民问题的日益严峻，所有这一切，都使得成立澳大利亚联邦的条件渐趋成熟。② 1900 年 5 月英国国会通过了将澳洲各殖民区合并，成立澳大利亚联邦的法案。有关法令于 1901 年 1 月 1 日起生效，澳大利亚成为英联邦的自治领，原来的殖民区改为州。③ 澳大利亚联邦政府成立后，便取消了州与州之间的关税壁垒，对外实行统一的保护关税制度，从而加速了国民经济的发展。

　　随着经济的复苏，为了适应经济发展对各种人才的需要，各州先后建立了自己的教育制度。首先是在保证小学教育普及率和质量的基础上，努力筹办公立中学并发展大学，以形成一个由小学—中学—大学相互衔接的现代教育体系，为大量劳动人民的子女提供接受中等教育和大学教育的机会。④ 经济的发展为中小学的发展提供了条件，中小学的发展和改革向师资提出了新的要求，从而推动教师职前教育的改革。

　　其次，一些新的教育理论也涌入澳大利亚。事实上，不断引进和模仿国外教育模式是澳大利亚的传统。这一时期，澳大利亚教育界较多地吸取

---

① 南开大学经济研究所世界经济研究室编：《澳大利亚经济》，人民出版社 1975 年版，第 8 页。

② 吴祯福：《澳大利亚历史（1788—1942 年）》，北京出版社 1992 年版，第 253 页。

③ 南开大学经济研究所世界经济研究室编：《澳大利亚经济》，人民出版社 1975 年版，第 6—7 页。

④ Alan Barcan. A History of Australian Education. Melbourne: Oxford University Press, 1980: 221.

了赫尔巴特的教育思想。墨尔本师范学院院长史密斯（Smith）博士、悉尼师范学院院长亚历山大·麦基（Alexander Mackie）、新南威尔士州专员尼布斯（Knibbs）、特纳（Turner）和彼得·博德（Peter Board）还曾应邀到德国参加赫尔巴特教育思想的研讨会，他们回国后也积极传播赫尔巴特的教育思想。赫尔巴特的教育理论认为，教师应该接受良好的教育，包括中等教育和职前教育，掌握心理学和教育原理方面的知识。澳大利亚教育界采纳了这种思想，逐步取消了教生制，并且开办了许多师范院校以期提高教师质量。

从教师职前教育来看，联邦成立后，各州都继承了殖民地时期留下来的体制，即师范学院制和教生制两种培训形式，它们的主要任务是培养小学教师。

（三）各州师范学院的相继建立或重建

跨入20世纪后，澳大利亚的教师教育出现了一些新的气象。此前，该国维多利亚州、南澳大利亚州和新南威尔士州分别已开办了师范学院，但因办学条件不足，还存在着多方面的问题，加上经济萧条的原因而先后关闭。但到此时，情况发生了一些变化。各州政府当局经过调查研究，认识到师范学院制在当时是最先进的教师教育形式，而且在以往办学的过程当中也取得了比较丰富的经验，为小学输送了不少合格的教师。重建抑或恢复已关闭的师范学院，并加以完善和扩大，使之成为今后培训小学教师的主要机构不但是完全必要的，也是可行的。

1900年2月，维多利亚州的墨尔本师范学院率先获得重建与恢复，开始招收学科教师、教生和非学科教学教师。同年，南澳大利亚州也恢复了教师培训学院，并与大学合并成为阿德莱德大学的一个组成部分。[①]1903年，墨尔本大学开设了两年制教育文凭课程，专门培养未来的中学教师。1905年2月，墨尔本成人业余补习学校成立。原本这所学校打算办成初级教师培训学院，招收年龄至少为14岁的学生。由于许多学生不愿意从事教师职业，导致师范学校的生源不足，因而该校后来蜕变成了墨尔本中学。同年12月，维多利亚州通过了《教师和学校注册法》（the Registration of Teachers and Schools Act）和《教师法》（Teachers Act）。《教

[①] 雷晓春：《澳大利亚师范教育》，广东高等教育出版社1991年版，第34页。

师和学校注册法》要求有关部门对所有州立学校和私立学校及其教师进行登记注册，并对校舍状况进行视察。《教师法》规定了新的教师薪酬等级，将教生转为初级教师。① 从 1905 年起，州教育部每年都选派 20 名初级教师去墨尔本大学修读教育文凭课程（Diploma in Education Course），毕业后则去中学任教。由于必须达到注册要求方能做教师，私立学校的教师也纷纷去墨尔本大学进修教育文凭课程。鉴于师资短缺的实际情况，墨尔本大学不得已从墨尔本师范学院聘请一些部分时间制教师来学校任教。

1901 年 6 月，新南威尔士公立学校教师协会召开了一次会议，在此次大会上，首席检察官 B. R. 怀斯（B. R. Wise）抨击了州教育系统，他对教师的待遇太低、教生制度仍存在以及忽视高等教育方面的问题进行了批评。悉尼大学的哲学教授弗朗西斯·安德森（Francis Anderson）还提出师资培训制度应该进行改革。1905 年悉尼师范学院重新开办，取消教生制度，试行试用教师培训制度（probationary teacher-training system）。即从小学毕业生中选拔一批试用教师，学习两年课程。第一年学习学术科目，第二年进行教学实践，学成后参加师范学院的入学考试，录取者进入悉尼师范学院深造，其余则任命为小学的初级助理教师。1913 年，试用教师培训制度被废除，实行教师职前培训制度。在这种新的制度下，小学教师由师范学院培养；获得师范学院奖学金的毕业生去大学修读一年的教育文凭课程，完成学业后便可成为中学教师。

1906 年 4 月 1 日，塔斯马尼亚州的霍巴特成立了一所师范学院，采用学徒—学院混合培养制度（mixed apprenticeship-college system）。② 首先选拔年龄为 14 岁的学生担任一年的导生，然后进入师范学院学习两年课程。修完课程后，学员通常回原学校任教 2 年，然后回到师范学院再学习一年课程。1915 年 1 月后，师范学院对培养方式进行了调整，考生必须通过考试才能入学。培训的第一年，学员须去指定的学校任教，第二年再回到师范学院学习一年的课程。大多数学员毕业后担任小学教师，少数优秀生留在师范学院继续深造一年，毕业后去中学任教。

1912 年，西澳大利亚州创建了一所师范学院，为在职教师开设为期 6

---

① Alan Barcan. A History of Australian Education. Melbourne: Oxford University Press, 1980: 206.

② Ibid., 227.

个月的课程,① 挑选那些已获得中学毕业证书并在州立小学从教一至两年的人为学员。学成后学员可继续在师范学院学习两至三年的课程,毕业后去中、小学任教。

昆士兰州于1914年在布里斯班开办了一所教师培训学院,仍然沿用教生制。教师培训学院开设两类课程,一类是大学课程,另一类是短期课程。大学课程招收25名学员,学制三年,原则上学生每年都可以获得奖学金的资助,但在多数情况下,学生只能在就读的其中两年获得奖学金,学员在学习课程的同时还要进行教学实习。短期课程旨在提高未评职称的教师的质量,培训期为6个月,部分学员由地区视导员挑选,还有一部分学员则通过考试选拔产生。考试的难度较低,仅相当于小学五年级的水平,大多数师资还是通过教生制来培训的。② 昆士兰州的教生制一直保留到20世纪30年代初期。

各州所采用的不同的师资培训方式,反映了各州在教育需求和经济状况上的差异。而小学新课程的开发、州立中学的创建以及新的教学方式的应用必然要求师范教育体制进行改革。西澳大利亚州、塔斯马尼亚州和南澳大利亚州在改革师范教育的同时,保留了教生制的长处。昆士兰州却是一如既往地沿用了教生制。新南威尔士州和维多利亚州采用了试用教师制度或初级教师(junior teacher)制度,而新南威尔士州不久就用教师职前培训制度替代了试用教师制度。就此而言,新威尔士州的师范教育改革领先于其他各州。

四 成型期(1914—1930)

在1914年之后的15年间,澳大利亚的教师教育虽然基本上没有什么重大的革新,其发展主要体现在数量的增长上,但历经百余年的实践,此时澳大利亚的教师教育体系已经日趋成型,从而对该国此后几十年的这方面发展奠定了基础。

---

① Alan Barcan. A History of Australian Education. Melbourne: Oxford University Press, 1980: 227.

② Ibid., 226.

（一）高校中的教师培养

教师教育是一项专业性极强的事业。其复杂性和艰巨性，决定了它不是一般的机构所能胜任的。20 世纪 20 年代，澳大利亚的教师教育机构虽然出现了"群雄并起"的局面，但最为主要的承担者仍为师范学院、大学。

1914 年这个年份的意义不仅标志着所有的州都建立了师范学院；它同时也给澳大利亚带来了战争。战后政府采取了一系列教育政策，其中之一便是要求师范学院适应国家教育系统的扩张而扩大招生规模，这是由于自然人口的增长，以及移民和土地政策刺激的结果。20 世纪 20 年代后期，在人口最少的塔斯马尼亚州，每年在霍巴特师范学院学习的学生有 100 多人。学生数最多的则是在新南威尔士州，悉尼师范学院的学生人数在 20 年代中期约为 900 人，到 1930 年便达到了 1500 人。墨尔本师范学院的学生数量也保持增长，其中有一部分是函授学生。其注册的学生数从 1917—1918 年的 284 人增至 1924 年的 484 人，到 1928 年已超过了 1000 人。南澳大利亚州的师范学院的有关数据也表明其注册学生数在不断增长，尤其从 1919 年之后短期培训班合并到师范学院后，学生人数在下一年成倍地增长达到了 325 人，到了 1929 年，学生数已接近 500 人。[1] 维多利亚州的有关人士主张应该为乡村的学生考虑，在他们的家庭居住地附近建立培训机构。于是，在 1926 年，该州又建立了两所新的师范学院，一所位于巴拉特（Ballarat），另一所在本迪戈（Bendigo）。新南威尔士州也建立了一所乡村师范学院。

一般来说，大家希望这样的新机构能有针对性的帮助广大各科不同的教师，因为这些教师仅接受过一些短暂的培训课程。悉尼的亚历山大·麦凯（Alexander Mackie）一直要求建立一所乡村师范学院。他认为这不仅仅是使那些较小规模学校的教师能得到更实用的职前训练，并且应该拓展课程培训。在新南威尔士州有一项降低短期培训班入学年龄限制的政策，这导致了悉尼师范学院短期培训班的报考人数达到录取人数的 1.5 倍。到 1919 年，西澳大利亚州师范学院新生录取也达到了差不多的人数。政府

---

[1] B. K. Hyams. Teacher preparation in Australia: a history of its development from 1850 to 1950. Hawthorn, Vic: Australian Council for Educational Research, 1979: 74—75.

通过财政资助的形式，鼓励地方教师接受大学教育。例如，在昆士兰州，师范学院为学员们提供每周一英镑的津贴，西澳大利亚州师范学院则是每年为在读教师提供 20 英镑的补贴以及 50% 的来往车费报销。①

（二）各地教师专业性的职前培训

在这一时期，澳大利亚应该说是比较重视教师职前的专业培训工作的。当时最高的教师入职学历是在大学或师范学院取得的四年制的学士学位，而最低的入职标准却是修完 6 个月的短期课程。培养小学教师的课程在各州也是学制标准不一。在新南威尔士州和西澳大利亚州，小学教育专业的师资培训课程为期两年，有的学生甚至还要继续到大学接受教育，在南澳大利亚州，小学教育专业课程的培养期不得少于两年。在维多利亚州，一年制的培训课程继续保留，同时还要做至少为期一年的学徒。1920 年以后，塔斯马尼亚州将一年制的职前课程拓展到了 18 个月，同时还伴有 6 个月的"提前教学经历"。到了 1925 年，昆士兰州将职前教育课程由 18 个月延长到了两年。②

此时，各州在师资培养尤其是学徒制（apprenticeship）的培养方式上形成了鲜明的对照。新南威尔士州废弃了教生制，南澳大利亚州也认为教师应在从教前先接受职前培训，并于 1921 年开始停招教生，停止学徒制的培养方式。在其他州和地区，学生在进入师范学院前还要接受多种形式的培训。如塔斯马尼亚州，学生在进入师范学院前就要在中小学进行为期 6 个月的实践。而昆士兰州仍然保留着具有浓厚的 19 世纪特色的教生制。由于布里斯班师范学院不接受那些"毕业"的教生，因而学徒制只是作为师资培养的一种补充方式而不是为接受师范教育作准备。昆士兰州的这种传统做法导致其在这次教育改革中进步甚微，于是该州在 1923 年开始逐步废除这一计划。维多利亚州也开始行动，对 1925 年的《教师法》进行修订，但保留了学徒制度。1925 年以前，教生占小学教师总数的四分之一，高中的教生占教师总数的十分之一以上。1925 年的《教师法》有力地限制了教生制度，规定所有的教生在被派遣到学校以前都要接受正规

---

① B. K. Hyams. Teacher preparation in Australia: a history of its development from 1850 to 1950. Hawthorn, Vic: Australian Council for Educational Research, 1979: 75.

② Ibid., 83.

的师范教育。然而，这一时期在维多利亚的教师队伍中仍然有大量的教生存在。1927年，在超过600人的教生中只有将近半数的人接受过中等及以下的正规教育。[①]

在当时的教师职前专业培训中，无可避免地受到了当时风靡教育界的儿童中心论的影响。人们希望教师采用个性化的教学方法。但是，在强调个性的同时，专家也呼吁一线教师适当地学习心理学知识，运用心理学知识，区分统一年级中的优等生和差生并进行区别对待，因材施教。

在教师专业职前培训方面，悉尼和墨尔本发展迅速。不论是在悉尼还是在墨尔本，焦点还是集中在学生个体差异的问题上，墨尔本的培训课程甚至还包括了关于个体差异心理学的特殊课题。教师职前培训的其他课程还有诸如教育史和教育理论或者教育原理等。关于教育史课程，大多追溯教育的发展和思想，从远古时期一直到欧洲文艺复兴和中世纪，通常特别强调英国教育。那些与教育理论和教育原理相关的主题，普遍含有心理学的内容，并探讨教育意义、教育目标和教育测试，同时也有道德、教育美学方面的专题。这些课程的主讲教师都是专职和全职的大学教师，他们要求学生思考教育的目的和本质、课程的理论以及学校和教师在当代社会中的地位。

20世纪20年代末，充斥于澳大利亚的教师职前培训中的，满目尽是20世纪初出现的所谓关于先进方法先进理论的介绍。在鄙视系统知识传授与学习的实用主义的影响下，教师教育工作者们基于儿童研究，制订了关于个体差异和智力测量观念，用哲学和历史来诠释教育以及更多源自班级授课制的科学的学习理论。早在1918年和1928年，在悉尼师范学院，大学教师们纷纷质疑当时那种弱化系统授课的做法，同时要求一视同仁地对待各门教育课程。到19世纪中期，一年级的学生每学期要学习涵盖10门不同的科目（第二年减少到7门）。这些科目包括教育的原理和方法、学校和班级的管理、教育理论和教育史以及心理学，且都被压缩到每周只分配3个小时。西澳大利亚州要求学生学习两年课程，其所设置的科目十分丰富，但过多的课程以及相应的课业任务也导致了学生学习负担过重。在墨尔本师范学院，所有的教育专业课程被压缩到在一年内学完，并且还

---

① B. K. Hyams. Teacher preparation in Australia: a history of its development from 1850 to 1950. Hawthorn, Vic: Australian Council for Educational Research, 1979: 84.

要学习英语、历史、心理学、地理、绘画、自然科学、卫生学、音乐、语言学、农村学校组织、应用艺术、劳技和体育训练等科目。所有州的教师职前培训都包含了大量的学习科目,这严重妨碍了职前培训的合理进行。在大学学位课程外开设一些通识科目或特殊科目,不但不会缓解窘况,往往会使情况更为糟糕。

20 世纪 20 年代,人们试图进一步把悉尼大学与教师培养任务联系起来。麦基致力于加强师范学院与大学的联系。悉尼大学为培养中学教师开设了教育证书课程。[1]

1923 年墨尔本大学设立了教育硕士学位,学制两年。在取得第一个学位后,经过一年的教学实践,方可修读教育硕士学位,第一年学习两个主题的课程,第二年做学位论文。[2]

在这个阶段,在澳大利亚盛行了七八十年的"教生制"已不再是唯一或主要的师资培养方式,它充其量只是一种补充方式,同时,大学也逐步地参与师资培训,小学师资与中学师资的培养日趋分为两轨。

五 停滞期 (1930—1950)

由于战争的施虐、经济的萧条,20 世纪 30 年代后,澳大利亚的教师教育步入了一个发展的相对停滞期,从而不同程度地影响了该国中小学教育的实践。

(一) 专业性的职前培训裹足不前

在教师培训方面,如果说 20 世纪前期是一个改革时代,第二个和第三个十年是一个巩固和适度前进的时代,那么可以说,此后到 20 世纪中期,澳大利亚在这方面的发展情况是令人失望的,它并没有在以前所取得的成就高度上再有所上升。20 世纪 30—40 年代的师资培训工作没有再有所前进,其部分应归因于经济萧条、战争和优先恢复建设等混乱情形。这

---

[1] Turney, C. Sources in the History of Australian Education, 1788—1970. Sydney: Augus & Robertson Pub. Pty Ltd, 1975: 373.

[2] B. K. Hyams. Teacher preparation in Australia: a history of its development from 1850 to 1950. Hawthorn, Vic: Australian Council for Educational Research, 1979: 98.

20年在某些方面进步很小,而在某些方面甚至是倒退的。在大学的角色方面也显示出进步与倒退的结合,即一方面在教师培训上发挥了他们的专业性,另一方面又在一定程度上放弃了与师范学院联合培养师资。总体上看,这一时期是澳大利亚在改革和提高教师培训及教育质量方面几近停滞不前的时期。

  1930年到1950年这一时期受到席卷澳大利亚的经济大萧条,世界战争以及在这一阶段结束之际由此引起的经济后果的严重影响,这意味着在教育和设施的提供,包括师资培养方面,还没有从上一次倒退中恢复过来,就又陷入了困境。澳大利亚所有的州对这些灾难的最初反应是抑制公共开支,受经济影响的一个主要后果是削减招生规模。这对各师范学院造成了不同程度的影响。在布里斯班,师范学院入学人数从1930年的151人猛降到1931年的38人。[1] 昆士兰州吸纳了一些师范学院毕业生进入国家公共服务系统,当然日后可以重新回到教学岗位。在昆士兰州和澳大利亚的其他地区,对学生的资助或是减少或是取消,同时随着招生的减少,教学人员和课程范围也相应减少。塔斯马尼亚州将小学教育专业课程的学习时间从18个月减少到12个月,并减少选修科目,直到1937年才完全恢复到18个月的课程学习时间。维多利亚州和西澳大利亚州的情况则更糟,维多利亚州不但终止给在职教师发放教育文凭,同时还关闭了巴拉特和本迪戈两所小型的师范学院。西澳大利亚州的克莱尔蒙特师范学院于1931年底关闭。

  1934年年中,悉尼师范学院重新开办,由于教师工会施加压力,先前的标准才得到一定程度的恢复。以前两年的小学教育专业课程被减至一年,先前的一年制农村学校教学短期课程缩短到了6个月,这一做法一直持续到1937年。经济大萧条以及二战而导致的资金短缺对师资培训所需要的物质设施的提供等造成了不小的影响。昆士兰州的布里斯班师范学院仍在市中心的旧建筑物里办学。它缺乏必要的休闲室和储藏室,办学物资十分匮乏。这种情况一直持续到1942年,当时学院搬到了布里斯班郊区的开尔文格罗夫。即使在那里,情形也不尽如人意,由于教学大楼的设计缺乏想象力和前瞻性,这些建筑与当时一般的民用建筑和州立学校的设施

---

[1] B. K. Hyams. Teacher preparation in Australia: a history of its development from 1850 to 1950. Hawthorn, Vic: Australian Council for Educational Research, 1979: 103.

几无差异。塔斯马尼亚州的培训基地过于陈旧、狭小，总的来说那里的环境不适合学生学习。20世纪40年代早期，由于公共经费的限制，降低了对澳大利亚师范学院的投入，使得这些师范学院无法提供优质的师范教育。例如就图书馆而言，只有悉尼拥有合理的藏书场地和并不算少得可怜的藏书量（53000本），塔斯马尼亚州师范学院的总藏书量只有3000本，[①]当时没有哪一所学院在藏书量方面能与悉尼师范学院相提并论。

在维多利亚州，书本是由学生支付的学费购买的，每年学费为5先令。从20世纪30年代后期开始，每年这笔基金由国家教育部提供，每年的经费仅为100英镑。在塔斯马尼亚州，每年由教育部提供给图书馆的经费仅为20英镑。而在西澳大利亚州是没有经费资助的。[②]

1939—1945年的世界战争对澳大利亚师资供给量有直接的影响。在那段时间约有1000名学生或培训人员参了军。当时政府的人力政策规定，未学完师资培训课程的学生，或者未满一年教龄的教师，或是未满19周岁的在校男生，可免服兵役。大学教师中约有5000多人被调去参军，由于教师数量的急剧短缺，大学不得不开设一些紧急培训课程。在昆士兰州，大学的应对措施是将一部分学生的培训时间缩短至18个月。[③] 维多利亚州的学生在他们大学还没毕业之前就被送往农村的学校去做指导和监管工作。因防空和战备之需，西澳大利亚州的师范学院又一次被关闭了。

战后，师范学院面临的是更为严峻的调整。这一发展阶段主要的需求是要完成那些在战争时期因参军而中断了的培训、培养合格的师资以替换战争时期在公立学校工作的临时教师，那些都是已婚妇女、退休教师和不具备正规资格的人员。随着全国人口出生率的增加以及从英国和欧洲大规模的移民引进，师范学院的招生规模剧增，仅仅是战后的就业和招聘市场的恢复明显不够容纳那些毕业生。师范学院招生规模的扩大也不够容纳新进的人口，因此，新南威尔士州建起了新的大学，悉尼的巴尔曼（Balmain）郊区、瓦格（Wagga）和纽卡斯尔（Newcastle）分别在1946年、1947年和1949年都相继建起了大学。维多利亚州的本迪戈（Bendigo）

---

① B. K. Hyams. Teacher preparation in Australia: a history of its development from 1850 to 1950. Hawthorn, Vic: Australian Council for Educational Research, 1979: 104.

② Ibid., 105.

③ Ibid., 105—106.

和巴拉特（Ballarat）两所师范学院分别于1945年和1946年重新开办。[1]

这种情况在其他州也开始出现。塔斯马尼亚州在1946年开始有了教育类的大学教授。两年之后，从教育部到塔斯马尼亚大学，都要承担培训教师的责任。在昆士兰州，由于1938年开始颁发教育类证书和大学学位，大学的职责也日益增多。时至1950年，教育学院也已经成立。[2] 这时，除南澳大利亚州外，澳大利亚其余各州均已有教育类教授的岗位设置。这些发展充分反映了澳大利亚各教育系统的扩张态势，尤其反映了该国中等学校的发展情况。

（二）培训理念趋于保守

在这一时期，从很多方面可以看出澳大利亚在师资培训上的高度保守性。其中之一便是雷打不动的学徒制体系。20世纪30年代和40年代，这种学徒制度首先在新南威尔士州得以重新采纳，然后逐渐遍及全国。昆士兰州最终在1935年停止任用教生，但是仅时隔一年，新任的教育部长还是倾向于支持在接受师范教育前进行教学实践。昆士兰州为了避免恢复以前的学徒制度，鉴于当时教师的紧缺，因而出台了一项特殊的学生教师计划。在这一新的制度下，新生在进入大学学习之前要进行为期一年的教学，但不需要承担管理班级的全部责任，并且能优先进入师范学院学习。与此同时，其他4个实行学徒制度的州，大学新生被称为初级教师、实习教师，或者是班长（班级监管员）。在南澳大利亚州，尽管1921年进行了麦考伊（McCoy）改革，但是学徒制还是没有完全消失。事实上，学徒制在30年代便出现了复兴的态势，一小批教生（初级教师）在40年代仍受雇于各个学校中。在其他各州中，学徒制度仍然像20年代那样在实施。大学新生通常是一些16岁或16岁以上的获得毕业证的青年。不过在塔斯马尼亚州，女性若有中学考试证书的话也可以成为初级教师。西澳大利亚州的学校要求校长指导专业培训，即一些课程的教学方法，而除了南澳大利亚州的学校外，其余的州都要求教生要继续学业。各州实践的时间长短不一，塔斯马尼亚州要求学徒期限为6个月，而在维多利亚州则要长达五

---

[1] B. K. Hyams. Teacher preparation in Australia: a history of its development from 1850 to 1950. Hawthorn, Vic: Australian Council for Educational Research, 1979: 106.

[2] Ibid., 106.

至六年。本来学徒制是替代师范院校的学习的，而并不是作为师范教育的前期准备，但到了40年代学徒制几乎是销声匿迹了。只有在维多利亚州还有一些地方保留了学徒制。那些没有读过大学的学徒可以在学徒期间取得证书并有资格在维多利亚州的小学系统被任命为助理教师或班主任。

在这段时期，教育界还在继续争论前期训练和职前教育的各自优点。到了30年代中期，大多数澳大利亚的顶级教育管理者们开始赞同"预备的课堂教学经历"。此观点在1936年布里斯班召开的两年一次的教育监督会议上得到了支持。在那次会议上，倡导者们准备好提出许多理由来保留学徒制度。其中一个理由便是通过这种制度能够检验出一名学徒有没有教学能力或是否热爱教学。学徒制也能够使大学生在课堂教学和班级管理方面更有自信。更重要的是，学徒的经历能够使他们更好地理解大学课程的知识。

教育监督会或许赞同学徒制度，而其他各州的教师工会却持反对意见。因为把初级教师招聘为正式的教师，这种举措降低了教学的专业水平，因而引起了大家的反对。工会反对的另一个理由是对学徒来说既要学习又有繁重的教学任务，尽管不是每个地方都要求全职的教学，而且每个班的人数都控制在25人到30人，初级教师们还是要承担工作和责任的重压。同时，有关部门的官员承认这种制度的不足，即把学生长时间地托付给年轻又没有受过培训的人是不合适的。到了20世纪50年代，在澳大利亚这种学徒制度逐步消失。西澳大利亚州、塔斯马尼亚州和维多利亚州分别于1951年、1948年和1949年相继废除了这种学徒制度。到了20世纪60年代，学徒制度才最终彻底退出澳大利亚的教育体系。[1]

（三）教师教育课程发展滞缓

不仅教师教育理念有保守之嫌，而且这一时期该国教师教育课程也有一个发展迟缓甚至裹足不前的问题。南澳大利亚州的农村教师培训课程学制基本上都一成不变地规定为一年，昆士兰州的中学教师培训时间也是一年。在维多利亚州，大学里开设的小学教师培训课程时间为一年。在西澳大利亚州，随着克莱尔蒙特师范学院在1934年复办，教师培训课程也重

---

[1] B. K. Hyams. Teacher preparation in Australia: a history of its development from 1850 to 1950. Hawthorn, Vic: Australian Council for Educational Research, 1979: 110.

新开课，但在随后的经济萧条中它的课程学制削减为一年。为了缓解因政府缺乏远见而造成的师资紧张局面，新南威尔士州自1936年起开设为期一年的师资培训课程。经济危机造成了用于教师培训的资源短缺，同样的问题也出现在二战时期。因此，深受其害的维多利亚州和塔斯马尼亚州为改变这种局面作出了很大的努力。在北部地区，在教师工会的不断倡议下，最终确定标准的大学培训课程为两年，入学的条件是通过高中毕业考试。然而几乎就在战争结束后，为应对师资短缺的问题，里斯本大学的一些学生在完成培训课程前就迫不及待地到一些学校去实习。1947年，昆士兰州和其他的一些州也跟着效仿。因为当年为了安排退役人员和其他社会人员的就业问题，开设了很多为期一年的就业培训课程，因而需要大批的教师。

在20世纪30年代至40年代，因为入学门槛高且课程学制短，致使许多预备做教师的学员非常不满。而且每个州在小学教师的培训课程内容方面也有不同的安排。塔斯马尼亚州和南澳大利亚州师范学院保留了为期两年的培训课程，并允许学员再选修两至三门大学开设的课程。即使是在学制缩短的西澳大利亚州也允许学员到大学选修英语或历史课程。在其他州，这些选修课程都由师范学院来开设，悉尼师范学院便是其例。因为该校的规模较大，可以聘用更多的高水平大学讲师来讲授社会科学、生物科学、文学等课程。而昆士兰州就逊色一些，开设的课程并不那么专业，只限于一些有关初等和中等学校的教师资格考试的科目。虽然语言类和历史课程也向所有的学员开放，但这些课程对学生没有专业限制也不需要考试。在维多利亚州，唯一的一门选修课是英语，课程内容也涉及语言教学方法。

另外，大学课堂的理论讲授成分在当时仍占统治地位，这与20世纪初期的情况相差不大。教育专业研究的重点几十年来一直没有多大的改变。在大多数地方，这些课程包括教育理论、教育心理学、针对不同课型的教学方法等。当时新增的一些课程包括卫生、艺术、手工、演讲、音乐、自然、体育等，这些是小学教师必须掌握的知识。除了传统的直接授课外，每周的专业课程学习时间大约为27小时，其中大部分时间用于课程内容和教学方法的学习。悉尼大学、阿米代尔大学、墨尔本大学和珀斯大学每周还举办4—6小时关于教育理论和心理学的研讨会，昆士兰州开设的高级课程每周只有一小时的研讨时间，而教育理论课程并没有出现在霍巴特大学和阿米代尔大学的课程表上。[①] 也就是说,它们的课程重点是放在教学实践上而不是理论研究。

  鉴于大学课程的密集程度,人们对于理论知识的研究在时间与精力上往往显得力不从心,从而只能是浅尝辄止,难以深入,更遑论站在学科研究的前沿了。在此等情形下,教师教育课程要变革与创新便显得勉为其难甚至步履艰难了,从而出现了课程结构需要变革却仍然是基本不变的现象。心理学这一重要的教师教育课程的情况就是如此。30年代前期,行为主义心理学占据了课程内容的统治地位,其后几年渐渐让位于格式塔主义。但不管怎么变,心理学的研究重点始终是性格、反常表现,测量、动机和学习过程,关注于儿童的特殊性,如"呆滞"和"优异"。儿童身心发展过程中的不同阶段,以及与之相对应的教育侧重点是30年代中期至40年代的研究重点。

  关于教育学理论的其他方面,曾经在20年代广受关注的研究主题依然在大学受到青睐,如教育的本质、教育目标、教育史。

  20世纪50年代以前,澳大利亚在教师教育方面整体上呈现出保守的态势。虽然当时越来越多的注意力放在了所谓的"本土"教育家上,而实际上这些教育家的观点只不过是沿袭了国外教育家的观点。他们在英国或美国学习教育心理学时,对某一方面的研究特别感兴趣,就把这些研究直接引入国内,甚至都没有与澳大利亚本国的实际相结合。除了一部分例外,大部分被引进的国外教育家著作由英格兰教育部门出版,用来给小学教师提供课堂实践方面的建议。

  师资培训中的教育实践,在职前课程中占据了同样重要的地位。20世纪30年代至40年代,学生要花12周或更多的时间在实习学校里,并接受当地教师的指导,师范学院的教师也时常去查看实习进度。虽然总体的原则和步骤是一样的,但是实际的操作却因校而异,甚至在同一学校中也出现了今年与往年不一样的情况。如昆士兰州和西澳大利亚州在全年中每周都安排一到两天的时间让学生到实习学校去实习,而其他学校通常是

---

① B. K. Hyams. Teacher preparation in Australia: a history of its development from 1850 to 1950. Hawthorn, Vic: Australian Council for Educational Research, 1979: 112.

安排连续的几周时间进行实习，一般持续 5 周。[①] 这样的安排显然更容易受到实习学校的欢迎。

（四）培训部门缺乏积极态度

由于种种原因，这一时期，澳大利亚高等院校及其教师们在教师教育中所扮演的角色是不尽如人意的，甚至是令人沮丧的。高校及其教师在这一阶段仍像以前一样，完全只是保守的培训代理人，而不是能动参与者。他们在培训过程中往往成了跟随者而不是领导者。这并非是他们对改革中提出的明确要求无动于衷，而是因为繁重的培训工作使得他们疲于应付，也因为他们缺乏足够的自主权，一直使得他们对教育工作中的诸多问题难以体现其个性与创造性。如同前几十年，提供各种专业教师的培训课程就非常之多，这一点在幼儿教育师资的培养上得到了充分体现，从 40 年代初起，除昆士兰州以外，所有的州都开设了幼儿教育课程。而在一些州这些课程通常以其方法论与普通初等教育课程区别开来，并且在接受完第一年的通识教育之后只有一年的专业培训期。大学也没有普遍开设在其他特定领域的课程，如美术、音乐、商业学科、家政学以及工艺学，这反映了这些课程在基础学校中尚未充分发展，也表明了基础学校对这些专业教师的需求较少。除了西澳大利亚州和昆士兰州，所有州的高校都为美术教师开设培训课程，其与地方职业技术高校合办的培训课程的学制不超过两年。以音乐学科为例，在新南威尔士州、维多利亚州和南澳大利亚州，只有一部分学生能参加由相关学院和音乐学院开设的培训课程。小学教育专业课程和中学教育专业课程的学制因地区不同而有所不同，可以是一年或者三至四年甚至更长。1944 年，悉尼师范学院开设了四年制的美术和音乐课程。

鉴于澳大利亚国家教育部门固有的保守性，师范学院受其影响，很少有自主权。这一问题逐渐地有所改观——如在师范学院对学生的考核问题上。到 30 年代末只有布里斯班师范学院的试卷编制和批改工作仍由公共教育部门直接负责。大多数师范学院的图书馆条件太差，授课不得不成为学生获取知识的主要途径。由于师生比例的失调，许多师范学院不能实行

[①] B. K. Hyams. Teacher preparation in Australia: a history of its development from 1850 to 1950. Hawthorn, Vic: Australian Council for Educational Research, 1979: 116.

小班授课，某些师范学院的低质量教学致使授课时间延长。30年代，师范学院的某些学科是由同一名教师教授的，而授课的教师十年前就教授这些学科，十年后采用的教学内容和教法也如出一辙。塔斯马尼亚州的一位发言人认为应该在学院内部进行重大改革："如果希望学院的毕业生具备先进的教学理念和技能，必须摒弃学院旧的教学方法。"①

1947年西澳大利亚州大学也成立了一所教育学院，并且开始有了学士学位的授予权。至1950年前，只有南澳大利亚州的大学没有教育学位授予权。

总而言之，在1930—1950这两个十年中，整个教师教育实质上没有进一步地发展或提高。很明显，学徒制已逐渐淡出澳大利亚教师教育的历史舞台。同时，师范学院的最低入学标准也提升到了高中毕业水平。师范学院中的小学教育专业课程的学制一般为两年，最少的为一年，这已使毕业生有足够的能力来应对小学中的教育工作了。中学教育专业课程主要由大学承担，学制一般为四年。

六 改革发展期（1950年以后）

1950年以后，澳大利亚的教师教育便进入了一个大改革大发展的时期，澳大利亚公立师范学院从1946年仅有的7所，到1962年就已发展到了28所。②

（一）高等教育学院问世

20世纪50年代至60年代，由于澳大利亚国民经济的发展和经济结构的变化，教育事业也需要进行改革。联邦政府成立了以马丁为首的咨询委员会，对高等教育的情况进行了全面的调查。在调查的基础上，咨询委员会提出了筹建高等教育学院（College of Advanced Education）的建议。政府接受了这一建议，在60年代中期，将原有的师范学院、技术学院和其

---

① B. K. Hyams. Teacher preparation in Australia: a history of its development from 1850 to 1950. Hawthorn, Vic: Australian Council for Educational Research, 1979: 121.

② Alan Barcan. A History of Australian Education. Melbourne: Oxford University Press, 1980: 338.

他一些高等教育机构合并，建立了一种新型的高等教育学院。这种新型的高等教育学院与金融、企业、公司和政府部门有着广泛的联系，形成了一种以高等职业教育、技术教育为中心的教育体系。这类学院发展极为迅速，到 1980 年澳大利亚全国已有 68 所高等教育学院。[①] 高等教育学院成立后，师范学院这种学校类型便完成了它的历史使命，渐渐地退出了澳大利亚教育的历史舞台。高等教育学院开设三年制的教学证书（Diploma of Teaching）课程，以培养幼儿园教师和小学教师；还有一年制的研究生教育证书（Graduate Diploma in Education）课程、四年制的教育学士学位（Degree of Bachelor of Education）课程和二年制的教育硕士学位（Degree of Master of Education）课程。[②] 高等教育学院和综合性大学共同承担了教师教育的任务。

（二）教师教育大学化

教师教育由大学来承担，是现代教育发展的一大重要趋势。因为大学具有专业师范学院所不具备的综合性。从大学的结构逻辑来看，它们通常由本科生院、专业学院和研究生院构成。在大学里，教师教育首先要通过本科生院的通识知识和学科知识教学以及学术能力培养，使学生获得扎实而宽泛的学术基础；然后再经由专业学院来完成准教师的专业知识、实践知识、专业技能和实践技能以及专业伦理的培养。从功能逻辑的角度看，大学主要体现教学、研究和社会服务的功能。教师教育在大学里也同样具有了鲜明的教学、研究与服务趋向，它无可避免地肩负起了培养研究型教师、全方位地为中小学教育服务的使命。在培养学生中所凸显出来的学科基础的扎实性、知识视野的广阔性、学术能力与应用能力养成的统一性，往往为传统的师范学院所不及。

正因为如此，20 世纪 80 年代末 90 年代初，在国际上各发达国家教师教育走向综合、纷纷实现大学化的大潮流中，更在其自身政治经济文化教育发展需要的驱使下，澳大利亚联邦政府开始了采取一系列接轨于国际、迎合国内发展需要的教师教育改革举措，推动其本国教师教育的大学化的

[①] 王永达：《澳大利亚高等教育学院的若干特点》，《外国教育资料》1985 年第 3 期，第 55 页。

[②] 参见鞠彦华《澳大利亚的师范教育》（下），《教师教育研究》1990 年第 2 期，第 67 页。

进程。一是将高等教育学院或其中的一部分与原来的技术学院合并,从而直接产生了一大批肩负有教师教育使命的大学,如昆士兰技术大学、悉尼技术大学、维多利亚技术大学、南澳大利亚大学等;二是将数所高等教育学院合并,由此产生的大学有:西悉尼大学、查尔斯特大学等;三是将原先的高等教育学院升格为大学,著名的堪培拉大学、斯温伯恩技术大学、伊迪丝·考恩大学、昆士兰大学、南昆士兰大学等,便是这一时期这一举措的产物。经过新的组合,所有的高等教育学院已不复存在,均变成为了大学。由 35 所在地位上相同的大学所组成的高等教育新体制得到确立。① 至此,澳大利亚教师教育的任务开始完全由大学来承担,也真正实现了教师教育的大学化。大学分别开设早期儿童教育、学校教育、中学教育、成人教育等专业的教师教育课程,为澳大利亚各级各类学校输送了一批批合格的高质量教师人才。大学既开设职前课程,也为在职教师开设学历进修课程。

教师教育的大学化,使得教师教育的水准跃上了一个崭新的层面与高度。由于大学本身所有的综合性质和学术氛围,使得就读于大学且有志于从事教师职业的"准教师们",有可能在掌握从事中小学教育所需的教育科学理论、现代教育技能、教育艺术及教学机制的同时,更加重视自己学习领域的拓展与加深,更加关注自身跨学科素养的习得与养成,从而更充分地做好担任教师角色的准备,为毕业后顺利地进入教育工作岗位、尽快适应教育教学工作打下坚实的基础。当然,在澳大利亚,新教师的入职教育和职后更新教育更多地抑或更主要地是在教师任职学校进行,也包括专业协会开展的活动。

七 澳大利亚教师教育发展轨迹分析

澳大利亚的教师教育与该国的历史一样年轻。它缘起于 18 世纪囚犯及其新生代教育的需要,其后走过了一个蜿蜒曲折的发展过程。

在 19 世纪的澳大利亚,大部分准教师基本上仍无法获得最基本的职前培训。殖民政府所推崇的小学教师学徒制体系只是一种紧急的应对措

---

① 许明:《近年来澳大利亚高等教育政策的走向》,《吉林教育科学》1997 年第 5 期,第 32 页。

施。很多新教师被派遣到办学规模很小的农村小学。在那里，一所小学只有一位教师，而且事实上也没有任何正式教师。

随着澳大利亚国家高等院校体系的建立与发展，要求中等学校的教师必须接受四年的职前培训课程。这与小学教师只需要接受一年或两年的职前培训课程形成了鲜明的对比。原因是当时澳大利亚教师教育界认为小学教师没有必要接受如此高层次的大学教育。

从1850—1950年澳大利亚这100年的教师教育发展史中，无论在理论还是实践培训方面，进步都非常缓慢。20世纪中期，是澳大利亚教师教育转变的临界时期。从1950年以后的30年，教师教育专业学生数量不断上升，对师资培训机构的资助也显著提高，澳大利亚的教师教育自1950年后至20世纪80年代呈现出一派欣欣向荣的景象。20世纪80年代末90年代初，澳大利亚教师教育开始走向大学化，其教师教育的水准又跃上了一个崭新的高度。

总体上看，从殖民地时期由英国流放的罪犯充当教师，直至当前中小学的高质量师资队伍，澳大利亚教师教育凸显了其起点低、发展快的典型特点。其中有不少值得我们关注的特色。

其一是教师教育的因"生"而变性。这里所谓的"生"指的是教育对象的情况。该国在英国人登陆前本已存在教育，但那不是现代意义上的学校教育，只是一种日常生活中尤其在劳动中随机进行的教育。因此，并不存在对现代意义上教师的需求。然而随着英国殖民者的登陆，大批英国罪犯的接踵而至，培养现代教师以执教现代学校，对罪犯们的子女，也即新生代澳大利亚人进行正规的高质量的教育，便无可避免地摆到了人们的面前。澳大利亚的教师教育正是在适应这一崭新的教育对象需求的情况下应运而生的。倘若不是大批英国罪犯后代的出现以及他们急需教师执教，澳大利亚的教师教育就不可能无缘无故地自发产生。事实上，澳大利亚教师教育的发展也不得不归因于该国教育对象情势的变化。正是因为需要受教育儿童人数的不断增加和人们对学校教育质量期望的提升，才使得导生制与短期培训班这些培养师资的形式得以在19世纪初叶的澳大利亚引入，使得师范学校、师范学院在19世纪中后期成立，并最终走上大学化之路。

其二是教师教育的社会关联性。该国教师教育的发展，从19世纪的萌芽、初创，到20世纪的演化、成型和改革发展，除了有教育对象因素的作用外，更重要的还在于该国社会发展进程对教师教育的推动。从导生制与短期培训班的出现，到初级师范学校与州立师范学院的建立无不如此。倘若澳大利亚社会大众没有这方面强烈的呼声，也没有澳大利亚社会经济发展及其所提供的经费资助，这一切都是不可想象的。澳大利亚教师教育发展之路并不平坦甚至有些蜿蜒曲折、步履蹒跚，也同澳大利亚整个社会的发展情况密切相关。该国19世纪末，师范学院因经费问题难以为继，纷纷关闭，便是该国19世纪90年代发生严重的经济危机所致。20世纪后又渐次获得重建与恢复，主要原因之一同样在于该国此时经济发展开始复苏。20世纪30年代后，澳大利亚教师教育发展进入了一个相对停滞的时期，不仅教师教育课程多年一面，没有发展，而且教育理念也趋于保守，这在很大程度上与此一时期战乱纷起，人们无暇顾及教师教育创新，甚至满足于现状维持等有关。

其三是教师教育发展高端化的历史必然性。澳大利亚的教师教育的发展过程，是一个从无到有，从低端到高端不断提升的过程。如今，其教师教育已经大学化，教生制、师范学校乃至师范学院在澳大利亚都已经成为历史。在某种意义上，这种发展既是社会大众对中小学教育高期望的产物，也是教师教育内在规律使然。随着社会政治经济的发展，人们对中小学教育质量提出了更高的要求，它要求中小学有更高水准的师资队伍，以使培养出来的学生既能适应当前社会的就业需要，又有适应去大学深造、充分发展自身潜能的需要；既是社会所需的人才，又是社会所需的公民。这就给教师教育提出了前所未有的挑战。它唯有走大学化之路，充分利用现代大学本科生院、教育学院和研究生院并存，研究性与师范性兼具的优势，来实施教师教育这一系统工程，才有可能培养出为中小学所需要的高水准的教师。

第三章

澳大利亚的教师专业标准

没有规矩无以成方圆，教师教育也是如此。倘若没有一定的规则与尺度，任由教师教育院校随心所欲地进行所谓的教师教育，那么各地各机构所培养出来的教师将不可避免地会出现良莠不齐、鱼龙混杂的混乱局面，从而影响中小学教育的质量。因此制定中小学教师的专业标准，是各国教师教育发展的必然趋势，澳大利亚亦然。

一 教师专业标准的历史背景

（一）国外"教师专业标准"潮流的推动

制定教师专业标准，促进教师的专业发展和提高教师的专业地位，不仅仅是教师组织、教师教育工作者、教育研究人员的诉求，而且是各国学者、政府部门和社会公众不约而同的呼声。如何建立一支专业水平高的教师队伍成为各国教育界关注的焦点。为了实现这一目标，不同国家和地区制定和出台了适合本国本地区的教师专业标准，以便规范教师的专业活动。

第二次世界大战后，欧美发达国家致力于推进教师的专业化进程。一些国家重视教师专业标准的制定和实施，旨在通过建立教师专业标准加强教师队伍建设，提高教师质量，实现教师专业化的根本目标，这几乎发展成了教师教育的一种"潮流"。

美国专设有国家教师教育认证委员会以及国家教师专业教学标准委员会等机构，它们在教师专业标准的制定中发挥着重要的作用。美国从20世纪80年代末开始对教师的入职标准和在职标准进行制定与实施。1987年美国出台了全国性的教师入职标准，同年，美国国家教师专业教学标委员会研制了教师的在职标准。[1]

2003年,美国国家教师专业教学标准委员会颁布了国家教师专业标准,该标准包含五个方面的要素,即教师对学生及其学习承担责任;教师熟悉他们所教学科的内容,并懂得如何把它们教给学生;教师对学生的学习负有管理和监控的责任;教师能系统地对教育实践进行思考,并从经验中学习;教师是学习共同体的成员。[2]

与澳大利亚方方面面都有着千丝万缕的特殊关系的英国,在这方面也不甘落后。1989年,英国教育科学部规定所有由地方政府兴办或补助的学校教师必须是合格的教师,并且对合格教师的标准作了明确的界定。合格教师的标准有三条:一是经过教育科学部以及代表教育科学部的其他单位认证的合格教师;二是修完教育学士学位课程或教师证书课程或研究生证书课程的教师,且这些教师教育课程必须是经教育科学部认可的;三是必须是符合教育科学部所定标准的合格教师。只有符合上述标准的合格教师才能在公立学校任教。1998年,英国政府出台了一系列与教师职业生涯的不同阶段相对应的教师专业标准。2002年,英国教育标准局与英国教师培训署颁布了《英国合格教师专业标准与教师职前培训要求》,从专业价值观与实践、知识和理解、教学能力三个方面对教师专业标准做了规定。[3]

执西方政治经济乃至教育变革与发展之牛耳的英美诸国在教师教育上采取的这种"潮流性"做法,在客观上无疑对澳大利亚规范教师教育工作,尤其是制定教师专业标准,起了重要的促进作用。

(二)澳大利亚教育界观念的变化

如果说英美等国的做法为澳大利亚教师专业标准的制定提供了一个良好外部推力的话,那么,澳大利亚国内教育界人士在这方面认识的加深,便是该国教师专业标准形成的内部驱力了。

---

[1] 张治国:《美国四大全国性教师专业标准的比较及其对我国的借鉴意义》,《外国教育研究》2009年第10期,第34页。

[2] 张广武、许立新、张广成:《〈美国国家教师专业教学标准〉述评》,《世界教育信息》2004年第6期,第59—60页。

[3] 夏惠贤、严加平、杨超论:《英国合格教师专业标准与教师职前培训要求》,《外国教育研究》2006年第3期,第51—56页。

在长期的教师教育实践中，澳大利亚教育界人士也开始意识到制定合适的教师专业标准对于教师教育质量的意义，并着手采取了一系列的措施。

为了提高教师专业发展水平，澳大利亚过去十几年里采取的一个主要措施是推进清晰地界定教师专业标准方面的工作。在过去十几年中，这是一个国际范围内关注度不断提高的研究领域，它有效地代替了20世纪80年代和90年代早期注重教师能力提高的运动。制定教师专业标准可能成为所有教育体系的一个优先领域，它在未来的年代里将继续成为一个热门话题。

在进行一系列系统行动的同时，许多国家层面的教师专业协会制定了某些特定学科的专业标准，以推动国家教师专业标准的出台。如澳大利亚计算机教育协会实施了旨在界定高中信息技术教师的相关标准的计划。

澳大利亚数学教师协会（Australian Association of Mathematics Teachers，AAMT）制定了澳大利亚中小学数学教师教学优异标准，它旨在建立一种机制，以便依据这些标准给教师授予证书，并以此作为认可和奖励具有高素质教师的手段。

澳大利亚科学教师协会（Australian Science Teachers Association，ASTA）制定了一个标准，它注重衡量高素质教师知道什么及能做什么。澳大利亚科学教师协会认为，这些标准是认可和承认与绩效考核和工资定级相关联的技能、专长和经验的手段，推进和实施教师专业标准被视为创造一个奖励和认可教学优异性的职业路径的关键因素。[1] 同时，澳大利亚科学教师协会也看到了使用标准监控教学工作、改进教师教育和教师专业发展的益处。

有关人员在开展一些初步工作的基础上，建议制定一个国家框架，以便描述教师的信息与通信技术能力的标准及指导教师教育人员和教育行政部门人员开展相关工作。这方面的工作承认专业协会在研制、实施、评价标准方面的关键作用，并强调澳大利亚制定一个国家层面的标准框架的必要性。

许多提议都强调教学标准由教师研制和使用的必要性。澳大利亚教育研究协会强调指出："教师职业地位不可能只通过一个强加于教师专业的

---

[1] 转引自 Committee for the Review of Teaching and Teacher Education. Australia's teachers: Australia's future: advancing innovation, science, technology and mathematics: main report. Canberra: Department of Education, Science and Training, 2003: 110.

专业标准而得到提高。专业标准必须由专业人员制定和使用。所有专业标准必须建立在由教师自身积累起来的专业知识的基础上。"①

澳大利亚校长协会专业发展理事会（Australian Principals Associations Professional Development Council，APAPDC）从事一项工作，以鉴定一个成功的学校领导者所需具备的知识、技能和特性。这一研究建立在澳大利亚校长协会专业发展理事会以前所做工作的基础上，旨在描述澳大利亚中小学校长的能力状况。专业标准运动将教师专业组织、政府部门、教育管理机构、教师教育工作者和其他组织整合在一起，形成一个广泛联合的专业改进体系。

此外，在教师职业的一系列组织协同合作，研制并于2003年5月发布了"教师职业关于教学标准、质量和专业主义的国家声明"（National Statement from the Teaching Profession on Teaching Standards，Quality and Professionalism）。这一声明得到15个全国性的专业协会和联合会以及一个州教师注册委员会的支持。

澳大利亚教育学会指出："教学不是一个无标准的工作。绝大多数教师都理解高质量专业实践的重要因素，尽管绝大部分的认知仍停留在直觉的层次。标准确实有助于认知和能力的外显化。这不仅对教师职业里的同事来说是如此，而且对学生、家长和社区来说也是如此。他们也提供了高质量教学得以鉴定、表彰和奖励的手段。"②

上述"国家声明"标准的使用问题："标准是行动的工具。通过使用这种工具，教师能够在促进教学质量提高方面履行更大的职责。标准的用途必须主要涉及专业学习。如果它们被用于惩罚性的和非专业发展的目的，那么它就会与专业主义的精神背道而驰。"③该声明不倡导采用建立

---

① 转引自 Committee for the Review of Teaching and Teacher Education. Australia's teachers: Australia's future: advancing innovation, science, technology and mathematics: main report. Canberra: Department of Education, Science and Training, 2003: 111.

② Australian College of Educators, National statement from the teaching profession on teacherstandards, quality and professionalism: towards a common approach. http://austcolled.com.au/article/national-profession-teacher-standards-quality-and-professionalism, 2009–06–23.

③ 转引自 Committee for the Review of Teaching and Teacher Education. Australia's teachers: Australia's future: advancing innovation, science, technology and mathematics: main report. Canberra: Department of Education, Science and Training, 2003: 112.

在定量分析基础上的对教学质量的认定,主张通过专业资格证书制度和奖励制度鼓励教师达到这些标准。

二 教师专业标准的理论基础

(一) 关于教师的专业地位理论

现代教育理论认为,教师专业标准的有无是一个事关教师专业地位的重要命题。科学的教师专业标准是教师从一种"职业"变为一种"专业"的基本标志,只有构建了科学的教师专业标准,才有可能使教师如同医生、律师、工程师等"专业工作者"一样确立起自己的专业地位并提高教师的社会、经济地位。试想,在一个谁都可以进学校做教师的国度,教师的专业地位、教师的职业尊严等,将从何而来?澳大利亚教育学院院长理事会强调:专业标准就是一个透视专业的窗口,能够为行业从业者划定一个准入门槛,只有求职者的各方面素养超越至少是达到了这一门槛时,方有机会入内执业。[1] 教师专业要被视为与医生职业相似的职业,获得范围广泛的社会公众的尊重与认同,就需要推出包括教师专业标准在内的一系列政策。教师职业是一个不断发展的职业,作为一个以高深知识为基础的职业,教师职业在知识经济和社会中发挥着重要的作用。它获得了其他得到广泛认同的专业的属性,但它还需要增强自律性。教师职业也是一个有较为稳定工资的专业,提升教师职业的地位已提上国家的议事日程。

教师专业标准的制定与推出,将有力地激发准教师们的专业学习热情,从而催化他们个性的良好发展。毫无疑问,准教师们在校期间对自己未来职业或专业的选择,对自己学习上应取何种态度,从根本上说,是由他们的内在动机所驱使的。任何外部的强制与催动对于大学生学习过程的激励与引导而言,虽然不可或缺,但都只能是锦上添花而已。那么大学生相关学习的内驱力来自何处呢?现代教育科学以及心理科学认为,学生学习内驱力最重要的生长点莫过于他们对有关学习间接目的的认知,而非源

---

[1] Committee for the Review of Teaching and Teacher Education. Australia's teachers: Australia's future: advancing innovation, science, technology and mathematics: main report. Canberra: Department of Education, Science and Training, 2003: 112.

自于他们对学习过程本身的兴趣。一旦学生们对于教师专业地位随着教师专业标准而提升有了正确的认知,就会大大增强教师专业对那些有才华的年轻人的吸引力,有力地促进大学生们把教师作为一个自己优选的职业,并为之孜孜以求,从而推动他们勤奋学习,学会专业合作和关注群体发展。因此,教师专业标准的构建,对于有志于教师职业的学生的勤奋学习、个性发展而言,也是一种有力的推动。

(二) 关于教师的专业发展理论

教师任职后的专业发展与教师专业标准也息息相关。因为教师们想要使自己的教育教学工作始终高质量、高水准,符合现代社会对教育教学的期许,他们从入职那天起,就须致力于自己的专业学习与专业提升。教师们的专业学习以及专业提升,固然维系于他们对教师专业的兴趣与喜爱,但完全地寄望于他们的自觉显然也是不现实的。因为教师是社会人,他们的行为或活动无时无刻地会受到复杂社会系统中种种因素的影响或干扰。实践表明,许多教师没有在自己的专业学习和专业提升上给予应有的投入,并非是因为他们不喜欢教师专业,而是因为他们扛不住外界纷繁世界的诱惑,"不得不"优先处理其他无关教师的专业学习、专业发展事宜所致。而教师专业标准一旦制定与推出,它便会不可避免地成为评价师资队伍素质和教师教学质量的依据,从而便会对教师们的专业学习、专业发展产生一种巨大的外铄作用:他们只有不间断与自觉地进行专业学习,使自己达到和维持教师专业标准所要求的水准,才有可能继续自己的教师职业生命。因此,教师专业标准的构建与实施,客观上将对教师专业发展形成一股巨大的推力。不仅如此,澳大利亚教育界认为,教师专业标准一旦形成和实施,对于跨过门槛进入教师专业者来说,它实际上还提供着社会以及教育界学科教学要求的相关信息,从而能促进教师教育优质实践的发展。就教师专业作为一个整体而言,专业标准的构建将使得教师的核心能力和职责在程度和范围方面更为外显和透明。就教学活动来说,专业标准的构建则有助于教师们对自己所从事专业的理解,懂得要胜任教学工作,是自己的教学水平达到社会期望的高度,需要不断学习与掌握哪些理论知识,形成与提升哪些专门化的实践技能、技巧。英格瓦森指出:"假如没有标准,一个专业团体就会缺乏防范风险的能力。假如一个专业团体希望他们的工作得到公众和决策者的严肃对待,那么实践能力方面的高标准便是一个重要的衡量标尺。当与决策者研讨关于改革和问责制的议题时，已经确定的专业标准是难以忽视的。"①

三 教师专业标准的国家框架

澳大利亚是一个联邦制国家，各州固然可以自行制定各种各样的法规与政策。教师专业标准的制定上也是如此。但推出一个获得各地认可的国家层面的教师专业标准仍是不可或缺的。在 2003 年 5 月 10—11 日召开的教育、就业、培训和青年事务部部长理事会（Ministerial Council on Education, Employment, Training and Youth Affairs, MCEETYA）会议上，与会人员一致同意通过了教师专业标准国家框架（National Framework for Professional Standards for Teaching）。该框架并不直接制定标准，但确定了标准得以制定的主要参数，并规定了标准的核心维度。

澳大利亚各界人士认为，推出教师专业标准不仅是必要的，而且是可能的。1999 年，教育、就业、培训和青年事务部部长理事会采纳的 21 世纪学校教育全国目标（阿德莱德宣言），是一个在全国合作的框架内为了改进澳大利亚学校教育而作出的一个历史性的承诺。这一宣言指出，达成人们认可的国家目标要求人们承诺进行合作，以便达成如下目标：(1) 进一步增强学校作为学习场所的地位，要求学校、教师、学生和家庭与商业机构、产业部门和范围更广的社区进行合作；(2) 提高教师的地位和素质；(3) 进一步改进旨在提高质量的课程及相关的评价体系、鉴定体系和证书体系，并使它得到全国的认可与高度评价；(4) 通过促进学生教育成就水平的提高，增强公众对学校教育的信任感；通过学校教育标准的制定和实施，使学校教育的效能、效率和公正性得到有效的度量及评估。②

作为达成全国目标的一个重要步骤，MCEETYA 于 2001 年建立了教师

---

① 转引自 Committee for the Review of Teaching and Teacher Education. Australia's teachers: Australia's future: advancing innovation, science, technology and mathematics: main report. Canberra: Department of Education, Science and Training, 2003: 112.

② Ministerial Council on Education, Employment, Training and Youth Affairs. The Adelaide Declaration on National Goals for Schooling in the Twenty-First Century. Adelaide: Commonwealth of Australia. 1999: 2.

质量和教育领导工作小组（Teacher Quality and Educatioanl Leadership Taskforce，TQELT），就下述方面提出建议：（1）为了提高质量、改进教学标准，关注教师的职业准备和持续发展：（2）研制教师和校长的专业标准，不仅包括研制专业准入标准，而且包括满足学生不断变化的需要的标准。

2002 年 7 月，在 MCEETYA 召开的会议上，教育部长强调了研制教师专业标准国家框架的诸多意义。[①] MCEETYA 赞同研制全国性框架的教师专业标准，并要求 TQELT 提供有关教师教学质量构成要素的建议。经过长时间的研讨，教师专业标准国家框架得以制定，并且于 2003 年在 MCEETYA 召开的会议上进行讨论。州政府、地区政府和联邦教育部均签署意见同意此框架。教育部长同意在执行这一决定时所采取的下一步骤，即利用这一国家框架作为全国毕业生进入教学专业的资格方面的基础。诸如雇主协会、其他专业协会等一些正在从事或者将从事教学标准制定工作的组织，他们需要认识到全国性框架的可行性，并且将它视为一个重要的参照系。

（一）性质界定

教师专业标准国家框架旨在对界定和促进高质量教学方面进行的持续努力做出现实的回应。20 世纪 80 年代和 90 年代，澳大利亚的教师和教师教育工作者被鼓励理解和阐述有效的教师应当做什么事情。这一做法受到基于能力的活动议程的直接影响。作为对这些挑战的回应的一部分，入职教师能力国家框架由国家高质量教学计划（National Project on the Quality of Teaching and Learning）研制，并由澳大利亚教师理事会于 1996 年颁布。[②] 在全国范围内，专业团体、注册管理机构、雇主管理机构和学术界就确定教师工作所需的能力问题展开讨论。但批评者认为，通过能力要素界定教师的工作不仅降低教师工作的技能含量，而且是强化教师实践作为学校的再生产工具而非改进教师效能的手段方面的做法。人们强调只关注能力，有可能使教师工作分散化、技术化和去背景化。许多批评者特别关注人们已经觉察到得只注重"实施教学方案"而非并知道怎么教学这种情形。20 世纪 90 年代末，澳大利亚、英国、美国等国家，人们的注意力

---

① Ministerial Council on Education, Employment Training and Youth Affairs: A National Framework for Professional Standards for Teaching. Canberra: Curriculum Corporation, 2003: 1.

② Ibid., 2.

开始从教师能力问题的讨论转移到了教师专业标准问题的探索。雷诺兹指出，标准的概念旨在使得教学实践的鉴定基础更为透明。但它是一个比能力概念更为宽泛的概念。这是因为它包括诸如价值和态度等范围更广泛的因素。此外，专业标准概念关注教师的行动过程、目的和努力，而不仅仅关注结果本身。

现行的教师专业标准国家框架是一个国家、州和地区层面的专业性准入门槛的一般架构，并为学科领域相关专业标准的研制和改进提供了参照。它提供了一种组织结构，在国家层面建立了得到普遍认同的有效教学的基础因素和分析维度。这一框架与"学校教育全国目标"互为补充，它提供了国家层面教学政策方面的战略行动的议程，并阐述了有关术语的内涵，以便于人们使用这些术语讨论国家层面的专业教学问题。它也因此促进了管理机构对专业教学实践信息的更为有效的共享，并为联邦政府、州和地区政府在确定战略目标方面提供了一个基本文本。该框架旨在促进教师和学校在内部及相互之间讨论专业有效性的实际效能。它也为教师、教师教育工作者、教师组织和协会、公众展开专业发展方面的对话提供了一个共同框架。国家框架为未来的教师专业发展提供了指导、支持和认可，促进了澳大利亚职前教师教育的毕业生标准的统一化，并有助于教师资格的可转换性。

教师专业标准国家框架诠释了有效教学的技能、知识和价值，揭示了教师工作有效性的关键因素，反映了教师日益增长的专业技能、期望和成就。专业标准使得人们对优良的教学实践特征的直觉性的理解逐步外显化，并且使得这一认识在专业内部得到人们的广泛认可，教师专业标准国家框架提供了一个有助于人们达成共识的基础。在此基础上，在构成高质量教学的要素方面，人们易于达成一致意见。通过地方层面专业标准的制定，教师有效教学的知识、技能与价值得到了进一步的具体化和清晰化。就地方层面专业标准制定和执行而言，各地往往会因背景不同而略有差异。

为了达成这一目的，国家框架提供一种有助于提高教师地位和作用的强有力的机制以及在行业和社会中从事相关工作的参照系。

（二）基本架构

教师专业标准国家框架认为，教师的成长一般要经历四个时期，即从毕业期（Graduation，教师教育机构毕业刚进入教师行业的新教师）开始，逐步向胜任期（Competence，在教育行业工作了一段时间，并具有成功的教学经验的教师)、成熟期（Accomplishment，具有非常成功和出色的教学实践表现的教师）和领导期（Leadership，教育行业中最成功的专业人员）发展。①

1. 职业生涯的维度

澳大利亚教师专业标准的国家框架允许受过教师教育的大学毕业生进入教师行业。但他们的发展是有一个过程的，通常需要经历以下几个阶段或时期。

一是毕业期。这一阶段与某些拿到教师资格证书进入该行业的教师有所不同，他们具有较多学习经验而非实践经验。刚毕业的教师虽然只是刚刚开始职业生涯，但他们具备了有关的知识、技能、态度和价值观，因而有能力开展持续的以专业发展为目的的学习。他们所面临的挑战，首要的便是：他们需要确定他们的专业发展需要并学会寻求同行的支持；他们需要把自己看作是为了学生的学习进步而努力的专业学习者；他们需要尽快承担起支持学生学习的责任，具备责任心、热情和人际交往能力，并逐步确立自己在学校和相关社区中的专业角色。

二是胜任期。在这一阶段或时期，新教师已经具有一定的教学经验，已能有效地监督、评价、指导学生的学习；能够根据学生个体和团体的需要来制定自己的教学计划。这一时期的教师已经累积了一定的专业学习经验，他们已能与同事进行合作以促进自己专业实践能力的提升，已能够根据自己的学习需要与他人合作学习并有较强的责任心。他们开始成为学校及其社区活跃的成员，能有效地与相关人员进行互动。

三是成就期。到了这一阶段或时期，他们已为同行所认可并获得较好的评价。他们已经从青涩的从教者转变成出色和成功的实践者。在同事眼里，他们已有比较扎实的学科知识基础和丰富的教育教学经验。他们已比较善于开展专业学习、进行专业问题研究，并有能力帮助新教师开展专业学习。此时的他们，已是学校中的骨干力量。他们已能与各种各样的人进行有效的沟通并和社区开展有关教育教学问题的对话。

四是领导期。在这一时期，一些教师已经成为教育行业成功的专业人士，他们有能力并且愿意把他们的专业智慧贡献给教师专业、学生和社区的发展。他们已有丰富的教学经历，且仍在为提高教学质量而不遗余力。

---

① Ministerial Council on Education, Employment Training and Youth Affairs: A National Framework for Professional Standards for Teaching. Canberra: Curriculum Corporation, 2003: 10.

他们是有责任感的教育家,能够为他们的学生、同行、教育行业和社区树立教育愿景。

这些教师了解教育学领域的最新进展并能将它们应用到自己的教学中,他们具有卓越的人际交往能力和领导才能,处事公正公平,富有同情心。他们能够发现他人的才能并激发其发挥自己的潜力。他们能用批判性和创造性的思维来面对和解决教育问题,从不停止专业学习,支持其他人的专业发展。他们与社区有效合作,与其共同支持学校的发展,促进学生的学习。

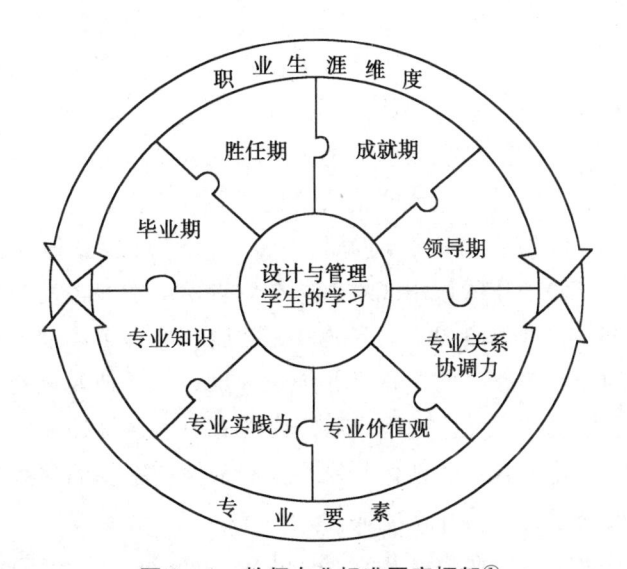

图 3-1 教师专业标准国家框架[1]

2. 专业要素

教师专业标准国家框架规定了任何学科教师都必须具备的专业要素,以衡量教师的专业发展。[2]

首先是专业知识(Professional Knowledge)。这是任何一个学科的教师都必须具备的一大素养。澳大利亚教育界认为,作为一名教师,他首先应该知晓并且理解自己所教授学科的基本概念、原则以及学科结构,他们应该知道本学科与其他学科的相关联系,知道如何能够有效地教授学科内

---

[1] Ministerial Council on Education, Employment Training and Youth Affairs: A National Framework for Professional Standards for Teaching. Canberra: Curriculum Corporation, 2003: 9.

[2] Ibid., 11.

容。优秀教师能够清楚地了解学生是如何学习以及他们在促进学生学习中的作用，他们了解并在教学中考虑到学生多元的社会、文化以及特殊的学习需要的背景，以及这些因素对教学的影响。

其次是专业实践力（Professional Practice）。教师要具备丰富的教学技巧和教学策略，能够通过使用一系列工具和资源或开展活动使学生致力于学习；他们能制定清晰的学习目标，有效地与学生交流，以符合逻辑的方式选择和组织教学内容以达到学习目的；他们要善于管理课堂里发生的一系列学生行为和处理突发的一系列状况，并创建有价值的和有利于学生成长的学习氛围，为学生创设一种让其体会到幸福感的安全和支持性的学习环境。他们对学习过程进行整体规划，同时还使用一系列评估技术来评价教学并改善教学计划；他们明白需要对自己的教学进行评价，并深知对学生提供能促进其学习的正式或非正式的反馈的重要性。

其三是专业价值观（Professional Values）。即作为教师，他必须懂得自己所从事的专业工作的作用或价值所在，对学生学习与发展会有什么样的影响。由是，教师要致力于自身的专业发展，能够合理地分析、评估并且促进自己的专业实践。明白自己的工作情景是不断地变化的，要不断地调整自己并适应这些变化。他们具有高尚的专业道德情操，能够尊重学生并重视他们多元化的背景，他们与家长、同事保持密切的联系，认识到教育学生是需要通过共同协作来完成的。

其四是专业关系协调力（Professional Relationships）。这是作为一名合格教师应有的基本素养之一。它指的是教师处理与学校内外各种人际关系的能力。包括能够与多元化的学生群体平等相处，与社区的各种人士建立良好的专业人际关系。在这种背景下，教师在为学生个体和团体设计并管理其学习时，能够与同事、其他专业人员进行积极有效的合作，达到促进学生学习的目的；教师知晓并重视学校、家庭和社区之间的紧密联系在学生社会化和智力发展中的意义，他们知道这种关系是以相互信任、相互尊重为基础的，并致力于这种关系的建立。[①]

---

① Ministerial Council on Education, Employment Training and Youth Affairs: A National Framework for Professional Standards for Teaching. Canberra: Curriculum Corporation, 2003.10—11.

四 各州的教师专业标准解析

如前所述，在联邦制国家的澳大利亚，各州各地区都有在一定范围内自主立法的权利；加上各地情况不一，需求有别，因此，各州各地区也往往会在国家教师专业标准框架的引领下，因地制宜，采取一些认为符合本州本地自己的一些做法，从而推出了各自的教师专业标准。

(一) 维多利亚州教师专业标准

维多利亚州教师专业标准分为教师入职专业标准（即毕业标准或临时注册标准）和教师正式注册标准。

1. 维多利亚州教师入职专业标准（毕业标准）

维多利亚州教师入职专业标准分为八项，这八项标准又可归为三大主题，即专业知识、专业实践和专业职责。维多利亚州教师学院要求所有的毕业生有良好的专业学习经历，以达到这八项标准。

维多利亚州教师入职专业标准的第一大主题为"专业知识"。这指的是毕业教师（graduate teacher）在为期四年的大学职前教育中所获得的专业知识，这个主题包含了三项标准。

教师知晓学生如何学习以及如何促使他们有效地进行学习，此其一。[①]这项标准要求毕业生达到以下要求：（1）了解当前的学习理论与通过实习习得的教学模式；（2）掌握一定的理论知识，关注当代儿童和青少年发展的研究以及有助于理解学生学习的其他领域的研究；（3）了解教学原则和技能，教案设计，并且懂得如何调动学生学习的积极性；（4）知道语言和读写能力在学生学习中的作用，并知晓学生掌握概念、认知及发展的过程，同时也清楚妨碍学习的因素；（5）对形成性评价和总结性评价有深刻的了解，包括这两种评价的作用；（6）知道如何使课程和评估有效地促进学习；（7）掌握他们所教学科的有效的教学方法。

掌握他们所教学科的内容，此其二。这一标准要求教师教育专业毕业生达到以下要求：（1）对他们所教学科的内容、教学过程以及教学技能

---

① Victorian Institute of Teaching. Standards for Graduating Teachers. http：//www.vit.vic.edu.au/files/documents/1752_ Standards-for-Graduating-Teachers-jan-09. pdf. . 2008 – 12 – 17.

有深刻的理解；（2）知道他们所教学科内容的主要概念、结构及发展情况；（3）掌握所教学科的教学方法、教学资源以及用于支持和评估学生学习的技术；（4）知道读写和计算能力在其所教学科中的重要性，并结合自己的教学来提高学生的读写和计算能力；（5）知道通过跨学科的学习来提高学生的理解力；（6）掌握测评工具与方法，记录学生学习的进展情况向家长与其他利益相关者汇报。

了解学生的一般发展与个性特征，此其三。包括（1）了解学生的心理，能与学生融洽相处；（2）对学生一视同仁，认为他们都有良好的学习能力；（3）知道如何鉴别学生已掌握的知识、学生的优势和弱点，以及其他对学生学习造成影响的因素；（4）知道多元化的文化和宗教以及社会经济因素可能会对他们的学生造成影响；（5）知道在教学和班级管理上要面对挑战，并能运用专业知识作出适当的应对措施；（6）熟悉教育法，知道教师的职业操守，包括照顾学生的责任和他们对学生的专业承诺；（7）懂得感谢学生的父母或监护人以及社区对他们的信任，并懂得要建立于家长之间的伙伴合作关系。

维多利亚州教师入职标准的第二大主题是"专业实践力"。这是毕业生通过职前教育的实习所应具备的专业实践能力。这种"专业实践力"包含这样三项标准。

一是能对学生的有效学习进行规划与评估。包括：（1）用他们的专业知识为学生个人或群体制定明确的、具有挑战性、经过努力可以达成的学习目标；（2）设计一系列支持学生学习的整合了活动、资源、材料的教学计划，包括运用信息与通信技术以及其他学习技术；（3）对学生的回答与作业进行评价，使用各种不同的策略和工具对学生的学习以及今后的教与学的计划作出恰如其分的评估；（4）对学习进程和学习单元的设计要与学校课程的进度安排、框架和评估部门的安排保持一致；（5）监控和记录学生的学习情况，对学生的进步情况和需要改进之处予以合理地反馈，并告知家长。①

二是能为学生创造并维持一个安全的且富有挑战性的学习环境。包括：（1）具有为所有学生营造一个安全的学习环境的明确要求，包括可

---

① Victorian Institute of Teaching. Standards for Graduating Teachers. http：//www.vit.vic.edu.au/files/documents/1752_ Standards-for-Graduating-Teachers-jan-09. pdf. . 2008 – 12 – 17.

资利用的校外学习环境；（2）为学生树立与他人积极互动的合作学习的榜样；（3）能够用一系列策略为所有学生创建一个能促使他们积极学习并富有挑战性的学习环境；（4）利用教材、资源和学校的空间，以确保给学生提供一个安全且富有挑战性的学习环境；（5）根据教育法和教师职业操守来进行教学工作，与学生保持适宜的专业关系；（6）有目的地与对学生的学习和福祉负有责任的同事及其他专业人士进行合作。

三是能利用各种资源，通过一系列教学活动促使学生进行有效的学习。包括：（1）懂得并运用策略与学生、家长及同事建立良好的人际关系；（2）能激发学生的好奇心和学习热情，能使用策略使所教知识更能为学生所接受，且与学生以往的知识相关；（3）能为学生创设氛围，使其能提出观点、获得对事物的理解，并发展其技能；（4）运用一系列教学方法，使其根据不同的学习需要来进行个体学习或合作学习，并能应对动态的课堂情况；（5）获取并使用一系列教与学的资源和技术以促进学生的学习；（6）有效使用口头的、书面的和电子通讯的方式与学生、家长及同事进行交流。

至于维多利亚州教师入职标准的第三大主题是"专业职责"，它包含了两项标准。

第一是能反思、评价和改进他们的专业知识与实践。包括：（1）能经常对自身的专业知识和专业实践进行反思的重要性，并发展进行个体反思和集体反思的方法；（2）能认识到自己作为一个学习者有自身的优势、喜好和需要，也应该认识到作为一个初入职的实践者还有很多需发展和改善之处；（3）能参与对当前教育中的热点问题和研究的讨论；（4）要有继续学习的决心并且采取有效策略来增进自己的知识和完善自己的专业实践；（5）了解与同事合作的技能并具有团队合作精神。

第二是能动参与职业团队工作的素质。包括：（1）知道从事教学工作的方式方法，并在教学中证明自己有能力处理好教学工作；（2）展现出具有营造专业学习社区的能力，包括在学校和更广大的社区中（如与专业的教学机构之间建立联系）；（3）了解社会、政治和道德方面的教育，由此得出教师所扮演的角色及其特定的工作性质；（4）了解专业行为和教师应有的道德行为，以及在专业实践中所表现出的态度；（5）知道对教师职业有影响的利益相关者、产业结构、就业机会和一些对教师的管理要求；（6）意识到共同的管理和专业职责以及社会对教师的期望，并能很好地履行这些职责。

2. 维多利亚州教师正式注册专业标准

维多利亚州教师正式注册专业标准中也包含了与入职专业标准一样的八项标准，只是其中的细节略有不同，反映了标准对正式注册教师的更高要求，这是教师具备有效教学能力的特征。

第一部分是"专业知识"，这一部分包含三项标准。[①]

第一项是必须知晓学生如何学习以及如何促使他们有效地进行学习。包括：（1）申请正式注册者应了解现今的教学研究成果，并能运用到他们的教学实践中；（2）申请正式注册者应知道学生的已有知识和语言程度对学习的重要性，以及讨论、群体互动和反思在学生学习中的作用；（3）申请正式注册者应懂得如何激发学生的学习主动性；（4）申请正式注册者应懂得如何进行课堂教学和教案设计，利用教材、资源和有组织的活动对学生的学习施以影响。

第二项是必须掌握他们所教学科的内容。这项标准规定：（1）申请正式注册者必须对其所教学科的内容、步骤和技能有正确且深刻的理解；（2）申请正式注册者应能对学生清楚地阐述其所教学科内容的特征及其相关内容，并能说明如何运用这些知识；（3）申请正式注册者应掌握用来支撑他们所教学科的内容、步骤与技能的教学方法、资源与技术；（4）申请正式注册者应熟悉所教学科的进度安排、政策、教材和教案。

第三项是必须了解学生。这项标准规定：（1）申请正式注册者必须了解学生学习方面的优势和弱点并且知晓对他们的学习产生影响的要素；（2）申请正式注册者必须了解到学生的社会、文化和宗教背景并且对学生一视同仁；（3）申请正式注册者必须理解和尊重他们的学生个体，及时了解学生的社会需要以及与其他人交流的方式；（4）申请正式注册者必须懂得与学生家庭保持联络以促进学生学习的重要性。

第二部分是"专业实践力"，在这方面，该州也规定了三条相对应的标准。[②]

---

① Victorian Institute of Teaching. Renewal of Registration for teachers with full registration. http://www.vit.vic.edu.au/files/documents/1133_ renewal-info-brochure-2007.pdf. 2009 – 02 – 15.

② Victorian Institute of Teaching. Renewal of Registration for teachers with full registration. http://www.vit.vic.edu.au/files/documents/1133_ renewal-info-brochure-2007.pdf. 2009 – 02 – 15.

首先是申请正式注册者必须能对学生有效学习进行规划与评估。它规定：（1）申请正式注册者必须根据对学生的了解，能利用教育学知识，为学生制定明确的、经过努力可以达成的学习目标；（2）申请正式注册者必须能对一系列活动、资源和教材进行设计，由此为所有学生创设有意义的学习机会；（3）善于监控学生的学习情况，坚持对他们的学习进展情况进行记录；（4）善于选择合适的评价策略对学生进行评价，并把结果反馈给学生本人及其家长或监护人，并对今后的教与学进行规划。

其次是申请正式注册者必须有善于为学生创造并维持一个安全的且富有挑战性学习环境的素质。包括：（1）能为学生营造积极的学习环境，以利于其个体发展，并关注其学习；（2）能为学生创设具有挑战性的学习环境，激励他们对自己的学习负责；（3）能利用并管理教学材料、教学资源以及他们的教室空间，为学生创造一个富有启发性的和安全的学习环境；（4）能对学生的学习和自身的教学实践有明确的和持续的期望。

再次是申请正式注册者必须能利用各种资源，通过一系列教学活动促使学生进行有效的学习。包括：（1）能有效地与学生进行交流，能制定具体清晰地教案以促进学生的学习；（2）教师为学生创设提出新观点的机会，组织学生讨论和小组活动以促进他们的知识与技能的生成；（3）教师使用一系列教与学的策略、技术、教学资源、组织多项活动，并对其进行调控；（4）教师就学生在知识与技能方面的进展情况向学生和家长或监护人进行反馈。

第三部分是"专业职责"，这部分包括两项标准。

其一是申请正式注册者必须能反思、评价和改进他们的专业知识与实践。包括：（1）定期对自己的实践进行反思，批判性地对自己的专业知识和教学有效性进行评价；（2）与同行中的其他成员就当前教育热点问题的研究成果进行探讨，以促进自身教学实践的改善；（3）确定自身的专业学习需要，规划并参加专业发展活动；（4）发展组织和管理技能以有效应对他们的非教学职责。

其二是申请正式注册者必须是其职业团队中的积极参与者。包括：（1）致力于学校社区的发展，以促进学生与同事的学习和幸福感；（2）能与其他专业人士、家长或监护人以及社区的成员进行有效合作，以促进学生的有效学习；（3）加强学习，提升教育和教师职业在更大的社区中的价值；（4）知晓他们的法定职责并付诸行动，承担教师所应担负的责任。

（二）昆士兰州教师专业标准

昆士兰州教师专业标准是由昆士兰州教师学院制定的，在昆士兰州进行教师注册都要达到此标准，这其中包括了昆士兰州教师所需具备的能力、知识、理解力和专业价值观，这些标准清楚有力地表明了教师工作的性质是复杂且多变的。

1. 背景

昆士兰州教师专业标准是基于对教师质量、教师工作性质以及学生及其家庭和社会对教师提出的新要求等研究制定的。

学生要应对未来高速发展的社会、经济、技术和文化变迁。全球化、信息与通信技术的泛滥、多样化的家庭结构和变化的工作模式，都在影响着社会以及教育年轻人成为有用的社会公民的方式。获得知识和运用知识的能力比知识本身更有价值。

为了能充分应对未来的生活，学生必须成为终身学习者，培养他们习得可迁移的技能，从而能为社会作出更大的贡献。最重要的就是通过教育使学生获得必要的技能，可迁移的学习能力，学会使用信息与通信技术，为团队作贡献，应对变化和保持自我清醒。教师作为一个专业人士，教师自身要高度掌握他们即将要教给学生的知识和技能。这在《教师注册委员会的权力和功能评议报告》中也受到了很大的关注，该报告要求建立明确和有效的评定教师职业的准入和持续获得教师资格的专业标准。[①] 该报告的作者麦克麦尼曼（MCMeniman）等指出这些标准的制定能够保证教师素质，能够增强教师职前教育和职后持续发展的相关性，教师依据这些标准来开展工作，能使教师自身和他们的学生掌握在这个新知识不断呈现的社会中所需的技能。《土著教育的报告》（教育革新部长咨询委员会）中指出，素质教育关注个体需要，对个体具有高期望，为学生创设有意义的学习经历，从而为提高土著学生的学业成绩打好基础。[②] 对昆士兰州教师专业标准具有重要影响的是 2003 年在教育、就业、培训和青年事务部部

---

① McMeniman, Marilyn. Report of the review of the powers and functions of the Board of Teacher Registration. Brisbane: Dept. of Education and the Arts, 2004: 59.

② Ministerial Advisory Committee for Educational Renewal. Report on Indigenous Education. Brisbane: Queensland Government, 2004.

长理事会会议上通过的《教师专业标准国家框架》。

不论是《教师专业标准国家框架》还是《教师注册委员会的权力和功能评议报告》，都高度反映了制定健全的教师专业标准的必要性：即教师专业标准能真实地反映教师工作的复杂性质；认可并整合教师实施素质教育所需具备的知识和技能；承认教师在日常工作中的专业职责及其所作出的贡献；表明教育在昆士兰州和整个国家是优先发展的事项。

2. 昆士兰州教师专业标准的框架

昆士兰州教师专业标准概述了教师必须具备的能为学生提供高质量的教学以及促进并改善其学习成效的能力。

教师个体和教师团队应尽其所能，从方方面面为学生提供高质量的教育。教师能利用他们的技能、学识和专长对教学工作中的情况进行专业的分析，并作出专业的判断，这体现了教师职业在现时代的复杂性。昆士兰州教师专业标准促使教师确定、评估并加强他们在教与学中的专业职责、专业关系协调力和理解力，也为这些要素提供了一个框架。

昆士兰州的教师专业标准与"教师专业标准国家框架"中的主要要素——专业实践力、专业知识、专业关系协调力和专业价值观是保持一致的。它同样也聚焦于教学能力、专业关系协调力和专业成长这三个方面要素。

第一大方面是教与学，教师在为学生个体和学生群体设计学习活动并对其进行管理的作用有：发展学生们的语言、读写和计算能力；机智变通地应对各种挑战的能力；使学生具有多元价值观；对学生进行有效的评估并进行汇报。

第二大方面是专业关系协调力（包括校内与校外），分别是：教师要支持社会发展和参与年轻人的活动；为学生创建安全、互助和富有启发性的学习环境；与学生的家庭和社区建立良好的人际关系；致力于专业团队的发展。

第三大方面强调的是教师的专业职责，教师要进行反思、进行专业更新，为充满活力的教师行业的持续发展作贡献。

昆士兰州教师专业标准共包含十项标准，虽然每项标准在专业实践力上都有所不同，但这十条标准既互为独立，又互为关联，它们是一个整体。这十项既有区别又有内在联系的有关教师工作的标准组成了昆士兰州的教师专业标准，每项标准均对相关的专业实践力、专业知识和专业价值观进行了陈述。

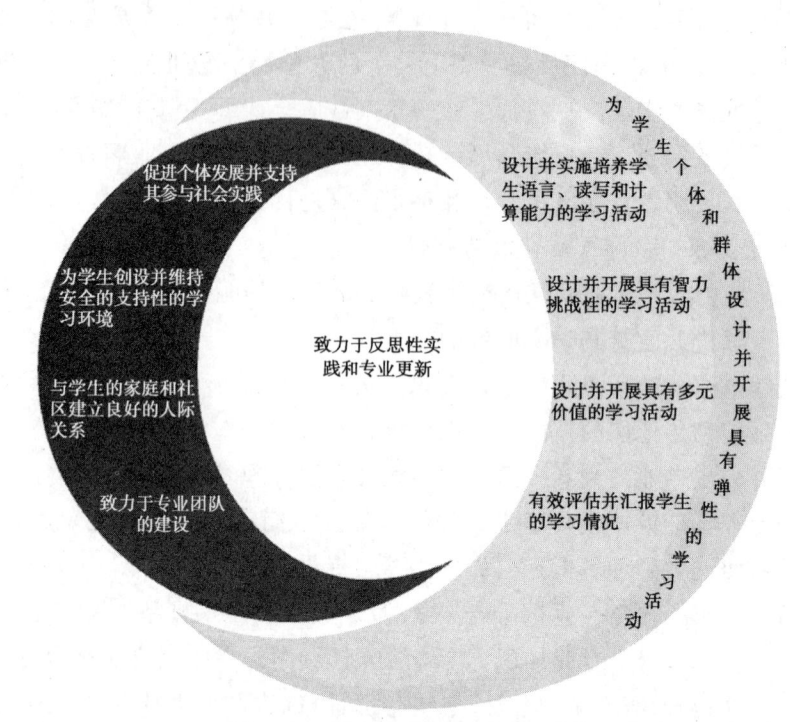

图3-2 昆士兰州教师专业标准[1]

标准一要求教师能为学生个体和群体设计并开展具有弹性的学习活动。

在"专业实践力"方面，要求教师运用专业知识以及根据对学习者（学生）、课程、教与学的了解，践行以下活动：（1）为学生制定反映相关课程结构、中小学、当局及雇主的政策的学习目标和计划，并且与学生（学习者）、家庭、监护人和其他相关群体就这些学习目标和计划进行沟通；（2）选择和制定教与学的策略以及包括了详细的学习目标、课程需求的资源，了解学生已有的知识结构、学习兴趣、学习需要和学习风格；（3）运用基于信息与通信技术的教学、学习和评估策略以及资

---

[1] Queensland College of Teachers. Professional Standards for Queensland Teachers. http：//www. qct. edu. au/Publications/ProffesionalStandards/ProfessionalStandardsForQldTeachers2006. pdf, 2008 - 12 - 08：7.

源；(4) 计划、实施和评估学习活动，包括多样的具有弹性的个体学习和群体学习、教学、评估和行为管理策略；(5) 收集并分析一系列相关信息（包括学生成绩、来自学生及其家庭、监护人的反馈），据此来评价学生的学习情况，同时根据这些信息对教学、学习、评估策略和资源进行改善。

在"专业知识"方面，要求教师知道并了解以下事项：(1) 所教学科的内容、教学过程和技能以及相关学科领域的知识；(2) 社会、文化以及历史方面的知识；(3) 确定学习目标、制定学习计划的方式；(4) 在设计学生学习活动时收集并利用学生的有关信息的方式；(5) 相关的课程结构以及学校、当局和雇主的以及有关课程结构和教案的实施步骤；(6) 学前、小学、初中和高中年龄段的学生是如何学习的；(7) 确认、评价和选择教学、学习和评估的策略，以及资源和技术；(8) 基于信息与通信技术的有效教学、学习和评估策略及资源；(9) 学生们个性化的学习需要（包括特殊的需要），例如智障者和学习有困难的学生以及天资过人的学生；(10) 设计、商讨、实施课程和评价学生学习活动的方法。

在"专业价值观"方面，要求教师具备以下素质：(1) 和年轻人一起工作及向所有年龄段的人学习；(2) 相信所有的学生都有学习的能力并帮助他们达成目标；(3) 激发学生对学习的热情并为他们树立成为终身学习者的榜样；(4) 利用信息和通信技术来促进学生的学习。

标准二规定教师要能设计并实施培养学生语言、读写和计算能力的学习活动。[1] 这要求教师能在对学生的语言、读写和计算技能进行评估的基础上，为学生设计并开展一系列具体的教学活动。

在"专业实践力"方面，要求教师运用专业知识，在了解学生、课程和教与学情况的基础上，开展以下活动：(1) 设定特定课程领域在语言、读写和计算能力方面的要求；(2) 利用多样的包括评估在内的策略搜集信息，以对学生的语言、读写和计算技能作出评判，并根据这些数据来设计和开展学习活动；(3) 设计和开展教学活动，以使

---

[1] Queensland College of Teachers. Professional Standards for Queensland Teachers. http://www.qct.edu.au/Publications/ProffesionalStandards/ProfessionalStandardsForQldTeachers2006.pdf, 2008 - 12 - 11: 8.

学生掌握必需的语言、读写和计算技能,并在一定的上下文中来示范听、说、读、写、算、评价等技能;(4)根据学生已有的知识和经验来选择并运用一系列教与学的策略和资源来促进学生的学习;(5)监控和评价学生在语言、读写、计算方面的发展情况,利用这些信息来设计教案、向学生家长和监护人汇报情况,以及审查教学与评估策略和资源的有效性;(6)审查自身的语言、读写、计算方面的技能,评估他们在教授语言、读写和计算方面的能力,如有必要,要改进这些专业方面的实践。

在"专业知识"方面,要求教师知道并了解以下诸方面事项:(1)语言、读写和计算方面的知识,以及在日常工作中的角色;(2)当代一系列关于发展语言、读写和计算能力方面的理论,以及促进这些能力发展的有效策略和资源的作用;(3)确定学习语言、读写、计算等时机的技术,以及课程、学校、班级和社区方面的要求;(4)使用评估学生的语言、读写和计算能力的策略,以收集学生在此方面的信息,并对学生的语言、读写和计算能力的发展情况作出评判;(5)学生如何习得语言、读写和计算方面的知识;(6)语言形式和语言特征,以及关于说、写、看和多模式文本的结构;(7)运用数学和解决问题的相关知识;(8)不同的交流方式以及社会、文化和历史因素对语言的选择、读写和计算能力的形成的影响;(9)一系列促进语言、读写和计算能力发展的教学策略和资源;(10)信息和通信技术如何提高学生在语言、读写和计算能力方面的发展;(11)如何了解和评价学生在语言、读写、计算方面的需求(包括英语是第二语言或是母语的学生)和恰当干预策略及为学生提供帮助方面的知识;(12)提升个人的语言、读写和计算能力以及在这三方面的教学技能的方法,自己能对此进行评估,并不断提升自身在这些方面的能力和教学技能。

在"专业价值观"方面,教师应该做到:(1)提高对所有学生在语言、读写计算能力的发展方面的要求;(2)所有学科和各年级段的教师都把发展学生的语言、读写和计算能力视为自己的责任;(3)掌握语言、读写和计算方面的有效教学技能模式,发展自身的语言、读写和计算技能及其教学策略;(4)确保课堂教学中的读写和计算方面知识的比例相当。

标准三要求教师能设计并开展具有智力挑战性的学习活动。① 这要求教师能为学生设计、开展并评估具有智力挑战性的学习活动,以提高学生的探究能力、创造能力和思维能力,以使学生能利用其所学应对新的或不熟悉的环境的挑战。

在"专业实践力"方面,教师应能运用专业知识,在了解学生、课程和教与学情况的基础上,开展以下活动:(1)帮助学生认识自己的学习目标、朝着目标努力,并且对学习的学习负责;(2)组织学生开展具有智力挑战性的和有价值的专题研究,以检测他们的观点和观念,对不同的看法进行讨论,以形成新的知识和思想,利用不同的交流形式来评判观点,并对不同的听众表达自己的观点;(3)为学生创设各种学习活动,学生利用信息与通信技术进行一系列研究、解释、阐述、分析、创造、交流活动;(4)为学生创设学校活动,以使学生个体和学生群体积极使用信息与通信技术来获取、组织、研究、解释、分析、创造、交流与阐述知识;(5)让学生开展培养其高级思维能力、想象力、创造力、问题解决能力和面临风险时的应变能力的学习活动;(6)促进探究性学习模式的形成,让学生确定问题、搜集并交换信息、处理数据、检验思想和观点,得出和论证结论、作出预测、解释数据、提炼观点并解决问题;(7)为学生树立自信心,熟悉观点、概念以及研究的问题提供帮助和指导;(8)鼓励学生深刻思考和讨论自己学什么和怎样学,并付诸未来的学习、新课题、问题。

在"专业知识"方面,教师应知道并了解以下诸方面内容:(1)他们所教学科领域的核心概念、探究模式和结构;(2)知识的本质以及知识是怎样创造、应用并再发展的;(3)当学生遭遇新问题、新挑战、新困难时所用的支持、帮助他们的方法;(4)一些关于促进个人积极地探究学习和建构个人知识方面的教学策略;(5)有关促进高级思维能力、想象力、创造力、面临风险的应变能力、批判性分析力、反思能力和问题解决能力发展的教与学策略;(6)相关学校、当局和雇主制定的课程框架与文件对各学习阶段学生的学习内容领域做出的规定;(7)一些关于

---

① Queensland College of Teachers. Professional Standards for Queensland Teachers. http://www.qct.edu.au/Publications/ProffesionalStandards/ProfessionalStandardsForQldTeachers2006.pdf, 2008 - 12 - 15: 9.

教师和学生为了更深刻地了解学科内容而使用信息和通信技术的教与学方面的策略；（8）为学生在进行个人学习与小组探究学习时提供帮助和指导的方法；（9）分析和阐明价值观的方法。

在"专业价值观"方面，教师应承诺：（1）为学生确定他们个人的学习目标、最大限度发挥他们的水平和取得成功提供帮助；（2）促进学生创造力、想象力和面临风险时的应变能力的形成；（3）促进以学生为中心的学习模式的建立、发展学生批判性思维和独立解决问题能力；（4）采用新的数字技术来进行更适应21世纪的学习的教学实践。

标准四即要求教师能设计并开展具有多元价值的学习活动。[①] 它要求教师分析并认识到学生和社区的多样性，知道他们所教学生的不同特征，设计并实施全纳教育。

在"专业实践力"方面，要求教师运用专业知识，在了解学生、课程和教与学情况的基础上，开展以下活动：（1）进一步了解所教的学生的不同特征和多元化背景，包括学生的家庭、社区、文化、方言、技能、兴趣、学习的优势和弱点、个人学习需要和以前的学习情况；（2）根据学生及其家庭、社区的了解来设计、实施和评价学生个体及学生群体的学习活动，针对学生的优势、兴趣来设计多样化的学习方式，并在教与学的过程中采纳相关的研究成果；（3）在分析并尊重不同学生个体和学生群体的特点的基础上来创设学习环境，保证所有学生的受教公平性；（4）评估、选择和使用一系列针对学生个体和学生群体的教、学、评估和汇报的策略和资源，以促进所有学生的学习，包括诸如智障学生、学习困难者和天才学生这些有特殊需要的学生；（5）使用合适的教学法，以对所有学科领域的学生产生高水平的期望，从而使他们取得好成绩；（6）运用信息与通信技术促进具有多元化背景、特征和能力的学生的学习；（7）定期与学生家长、监护人进行交流，并帮助个别学生的学习；（8）深刻反思针对多样化学生的教学策略的有效性，如有必要，改进某方面的教学实践。

在"专业知识"方面，要求教师知道并了解以下诸方面内容：（1）当

---

① Queensland College of Teachers. Professional Standards for Queensland Teachers. http：//www. qct. edu. au/Publications/Proffesional Standards/ProfessionalStandardsForQldTeachers2006. pdf, 2008 - 12 - 26：10.

代教与学的理论和研究成果；（2）一些如影响学生世界观的因素，如社会经济状况、地理位置、性别、性特征、诚信、文化、语言、信仰和个人需求；（3）澳大利亚土著文化和历史；（4）不同学生个体的学习类型，如残障学生、学习困难者和天才学生这些有特殊需要的学生，并为这些学生提供帮助；（5）对所有学科领域的土著学生抱有高水平的期望，并帮助他们获得好成绩的教学方法；（6）怎样有效使用信息与通信技术来增加学生的学习机会，并满足学生个体的学习需要；（7）促进消除学校中多元化学生之间的隔阂；（8）对学生及其家庭和社区的偏见及歧视所产生的消极影响学生；（9）对跨文化的敏感性和观点。

在"专业价值观"方面，教师须做到以下几方面：（1）评估并积极应对学生的多元化背景；（2）尊重所有学生及其家庭、监护人和社区公众，并与他们保持和谐一致的关系；（3）认识到学生的学习及其成绩是受到多方面因素的影响的，学生有着与生俱来的学习天赋和能力；（4）确保学生学习的公平性。

标准五规定教师须具备有效评估并汇报学生的学习情况的能力。[1] 它要求教师能采用一系列的评估方式和方法来搜集有关学生能力与进步情况的信息，并据此对学生的学习进行评价和汇报，以及审查他们的教学设计、教学实践和评估方法。

在"专业实践力"方面，要求教师能运用专业知识，在了解学生、课程和教与学情况的基础上，开展以下活动：（1）根据相关学校、当局、雇主的政策、课程框架和学生以前的学习经历、学习需要来制定学生的学习目标的评估要求；（2）适当的时候与同事、学生家人以及监护人就学生的学习目标和评估要求（包括方式、标准、等级系统和报告）进行交流；（3）利用多种途径和丰富的资源搜集证据，以对学生的学习作出评判，如有可能，为学生提供证明自己学习成果的机会，并对此进行反思，以评价学生的学习；（4）为学生的学习提供具有建设性的和及时的反馈信息，鼓励学生根据这些反馈信息和使用自我评估策略来监控他们的个人学习的进展情况；（5）为学生提供额外的支持，或对评价程序作出调整，

---

[1] Queensland College of Teachers. Professional Standards for Queensland Teachers. http：//www. qct. edu. au/Publications/ProffesionalStandards/ProfessionalStandardsForQldTeachers2006. pdf，2008 - 12 - 30：11.

如有需要允许学生采用多种方法来证明他们的学习情况;(6)实施并评估一系列教学方法,如信息与通信技术,以有效监控、评估、存档和汇报学生的学习情况;(7)准备关于学生学习成效的信息,并据此向学生家长、监护人、颁发证书机构和其他利益相关者交流和汇报学生的学习进展情况;(8)根据对学生的评估数据和信息来指导教案设计,对课程选择、教学实践、评估以及汇报策略进行回顾审查;(9)参与质量保证评估过程,比如肯定教师评判一致性的适度活动,以最大限度提高评估结果的质量、一致性和可比性。

在"专业知识"方面,要求教师知道并了解:(1)支持和评价学生学习的不同评价技术的特性、用途、优点和局限性,包括更高层次思维能力的发展;(2)评估的有效性、公平性、灵活性和可靠性原则;(3)确认和发展评估标准的方法,并将这些方法以合适的方式与学生、同事、管理者、学生家庭、监护人和利益相关者进行交流;(4)学校、雇主以及当局制定的有关评估学生的学习进展情况并向学生家庭、监护人和证书颁发机构进行汇报的政策和程序(包括得分和等级系统);(5)教师在评价和汇报学生学习情况方面的合乎道德标准的责任;(6)用评估数据对学生的学习情况进行评价并回顾教学和评估实践的方法;(7)如何使用信息与通信技术来获取并管理学生学习情况的信息,并将此信息向有关方面汇报;(8)评估质量保证策略。比如适度策略以及他们在确保评估结果的质量和一致性上所起到的作用;(9)不同评估方式如形成性评估、总结性评估、描述性评估和协商性评估的优势和局限性,以及他们所适合的不同的学习风格;(10)评估、解释和汇报学生的学习情况,并思考今后学习的方法。

在"专业价值观"方面,教师应承诺做到:(1)对学生的学习情况进行评估,并对此评估进行再评估;(2)将学生的优点和不足视为他们学习的机会;(3)在合乎道德标准的原则下对学生进行评估,并确保学生评估信息的保密性;(4)在质量保证过程方面与同事进行合作。

标准六规定教师要促进学生个体发展并支持其参与社会实践。[①] 它要

[①] Queensland College of Teachers. Professional Standards for Queensland Teachers. http://www.qct.edu.au/Publications/ProffesionalStandards/ProfessionalStandardsForQldTeachers2006.pdf, 2009 - 01 - 06: 12.

求教师能设计并开展教学活动,以促进学生个体发展,并支持其积极地参与实践活动,包括校外的实践。

在"专业实践力"方面,要求教师能运用专业知识,在了解学生、课程和教与学情况的基础上,开展以下活动:(1)鉴定、搜集和分析学生的相关信息,并在此基础上设定学生的学习目标,以促进学生个体的发展和社会实践的参与;(2)为学生创设学习环境,以促进学生发展个人的鉴别能力、价值观、积极的自我形象、身心健康、健全的人际关系和对他人的同情心;(3)设计并实施学习活动,以培养学生的终身学习理念和成为合格的公民,并建立与学校、工作和更广大社会的联系;(4)为学生创设机会,以使他们评估个人的兴趣和能力,并依据此信息来设定个人的学习、工作和休闲目标,认真考量自己今后的教育、培训、休闲、生活方式和工作选择;(5)在学校外某地点就某事件某情况开展学习活动,适当的时候,与学校、企业、工厂和社会机构建立合作伙伴关系;(6)有意图地为学生提供机会,以使他们利用一系列通信工具以及通过使用信息与通信技术参与当地、国内或全球的社区活动;(7)组织学生开展培养他们进取心的活动,如在校内外环境中进行机智应对风险的活动、检验观点以及发挥首创精神;(8)为学生提供适当的温暖的关怀来支持他们,以一种符合伦理的专业的态度保证学生的权利,即确保他们的安全和信息的保密性;(9)通过参加已设计好的旨在提高学生个人能力、学术能力和社会实践能力的活动,来积极支持学校的合作课程计划。

在"专业知识"方面,要求教师知道并了解:(1)小学、初中和高中阶段学生的特征和学习需要;(2)鉴别学生学习风格、兴趣、先前的学习和生活经历的策略;(3)在支持学生发展个人鉴别能力、积极的自我形象、身心健康、健全的关系和他人的相处的方法;(4)让年轻人就个人发展、毕业后的选择和身体健康、生活方式、人际关系方面的问题进行讨论的策略;(5)全球化以及工作特征的不断改变、教育、休闲可能对学生毕业后所作的选择的影响;(6)年轻人离校后的选择,包括受教育和培训的途径、工作、休闲以及终身学习;(7)运用信息与通信技术与外界联系的潜力;(8)在学校、工厂、高等院校和社会机构间建立学习伙伴关系;(9)促进学生成为合格公民的策略;(10)有关职业道德和专业行为、确保学生个人隐私的保密性以及对学生提供温暖的关爱方面的相关教育法、学校和雇佣机构的政策。

在"专业价值观"方面，要求教师承诺做到：（1）促进学生在社会化、情感和身体方面的发展；（2）与学生及其家庭、监护人以及社区公众保持合乎道德标准和专业的人际关系；（3）创建那些可以促使学生积极且充分参与社会实践的合作伙伴关系。

标准七规定教师要为学生创设并维持安全的支持性的学习环境。[①] 它要求教师了解学生个体与学生群体的动机和行为，为他们创造安全的、可支持性的和富有启发性的学习环境，以促进他们积极的社会互动和参与学习活动。

在"专业实践力"方面，要求教师能运用专业知识，在了解学生、课程和教与学情况的基础上，开展以下活动：（1）为学生创设尊重的、积极的和安全的学习环境，并与他们在相互信任的基础上建立积极的人际关系，为所有的学生提供社会交往机会，并培养他们积极对待学习并努力取得好成绩的态度；（2）对学生的学习和行为提出并保持明确的要求，就此要求与学生进行交流，并就学生的行为提供明确的反馈信息；（3）用公平、善解人意和一致性的方式应用行为管理策略，并且知道何时就学生学习和行为的问题提供建议；（4）用明确的教学技能去帮助学生为自己的行为以及对待他人的行为承担责任，促使学生参与决策制定、个人学习和合作学习，并安心地全身心投入学习中；（5）调控教学时间、资源和学校空间来为学生创设并保持一个具有挑战性、可参与性、安全性和支持性的学习环境；（6）监控学生个体和群体的学习，并采用有效的教学、动机策略和课堂管理策略，以最大程度地使所有学生充分地参与各种学习活动。

在"专业知识"方面，要求教师知道并了解：（1）有关学生行为管理和为学生提供安全的支持性的学习环境的学校、雇佣机构的政策和相关教育法方面的内容；（2）有关早期、初中、高中学习阶段的儿童和青少年发展的当代理论与研究成果；（3）对课堂行为和学习进行有效管理的原则和详细的策略；（4）交流、时间调控、冲突解决和协商的有效策略；（5）课堂环境是如何影响学生学习的，并对所有学生负责任；（6）设计、

---

① Queensland College of Teachers. Professional Standards for Queensland Teachers. http://www.qct.edu.au/Publications/ProffesionalStandards/ProfessionalStandardsForQldTeachers2006.pdf, 2009 - 01 - 12：13.

实施和监控学生个体与群体的学习策略及有效使用教材和资源的方法；（7）学习风格以及一系列确保所有学生充分参与各种学习活动的方法；（8）对学生的学习、行为和保持良好状态的合适的建议。

在"专业价值观"方面，要求教师承诺做到：（1）为学生创设安全的、支持性的和富有启发性的学习环境；（2）负责建立和保持一个积极的课堂氛围并致力于使整个学校中都保持这样一种氛围；（3）创设具有民主参与价值观的学习环境。

标准八要求教师与学生的家庭和社区建立良好的人际关系。[①] 它要求教师与学生家庭、监护人以及其他社区成员建立专业的人际关系，以促进学生的学习，提升学生的身心健康状态，丰富并巩固教与学的活动。

在"专业实践力"方面，要求教师能运用专业知识，在了解学生、课程和教与学情况的基础上，开展以下活动：（1）教师与学生家庭、监护人以及其他社区成员建立和保持互相尊重的、富有成效的与合作性的人际关系，以促进学生的学习及其身心健康状态；（2）通过一系列途径，如有效利用信息和通信技术与学生家庭、监护人、企业以及更广大的社会公众建立关系并保持交流，以促使其与学校合作开展教学活动；（3）在认同学生的家庭、监护人的价值观和优先发展的事以及他们的文化差异的基础上为学生创设学习环境；（4）鉴别和利用学生家庭、监护人和其他社区成员的力量来促进学生的学习，并且为学生家长、监护人以及其他人共享那些可以丰富学习经历的技能和才华提供机会；（5）设计、实施那些有意义的且建立在学生家庭和社区所积累的知识及技能基础上的学习活动；（6）通过让学生家庭、监护人及其他社区成员参与学校活动以及就学生在校内的学习目标和成就进行有效交流，来提高他们对教育、中小学和教师职业的重视程度。

在"专业知识"方面，要求教师知道并了解：（1）学生的文化、社会和经济的特性和抱负以及他们的家庭、监护人和社区成员；（2）学生以及监护人在满足学生教育需要方面所起的积极的、富有成效的、前瞻性的重要作用；（3）学校和社区的作用以及如何使用不同的伙伴合作关系

[①] Queensland College of Teachers. Professional Standards for Queensland Teachers. http：//www.qct.edu.au/Publications/ProffesionalStandards/ProfessionalStandardsForQldTeachers2006.pdf，2009 - 01 - 16：14.

来促进学生的学习；（4）从有效的家校联系中获得深刻的见解，以及家校合作如何有助于教与学质量的提高；（5）发展和保持与学生家庭、监护人以及其他社区成员的关系，并与他们进行有效交流的策略；（6）让学生家庭、监护人和其他社会成员参与设计、实施和评估学习计划的策略；（7）使学生参与社区组织的学习活动的策略；（8）动员学生家庭、监护人和更广大的社区成员来促进学生学习目标的达成的策略；（9）在尊重学生及其家庭、监护人的隐私并对其保密的情况下，如何与利益相关者在决策制定和学生的身心健康发展问题上进行合作。

在"专业价值观"方面，要求教师承诺做到：（1）提高学生家庭、监护人以及其他社区成员在学生教育中的核心作用；（2）促进学生各方面的发展，与学生家庭和监护人合作，为他们的成功提供多种机会；（3）与学生家庭、监护人以及更广大的社区成员合作以促进学生的学习。

标准九要求教师必须致力于专业团队的建设。[①] 它规定教师必须积极致力于一系列学校团队和其他专业团队的建设，以提高学生的学习成效，达成学校的目标并促进教与学的过程。

在"专业实践力"方面，要求教师运用专业知识，在了解学生、课程和教与学情况的基础上，开展以下活动：（1）建立和满足个人与工作有关的目标以及优先发展的事项，以有助于个人、团队和学校目标的实现；（2）根据个人的专业特长和兴趣、学校优先发展的事项和任务，有助于一系列专业团队的建设，以此来证明有效团队的技能；（3）与同事、其他专业人员、辅助专业人员、教师助手以及其他致力于提高学生学习成效的成人建立伙伴合作关系，以设计、支持、监控和评价学生的学习；（4）就教学专业目的利用信息和通信技术与其他人进行交流；（5）通过参与对团队活动及其过程的回顾评估来提高专业团队的绩效。

在"专业知识"方面，要求教师知道并了解：（1）设置并调控个人和团队目标的方法；（2）交流、协商、时间调控、冲突解决和问题解决的方法；（3）集体互动的原则；（4）有效团队成员的质量以及高绩效团队的特性；（5）学校及其他专业团队的任务和责任，以及能促进学生学

---

① Queensland College of Teachers. Professional Standards for Queensland Teachers. http://www.qct.edu.au/Publications/ProffesionalStandards/ProfessionalStandardsForQldTeachers2006.pdf, 2009 - 01 - 21: 15.

习的专业人员和辅助专业人员的人的工作；（6）管理和回顾评估团队绩效的方法。

在"专业价值观"方面，要求教师承诺做到：（1）与同僚建立和保持合作关系以提高教与学的质量；（2）成为专业团队里积极的、有责任心的成员；（3）参加团队的决策制定。

标准十要求教师必须致力于反思性实践和专业更新。[①] 它指出，教师应是反思性实践者，他们要建立专业的学习目标，积极地促进个人和团队的专业更新，并符合教师职业的法定和道德上的义务要求。

在"专业实践力"方面，要求教师运用专业知识，在了解学生、课程和教与学情况的基础上，开展以下活动：（1）批判性地反思他们的教学实践，用相关专业标准来分析专业上的优势和不足，设定个人和团队的专业目标，以及评估他们的能力是否达到昆士兰州教师学院制定的专业要求；（2）参加个人与团队的专业发展活动，以改善教学实践并有效管理教师工作的其他方面的任务；（3）确认、评估和致力于学习型社区和专业网络（包括校内外以及因特网）的建设，以提高个人和团队的绩效；（4）通过参与专业学习活动的培训辅导，并进行监控来支持职前教师、临时注册教师以及其他同事的专业学习；（5）承担教师职责和教师工作的其他方面的任务，这是与学校和雇佣机构制定的有关教师的任务、职责要求和法律、道德以及专业上的义务的政策相一致的。

在"专业知识"方面，要求教师知道并了解：（1）当今社会不断变化的教师角色；（2）学校和雇佣机构关于教师义务的政策；（3）教师在法律、道德和专业上的责任以及保护儿童的义务；（4）昆士兰教师学院制定的有关教师职业的标准和义务要求；（5）一系列当今教师专业化的研究成果；（6）如何获取教育研究成果，如何参加并致力于学习型社区和专业网络的建设，如利用信息与通信技术来促进专业学习、自我评估和发展；（7）监控和训练的方法；（8）有助于学习和发展活动的学习型社区、专业网站及组织；（9）反思性实践、专业更新以及终身学习的策略。就如美国学者舒尔曼所说的："要培养专业人员不只是简单地把他们所学

---

① Queensland College of Teachers. Professional Standards for Queensland Teachers. http://www.qct.edu.au/Publications/ProffesionalStandards/ProfessionalStandardsForQldTeachers2006.pdf, 2009-02-08: 16.

知识应用于实践,而要让他们学会变化、适应、融会贯通、批判、发明,把学校所学的理论知识,变成职业工作所需要的知识。"①

在"专业价值观"方面,要求教师承诺做到:(1)从事符合法律、道德和专业标准的教学实践;(2)参与专业反思、更新和终身学习活动;(3)与同事和其他人合作,以提高专业实践的水平;(4)提高教师职业的声誉。

(三) 新南威尔士州教师专业标准

新南威尔士州教师专业标准框架为人们描述、表彰和支持复杂的不同类别的教师工作提供了共同的参照。新南威尔士州教师专业标准描述了教师需要知道并了解的内容,并为教师的职前培训和教师的专业发展提供指引。

这一标准的实施将维持并激发教师的专业教学实践,并为所有学生提供高质量学习的机会,提高学生的学习成效是教学的主要目标。这一标准明确表明了教师教学的质量和学生学习成效之间的关系。所有的标准,不论是直接关注教师教学的质量,还是间接关注教师所具备的知识和技能,都是在提高学生学习成效的前提下提出的。

新南威尔士州教师专业标准框架提出了明确的判定和描述有效教学的基准。这一标准也为教师和其他社会成员就教师职业方面的交流提供了一种表达方式,并使教师的职业地位得到了提升。

新南威尔士州教师专业标准的框架由四个阶段、三个专业领域和七个要素组成。②

1. 主要阶段

刚刚毕业的教师(新手教师)。新手教师将开始他们在新南威尔士州的教学生涯,他们完成了经认证的职前教育课程或是与此相当的培训,具备了相应的能够设计并成功地从事教学所不可或缺的知识、技能、价值观和态度。

---

① 李·S. 舒尔曼:《理论、实践与教育的专业化》,王幼真、刘婕编译,《比较教育研究》1999 年第 3 期,第 38 页。

② NSW Institute of Teachers. Professional Teaching Standards. http://www.nswteachers.nsw.edu.au/IgnitionSuite/uploads/docs/Professional%20Teaching%20Standards.pdf, 2008 - 07 - 26: 2.

这些教师开始进行持续的专业学习。他们确定自己的发展需求，并从同事那里寻求建议和支持。他们不仅对作为专业学习者的自己有很高的期望，而且对学生的学习能力也有很高的期望。他们对学生和学生学习的付出反映在提高学生的学习绩效，以最优化教育成效。他们具有奉献精神，充满热情，具备人际交往的技巧，在学校及其更广大的社区承担教师的任务，并能为整个学校的运行作出贡献。

专业的胜任型教师。专业的胜任型教师被公认为拥有成功的教学经验。他们已达到专业胜任型的标准，他们能有效地设计、监控和评价学生的学习活动。他们能够制定专门的教学计划来满足课堂教学中学生个体和群体的需要。这些教师都曾有高效并持续地进行专业化学习的记录。他们与同事协同合作，以进一步提高他们的专业实践质量。他们互相协作以确认并满足自己的学习需要，他们是学校乃至更广大社区中卓有成效的教师，并能与相关的人进行有效的交流。

专业的成就型教师。这类教师成就很高，是成功的专门人才。他们被公认为拥有全面的深厚的专业知识和教学方法，能把握教与学的最新情况并能作出贡献；同时，他们还能帮助其他人进行专业学习。这类教师积极参加有关教育问题的讨论和辩论，并意识到自己在促进其他人的专业学习，包括指导新教师的工作中的作用。他们是教师行业和学校的支持者和拥护者，能和各类人士进行有效的交流，在与社会公众进行沟通时也表现得非常专业。

专业的领导型教师。这类教师有丰富的教学经历，并致力于教学质量的不断提高。他们是热衷于教育事业的教育家，向学生、家长、教师行业和广大公众清晰展示了教育的理想。这类教师可以被聘任为学校中的领导。领导型教师不仅对教学法的最新进展了如指掌，而且能将这些最新的研究成果应用到教学中。他们有出色的人际交往和领导能力，且遵从秉承公正、关爱、诚实正直的原则。作为领导者，他们能发现他人的才干，并促进和鼓励这些人去发掘自己的潜力。他们善于用批判性分析和问题解决技巧来处理教育中的问题。他们从事专业学习，为满足其他教师的专业学习需求提供帮助与支持，特别是为新手教师提供入职指导课程。他们和教师团队互相交流，以促进学校的发展和学生学习成效的提高。

2. 三个专业领域

每个阶段的标准都旨在描述三个专业领域方面的教师工作，这三个专

业领域分别是：①

专业知识。这一领域包括认知并理解所教学科的基本概念、基本原则和基本结构，它包括认知和理解某一学科同其他学科内容之间的关联。

对于教师来说，掌握学科内容与了解和掌握学习方面的有效教学法缺一不可。无论是在小学还是中学，所有的教师都必须掌握学科内容及如何进行教学。

这一领域的知识也包括了深入了解学生的特征及其对教学的影响。学生的特征包括他们所具有的不同社会、文化、民族、宗教及特定的学习需要背景，以及这些背景对教与学活动的影响，也包括了解各种不同的学习方法，以及学生的兴趣、技能和先前的经历对学生学习的影响。此外，还包含了解学生生理和智力的典型发展特征。

强制性的教师职前教育方面的有关内容也被纳入这一范畴，包括掌握信息与通信技术；运用有效策略以应对土著学生和托雷斯海峡岛学生、有特殊教育需要的学生、非英语语言背景的学生的挑衅性行为的能力；读写方面的教育。

专业实践力。这一领域关注的是教师的教学行为或教学过程，还有从教学实践经验中所获得的知识和技能。它包括有效开发教与学的课程，以及恰当地组织、选择，以使用各种教材和教学资源。②

这一领域也包括与学生进行有效沟通的能力，包括调查询问的技能和运用教学策略的本领，使用一系列教学辅助工具、组织活动并有效利用资源来促进学生的学习；还包括向学生传授重要概念和各部分教学内容之间的关系，并促进学生在情感和社会化方面的发展。有效地设计、评估和汇报是教师教学实践中必不可少的部分，它包括设计教学活动、使用一系列形成性和总结性评估方法对学生的学习进行评估，并将评估的情况进行汇报，并向学生提供正式或非正式的反馈信息来激励学生学习。

教师专业实践力的基础是具备为学生创设有意义的且能促进学生学习的课堂氛围的能力。这一氛围的创建主要是基于对课堂中一系列行为的管理和情况的掌控。

---

① NSW Institute of Teachers. Professional Teaching Standards. http：//www.nswteachers.nsw.edu.au/IgnitionSuite/uploads/docs/Professional%20Teaching%20Standards.pdf，2008-07-30：3.

② Ibid. .

专业职责。这一领域包括教师批判性地反思自己的教学行为的能力，美国学者舒尔曼认为："专业人员必须具备对自己的实践加以思考的能力。"[①] 这也是教师自身专业发展的需要。其主要组成部分是进行个人专业学习或参加团队专业学习，包括致力于专业团队的建设。这一领域也描述了教师同广大社会成员的关系。教师并不是孤立地进行教学实践，而是重视与同行以及学校社区的其他成员共同合作。他们了解并重视学校、家庭、社区之间的密切关系及其在学生社会化和智力发展中的重要作用。最后，这一领域还关注确保教师个人及教师团体的职业道德规范，如包括教师在任何时刻都能专业化地处理与学生、家长、同事和其他社会成员的关系。

3. 专业要素

新南威尔士州教师专业标准中的各专业要素阐述了每个职业阶段的标准，这七个要素分别是：教师掌握他们所教学科的内容，并知道如何将这些内容教授给学生；教师了解他们的学生以及学生怎样学习；教师设计教学方案、评价和汇报学生的学习情况，以促进学生的有效学习；教师与学生进行有效的沟通；教师对课堂进行有效的调控，从而为学生创设并维持一个安全的、有挑战性的学习环境；教师不断更新专业知识和改善教学实践；教师积极地与同行和更广大的社会公众沟通合作。

要素一[②]
教师掌握他们所教学科的内容，并知道如何将这些内容教授给学生

方面	主要阶段			
	新手型教师	胜任型教师	成就型教师	领导型教师
掌握学科内容	掌握学科内容的核心概念、探究方式和结构。	通过实施有效的、内容丰富的教学活动和与这一阶段相关的课程来传授学科内容。	展示并和其他教师分享学科内容的所有知识以开发示范性的、内容丰富的教学活动和教学课程。	通过运用所教学科的高水平内容和知识，主动引领教学方针、教学计划及教学步骤的制定，以进一步提高学生的学习成效。

---

① 李·S. 舒尔曼：《理论、实践与教育的专业化》，王幼真、刘婕编译，《比较教育研究》1999年第3期，第38页。

② NSW Institute of Teachers. Professional Teaching Standards. http://www.nswteachers.nsw.edu.au/IgnitionSuite/uploads/docs/Professional%20Teaching%20Standards.pdf, 2008-08-17: 4.

续表

要素一
教师掌握他们所教学科的内容,并知道如何将这些内容教授给学生

方面	主要阶段			
	新手型教师	胜任型教师	成就型教师	领导型教师
掌握教育学知识	了解基于研究成果的学科教学法。	在教授学科内容时,运用基于研究的理论与实践方面的教学法知识,以满足学生的需要。	指导同事的教学,以确保他们的教学计划和教学策略是符合正确的教学法原则和基于研究成果的。	主动引领基于正确的教学法和研究成果的有效教学方针、计划和步骤的制定。
了解新南威尔士州的课程要求	根据新南威尔士州教学大纲文件或教育法中的其他课程要求,来设计和实施一系列课程教学。	根据新南威尔士州教学大纲文件或教育法中的其他课程要求,来设计并实施相关的一系列教与学活动。	根据新南威尔士州教学大纲文件或教育法中的其他课程要求,为相关高质量教与学计划和活动的实施提供帮助与建议。	根据新南威尔士州教学大纲文件或教育法中的其他课程要求来评价当前的教与学的计划并引领进一步的发展。
掌握下列领域中的信息与通信技术	理解和熟练的运用:基本的操作技能;信息技术技能;软件评估技能;有效利用网络的技能;课堂管理的教学技能。	理解和运用课堂教学大纲中的信息与通信技术:基本的操作技能;信息技术技能;软件评估技能;有效利用网络的技能;课堂管理的教学技能。	展示与共享课堂教学大纲中的信息和通信技术:基本的操作技能;信息技术技能;软件评估技能;有效利用网络的技能;课堂管理的教学技能。	领导实施有关政策与程序,将信息和通信技术与学习情境结合起来。

要素二[①]
教师了解他们的学生以及学生怎样学习

方面	主要阶段			
	新手型教师	胜任型教师	成就型教师	领导型教师
了解并尊重具有不同社会、文化、种族和宗教背景的学生,明确这些因素对学习的影响	了解、尊重并理解具有不同社会、文化、种族和宗教背景的学生,知晓这些因素如何影响学生的学习。	根据不同社会、民族、文化及宗教背景对学生产生的影响了解,来应对不同学生的学习需要。	展示并分享不同社会、文化、民族和宗教背景因素的理论和实践方面的知识来满足不同学生的学习需要。	用专家型的有关多元化学生的理论知识来开发有效的可付诸实践的教学方法、教学计划和教学策略,应对具有不同社会、文化、种族和宗教背景的学生的需要。

① NSW Institute of Teachers. Professional Teaching Standards. http://www.nswteachers.nsw.edu.au/IgnitionSuite/uploads/docs/Professional%20Teaching%20Standards.pdf, 2008-08-21: 5-6.

续表

方面	主要阶段			
	新手型教师	胜任型教师	成就型教师	领导型教师
掌握各个年龄段学生的生理、社会化、智力方面发展的特点	具备不同阶段学生在生理、社会化、智力发展方面的知识，也要知晓异于普通学生的特例学生的特点。	根据不同阶段学生在生理、社会化、智力发展方面的特征来实施教学，也要清楚异于普通学生的特例学生的特点。	展示并分享不同阶段学生在生理、社会化、智力发展的理论和实践方面的知识，同时也要清楚异于普通学生的特例学生的特点。	根据对不同阶段学生在生理、社会化、智力发展方面的特征，以及对异于普通学生的特例学生的特点的专业性的了解，来监控和评价教与学活动的实施。
了解学生不同的学习方法	了解学生采用的不同学习方法。	运用理论和实践方面的知识理解学生不同的学习方法，以提高学生学习的效果。	共享学生不同学习方法方面的理论与实践知识来增强学生的学习效果。	根据对学生采用的不同学习方法的专业化理解来评价和监控教与学活动的实施，以提高学生的学习效果。
学生的技能、兴趣及先前的成绩对当前学习的影响	知晓并理解学生的技能、兴趣和先前的成绩及其对学习的影响。	根据对学生的技能、兴趣和先前的成绩及其对学习的影响的了解来实施教学。	展示并共享对学生的技能、兴趣和先前的成绩及其对学习产生的影响的了解。	根据对学生的技能、兴趣和先前的成绩的重要性的专业性了解，来评价和监控教与学的实践。
应对学生不同需要的策略（1）	掌握并理解具体的教学策略，以教育以下学生： 土著学生和托雷斯海峡岛学生； 有特殊教育需要的学生； 非英语言背景的学生； 有挑衅性行为的学生。	应用有效策略来教育以下学生的能力： 土著学生和托雷斯海峡岛学生； 有特殊教育需要的学生； 非英语言背景的学生； 有挑衅性行为的学生。	为同事提供恰当的、有见地的建议，以帮助他们设计有效的教学策略来教育以下学生： 土著学生和托雷斯海峡岛学生； 有特殊教育需要的学生； 非英语言背景的学生； 有挑衅性行为的学生。	对有效教学方针和步骤的实施情况进行评价和监控，以教育以下学生： 土著学生和托雷斯海峡岛学生； 有特殊教育需要的学生； 非英语言背景的学生； 有挑衅性行为的学生。
应对学生不同需要的策略（2）	具备一系列教授读写知识的策略，以满足所有学生的需要，包括： 土著学生和托雷斯海峡岛学生； 有特殊教育需要的学生； 非英语言背景的学生； 有挑衅性行为的学生。	应用一系列教授读写知识的策略，以满足所有学生的需要，包括： 土著学生和托雷斯海峡岛学生； 有特殊教育需要的学生； 非英语言背景的学生； 有挑衅性行为的学生。	为同事提供建议和支持，以实施一系列教授读写知识的策略，以满足所有学生的需要，包括： 土著学生和托雷斯海峡岛学生； 有特殊教育需要的学生； 非英语言背景的学生； 有挑衅性行为的学生。	评价并监控有效读写教育策略的实施，以满足所有学生的需要，包括： 土著学生和托雷斯海峡岛学生； 有特殊教育需要的学生； 非英语言背景的学生； 有挑衅性行为的学生。

要素三[1]
教师设计教学方案、评价和汇报学生的学习情况，以促进学生的有效学习

方面	主要阶段			
	新手型教师	胜任型教师	成就型教师	领导型教师
设计教与学的目标	备课时表现出来的能确定并清晰地表达恰当的教学目标的能力。	确定并清晰地表达能反映出对教学内容及方法的重要概念的理解的学习目标。	为所有学生设置具有挑战性的学习目标，辅助其他教师开发并清晰阐述有价值的学习目标。	用高水平的实践和理论知识建立挑战性的学习目标，以对所有学生的学习活动产生影响。
教与学的计划	设计并实施清楚易懂的课堂教学和能够吸引学生注意力的一系列课程，达到预期的学生学习效果。	精心设计并实施清楚易懂的、结构合理的课程，或者是能够吸引学生注意并能提高学生学习成效的一系列课程。	建议、帮助同事设计并贯彻实施高质量的教与学的计划，这些计划旨在通过采用新方法，为学生提供更多学习机会，以提高学生的学习成效。	发起或引导教学进程以开展可作为范例的教与学的活动，来提高学生的学习成效。
选择、组织教学内容	以符合逻辑的、有序的、结构合理的方式选择并组织教学内容，以达到预期的学生学习效果。	按结构合理的教学与学习的计划来组织教学内容，这一计划一定要合理的反映学科的内容和训练方法。	针对学生的学习目标，以符合逻辑的、结构合理的方式，帮助同事根据高水准的教与学活动的理论和实践知识来组织学科内容。	运用学科内容的高水平知识及专家型的教与学方面的实践经验，引导并建议同事选择和组织学科内容。
选择、开发、使用各种教材与教学资源	呈现一系列合适的资源和教材以促进学生的学习。	选择、开发使用各种各样的恰当的教学材料和资源，以吸引学生的注意力，促进其学习。	建议并帮助同事选择和开发各种教学资源以促进学生的学习。	发起、引导、确定、开发、获得和配置教学资源以使学生的学习效果最优化。
评估、建立评估和学习之间的联系(1)	呈现知识并使用一系列的评估策略评价学生的成绩和学习效果。	使用更多有效的策略来评价学生的学习效果。	设计并使用高效的评价策略，这些都和教学大纲文件中清晰描述的学习效果有关。	根据学生评估方面的专家意见来引导设计和开发课程。
评估、建立评估和学习之间的联系(2)	了解关于学习结果与评价策略之间的联系。	告知学生他们的学习成绩和教学大纲所规定的学习要求之间的联系。	就旨在满足教学大纲要求的有效评价策略的设计和使用，给同事提供建议和予以帮助。	管理评估政策和策略的再评估工作，以确保各个学校满足学生会、教育体系和学校各个层面的要求。
提供反馈信息给学生	提供给学生有用的和及时的口头的和书面的反馈信息。	提供给学生及时、有效和一致的口头的和书面的反馈信息，以便鼓励学生反思和监控其学习过程。	提供给学生有效的和一致的反馈信息，以便确保反思和鼓励成为所有学生学习的有机组成部分。	评价和监控学校给予学生口头和书面的反馈信息机制的有效性。

---

[1] NSW Institute of Teachers. Professional Teaching Standards. http://www.nswteachers.nsw.edu.au/IgnitionSuite/uploads/docs/Professional%20Teaching%20Standards.pdf, 2008-08-26: 7-8.

续表

方面	主要阶段			
	新手型教师	胜任型教师	成就型教师	领导型教师
评估：监控学生的学习进步和成绩记录	具有确保旨在监控学生进步的精确和可靠的记录的相关知识和准则。	使用和维持有效果和有效率的成绩记录体系，以便监控学生的学习进步。	为了设计、使用和维持旨在监控学生学习进步的有效的成绩记录体系，而提出建议和给予支持。	通过使用成绩记录体系进行高水平的学生进步情况分析。
报告	具有关于向家长和监护人报告学生成绩的原则和做法的方面的知识。	向学生、父母和监护人有效地报告学生学习情况。	就政策、指导方针和报告体系向同事提出建议和给予支持，以便使得其与学生会、教育体系和学校各个层面的要求相一致。	评价和监控在何种程度上学校报告和责任制符合下述要求：(1)与学生会、教育体系和基于学校的政策相一致，并作出回应；(2)满足学生、父母和监护人的信息方面的需求。
计划评价	了解使用学生评价结果以反思课堂教学的程序和提供教学的进一步规划的相关信息。	使用学生评价结果以便评价教学计划和为后续规划提供信息。	为了利用学生评价结果和使用实践和理论知识评价教学计划而言，向同事提供建议、给予支持。	将学生评价结果分析整合进一般的方案评价，以便改进教学过程。

要素四①
教师与学生进行有效的沟通

方面	主要阶段			
	新手型教师	胜任型教师	成就型教师	领导型教师
有效的沟通和课堂讨论(1)	清晰地告知学生有关学习目标方面的发展方向。	清晰和准确地向学生解释目标、内容、概念和观点。	选择和使用有效的解释方式，以便帮助学生理解其学习目标。	为了使教师最大限度地理解学生的学习目标，形成最合适的解释方式，并进行交流。
有效的沟通和课堂讨论(2)	具有范围广泛的提问技巧，以便帮助学生学习。	有效地使用问题教学和课堂讨论，以便促进学生理解课程内容。	有效地利用提问技巧，使得学生积极参与生动的、可持续的、围绕核心内容和观念而组织的课堂讨论。	使得教师通过合作性的计划和战略，包括小组教学和课堂观察，形成交流技能和课堂讨论技能。

---

① NSW Institute of Teachers. Professional Teaching Standards. http://www.nswteachers.nsw.edu.au/IgnitionSuite/uploads/docs/Professional%20Teaching%20Standards.pdf, 2008－09－03：9.

续表

方面	主要阶段			
	新手型教师	胜任型教师	成就型教师	领导型教师
有效的沟通和课堂讨论（3）	倾听学生的呼声、并使学生参与课堂讨论及鼓励其他学生作出贡献。	对学生的讨论作出反应，以便促进学生学习及鼓励其他学生作出贡献。	使学生参与有助于综合各种观点和见解的讨论，以便形成对不同观点的更深刻的理解。	为了同事的工作建立示范性的讨论技巧，以便帮助他们形成这一领域的知识和技能。
学生分组	合理地使用学生小组结构，以便实现教学目标。	设计和改进各种各样有目的的教学结构，以便促使学生真正理解课程内容的意义。	支持同事设计和改进各种各样有目的的小组结构，以便支持学生真正理解课程内容的意义。	在学生小组管理中使用理论和实践方面的专业知识，以便引导和改进有助于促进学生学习的教学规划。
教学策略	使用范围广泛的教学策略和包括信息与通信技术和其他技术在内的资源，以便形成学生的学习兴趣和支持学生学习。	创造、选择和使用多种多样的合适的教学策略和包括信息与通信技术和其他技术在内的资源，以便使得学习内容对于学生来说真正具有意义。	支持同事创造、选择和使用多种多样的合适的教学策略和包括信息与通信技术和其他技术在内的资源，以便使得学习内容对于学生个体和学生群体来说具有意义。	通过分享关于创造、选择和使用多种多样的合适的教学策略和包括信息与通信技术和其他技术在内的资源使得教师增长见识，以便使内容对于学生个体和学生群体来说具有意义。

要素五①
教师对课堂进行有效的调控，从而为学生创设并维持一个安全的、有挑战性的学习环境

方面	主要阶段			
	新手型教师	胜任型教师	成就型教师	领导型教师
创造一个尊重和友好的环境（1）	使用各种各样的策略，以便与所有学生形成友好的关系。	在与学生的互动中维持公平和公正的互动关系，以便建立友好关系，引导学生在与其他人互动时建立具有公平、公正等同样特征的友好关系。	为同事树立一种全纳性教育策略的榜样，以便确保学生受到重视与尊重。	使用专门的理论知识和技能，以便促进和引领与背景相关的全纳性教学策略的形成。
创造一个尊重和友好的环境（2）	建立支持性的教学环境，以使学生感到全面参与活动是安全的。	通过建立安全的和支持性的学习环境确保学生公平地参与课堂讨论活动。	为同事树立榜样，并与他们分享教学实践的经验，以便重视学生的包括家庭文化在内的经验。	评价和监控教学实践，以便确保学生形成包括家庭文化在内的经验，使学生得到重视和尊重。

① NSW Institute of Teachers. Professional Teaching Standards. http://www.nswteachers.nsw.edu.au/IgnitionSuite/uploads/docs/Professional%20Teaching%20Standards.pdf，2008-09-07：10-11.

续表

方面	主要阶段			
	新手型教师	胜任型教师	成就型教师	领导型教师
建立一个学习得到高度评价、学生的观点得到尊重的氛围	使用策略,以便创建一个支持学生投入精力和进行学习的环境。	实施旨在建立支持学生投入精力和进行学习的有利环境方面的策略。	支持同事为学生创设有利的学习环境,这是一种思想开放的、能激起并满足学生好奇心,并且诚实的氛围。	促进并形成同事之间的课堂教学策略,以便强调学生对学习的职责。
顺利和有效地管理课堂活动	提供关于课堂活动的明确的方向,使得学生从事有意义的学习活动。	建立有秩序的和可操作的学习常规,以便确保学生有足够的时间用于学习。	形成、应用和与其他人一起分享灵活多样的管理策略以最优化利用课堂有效学习的时间。	创建策略,以最优化学生的学习效果。
管理学生行为、强化学生学习责任(1)	具有管理学生行为的实际方法方面的知识,并能将这种知识应用于课堂教学之中。	通过使学生从事有意义和价值的活动来管理学生的行为。	形成、使用和与其他人一起分享管理学生行为、增进学生学习责任、具有良好行为的灵活多样的策略。	形成策略并引导其他人设计应对具有挑衅性行为的学生的方法。
管理学生行为、强化学生学习责任(2)	具有管理课堂纪律的原则和实践方面的知识。	以尊重的态度,迅速、公正地处理课堂纪律问题。	使用学生行为管理方面的专门知识,以便形成与其他同事一起分享灵活多样的课堂管理策略。	为同事提供领导和鼓励,以便支持扩大行为管理策略的范围方面的创新。
确保学生的安全	理解旨在确保学生在学校里的安全方面的特定要求。	应用特定策略,以便确保学生在学校里安全生活和学习。	支持教师形成和实施安全工作方面的策略,以便确保学生的安全。	承担旨在确保学生在学校里安全生活和学习的分析工作。

要素六①
教师不断更新专业知识和改善教学实践

方面	主要阶段			
	新手型教师	胜任型教师	成就型教师	领导型教师
分析和反思实践的能力	具有批判性地反思和改进教学实践的能力。	批判性地反思和改进教学实践,以便提高学生的学习能力。	为了系统地分析和反思与学生学习结果相关的个体教师的教学实践,开展有效教学实践。	持续、系统、批判性地审视实践的所有方面,以便改进学生的学习。
从事个体和群体的专业发展(1)	具有关于专业标准框架及其对教师的专业生活产生影响的相关知识。	使用专业标准以便有针对性地识别个人专业发展需要和发展计划。	支持同事识别和实施策略,以便满足他们的基于专业标准的专业发展需要。	评价和实现同事之间的基于专业标准框架的专业学习需要。

① NSW Institute of Teachers. Professional Teaching Standards. http://www.nswteachers.nsw.edu.au/IgnitionSuite/uploads/docs/Professional%20Teaching%20Standards.pdf, 2008-09-12: 12-13.

续表

方面	主要阶段			
	新手型教师	胜任型教师	成就型教师	领导型教师
从事个体和群体的专业发展（2）	具有对可资利用的专业发展机会的认识和对个人计划在持续专业发展中的作用方面的知识。	从事专业发展，以便扩展和改进教学实践。	支持同事计划专业发展，以便增进学科内容和课堂教学技能方面的知识。	识别、促进和评价对于同事而言的发展机会，以便确保教师参与有目的的和持续的专业发展。
有助于建立专业共同体的能力（1）	具有意识到教育背景中团队工作的重要性方面的知识。	在审视教学策略和改进专业知识和实践中，与同事有效地和公开地进行合作。	在评价、分享教学策略及专业知识和实践方面，进行富有合作性的实践。	批判性地审视教学方面的最佳实践，以便支持同事进一步形成教学专门知识。
有助于建立专业共同体的能力（2）	接受建构性的信息反馈，以便改进教学实践。	接受和提供建构性信息反馈，以便支持专业学习共同体。	创建和使用网络，以便支持建构性专业讨论。	激发、引导旨在形成接受与提供建构性信息反馈和确认成就的气氛的策略。
有助于建立专业共同体的能力（3）	准备和提供关于教学专业及学科内容的讨论。	在与同事进行正式和非正式的专业讨论中，采用建构性的方式参与活动。	积极使用和维护诸如专业协会等网络，以便获取支持专业学习的信息。	通过参与专业网络或协会组织、促进和实现专业发展。
有助于建立专业共同体的能力（4）	通过研究的方式探究教育观念和问题。	通过探究教育观念、问题和研究成果的方式承担持续专业发展的职责。	通过获取和批评有关的研究成果的方式对形成有效的教学、课程和评价实践作出持续的贡献。	在专业网络或协会中发挥领导作用，提高教师的专业学习能力。
有助于建立专业共同体的能力（5）	认识到教师在一个学校就业后有必要遵从的政策。	具有应用学校相关政策文本的知识。	在形成有效的学校政策和实践方面支持同事并提供建议。	在学校和更广泛的专业背景中对教育政策作出巨大贡献。

要素七①
教师积极地与同行和更广大的社会公众沟通合作

方面	主要阶段			
	新手型教师	胜任型教师	成就型教师	领导型教师
与学生家长和监护人进行交流（1）	具有有效地与家长和监护人交流的能力。	经常、有效地与家长、监护人和同事就学生学习及发展情况进行交流。	形成和实施旨在建立学校及社区良好关系的交流策略。	实施旨在识别、理解和解决家长和监护人关心学生学习和课程内容的过程。

---

① NSW Institute of Teachers. Professional Teaching Standards. http：//www.nswteachers.nsw.edu.au/IgnitionSuite/uploads/docs/Professional%20Teaching%20Standards.pdf, 2008-09-15：14.

续表

方面	主要阶段			
	新手型教师	胜任型教师	成就型教师	领导型教师
与学生家长和监护人进行交流(2)	表明他们理解建立有效的家庭和学校之间关系的重要性及向家长和监护人报告学生学习进步情况的重要性。	在诸如向家长和监护人报告学生学习成绩等进行交流的场合，表示同情和予以理解。	监控和评价学校与家庭之间的交流的有效性。	在与家长和监护人就学校问题及学生学习问题进行双向的交流。
促使学生家长及监护人参与教育过程	认识到家长及监护人参与教育过程和使用一定的策略寻求参与性的重要性。	提供父母和监护人参与教学计划制定的机会。	经常提供家长和监护人参与教学活动以便支持他们的子女学习的机会。	使得范围更广大的社区投入资源和资料，以便增加学校教学的适切性。
对学校和社区作出贡献	具有有效地与外部专业组织、教师资助机构、社区的人员一起工作的能力，以便提高学生学习的机会。	在教育论坛中与同事和社区利益相关者进行互动和建立网络。	为在学生、同事和社区之间建立高质量的关系而提供机会。	在提高教师的认识水平及理解学校和社区之间的关系方面发挥领导作用。
专业伦理和行为(1)	理解与教师责任和学生权利相关的规章、法律。	通过尊重学生的隐私和学生信息的保密性而展示合乎伦理的行为。	确保与教育界和范围更广的社区的人的所有交往活动是具有专业性的和符合伦理的。	在所有专业交流活动中，特别在学生信息的保密性方面，展示符合伦理的行为。
专业伦理和行为(2)	具有有效地、合适地与父母、监护人、同事、工厂和当地社区联系、交流及互动的能力。	在与父母、监护人、同事、工厂和当地社区的所有人进行交流及互动时展示出教师的专业形象。	在与父母、监护人、同事、工厂和当地社区的所有交流及互动中树立和展示专业形象。	在与父母、监护人、同事、工厂和当地社区的所有交流及互动方面，在展示学校积极的专业形象上发挥引领作用。

（四）南澳大利亚州教师专业标准

教师素质是学生获得成功的重要因素之一。南澳大利亚州教育和儿童服务部（the Department of Education and Children's Services，DECS）也认识到教师对学生的学习生活所产生的影响，并承担起加强教师专业化的职责。该州教育和儿童服务部为教师制定的专业标准对教师素质具有积极的影响，最终也将对儿童和学生的学习成绩产生积极影响。该教师专业标准表明了教师职业的复杂性，并对教师工作提出了要求。这些标准整合了能体现教师长处以及对学生成绩的积极影响的基本的价值观、知识和技能，标准中列举了体现高质量教师所具备的技巧、艺术性、熟练程度和理解力。①

南澳大利亚州教育和儿童服务部所制定的教师专业标准反映了数百位来自学前教育机构、中小学、州和区办公室以及大学的教育工作者代表的观点和经验,他们就进一步改善教师的教学、学生的身心健康发展和成绩达成了一致意见。

1. 目标

南澳大利亚州教师专业标准的目标包括:强调教学的基本要求,以确保学生的学习成效;提高教师职业的地位,并认可其对更广大社区的贡献;改进专业学习的效果,以促进儿童和学生的发展;将教师工作中的价值观、知识和技能展示给公众。

2. 价值

南澳大利亚州教师专业标准的价值在于:肯定教师的优势与专长;把教师的专业学习和发展置于改善学前教育机构和中小学质量的核心地位;帮助教师确认其专业学习的需要,并为他们的专业学习创设多种途径;为专业对话、专业反思和专业学习提供共同的框架;清楚理解和认识有效教学活动的特点;提供鉴别、肯定和评价优秀教学实践的方法;提供反馈教学绩效的手段,特别是个人的学习计划与其现场教学的表现。

3. 结构

南澳大利亚州教师专业标准是建立在教师职业发展的四个阶段的基础上的,反映了教师的持续发展和四个专业要素。教师在整个职业生涯中都在发展他们的专业价值观、专业知识和技能,但这种发展并不是一种线性的过程。教学情景和学生个体需要教师不断地调整教学。与此同时,迈向"知识社会"的进程正在改变着教师的工作;社会要求教师不断更新自身的知识并将自己视为终身学习者。

---

① Department of Education and Children's Services. Professional Standards for Teachers in South Australia. http://www.decs.sa.gov.au/ods/files/links/link_ 58586.pdf, 2008 - 07 - 26.

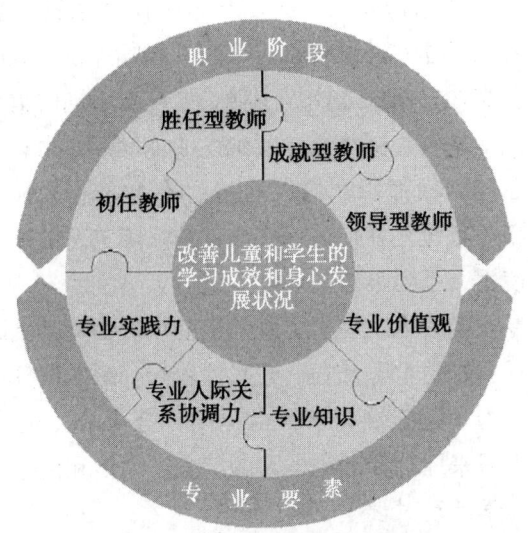

图3-3　南澳大利亚州教师专业标准①

4. 专业要素

在教学实践中，每一次教学活动都同时包含了所有的专业要素，它们既相互依赖，又是同时发挥作用的，表现出教学实践的复杂性。这四个专业要素分别是：专业价值观、专业知识、专业人际关系协调力和专业实践力。

要素之一是专业价值观。南澳大利亚州公立教育和儿童服务有其内在持久的价值观、信仰和理念做支持，这些价值观、信仰和理念反映且包含着当前南澳大利亚州教育和儿童服务部的导向与优先发展的事项。这些信仰引导着南澳大利亚州教育和儿童服务部的教师在教育实践中的行为，教育和儿童服务部作为一个学习型组织，要履行对南澳大利亚州的儿童和学生的教育承诺，对他们的学习成就和身心健康负责。教师坚持高水平的专业标准，要考虑自身的行为是否合乎职业伦理，并在他们的专业活动和人际关系中表现如下价值观：即合作、卓越、公平、诚实、尊重和责任心。

要素之二是专业知识。为了对年轻人的学习方式有一个具体的认识，履行他们在促进学生学习方面的职责，教师应该了解以下几方面：作为学习者的自己；学生；学习背景和环境；教与学的过程以及学习内容。

---

① Department of Education and Children's Services. Professional Standards for Teachers in South Australia. http：//www.decs.sa.gov.au/ods/files/links/link_ 58586.pdf, 2008-08-28.

要素之三是人际关系协调力。为了与学生及其家长、监护人、社区成员、同事、领导者之间建立并维持富有成效的人际关系，教师需具备以下能力，包括：证明在交往方面的才能，也就是能应对不同的情境、听众和目的而进行有效的交流；理解、同情并注意别人的境况的能力；评估自己与同事间的差异以及自己与非教师职业的人的差异的能力；协调冲突和差异的能力；为所有利益相关者建立并促进富有成效的人际关系的能力；在接触更广泛的社会公众时使用一系列策略的能力。

要素之四是专业实践力。为了提高学生的绩效和身心健康，教师应该具备以下能力，包括：制定学习计划、开发课程和资源、设计课程方案和指导学生的学习过程；为学生创设有学习目标的、合作的、充满挑战的学习环境；通过向公众学习来理解和利用学习的特点；评估和汇报学生的成绩和发展情况；评价教与学活动对学生产生的影响。[①]

（五）西澳大利亚州教师能力框架

西澳大利亚州教育与培训部致力于提高该州公立中小学教师的专业素质。已有研究表明：师资队伍的质量是影响学生成绩的重要因素之一。此教师能力框架由西澳大利亚州教育与培训部制定，是该州教育与培训部持续提高教师队伍质量、进而有助于学生学习成效提高的重要措施。

西澳大利亚州教育与培训部一直认为教师必须具有高度的奉献精神，尽其所能提高学生的学习成效。该州的教师能力框架是在分析国内外教师能力的基础上，由中小学教师、专业协会、高等院校、澳大利亚教育联合会和其他主要利益相关者经过全面深入地商讨后制定的。该能力框架描述了具体的教师专业标准，使得业内外人士都对教师应具备的知识和能力有一个清晰的认识，这些标准还为鉴定、奖励和表彰高质量教学实践提供了一种手段。

该能力框架具体阐明西澳大利亚州公立中小学教师要达到的能力标准。能力标准概述了教师将专业知识、技能和特性应用到具体的教学情境中所表现出的不同程度的专业有效性。它通过提供明确的标准来指导教师工作从而提高学生的学习绩效。它是增强公众对公立中小学教育质量的信心的重要工具，它强调教师职业要求教师成为终身学习者，在他们的职业生涯中必须持

[①] Department of Education and Children's Services. Professional Standards for Teachers in South Australia. http://www.decs.sa.gov.au/ods/files/links/link_ 58586. pdf, 2008 – 09 – 26.

续地进行专业学习。

在这一能力框架的制定过程中，教师、教师教育工作者、教师组织和专业协会对建立有效教学的五个维度达成一致意见，这一框架的制定也为他们的专业反思、讨论和行动提供了共同参照标准。

专业反思对提高教师标准、促进教师的专业发展有着举足轻重的作用。该框架对从事课堂教学的教师来说有如下作用：促进教师对专业实践的有效性进行反思；敦促教师确定有待改进之处（按先后顺序），以促进自身的专业成长；为教师提供专业学习的机会；有助于教师规划自身的专业发展。

该框架主要致力于以下几方面：[①]（1）为界定专业标准规定了结构和陈述方式，通过罗列有效教学的主要要素，将其作为教师职业与社会公众进行对话的共同参照；（2）通过描述达到优质教学所需具备的专业知识、技能和特性来促进并支持高质量教学实践的实施，懂得教师的知识、行为和评价是提高教师专业形象和职业地位的关键点；（3）为教师提供了一种方法，它概述了教师达到优秀专业实践标准所需具备的一系列主要能力和职责，当他们渴望达到更高水平的成就时，该框架能促使教师确定专业学习的方向；（4）确定实习教师所需加强的知识、技能和行为，以帮助他们在职业道路上顺利前行；（5）通过支持教师致力于改善他们的专业实践，从而提高学生的学习成效，最终提高西澳大利亚州中小学的教育质量；（6）为高等院校和教师专业发展提供者指明开设课程的方向，以确保高质量教学的进行。

1. 西澳大利亚州教师能力框架的主要结构

西澳大利亚州教师能力框架通过描述教师工作的三个专业要素：专业品质、专业实践力和专业知识来说明教师工作的复杂性。当教师进行课堂教学时这三要素是互相联系的。该框架主要包含以下几个部分：

三个层次（Three Phases）

该框架列出教师工作的三个层次有效教学能力标准，描述教师工作是一个持续实践的连续体。这些层次是动态变化的，与从事教学工作的时间长短没有关系。例如，课堂经验有限的教师也可以表现出所有层次中的某些能力。当教师对每一层次的能力都熟悉以后，他们就能够根据自己的需求来决定今后专业学习活动的类型。

[①] Department of Education and Children's Services. Professional Standards for Teachers in South Australia. http：//www.decs.sa.gov.au/ods/files/links/link_ 58586.pdf, 2008 - 09 - 29：2.

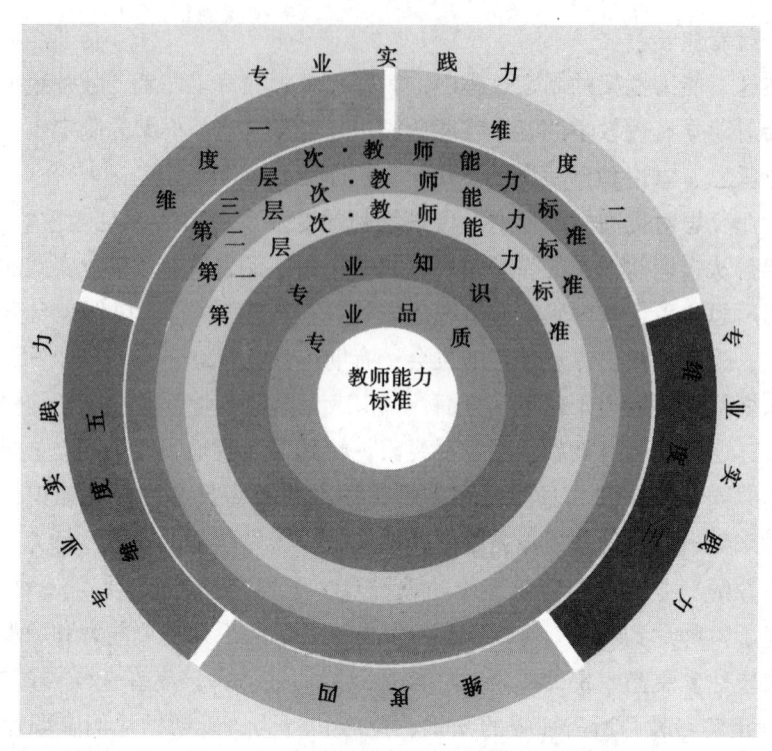

图 3-4　西澳大利亚州教师能力框架①

注：维度一：促进学生的学习；维度二：评估并汇报学生的学习效果；维度三：致力于专业学习；维度四：在注重结果的前提下，参与课程政策和其他行动计划的制定；维度五：与学校社区建立合作伙伴关系。

能力标准（Competency Standards）。能力标准指的是成功专业实践所具备的各方面特性的结合。能力标准是相关于教师在教学工作中的专业知识和技能的运用，并由教师的专业价值观所支撑。每一个能力标准都表明了每一维度的教师工作的能力水平。

能力的关键要素（Critical Elements of Competency）。能力的关键要素是每一能力标准的基本组成部分。它们描述了一系列教师将他们的专业知识、技能和特性应用到教学工作中时的专业行动，这些要素是鉴定达到所有能力标准的特征。

---

① Education Department of Western Australia. Competency Framework for Teachers. http：//www.det.wa.edu.au/policies/detcms/policy-planning-and-accountability/policies-framework/guidelines/competency-framework-for-teachers.en? oid = com.arsdigita.cms.contenttypes.guideline-id-3738620，2008 - 10 - 02：4.

有效实践的指标（Indicators of Practice）。有效实践的指标指的是与能力相关的专业行为，是为教师提供已达到某一特定能力标准的专业行为的范例。

三个专业要素（Three Professional Elements）。这三个要素包括专业品质、专业知识和专业实践力。①

第一个要素是专业品质（Professsionl Attributes）。这一要素列出了鉴定有效教学的某些特征。这些特征显示出教师已为应对教学中的挑战、要求和义务做好准备。西澳大利亚州教师能力框架还描述了教师与学生及其家长或监护人、同事或他人沟通的方式。专业品质为教师在日常教学工作中的决策和行为提供了价值观、信念和技能方面的支撑。专业品质描述了教师通过施展他们的才能来促进学生学习的过程中所表现出的态度和行为。表3-1是对专业品质的具体描述。

表3-1　　　　　　　　教师教学工作所需的各层次专业品质②

第一层次	第二层次	第三层次

合作性
教师通过创造与他人交流、分享知识、观点和经验的机会来证明自己有良好的人际交往技能。他们从同事那寻求帮助，对给出的意见加以思考然后付诸实践。教师承认并鼓励学生、家长及监护人在学习上形成合作搭档关系。

责任性
教师献身于教育事业，教学时以学生兴趣为中心。他们善于应对在教育学生过程中遇到的挑战，渴望创造特色。教师致力于使学生在知识、个性、社交、道德、文化等方面都得到发展，教育他们怎样成为终身学习者和社会实践的积极参与者。

有效沟通者
教师要对学生的行为产生积极的正面的影响。他们能够根据不同的情境和听众调整表达方式，以使对方明白自己的想法和观点。

道德性
教师在尊重他人权利方面做到心口合一、公平公正。他们了解社会公正的原则，并根据这一原则在处事上做出公正的判断与决定。

---

① Education Department of Western Australia. Competency Framework for Teachers. http：//www.det.wa.edu.au/policies/detcms/policy-planning-and-accountability/policies-framework/guidelines/competency-framework-for-teachers.en?oid=com.arsdigita.cms.contenttypes.guideline-id-3738620，2008-10-06：5.

② Education Department of Western Australia. Competency Framework for Teachers. http：//www.det.wa.edu.au/policies/detcms/policy-planning-and-accountability/policies-framework/guidelines/competency-framework-for-teachers.en?oid=com.arsdigita.cms.contenttypes.guideline-id-3738620，2008-10-12：6.

续表

第一层次	第二层次	第三层次
创新性 教师是具有创新意识的问题解决者,他们为了找到新的教育问题解决途径,愿意承担风险;在开发教育课程时也具有创新意识。他们为学生创设能引起他们兴趣的学习活动,以促进学生的学习。		
全纳性 教师关怀每一个学生,能敏锐地鉴别并满足学生在教育、物质、情感、社会、文化方面的需要。他们能及时发现学生在学习上的障碍,并帮助他们解决困难。		
积极性 在与他人交流的过程教师受到支持并提出建设性建议。他们在不断变化的工作环境下表现出灵活性,并愿意批判性地思考并实施改革。教师是教师行业的拥护者。		
反思性 教师在对于自己的专业实践进行分析时具有深刻的见解,能够基于现有事实作出决策。教师凭借他们的专业知识来设计一系列行动并确定有关目标以促进自身教学质量和学生学习成效的提高。他们是洞察教育发展的专业人员,促使自身持续地参加专业学习活动,以更好地了解并批判性地思考新的教育改革趋势。		

  第二个要素是专业知识（Professional Knowledge）。有效能的教师利用他们所拥有的大量专业知识,最大程度地提高教育效果。对学生、课程、教材、教学法与教育相关的法律法规以及特定的教学环境的了解和掌握是进行有效教学的基础,并能使教师有效地应对不断变化的学生的需要。[①]

  西澳大利亚州教师能力标准框架支持教师持续地建构和更新专业知识,它推动教师进行持续的专业学习,包括学习当代的教学理论知识。西澳大利亚州教师能力标准的框架是由下列专业知识作支撑的,它要求教师做到：理解西澳大利亚州课程框架的结构、功能以及它对学校课程发展、教与学活动的意义；理解不同评价策略的目的、本质和用法,掌握如何通过评估过程来获得可作为反思并调整教学实践的有关信息；理解学生的学习是受到他们的成长状况、经历、能力、兴趣、语言、家庭、文化和社会等因素的影响的；了解与学习领域相关的核心概念、内容和探究性学习的步骤；熟悉影响学校系统和教师工作的法律和章程的框架；知晓支撑教育

---

① Education Department of Western Australia. Competency Framework for Teachers. http：//www.det.wa.edu.au/policies/detcms/policy-planning-and-accountability/policies-framework/guidelines/competency-framework-for-teachers.en? oid = com.arsdigita.cms.contenttypes.guideline-id-3738620,2008 - 10 - 19：7.

计划和教师职业的政府、系统、区域和学校的政策。

第三个要素是专业实践力（Professional Practice）。表 3-2 是对西澳大利亚州教师专业实践力标准的分析。

表 3-2　　　　　　　西澳大利亚州教师专业实践力标准①

	第一层次 在职业的第一层次，教师应该：	第二层次 在职业的第二层次，教师应该：	第三层次 在职业的第三层次，教师应该：
维度一 促进学生的学习	促使学生参加有目标的适合的学习活动。	通过持续使用一系列教学策略来满足不同学生的学习风格和需要。	使用能满足学生个体和群体以及全班学生需要的具有全纳性及高效能的示范性的教学策略与方法。
维度二 评估并汇报学生的学习效果	监控、评估和汇报学生的学习效果。	使用全面的评估体系来评价学生的学习效果并作出汇报。	持续使用具有高效能的适合于各类学生的示范性的评估和汇报策略。
维度三 致力于专业学习	对专业实践进行批判性地反思，以提高专业实践的有效性。	致力于学习型社区的建设与发展。	参与各种能促进批判性自我反思和学习型社区发展的学习活动。
维度四 在注重结果的前提下，参与课程政策和其他行动计划的制定	参与合作制定课程政策和计划。	为制定课程政策和课程计划团队提供支持。	在包括课程规划和政策制定的学校发展过程中承担重要任务，并起到领导作用。
维度五 与学校社区建立合作伙伴关系	与学生、同事、家长和其他监护人建立合作伙伴关系。	通过与学校社区的成员建立和保持合作伙伴关系来支持学生的学习。	促进与学校社区的团队合作。

教师工作的维度（Dimensions of Teachers' Work）

该框架包括五个教学维度，每一维度描述了教师工作的一般特征，这些特征是达到有效专业标准的核心要素。这五个维度描述的是教师在职业生涯中的主要职责和行为，它们互相关联，共同促进教师工作的有效性。维度一和维度二是教学实践中的关键要素，它们清楚说明了教师和学生之间的有效互动；维度三、四、五描写了支持有效教学的工作环境。

---

① Education Department of Western Australia. Competency Framework for Teachers. http：//www. det. wa. edu. au/policies/detcms/policy-planning-and-accountability/policies-framework/guidelines/compe-tency-framework-for-teachers. en? oid = com. arsdigita. cms. contenttypes. guideline-id-3738620，2008-10-23：8.

表 3 – 3　　　　　　　　西澳大利亚州教师工作的五维度

维度一	促进学生的学习①
\\	维度一描述了教与学活动的复杂任务。它概述了教师如何设计、发展、调控和实施不同的教学策略来支持学生进行高质量的学习。
第一层次	在第一层次，教师通过为学生设计课堂教学和建立学习目标来促进学生的学习。他们尝试用不同的方法教学，应对学生的需求和学校优先发展的事项。在这个层次，学习往往是由教师引导的，教师决定学生该学什么，学到什么程度以及如何学。
第二层次	在第二层次，教师在大量尝试不同教学方法的基础上，形成了教与学实践的个人理论体系。他们对自己的教学方法充满自信，并为学生提供更个性化的教育方案。学生被给予更多的机会决定他们学什么，怎样学，学到什么程度以及如何证明自己的理解水平。在这个层次，学习是以学生为中心的，教师扮演促进者的角色来指导学生的学习。
第三层次	在第三层次，教师关注以学生为中心的学习并掌握大量的教学策略。他们与学生商讨学习结果，从而促使学生变成一个自主学习者。这些教师具备更全面的方法，他们意识到对学生学习最好的支持不仅来自教师更来自广大的社会成员。他们不断更新知识，使自己适应教育发展趋势，认识到为了给学生提供最好的教育，教师、同行、专家以及家长必须进行合作。

维度二	评估并汇报学生的学习效果②
\\	维度二描写教师如何监控、评估、记录和汇报学生的学习情况。
第一层次	在第一层次，教师用不同的评估策略来评估学生的学习过程，以允许所有学生理解不同的评估结果。教师记录那些通过正确、连贯的评价收集到的信息，并根据这些评估信息，向学生家长和监护人汇报学生的学习效果。
第二层次	在第二层次，教师用更多样的方法来评估和记录学生的学习效果。他们对学生的学习效果作出基于证据的评判，并规划他们今后的学习。在汇报的时候，这些教师向更多人提供反馈并积极参与整个学校的调查、记录和汇报活动。他们通过与同事核实自己的评估信息来确保评估的正确性。
第三层次	在第三层次，教师认识到评估必须是一个连续的过程。评估给出了作为学生学习效果的成绩。他们制定了包含所有符合学生个体需要的示范性的评估策略。在汇报的时候，他们就学生在学习前的理解力水平、完成有关课程学习后取得的进步以及进一步发展的建议提出了自己的真知灼见。在第三层次教师在整个学校的监控、记录和汇报活动的实施与发展过程中起到了积极的作用。他们通过与他人分享使用创新评估体系的知识和经验来帮助同事。他们对评估策略的有效性进行回顾审查并提出改进建议。

---

① Education Department of Western Australia. Competency Framework for Teachers. http：//www. det. wa. edu. au/policies/detcms/policy-planning-and-accountability/policies-framework/guidelines/competency-framework-for-teachers. en? oid = com. arsdigita. cms. contenttypes. guideline-id-3738620，2008 – 11 – 02：9.

② Education Department of Western Australia. Competency Framework for Teachers. http：//www. det. wa. edu. au/policies/detcms/policy-planning-and-accountability/policies-framework/guidelines/competency-framework-for-teachers. en? oid = com. arsdigita. cms. contenttypes. guideline-id-3738620，2008 – 11 – 06：10.

续表

维度三	致力于专业学习
维度三描述教师如何调控自己的专业学习并有助于同事的专业学习。	
第一层次	在第一层次，教师确认自身的专业学习需求。他们从一系列不同的资源中寻求反馈信息与引导，以计划并参与专业学习。这些教师形成了个人教与学的方法并参与正式和非正式的专业学习活动，以支持和提高他们的教学实践。
第二层次	在第二层次，教师继续计划和参加个人的专业学习，他们的关注点转移到了发展学习型社区。他们支持初来乍到的教师，帮助他们熟悉学校的环境。他们确认自己在专业知识、理解力和技能方面的优势，并将这些专长与同事分享，以促进他们的专业学习。
第三层次	在第三层次，教师参加专业学习并支持同事的专业学习。他们通过不断的反思产生和应用新的想法，从而对教学和领导实践的改进提供帮助。他们指导并帮助建立校本教与学的研究项目，从而促进全体教师的专业学习。

维度四	在注重结果的前提下，参与课程政策和其他行动计划的制定[1]
维度四描述在具体的学校环境中，教师如何参与课程改革的制定与管理。	
第一层次	在第一层次，教师加入有关课程政策制定的团体。在课程领导者的指导下，他们能够实施有助于团队决策制定的任务。
第二层次	在第二层次，教师确定要在课程政策会议上解决的问题。教师收集、分析和呈现与这些事项有关的信息。他们支持课程政策的实施并为有需要的同事提供指导。
第三层次	在第三层次，教师是课程领导者。这些教师推动改善学生学习的变革并支持系统行动的实施。他们与同事合作来制定、调控和评价课程与行动计划。他们根据学校具体的需求，将从广泛的专业学习中获得的知识应用于分析学校的运作环境和制定课程政策上。

维度五	与学校社区建立合作伙伴关系
维度五描述教师如何建立、促进和保持与学生、同事、家长和其他人的合作关系来促进学生的学习。	
第一层次	在第一层次，教师与学生、同事、家长等建立积极的合作伙伴关系。他们尊重作为个体的学生并能恰当并敏锐地应对学生的需求。在这个层次，教师与同事合作，承认并评析不同的观点。在第一层次教师与家长建立联系，持续地向他们提供有关学生和学校事件的信息。

---

[1] Education Department of Western Australia. Competency Framework for Teachers. http://www.det.wa.edu.au/policies/detcms/policy-planning-and-accountability/policies-framework/guidelines/competency-framework-for-teachers.en? oid = com. arsdigita. cms. contenttypes. guideline-id-3738620, 2008 – 11 – 09: 11.

续表

维度五	与学校社区建立合作伙伴关系
第二层次	在第二层次，教师与更广大的学校社区成员形成积极的合作伙伴关系。他们视自己为团队成员，能积极地帮助其他的团队成员，能提供建设性的反馈信息，解决问题并关注他人。这些教师也通过参与有组织的相关任务来支持团队工作。
第三层次	在第三层次，教师在与团队成员一起工作的过程中得到促进和激发。他们清楚地表达并分享通过连续全面的有关学校发展、课程和政策进程的专业学习获得的知识，他们为其他的团队成员提供指引，并确保政策制定的过程是在共识、负责和公平的情况下进行的。

显然，澳大利亚各州各地区制定了自己的教师专业标准。由于各州各地的情况不尽相同，中小学教育状况互有差异，因此，各州各地区推出的这些标准都各具特色。但总体上看，仍有诸多的共性存在，因为各州的标准都是在国家标准框架的引领下制定的。比如它们都非常重视教师不仅要有较强的专业认知力，拥有丰富而广博的学科知识，而且还要掌握基本的教育教学技能，具备较强的专业实践能力；都十分强调教师既要具有良好的驾驭课堂教学的能力，以最大限度地引领学生的学科知识学习，而且还有要有良好的专业价值观、团队合作意识，从而能对每一个学生的发展负责，促进学生身心的健康发展，对自己负责，在与团队成员的合作中，实现自身可持续的专业发展。澳大利亚各州的这些标准，一方面在教师准入上起到了一种门槛的作用，使得本州师资队伍的建构有了"防火墙"，凡不符合标准者，均不可就职于中小学；另一方面也因此对教师专业学习、专业发展，起着一种十分重要的近乎"指挥棒"的作用。澳大利亚中小学师资水平以及中小学教育质量之所以能够达到今天的水准，当与其各州各地区这些"标准"的推出和实施，是不无关系的。

五 澳大利亚教师专业标准的特点分析

澳大利亚教师专业标准的研究与构建，一方面是受到国际"标准化管理"潮流的影响，另一方面也是其国内教育界在这方面形成的共识使然。这一工作的推进，既是有助于确立教师专业地位的需要，也是教师职后专业发展的强大推力。现代教育科学尤其教师专业发展学说为教师专业标准的构建提供了强有力的理论支撑。

在教师专业标准的具体建构上，澳大利亚采取了全国性与地区性相结合的策略。前者是为了更好地促进教师的相互流动和教师资源的充分利用，以及给各州教师专业标准的建构设定基线；后者则既是联邦制国家的国情所致，也是各州各地区教育差异的产物。但无论是教师专业标准国家框架还是各州教师专业标准模型，都存在着下述值得我们思考的特点。

第一是重视教师具有良好的道德素养与追求。如上所述，维多利亚州教师专业标准模式、全国教师专业标准框架都对教师应该具有的道德规范作出了规定。他们坚持认为，教师应该具有责任心，应尊重不同地区、不同家庭文化背景的学生，并表现出对学生的公正、公平，这已经成为澳大利亚对教师道德规范的基本要求。显而易见，这种做法是有一定的可取性的。因为，品德是个体行为的源泉。有什么样的品德，必然会有什么样的行为。中小学教师也不例外。教师内在的职业精神、情操正是教师做好教育工作、促进自身专业发展的基础与前提。教师在教学中，传授的不仅仅是知识，教师的价值观、道德修养都会潜移默化地影响着学生。因此，无论在教师的入职门槛上，还是在教师的续职问题上，都不能唯知识、唯能力，而应首先审视教师个体的道德修养情况。唯其如此，才能有效地推进中小学教师的道德建设，使得肩负有儿童启蒙教育重担的教师自觉地加强自身的道德修养，以道德上的高要求来约束自己的日常行为。[1]

第二是提倡教师具有较强的合作意识与能力。澳大利亚教师专业标准国家框架中十分强调"专业关系协调力"这一条，它要求教师能够有效地与学生、家长、同事以及在更广泛的社区中进行合作。同样，昆士兰州和维多利亚州的教师专业标准体系，也都不谋而合地对教师的合作意识与能力提出了相应的要求。如昆士兰州教师专业标准的第八条就要求教师与学生家庭、监护人以及其他社区成员建立专业的人际关系，以促进学生的学习，提升学生的身心健康状态，丰富并巩固教与学的活动；维多利亚州教师正式注册标准中的第十条要求申请正式注册者必须是其职业团队中的积极参与者。应该认为，澳大利亚的这种做法，是有一定的合理性的。因为随着社会的发展、学校课程内容综合性增强，可资教师利用的教育教学

---

[1] 赵凌、张伟平：《教师的专业标准：澳大利亚的实践与探索》，《比较教育研究》2010年第4期，第89页。

因素也在相应地增多。教师可以根据教学目标，充分开发与利用课程资源，并采用最适合学生学习与发展的教学形式和教学方法展开相应的教学实践。教师还可以在充分消化与掌握教材内容的基础上，适当适时地引导学生走出教科书、走出课堂和学校，充分利用各种校外资源，借以拓展学习的空间。这就要求教师必须具备现代课程意识，尤其需要教师具有较强的合作意识与能力，包括校内合作、校外合作、师生合作以及和同事、家长以及更广泛社区所有成员合作的意识与能力。以便他有可能把自己的教学实践放到了一个更大的环境中去进行，并获得各个层面的合作教育抑或合作教学，提高教育教学效益。

第三是关注教师发展的循序性。澳大利亚教师专业标准对教师的循序发展性问题予以了高度的重视。不同的阶段有不同的发展水平要求，这种要求由低而高，逐步提升。在维多利亚州教师专业标准中，就将教师专业标准分为毕业教师专业标准与正式注册教师专业标准，新南威尔士州的教师专业标准则将教师的标准分为新手型、胜任型、高成就型和领导型四种，这使得教师能够在不同的阶段都有自我追求与发展的目标，更使得教师的发展得以不断延续、不断提升。这种对教师循序发展的重视，是无可厚非而且是十分必要的。因为一方面，教师发展也有一个循序渐进的过程，在不同阶段有不同的特征。社会对于教师发展的要求固然不能虚无，但也不能无视这种顺序性，对教师提出超越其自身发展阶段特征的过高抑或不切实际的要求。后者实质上只能是一种苛求，它无助于教师们自我学习积极性的激发，而只会使他们感到手足无措、望而生畏以至于消极抵制而效果全无。另一方面，对于教师发展的要求也应有一个不断提升的问题。如果用同一个基准去考核处于不同阶段的教师发展，那么，就会在客观上扼杀教师自我修习、不断发展的动力，也难以实现教师评价的公平公正。只有用不断提升的要求去对待不同阶段的教师发展，才是一种实事求是的态度，也才会起到有效激发教师自我学习自我建构的积极性，从而避免教师惰性作祟下的专业学习懈怠、专业发展停滞，以致影响教育教学质量提高情况的出现。

再次，强调专业标准的动态性。澳大利亚各种教师专业标准是随着各种外因而不断地发展完善的。昆士兰州尤其如此。该州自2002年颁布实施教师专业标准后，其相应的工作并未因此"告一段落"：同年底，州教育部依据教师队伍建构的发展动态，便对该标准进行了各种相应的修正，并在2005年颁布实施（本书中论述的都是当前最新的教师专业标准）。澳大利亚学者萨克斯（Sachs）等学者就指出，教师标准是动态存在的并以未来为导向且具有创造性，与实践紧密联系。他们认为，教师专业标准是衡量教师的专业发展的，它本身必须随着教师专业发展的实际情境而发生变化，标准永远都是随着教师、教学而改变的。标准能够得到不断的更新和发展，这便是澳大利亚教师专业标准发展趋势的永恒主旋律。[①] 澳大利亚的这种做法，显然值得我们思考。因为实践告诉我们，变化着的学校教育的内外部环境包括社会对学校课程设置的需要、对学生发展水平的需要等，不断地向学校教师水准提出着各种各样新的要求，倘若我们用某个一成不变的所谓标准，去考量教师的发展，就会使教师专业发展的方向与水准渐离社会的要求，使得教师的教育教学达不到社会与学生发展所要求的程度。教师专业发展的标准只有始终保持其动态性，及时跟进社会需求与学生需求变化的节奏，才有可能确保其对教师专业发展考量的正确性，对教师教育教学工作的促进性。

  规范教师的专业标准，促进教师的专业发展，借以推动学校教育教学质量的高质量运行，是当前我国中小学教师队伍建设和学校发展所面临的一大问题。澳大利亚的上述探索无疑值得我们思考。

[①] Sachs, Judyth. Teachers professional standards: controlling or developing teaching? Teachers and Teaching: theory and practice, 2003, 9 (2): 175—178.

第四章

澳大利亚的教师职前教育

在澳大利亚，教师职前教育是一个具有多元化目标的教育过程，它不仅仅是为了培养在课堂内度过职业生涯的教师。教师职前教育课程应该能培养出全面发展的高素质教师，它应该具有一定的弹性和灵活性，以应对学生的多样性需求。简而言之，教师职前教育是通过实施高质量的教师职前教育课程来使学生获得基本的知识和实践经验，它与入职培训和持续的专业发展构成了教师教育生涯的连续体，被视为这个连续体的起始部分。良好的开端是成功的一半，教师的职前教育是整个教师教育的基石。

一　教师职前教育的理论基础

（一）教师职前教育与教师专业发展

中小学教师所从事的是培养与塑造人的工作。其效益与质量如何，在某种程度上直接关乎作为受教育者的年轻一代的发展、整个民族乃至整个国家的走向。因此，但凡现代国家无不重视教师的培养工作。然而，中小学教师的培养虽然是一项十分复杂的系统工程，它的成效如何虽然受制于社会实践、职后更新等因素，但也毋庸置疑，教师培养的质量首先是维系于教师的职前教育的。因为，一个人从非教师到教师，从懵懂少年到知识的化身，或从其他从业者到教学工作者，这种蜕变并非轻而易举的事，也非那些为期几十天抑或几个月的短训班所能了事的。它要有一个经受漫长而科学的学科教育与教育教学理论及技能教育或训练过程。英国学者詹姆斯·波特认为，作为一个教师，有几个条件是必不可少的，其一是必须具备良好的文化教育素养。包括积累良好的学科文化知识、形成必要的学科探究能力以及养成基本的道德素养，成为一个学识渊博尤其是专业知识比较丰富、专业研究和批判能力较强，且有教养的人。其二是必须经过初步的职前训练，教师不仅应知道教什么，而且还应懂得怎么教。教师应掌握先进的科学知识以及教育理论和教育方法，同时还要经过初步的教学实践训练。[1] 学校教育尤其教师职业，从它产生的那天起，便处在了社会对他们不断提高的期望的压力之下，包括对教师所具备的知识和能力的高标准，以及教师对教育成效所承担的责任。

教师在专业工作中要扮演各种不同的角色，社会要求教师所具备的知识既有广度也有深度，这就需建立适应社会发展的教师职前教育体系。唯其如此，"前教师们"或"准教师们"才有可能逐步累积、不断提升其相应的知识素养、能力素养、教学机智素养，从而才有可能成为真正意义上的专业发展水平高、符合社会要求与家长期望、引领学生发展的教师。这是教师专业发展的必由之路，任何社会或个体都是无法逾越的，澳大利亚又岂能例外？它只有紧紧抓住教师职前教育这个教师教育和教师专业发展的逻辑起点，通过实施高质量的教师职前教育来使准教师们获得基本的知识和实践经验，才能奠定他们教师专业发展的基础。

（二）教师职前教育与教师个性发展

现代教育科学认为，作为一个准教师，通过精心设计的职前教育，获得特殊意义上的教师专业发展，是必不可少的，但仅此却是远远不够的。因为凭此或许可以使他们踏入教师职业后能很快胜任新学校相关学科的教学工作，但若无教师个性方面的良好发展，仍不足以应对教育教学中的种种挑战，难以最优化地引领特点各异、背景不同、思想活跃的中小学学生的学习与发展。只有当教师在形成良好的教师专业素养的同时，使他们的个性也获得合乎社会要求的发展，才有可能真正地担当起社会赋予的全面意义上的教师角色。

准教师们的个性发展包括哪些要素？一是要有先进的教育理念。理念是行动的先导。作为教师，每天和学生进行心与心的交流，如果没有先进的教育理念引领，其教育教学行为就会有盲目性、随意性，甚至谬误性之嫌，其教育教学活动的效果就有可能低效、无效，甚至有害。这就要求准

---

[1] 杨之岭、林冰：《詹姆士·波特论"师资三段培训法"》，《外国教育动态》1980年第3期，第15页。

教师们在职前教育过程中学习、理解与内化各种先进的教育教学理念。二是应在某个领域有较深的造诣。比如语文教师，除了具备一般性的识字教学、阅读教学、写作教学能力以外，若他在写作教学方面造诣很深，有自己独到的一套方法，就会为他在这方面作出优异的教学业绩奠定坚实的基础。一个优秀的教师应对自己从事的学科教学全面了解，同时还应深入研究一到两个领域，成为某个方面的专家。三是习得必要的技能专长。准教师们不仅要精通特定学科的教学，还应该适当学习与掌握一到两门技能特长。因为他们不久所要面对的不仅仅是课堂教学，通常还有各种各样的学生活动。教师只有在职前教育期间学习并掌握一定的技能与专长，方能指导学生开展活动。四是形成各种良好的个性品质。包括：（1）热爱学习、热爱专业、热爱学生的品质；（2）追求新知识、捕捉新信息、善于倾听不同意见方面的品质；（3）豁达、容人、幽默、坦诚、随和、稳重的品质；（4）善于反思、不屈不挠、坚持不懈的品质；（5）诚实、守信、正直、公平等道德范畴的品质等。实践证明，只有这样，职前教师才能形成独特的人格魅力，成为事半功倍的好教师。而准教师在这些方面的个性发展情况，在很大程度上是维系于良好的职前教育的组织和实施的。大学生的个性发展，无疑在很大程度上与他们的主观能动性相关，但若没有精心设计和科学实施的职前教育，学生要实现其个性的这些发展，也将会大打折扣。显而易见，无论特殊意义上的教师专业发展理论，还是一般意义上的教师个性发展原理，都赋予了教师职前教育以特别的价值内涵。

二 教师职前教育的途径与课程

（一）教师职前教育的途径

应该认为，在澳大利亚，教师职前教育是备受重视的，其实施途径也随着教育情势的需要而不断地有所变化。

尽管教师职前教育的规模在20世纪70年代末期有所缩减，但它仍是国家高等教育体系中的主要组成部分。随着20世纪60年代新的高等院校的诞生以及1965年后高等教育学院的自主发展，出现了一系列范围广泛的教师职前教育课程。大学或其他高等院校制定了具有高标准的教师教育课程，旨在确保培养能适应未来教学的高素质的教师。

在此之前，小学师资都是由州教育部管理的师范学院来培养的。20世纪60年代以前，小学教师教育专业的课程一般是两年制的，从60年代开始开设三年制的教学证书课程（Diploma of Teaching）。中学师资的培养一般是在高校修完一个学科的本科学位课程，然后再修读一年制的研究生教育证书课程，中学师资是由大学或师范学院培养，或是由大学和师范学院联合培养。[1]

起先只有少数高等教育学院开设教师职前教育课程。1973年，所有的师范学院脱离了州教育部的控制，成为高等教育机构。此时，许多大学加入了培养小学师资的行列，开设本科学位加研究生证书的联合课程，或是为期四年的综合课程。事实上，1965年到1966年开始建立的那些高等教育学院，都把教师教育作为一种基本活动，为小学教师提供了四年的课程学习（如堪培拉高等教育学院、塔斯马尼亚高等教育学院和南澳大利亚高等教育学院）。

20世纪80年代早期，大学开设大量的小学教育本科学位课程。然而，大多数州政府和联邦政府均反对延长课程学制。小学教育专业的课程进行了重新设计，出现了一种教学证书（Diploma of Teaching）。学生在完成综合教育学士学位课程（Integtrated Bachelor of Education degree）前三年学习后先获得教学证书，若要获得教育学士学位，还要进行为期一年的学习，第四年的学习则是在学生成为教师后进行的部分时间制学习或远程学习。这种课程模式在20世纪80年代是培养小学和早期儿童教育师资的常见模式，被称为"3+e+1"模式，或"三明治"式的课程模式。[2] 之所以称它为"3+e+1"模式，是因为学生在获得三年制的教学证书后就参加工作了。无论是作为一个长期聘用的教师还是作为一个临时教师，在进行了相当于一年的实践后，再继续参加教育学士学位最后一年课程的学习。这样的课程模式要取得成功，对在学校的教学经历要求非常高。这种做法遭到了教师教育工作者的强烈批评，许多教师教育工作者都认为连续的四年课程学习比这种"三明治"式的课程模式要好。因为这种课程模式存在很多不稳定的因素，学生往往很难应对教学工作（因为没有实习经

---

[1] F Ebbeck. Teacher education in Australia, report to the Australian Education Council by an AEC working party. Canberra: Australian Government Publishing Service, 1990: 14.

[2] Ibid., 26.

历),同时在职攻读教育学士学位的最后一年课程也是困难重重。

总的来说,在20世纪80年代末之前,师范学院(teachers' college)、高等教育学院(colleges of advanced education)和技术学院(institutes of technology)开设旨在培养小学教师的两至三年制的教师教育课程。一般来说,在大学修读三至四年制的某学科专业学士学位课程,然后再继续学习为期一年的研究生教育证书课程,就可以去中学从教了。

在20世纪90年代早期,教育政策发生了转变。其一是教师教育课程基本上由大学实施,其二是教师教育课程学制的延长。各级各类教育的教师教育课程一般都是四年制的,这与其他专业的学制是一样的。

目前,澳大利亚全国的所有大学以及一些其他高等院校总共开设了400多种教师教育课程。2001年,澳大利亚开设教师教育课程的高等院校共培养了超过11000名合格的中小学新教师。一般来说,新教师的培养是通过以下各类课程之一的教学来进行的。[①]

(1)三至四年的本科学士学位课程:在此期间,学生同时要学习教育理论和相关的学科知识、教育学,专业学科知识(或将来从教的学科内容)是在其他学院或系学习的。在这几年的学习过程中,还要到中小学进行实习;

(2)四至五年的双学位课程:即学生要同时修读教育学士学位课程和其他学科的学士学位课程;

(3)一至两年的研究生(教育)课程,即在学生修完其他学科的学士学位课程后,再继续修读一至两年的研究生教育课程。

成为小学教师的最普遍的途径是进行为期四年的本科课程学习,最常见的是获得教育学学士学位或教学学士学位,或是双学士学位,如教育学学士学位加文学或理学学士学位。成为中学教师的最普遍的途径是获得某一学科(通常是文学或理学)的学士学位,再进行研究生课程学习,获得研究生教育证书或教学学士学位,或是获得双学士学位。

一些大学的学生们通过远程教育资源来学习教师教育课程。远程教育的方式使得农村和偏远地区的学生的学习更为便利,虽然远程教育课程得

---

① Committee for the Review of Teaching and Teacher Education. Australia's teachers: Australia's future: advancing innovation, science, technology and mathematics: main report. Canberra: Department of Education, Science and Training, 2003: 120.

到了较高的评价，但它的弹性（灵活性）却不能满足一些成年学生的需求。

（二）教师职前教育课程学制的争论

当前教师教育课程面临的最主要争论是：起码的教师职前教育课程学习期限以及起码的职业准备期（professional preparation）。

昆士兰教师学院要求学生至少在高等院校接受四年制的学科专业课程学习，至少有两年的职业准备期。[①] 这个要求与 1998 年的"有关教师职前教育课程的国家标准和指南的报告——为职业作准备（Preparing a Profession）"中，由教师教育工作者和其他利益相关者达成的观点是一致的。

至少四年制学习期限的规定设立已久。近几十年来有关教师职前教育课程的模式一直在四年制职前教育课程模式与为期四年的"3 + e + 1"的整合模式之间争论。虽然后一种模式有坚实的理论基础，但在实践中基本上是不可行的。因此，如果实行这种模式，也就意味着实行一种简单的三年制模式。新南威尔士州是唯一不要求必须实行至少四年制教师职前教育的大辖区。

支持至少两年的职业准备期是最近争论的焦点，争论的重点是对为期一年的研究生教育证书（graduate DipEd）[②] 课程的批评。当然现在主张开设的是为期两年的研究生课程，悉尼和墨尔本大学这些高等院校已大规模开发这类课程，这种两年制研究生课程（修读此课程的是已完成某学科专业学习的本科毕业生）不仅是对传统教育证书课程中的职业准备期不足的一种矫正，同时也是对许多传统四年制中学教育学士学位课程中暴露出的学科专业准备不足问题的一种弥补。

20 世纪 90 年代中后期，新南威尔士州以及其他地区的许多高等院校着手逐步废除大学本科三年制课程或三年修完四年制的课程（three-year exit point in four year programmes）。这样做的原因有二：一是为期三年的课程，其职业准备期不足；二是三年制课程的毕业生在当时供大于求的教师就业市场上存在就业困难的问题。因而，大量的学生强烈希望延长课程时

---

① 职业准备期指的是对非教育专业的本科毕业生进行的教育专业培训。
② 研究生教育证书（graduate DipEd）课程是为非教育专业的本科毕业生所开设的。

间。同样，大力开发两年制研究生课程的原因也与上述原因相似。①

然而，此后，教师需求的增长为本科三年制课程的毕业生创造了就业机会，因而三年制课程在许多高等院校中得以保留以适应社会的需求，两年制的研究生课程以及其他一些学制较长的课程也类似于上述情况。以两年制研究生课程取代研究生教育证书课程及本科教育学士学位课程的计划相应减少或被搁置，出乎教师教育工作者意料的是，这些短期课程很受学生们的欢迎，以应对雇主的需求。

这样的情况导致大学管理方面的困难。四年制的课程学生三年修完就提早毕业，一年制的研究生课程也继续实施，而就两年制的研究生课程而言，许多学生提早一年或半年就毕业了。学生们往往难以接受长于未来雇主所要求的常规期限的课程学习所产生的直接费用与间接开支，在"高等教育成本分担制度"（HECS）已增加财政资助以及在教育就业市场吃紧的情况下尤其如此。新的教师职前教育框架，如双学位课程，已成为应对这一问题及重新思考如何获得最佳质量的教师专业准备的方法。加强与大学的教育系或教育学院的联系，是中小学唯一可取的办法。

（三）各州各地区高校教师教育课程的设置概况

本着有效实施教师职前教育，推进高质量中小学师资队伍建设的宗旨，澳大利亚各地区的高等院校纷纷开设了各类教师职前教育课程，供各州有志于从事中小学教育的学生修习。澳大利亚教师职前教育的课程类别主要有早期儿童教育、小学教育、中学教育、中小学教育等，课程水平又分为本科课程、双学位课程和研究生课程三个层次。由于认识上的差异和各自传统的影响，澳大利亚各州各地区高校的教师职前教育课程在结构上虽然大致相同，但也不无"个性"的存在。

1. 澳大利亚首都地区

在澳大利亚首都地区，要在公立学校从事教学活动，教师必须修完四年制教师教育课程。在这里，中学教师与小学教师之间不存在资格认定上的区别，事实上，教育与社会服务部认为有计划地进行中小学教师的互换

---

① Ministerial Advisory Council on the Quality of Teaching (MACQT). Report Identifying the Challenges: Initial and Continuing Teacher Education for the 21st Century. Sydney: NSW Department of Education and Training, 1999: 38—41.

是有裨益的。

澳大利亚天主教大学（Australian Catholic University）Signadou 校区只有一种教师职前教育课程——四年制的小学教育学士学位课程。位于堪培拉西北地区的贝尔科（Belconnen）镇的堪培拉大学，开设早期儿童教育、小学教育以及中学教育的教师教育课程。早期儿童教育学士学位课程是本科四年制的，小学教育专业分别有四年制的教育学士学位课程和两年制的研究生教育学士学位课程。中学教育专业分别有一年制的研究生教育证书课程（graduate DipED）和两年制的研究生教育学士学位课程（graduate BEd）。[1]

2. 新南威尔士州

新南威尔士州教育与培训部规定，申请在公立学校任教的教师必须具有相关的学科知识（中学教育）、了解教育内容及懂得教学方法。

教师职前教育课程必须保证至少相当于三年时间的全日制学习。小学教育及早期儿童教育的教师教育课程毕业生需要完成学科知识及教学法知识的学习，以做好面对初等教育主要学习领域教学的准备。此外，从1994 年开始，所有毕业生必须完成一个单元的特殊教育学习，从 2000 年开始，所有毕业生还必须善于在教学中运用电脑，小学教育专业毕业生要完成 2 个单元的英语及数学知识的学习。

新南威尔士州教育与培训部下的教师资格咨询专家小组根据新南威尔士州公立学校的教师需求确定教师教育课程，并确定要进行认证的所有教师教育专业的毕业生要学习的学科或教学领域。新南威尔士州其他一些主要的教师雇佣方对教师的要求基本上与新南威尔士州教育与培训部的要求一致。

澳大利亚天主教大学蒙特圣玛丽（Mount Saint Mary）校区位于悉尼西部郊区的施福德（Strathfield），开设小学教育、中学教育专业的教师教育课程。攻读小学教育四年制本科学士学位课程的学生在读完三年后可以选择提早毕业并获得教学学士（Bteach）文凭。小规模招生的教育学士学位课程（土著研究）是一种培养中小学教师的混合课程模式。

查尔斯特大学（Charles Sturt University）在巴塞斯特（Bathurst）、沃加沃加（Wagga Wagga）、达博（Dubbo）和阿尔伯里（Albury）校区开设

---

[1] Ballantyne, R, Bain, JD and Preston, B. Teacher Education Courses and Completions - Initial teacher education courses and 1999, 2000 and 2001 completions. Canberra: Commonwealth Department of Education, Science and Training (DEST), 2003: 16.

了近15种不同的教师职前教育课程，这些课程中有相当大一部分是外部模式的。如培养小学教师的两年制研究生课程，就是一种外部课程模式（external mode）。在巴塞斯特和沃加沃加校区开设的中学教育专业的研究生教育证书课程中，自然科学知识占了很大的比例。巴塞斯特以及达博校区开设四年制的早期儿童教育（0—8）及小学教育学士学位课程，三年制课程已废除。可授予荣誉学位，学生不能提早毕业。

阿尔伯里校区开设的四年制早期儿童教育（0—8）学士学位课程以及沃加沃加校区开设的四年制小学教育的学士学位课程则有更长的历史。可授予荣誉学位，学生同样也不能提早毕业。一年制外部培训模式（external mode）的教学学士（Bteach）学位课程是本科水平的课程，学习这类课程的条件是学生要具有相关的技术与继续教育（TAFE）证书（或相当学历）。

此外，沃加沃加校区还有培养科学、数学与信息技术教师的双学位教师教育课程。巴塞斯特校区有培养早期儿童教学（0—5）和看护教师的双学士学位课程；还有培养"职业与成人教育"教师的一年制研究生课程（职业教育）。[①]

西悉尼大学（University of Western Sydney）有两个自治的实施教师教育课程的校区：其一是在彭里斯（Penrith）的尼频（Nepean）校区，位于西悉尼的蓝山山脚下；其二是位于西悉尼班克斯顿（Bankstown）郊区的麦克阿瑟（Macarthur）校区。这两个校区都开设种类较多的教师教育课程。在彭里斯的尼频校区，规模最大的是四年制（可在三年后提前毕业）的小学教育学士学位课程。同时，还有相同学制结构的早期儿童教育学士学位课程。早期儿童教育、小学教育和中学教育专业都开设研究生教育证书课程。该校区也开设两年制的教学硕士（MTeach）课程，但是学生基本上选择学习研究生教育证书课程。此外，该小区还开设四年制本科特殊教育学士学位课程（不能在三年后提前毕业）与三年制的成人教育学士学位课程。彭里斯的尼频校区还有一些新的中学教育专业课程。如文学与教学双学士学位课程、中学技术教育学士学位课程、科学与教学双学士学位课程。

[①] Ballantyne, R, Bain, JD and Preston, B. Teacher Education Courses and Completions - Initial teacher education courses and 1999, 2000 and 2001 completions. Canberra: Commonwealth Department of Education, Science and Training (DEST), 2003: 17—19.

在班克斯顿的麦克阿瑟校区中，招生规模最大的是为非教育专业本科毕业生开设的一年制中学教学学士学位课程，一些学生可以在此基础上继续攻读教学硕士学位课程。为土著学生开设的三年制的教学学士学位（小学）课程——土著农村教育课程（Aboriginal Rural Education Program），注重在小学实地培训的方式。

3. 北部地区

澳大利亚北部地区的大部分教师都是在其他地区的大学获得学业文凭的。

北部地区大学（University of Northern Territory）开设了一些教师教育课程，但只有少量的学生，主要有小学教育和中学教育专业的教育证书课程。本科教育学士学位课程要进行重新认证，三年制的早期儿童与小学教学学士学位课程要停开。此外，北部地区大学还开设一些双学位课程，如文学学士和教学学士双学位课程以及科学学士和教学学士双学位课程。它也开设成人与职业教育教学学士学位课程。①

4. 昆士兰州

根据昆士兰州教育法，昆士兰州的公立和非公立学校的所有教师必须在昆士兰教师学院注册。昆士兰教师学院公布了经其认证的教师教育课程。根据规定，职前教育课程必须是由高等院校实施的，包含至少四年全日制的专业学科学习经历，以及包含不少于两年的全日制学术学习的专业研究经历。因此，在昆士兰州，不再有三年制的本科教师教育课程，所有的研究生课程至少要修读两年（不能提早毕业）。

昆士兰技术大学（Queensland University of Technology）是澳大利亚最大的实施教师职前教育的高等院校，位于西布里斯班的凯文格罗夫校区开设教师教育课程。昆士兰技术大学开设四种教师教育课程，分别是：本科四年制教育学士学位课程；两年制的教学硕士学位课程（内部模式②）；两年制的针对非教育专业毕业生的教育学士学位课程（混合模式③，mixed mode）；以及范围较广的双学位课程。

---

① Ballantyne, R, Bain, JD and Preston, B. Teacher Education Courses and Completions – Initial teacher education courses and 1999, 2000 and 2001 completions. Canberra: Commonwealth Department of Education, Science and Training (DEST), 2003: 26.

② 内部模式指的是校内授课模式。

③ 混合模式指的是内部和外部模式相结合，即采用校内授课模式与远程教育模式。

该大学有两种早期儿童教育专业的本科课程。一种课程为内部模式,另一种则属外部模式,[①] 即在取得技术与继续教育(TAFE)证书后再进行两年的课程学习(总共相当于四年的课程学习)。在职教育的学士学位课程是两年制的混合模式,在修读此课程之前要取得相应的技术与继续教育证书。

5. 南澳大利亚州

南澳大利亚州与昆士兰州一样,所有教师必须注册。以往教师最低的学历要求是受过至少三年制的教师职前教育。南澳大利亚州教育、培训与就业部部长已批准将教师职前教育的学制从三年增加到四年。因而南澳大利亚州现行的教师教育课程的学制一般是四年。此外,南澳大利亚州教育、培训与就业部对不同层次的教师教育课程作出了一些规定。

阿德莱德大学(University of Adelaide)开设一种招生规模较大的研究生教育证书课程。

南澳大利亚大学(University of South Australia)在麦吉尔(Magill)和安德岱尔(Underdale)两个校区都开设本科四年制的"小学、初中"教育学士学位课程和小学教育学士学位课程,以及为期两年的针对非教育专业的本科毕业生的"专业"教育学士学位课程,包括所有教师教育的专业(早期儿童教育、小学教育、中学教育、成人教育)。安德岱尔校区的土著教育与研究学院和教育、艺术与社会科学部开设三年制的教学学位(Anangu 教育)课程,这是针对土著学生开设的一种混合课程模式,这个课程旨在培养在社区学校从教的教师。[②]

6. 塔斯马尼亚州

塔斯马尼亚州教师注册委员会要求公立学校的教师必须修完至少四年制的教师教育课程。

位于朗塞斯顿(Launceston)的塔斯马尼亚州大学(University of Tasmania)开设五种教师职前教育课程。其中招生规模最大的是四年制本科早期儿童(5—8)和小学教育学士学位课程。此外,还有为培养中小学

[①] 外部模式指的是远程教育模式。

[②] Ballantyne, R, Bain, JD and Preston, B. Teacher Education Courses and Completions – Initial teacher education courses and 1999, 2000 and 2001 completions. Canberra: Commonwealth Department of Education, Science and Training (DEST), 2003: 31—32.

卫生和体育教师的课程、三年制本科的成人与职业教育学士学位课程。两年制的针对非教育专业本科毕业生的教学学士学位课程是为培养幼儿园到六年级以及七年级到十二年级的教师而开设的。所有修完塔斯马尼亚州的大学教师教育课程的学习者都可以获得荣誉学位,当然成人与职业教育专业的学生还需要额外的修习课程的时间。

7. 维多利亚州

维多利亚州的教师职前教育课程是由维多利亚教师学院审批的。

墨尔本大学(University of Melbourne)招生规模最大的教师教育课程是中学教育研究生教育证书课程。此课程在科学(如化学)、英语和一些外语教育(法语、汉语、日语)上较有优势。墨尔本大学招生规模最大的是中学教育专业的研究生教育证书课程。20世纪90年代早期和中期,墨尔本大学曾设想用两年制的研究生教学学士学位课程取代教育证书课程。然而,学生的需求和求职的最低要求(尤其是在维多利亚州就业紧张的教师市场中)使得教育证书课程一直保留下来。此外,墨尔本大学还开设四年制本科小学教育学士学位课程、四年制本科早期儿童研究(0—8)学士学位课程。还有一些双学位课程,如美术或音乐学士学位加教学学士学位。除了研究生教育证书课程外,在规定时间内修完其他教师教育课程(早期儿童教育和学校教育)的学习者都可以获得荣誉学位。Hawthorn研究所开设以下几种课程:成人和职业教育与培训(VET)教师教育证书课程、教育与培训学士学位课程、培训与发展研究生证书课程。

迪肯大学(Deakin University)现行的教师教育课程主要是本科双学位课程,还有培养小学和中学教师的两年制针对非教育专业本科毕业生的教学学士学位课程。小学教育专业双学位课程中招生规模最大的是教学学士和文学学士双学位课程,此双学位课程中除了文学学科外,还有人体运动、科学与技术等专业。中学教育专业双学位课程中招生规模最大的也是教学学士和文学学士双学位课程,此双学位课程中除了文学学科外,还有卫生学、人体运动、心理学等。[①]

8. 西澳大利亚州

在西澳大利亚公立学校从教的教师要具备四年制的教育学历。西澳大

---

① Ballantyne, R, Bain, JD and Preston, B. Teacher Education Courses and Completions - Initial teacher education courses and 1999, 2000 and 2001 completions. Canberra: Commonwealth Department of Education, Science and Training (DEST), 2003: 33—34.

利亚州教育部除了雇佣早期儿童、小学和中学教师外,还雇佣"中等学校"(middle school)教师,"中等学校"教师要具备小学教育资格或中学教育资格。

埃迪斯科文大学(Edith Cowan University)在彻奇兰(Churchlands)、蒙特罗利(Mount Lawley)和班伯里(Bunbury)校区,以及西澳大利亚表演艺术学院(WAAPA)开设了招生规模较大的教师职前教育课程。蒙特罗利校区的教育学院开设本科中学教育学士学位课程。同时,这个教育学院还与西澳大利亚表演艺术学院合作开办音乐教育学士学位课程,以及与视觉艺术学院合作开设中学美术教育学士学位课程,这两种合作办学的课程每年只有少量的学生就读。彻奇兰校区的教育学院开设早期儿童研究的教育学士学位课程,其他还有早期儿童、小学、中学的特殊教育学士学位课程。彻奇兰校区还有培养早期儿童、小学和中学教师的招生规模庞大的研究生教育证书课程。班伯里校区与彻奇兰校区同样也开设小学教育学士学位课程。[1]

(四)各类教师职前教育课程结构举要

以上介绍了澳大利亚各州和地区较为著名的教师职前教育课程的设置情况,下面分别对研究生教育证书课程、双学位课程、单一学位课程的结构作一简要介绍。考虑到昆士兰技术大学是澳大利亚开设教师职前教育课程规模最大的高等院校,因此就选取昆士兰技术大学所开设的中学教育双学位课程、中学(小学)教育学士学位课程作为例子,研究生教育证书课程就以阿德莱德大学为例,鉴于阿德莱德大学的教育证书课程也极具规模。

1. 阿德莱德大学研究生教育证书课程

阿德莱德大学研究生教育证书课程为期一年,准许已经取得本科阶段学士学位的学生攻读。这一课程的目的在于使毕业生为进入初中和高中从事教学工作做准备。研究生教育证书课程的实施旨在促进学生在知识、价值、实际经验和技能方面的发展,以达到作为专业教师的要求。

---

[1] Ballantyne, R, Bain, JD and Preston, B. Teacher Education Courses and Completions - Initial teacher education courses and 1999, 2000 and 2001 completions. Canberra: Commonwealth Department of Education, Science and Training (DEST), 2003: 38—39.

该课程涉及对有关教育问题的系统研究，这些问题包括专业实践、学习和动机、教育的社会背景、师生互动、课程和评价。学生要从事与获取本科证书和教学专业方向相关的课程领域的研究。涉及的课程领域包括：澳大利亚研究、生物学、化学、英语、地理、历史、初级科学、数学、各种现代外语、音乐、物理、心理学、社会和环境研究。该课程的计划如下：

表 4-1　　　　　　　　　　　核心课程[1]

	教学实习 I
	学生的学习与交往
	教育、文化与土著观点
第一学年第一学期	课程与方法论 1A
	课程与方法论 2A
	课程与方法论 3A
	教学实习 II
	家庭、学校与特殊需要
	课程与学习评估
第一学年第二学期	课程与方法论 1B
	课程与方法论 2B
	课程与方法论 3B

学生要修读三门课程与方法论方面课程，英语学科的学生例外，他们只需要修读其中的两门即可。

表 4-2　课程与方法论方面的课程（Curriculum and Methodology Courses）

1. 人文学科	地理	
	历史	
	社会与环境研究	
2. 英语	普通英语	
	高级英语	

---

[1] University of Adelaide. Graducate Diploma in Education. http://www.adelaide.edu.au/program-finder/2010/gdedu_ graddiped. html, 2010-03-25.

续表

3. 语言	中文	日语
	作为第二外语的英语	西班牙语
	法语	越南语
	德语	现代希腊语
	印度尼西亚语	语言方法论
	意大利语	对将成为"教说其他语言的人学英语的教师"(TESOL)① 的语言教育
4. 商业学	会计	
	商业研究	
	经济学	
5. 音乐	课堂音乐	
	器乐	
6. 数学	信息技术	
	初等数学	
	高等数学	
7. 科学	生物	
	物理	
	心理学	
	农业科学	
	基础科学	

2. 昆士兰技术大学"应用科学学士学位与中学教育学士学位"

昆士兰技术大学的"应用科学学士学位与中学教育学士学位"课程包括应用科学学士学位课程和中学教育学士学位课程。该双学位课程学制四年。应用科学学士学位课程包括一系列在科学学科领域的课程，如化学、生态学、地球科学、数学和物理学等，是为在中学从事这些相关学科教学做准备的。学员至少需要修习科学领域中的某个特定学科，同时还要学习相关的教学法知识以及进行教学实习。

---

① TESOL（Teachers of English to Speakers of Other Languages），教说其他语言的人学英语的教师。参见王国富、王秀珍总编译《澳大利亚教育词典澳》，武汉大学出版社2002年版，第381页。

表4–3　昆士兰技术大学"应用科学学士学位与中学教育学士学位"课程计划①

第一学年第一学期	科学课程主要单元（一）
	科学课程主要单元（二）
	科学课程主要单元（三）
	科学课程主要单元（四）
第一学年第二学期	科学课程主要单元（五）
	科学课程主要单元（六）
	科学课程主要单元（七）
	科学课程主要单元（八）
第二学年第一学期	教学研究（一）：发展与学习
	中学教育领域研究（一）
	课程研究（一）
	科学课程主要单元（九）
	科学课程主要单元（十）
第二学年第二学期	科学、技术与社会
	科学课程主要单元（十一）
	科学课程主要单元（十二）
	科学课程主要单元（十三）
	科学课程主要单元（十四）
第三学年第一学期	课程研究（二）
	科学课程主要单元（十五）
	科学课程主要单元（十六）
	科学课程主要单元（十七）
	科学课程主要单元（十八）
第三学年第二学期	教学研究（二）：教学实习
	中学教育领域研究（二）
	课程研究（三）
	课程研究（四）

---

① Queensland University of Technology. Bachelor of Applied Science/Bachelor of Education (Secondary) (IX02). http://pdf.courses.qut.edu.au/coursepdf/qut_ IX02_ 9488_ sf.pdf, 2010 - 03 - 28：2—3.

续表

第四学年第一学期	教学研究（三）：全纳教育
	中学教育领域研究（三）
	课程研究（五）
	第一学期所包括的夏季课程：教学研究（四）；教师职业的工作文化研究：土著教育
第四学年第二学期	中学教育领域研究（四）
	中等学校实习

注：科学课程主要单元指的是修习某科学领域学科的内容，如生态学、地球科学、数学等学科。

应用科学学士学位包括一些跨学科学习计划，它不仅包括帮助学员知晓科学方面的广泛内容，而且使他们成为某一领域的有能力的专业工作者。下面列举生态学、地球科学和数学三个学科专业的学士学位课程。

表 4-4　　　　　　　　　生态学专业的课程结构[①]

第一学年第一学期	科学概念与全球系统
	化学（一）
	生命的细胞基础
	统计数据分析
	基础数学
第一学年第二学期	作为行星的地球
	地球生命发展史
	遗传与进化
	星体与动物生理学
	宇宙探索
第二学年第一学期	生态学
	无脊椎动物生物学
第二学年第二学期	实验设计
	资源保护生物学
	细胞或分子生物学
	物理科学应用

---

① Queensland University of Technology. Bachelor of Applied Science/Bachelor of Education (Secondary) (IX02). http://pdf.courses.qut.edu.au/coursepdf/qut_IX02_9488_sf.pdf, 2010-03-29: 4—5.

第四章 澳大利亚的教师职前教育　131

续表

第三学年第一学期	自然资源科学中的田野研究方法
	人口、遗传与分子生态学
	人口管理

表 4-5　　　　　地球科学专业的课程结构①

第一学年第一学期	科学概念与全球系统
	化学（一）
	生命的细胞基础
	统计数据分析
	基础数学
第一学年第二学期	作为行星的地球
	地球生命发展史
	遗传与进化
	星体与动物生理学
	宇宙探索
第二学年第一学期	矿物学
	沉积地理学
第二学年第二学期	火成岩和变质岩的岩石学
	结构地理学和田野方法
	地球表面系统
第三学年第一学期	自然资源科学中的田野研究方法
	环境系统空间分析
	地球物理学

表 4-6　　　　　数学专业的课程结构

第一学年第一学期	统计数据分析
	微分和积分方程

---

① Queensland University of Technology. Bachelor of Applied Science/Bachelor of Education (Secondary) (IX02). http://pdf.courses.qut.edu.au/coursepdf/qut_IX02_9488_sf.pdf, 2010-03-30: 5—6.

续表

第一学年第二学期	代数和解析几何
	统计建模
	计算数学
	宇宙探索
第二学年第一学期	高级微分学
	运筹学研究（一）
第二学年第二学期	运筹学研究（二）
	应用统计学
	数学建模（一）
	金融数学
	积分方程
	应用统计学
	数学建模（二）
	科学计算系统
第三学年第一学期	应用数学
	运筹学研究
	统计技术
	高级数学建模

3. 昆士兰技术大学小学教育学士学位课程

昆士兰技术大学小学教育学士学位课程学制四年，修完小学教育学士学位课程的毕业生具备在小学各年级从教的能力。

表 4-7　　昆士兰技术大学小学教育学士学位课程结构[①]

第一学年第一学期	教学研究：新时代的教学
	学习网络
	基础：科学素养和定量方面的素养
	教育导论

---

① Queensland University of Technology. Bachelor of Education (Primary) (ED91). http://pdf.course.qut.edu.au/coursepdf/qut_ED91_9540_sf.pdf, 2010-04-03: 2—4.

续表

第一学年第二学期	文化研究：土著教育
	卫生及健康教育的教学
	基础：文本设计及交流
	基础：优良的和积极的公民
第二学年第一学期	教学研究（二）：发展和学习
	基础性田野研究：田野中的发展和学习
	初级舞蹈和戏剧教学
	基础性学科的教学
第二学年第二学期	阅读和写作教学
	基础性数学教学
第三学年第一学期	文学
	基础性的信息通信技术教学
	初级音乐教学
	视觉艺术和媒体
第三学年第二学期	教学研究（三）：教学实习
	小学中的田野研究（二）：田野中的教学实习
	基础性数学教学（二）
第四学年第一学期	教学研究（四）：全纳教育
	小学中的田野研究（三）：全纳教育实习
	初级设计和技术教学
第四学年第二学期	小学实习
	小学中的田野研究（四）：教师专业工作

4. 昆士兰技术大学中学教育学士学位课程

昆士兰技术大学中学教育学士学位课程学制四年，修完中学教育学士学位课程的毕业生能够在中学从事两门学科的教学工作。中学教育学士学位课程得到昆士兰州教师教育学院的认可。此学士学位证书是注册成为昆士兰州教师的必要条件。

表4–8　　昆士兰技术大学中学教育学士学位课程结构①

学期	课程
第一学年第一学期	学习网络
	学科研究（一）
	学科研究（二）
第一学年第二学期	教学研究：新时期的教学
	学科研究（三）
	学科研究（四）
第二学年第一学期	教学研究（二）：发展和学习
	中学教育领域研究（一）
	课程研究（一）
	课程研究（二）
第二学年第二学期	文化研究：土著教育
	学科研究（五）
	学科研究（六）
第三学年第一学期	教育选修课
	学科研究（七）
	学科研究（八）
第三学年第二学期	教学研究（三）：教学实习
	中学教育领域研究（二）
	课程研究（三）
	课程研究（四）
第四学年第一学期	教学研究（四）：全纳教育
	中学教育领域研究（三）
	课程研究（五）
	课程研究（六）
第四学年第二学期	中学教育领域研究（四）
	中等学校实习

---

① Queensland University of Technology. Bacherlor of Education（Secondary）（ED90）. http：// pdf. course. qu t. edu. au/ coursepdf/qut_ ED90_ 9534 sf. pdf, 2010 – 04 – 09：2—3.

（五）教师职前教育课程的实施

1. 课程的招生规模与学制

2002 年，澳大利亚教育、科学和培训部对全国高等院校开设的教师教育课程情况（1999—2001）进行了统计分析，各州各地区有志于教师职业并修习教师教育课程的学生人数，都比较可观。以下是各州开设的招生规模最大的课程。

表 4 – 9　　澳大利亚各州教师职前教育课程招生规模情况列举[①]

新南威尔士州	查尔斯特大学	研究生中学教育证书课程	230 名学生
	西悉尼大学	小学与早期儿童教育学士学位学位课程	204 名学生
昆士兰州	昆士兰科技大学	小学教育学士学位课程	263 名学生
		中学教育学士学位课程	208 名学生
		早期儿童教育学士学位课程	129 名学生
南澳大利亚州	南澳大利亚大学	小学教育学士学位课程	155 名学生
	阿德莱德大学	研究生中学教育证书课程	140 名学生
维多利亚州	墨尔本大学	研究生中学教育证书课程	528 名学生
	迪肯大学	小学教学学士学位课程	152 名学生
西澳大利亚州	埃迪斯科文大学	研究生中学教育证书课程	207 名学生
	研究生小学教育证书课程	108 名学生	

塔斯马尼亚州只有一所高等院校开设教师职前教育课程，北部地区只有招生规模很小的教师职前教育课程。首都地区规模最大的教师职前教育课程是由堪培拉大学开设的，但是上述地区的教师教育课程的注册学生数都没有超过 100 人。

表 4 – 10 是对 2001 年澳大利亚各地区教师教育课程学制的分析。一年制和两年制课程是研究生课程，修读此类课程的学生要具有本科学位。新南威尔士州、维多利亚州和西澳大利亚州都有许多种一年制课程，而首都地区、北部地区、昆士兰州、南澳大利亚州和塔斯马尼亚州则开设较多的两年

---

① Ballantyne, R, Bain, JD and Preston, B. Teacher Education Courses and Completions – Initial teacher education courses and 1999, 2000 and 2001 completions. Canberra：Commonwealth Department of Education, Science and Training（DEST），2003：41.

制课程。

表 4-10　　　澳大利亚教师职前教育课程学制情况①
（课程的数量和百分比，2001 年不招生的课程除外）

	1 年	2 年	3 年	4 年
首都地区	1（17%）	2（33%）	0	3（50%）
新南威尔士州	27（30%）	10（11%）	5（6%）	48（53%）
北部地区	1（20%）	2（40%）	1（20%）	1（20%）
昆士兰州	1（2%）	18（33%）	0	35（65%）
南澳大利亚州	2（13%）	6（40%）	1（7%）	6（40%）
塔斯马尼亚州	0	2（40%）	1（20%）	2（40%）
维多利亚州	15（25%）	5（8%）	1（2%）	38（64%）
西澳大利亚州	10（42%）	1（4%）	1（4%）	12（50%）
总数	57（22%）	46（18%）	10（4%）	145（56%）

2. 课程的"修读"情况或"欢迎度"

20 世纪 90 年代初期到 1994 年间，各类教师职前教育课程的入学人数（本国学生）呈下降趋势。从 1995 年起，入学人数才逐步增长。1994 年至 2002 年间，国内学生的入学人数从近 14000 人增至近 21000 人，数量增加了约 7000 人。这一情况如图 4-1 所示。2002 年，小学教育专业、早期儿童教育专业和中学教育专业的入学者分别有 8060 人、2420 人和 6717 人，所有的教师教育专业的入学人数共有 20880 人。

如图 4-1 所示，在 1990—2002 年期间，就读中学教育专业课程的学生人数相对于小学教育专业来说较为稳定，波动不大。2002 年，学习小学教育专业的学生则大大多于学习中学教育的学生。

---

① Ballantyne, R, Bain, JD and Preston, B. Teacher Education Courses and Completions - Initial teacher education courses and 1999, 2000 and 2001 completions. Canberra: Commonwealth Department of Education, Science and Training (DEST), 2003: 42.

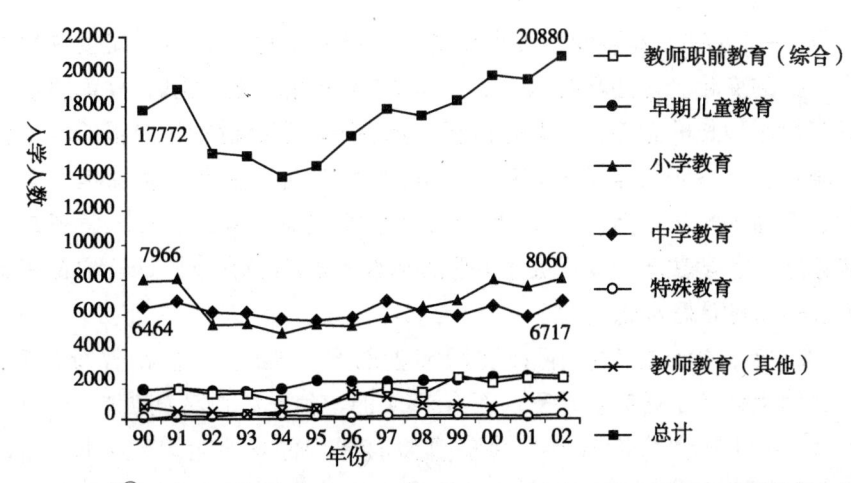

资料来源①：DEST 高等教育统计汇总：1990—2002 年教师职前教育课程的注册学生人数

图 4-1　1990 年至 2002 年间教师职前教育各专业入学人数概况（澳洲国内学生）

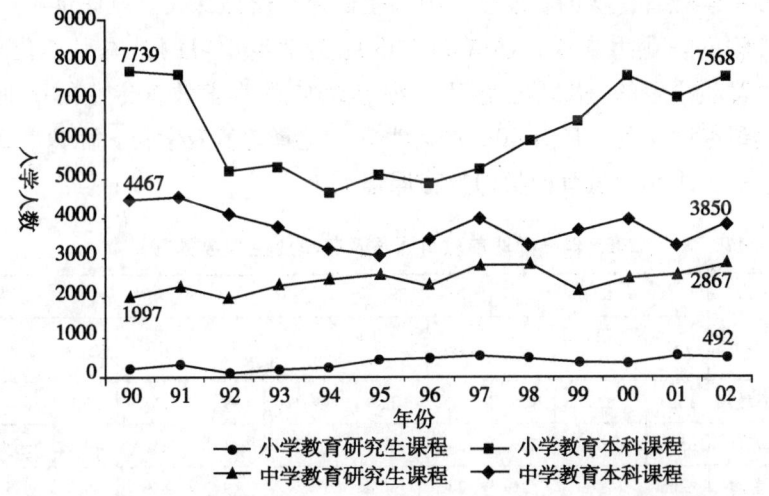

资料来源②：DEST 高等教育统计汇总：1990—2002 年教师职前教育课程的注册学生人数

图 4-2　1990 年至 2002 年间小学、中学教育专业的入学人数概况（澳洲国内学生）

---

① Committee for the Review of Teaching and Teacher Education. Australia's teachers：Australia's future：advancing innovation, science, technology and mathematics：Background Data and Analysis. Canberra：Department of Education, Science and Training, 2003：37.

② Committee for the Review of Teaching and Teacher Education. Australia's teachers：Australia's future：advancing innovation, science, technology and mathematics：Background Data and Analysis. Canberra：Department of Education, Science and Training, 2003：38.

图 4-2 反映了小学教育专业和中学教育专业的本科和研究生课程的入学人数的变化。这些数据表明，从 1994 年开始，教师职前教育课程的入学率出现增长的趋势，主要是由于就读小学教育专业本科课程的学生数大大增加了。1990 年至 2002 年间，就读中学教育专业研究生课程的学生人数也不断地增长。然而在这期间，中学教育专业本科课程的入学率却呈下降趋势。小学教育专业研究生课程的入学率虽然是增长了，但增长率却比其他类型的课程要低。

2001 年，48% 的教师职前教育专业的学生修完了本科教育课程，40% 的学生修完了研究生课程，还有 12% 的学生修完了双学位课程。

表 4-11 显示了 2001 年各种教师教育课程的毕业生人数（横坐标）与学位学历类型（纵坐标）之间的关系。这些数据反映出，培养中小学教师的主要途径：66% 的小学教育专业的毕业生学习的是本科学位课程，63% 的中学教育专业的毕业生学习的是研究生学历课程。就修读中学教育专业课程的毕业生来说，还有 21% 的此类学生学习的是本科学位课程，16% 的学生学习的是双学位课程。约有 25% 的小学教育专业的毕业生继续攻读研究生课程，还有 10% 的此类学生选择攻读双学位。而只有 5% 的学生修完了中小学教育的教师教育课程。

表 4-11　　　　2001 年教师职前教育课程及其毕业生人数概况[①]

课程	本科 人数	行(Row)%	总计%	研究生 人数	行(Row)%	总计%	双学位 人数	行(Row)%	总计%	总计 人数	%
早期儿童教育	1365	83%	10%	180	11%	1%	99	6%	1%	1644	12%
小学教育	3526	66%	25%	1240	23%	9%	601	11%	4%	5367	38%
中小学教育	266	42%	2%	320	50%	2%	49	8%	0%	635	5%
中学教育	1188	21%	8%	3674	63%	26%	624	16%	7%	5786	41%
成人教育	457	71%	3%	184	29%	1%	0	0%	0%	641	5%
总计	6802		48%	5598		40%	1673		12%	14073	

表 4-12 显示的是澳大利亚 1990 年至 2001 年间完成教师职前教育课

---

① Committee for the Review of Teaching and Teacher Education. Australia's teachers: Australia's future: advancing innovation, science, technology and mathematics: main report. Canberra: Department of Education, Science and Training, 2003: 122.

程的毕业生人数概况。

表 4-12　　1990 年至 2001 年间教师职前教育课程的毕业生
人数概况（澳洲国内学生）[1]

年份	学习领域（专业）							
	教师职前教育（综合）	早期儿童教育	小学教育	中学教育	特殊教育	教师职前教育（其他）	所有的教师职前教育
1990	617	1063	5078	4399	21	414	11592
1991	993	1115	5459	4541	82	366	12556
1992	1018	1167	5062	3954	102	377	11680
1993	735	1102	5014	4744	111	206	11912
1994	696	1121	4054	4506	106	232	10715
1995	487	1010	3670	4315	65	224	9771
1996	696	1008	3081	3943	86	769	9583
1997	554	1224	3333	4397	108	822	10438
1998	635	1359	3455	4396	100	712	10657
1999	1148	1153	3208	3541	73	365	9488
2000	1000	1245	4218	4181	113	506	11263
2001	2510	1618	4933	4365	52	1012	14490

资料来源：高等教育统计汇总

教师的职前培训是通过为数众多的高等院校开设的种类多样的教师教育课程来实施的。虽然每类教师教育课程中都包含着不同的学习内容，但是所有教师教育课程中所包含的教育理论、教育学、学科内容以及课堂教学实习内容之间是有着相互联系的。教师教育课程结构的差异很大，同样各高等院校中的教师教育课程的毕业生人数也有很大的差异。2001 年，澳大利亚全国共开设 410 种教师教育课程，其中只有 263 种课程的学生完成了学业，只有 44 种课程的毕业生数超过了一百人。[2]

---

[1]　Committee for the Review of Teaching and Teacher Education. Australia's teachers：Australia's future：advancing innovation, science, technology and mathematics：main report. Canberra：Department of Education, Science and Training, 2003：41.

[2]　Committee for the Review of Teaching and Teacher Education. Australia's teachers：Australia's future：advancing innovation, science, technology and mathematics：Background Data and Analysis. Canberra：Department of Education, Science and Training, 2003：41.

三 教师职前教育中的教学实习

高质量的中小学教育实践经历是教师职前教育课程中必不可少的一部分。绝大多数大学组织教师教育专业的学生到中小学进行专业实践，其中学生最关注同时也是对他们就业最有用的一项经历就是教学实习。

教学实习作为一种教育实践活动，对于新教师的培养具有十分重要的意义，它有助于弥合准教师们课堂上理论知识学习与中小学实际情境中教学工作间存在的诸多沟壑，有助于他们从理想状态教师向现实教师角色转化，促进他们对教育理论知识的消化、对教育实践认知的重构，从而推动他们入职后以最快的速度、以最优的状态，适应教育教学工作。实际上，对于怎样的教师职前培训才是充分的在澳大利亚是一个长期探讨的问题。约二十年前，Ebbeck 提出，教师的培养应该有两个阶段，职前的学位课程是第一阶段。学生应该到中小学去接受第二阶段的培训，他们应该以"教师助手"（associate teacher）的身份在中小学进行部分时间制的教学实践。因而教师的职前培养期应扩展到五年。其中的两年时间是学生在学校带薪（比正式教师的薪水少，是按实际的工作量来算工资的）实习。Ebbeck 认为一年制的研究生教育证书课程不能为学生提供充足的职业准备期，因而他建议：研究生课程必须要有至少一年的带薪实习期，在实习中要有在职教师的指导，并协助指导教师的工作；要延长研究生教育证书课程的学制，加强学术学习，保证在中小学的实习时间。[①] 当前改革并不是针对延长教师教育课程的学制或是对课程的细节进行改动，而是当前的教师教育怎样才能适应 21 世纪学校教学的需要，能够更灵活地应对新一代学生以及社会的期望，同时也要加强高等教育院系与中小学之间的合作伙伴关系。正如昆士兰教育委员会会长所说：没有一种教师教育模式是培养教师的最有效方式。[②]

有鉴于此，澳大利亚各州各地区大学在教师职前教育课程实施过程

---

① F Ebbeck. Teacher education in Australia, report to the Australian Education Council by an AEC working party. Canberra: Australian Government Publishing Service, 1990: vi.

② Queensland Deans of Education Forum, submission no. 65, Response to Discussion Paper: Strategies to Attract and Retain Teachers of Science, Technology and Mathematics http://www.dest.gov.au/archive/schools/teachingreview/submissions/RTTE65.PDF, 2009 - 12 - 16.

中，对于教学实习给予了特别的关注与投入。

（一）教学实习的时间要求

在澳大利亚教育、培训与就业部（DEST）曾对教师教育专业毕业前一年的学生进行了一次调查，并在报告中列举了在当时的调查中，澳大利亚各州和地区对教学实习的要求。[①]

澳大利亚首都地区要求职前教师要参加不少于6周（30天）的有指导的教学实习。维多利亚州要求职前教师必须进行不少于45天的有指导的教学实习。新南威尔士州无法定的实习最低限期，但新南威尔士州教育部强烈建议修读一年制教育证书的学生参加不少于为期20天的教学实习，修读四年制本科课程的学生要参加不少于为期80天的教学实习。北部地区教师注册委员会规定，注册教师（毕业生）需要具有最低期限为45天的教学实习经历或具有同等教育实践经历。西澳大利亚州规定职前教师应具有不少于45天的在英语语言环境下的有指导的教学实习经历。昆士兰州的教师专业标准建议职前教师需具有不少于100天的专业实践经历，其中不少于80天的在中小学和其他同等教育机构中进行的教学实习。南澳大利亚州虽然未声明最低的教学实习期限，但经认证的教师职前教育课程中都包含在中小学实习的内容。南澳大利亚州的毕业生一般需要进行为期80—100天的教学实习。塔斯马尼亚州也未声明最低的教学实习期限，但塔斯马尼亚州教师注册委员会参照塔斯马尼亚大学教育学院的要求，规定毕业生需具备45天的教学实习经历。

虽然澳大利亚关于教学实习的时间长短很少有比较一致的意见，但根据上述要求可以看出，近些年来对教学实习时间的要求呈降低趋势。许多人认为，应该增加教学实习的时间。还有一些人认为，一年制的研究生教师教育课程的教学实习时间远不够充分。尽管有人要求设定最低限度的教学实习时间，但很少有对教学实习最低期限达成一致意见的提案。而且，还有人呼吁不应对教学实习时间做硬性规定，并且大学对实习时间的总量也应该有一定的灵活度。许多人强调，教学实习的质量比教学实习时间的长短要重要得多。

---

① Department of Education, Science and Training. Survey of Former Teacher Education Students: A Follow-up to the Survey of Final Year Teacher Education Students. Canberra: DEST, 2007: 13.

某些教师职前教育的课程规定学生在入学的第一年就开始教学实习，而另外一部分课程对实习的安排则相对较晚。支持提早开始教学实习的人认为，这种经历可以给学生提供一个"检测"自身是否适合该职业的机会。而另一些持相反意见的人则认为，只有当学生在早期学习中获得足够的理论知识后，才可能在之后的教学实习中获得更有价值的教育实践经验。弗林德斯大学的 Faith Trent 教授认为，学生在第一次参加教学实习到毕业的跨度时间不能少于一年，因为他们在这段时间需要适应从学生到教师的角色过渡。[①]

（二）教学实习的结构

教学实习的结构因课程不同而各异。多数大学有不同形式的时段式实习（block placement）形式，每次送一部分学生去中小学进行为期几周的教学实习。时段式实习较受欢迎，因为这给学生提供了更充分接触学校环境的连贯性的机会。一些大学不采用时段式实习的形式，而是让学生保持每星期中有一天到中小学参加教学实习。这种参加中小学教学实习和接受大学教育同时进行的形式被认为非常有价值，因为这给学生提供了"将理论与实践相结合，对教学经验的积累产生积极影响"的机会。

一些大学制定了校本专业实践计划，他们将这称之为见习期（intership）学习。尽管各校的实习途径不尽相同，但总体上看都是中小学时段式实习模式的拓展形式。虽然教师教育专业的学生和中小学对这种拓展的时段式实习模式的评价很高，但该模式实行起来还是有一些困难，因为学生必须在进行大学学习的同时承担一定的工作任务。

许多大学认为，教学实习只是教师教育课程中所规定的专业实践的一个组成部分。学生也可通过各种途径来参与专业实践，如去中小学上课或是根据某学科的要求参加相关的非学校组织的活动以及与前来参观大学的中小学生进行交流等。

虽然教学实习制度还存在一些问题，从当前毕业生对教学实习制度给予高度评价的事实还是可以看出，该制度凝聚着许多中小学教师和大学教

---

① Australia. Parliament. House of Representatives. Standing Committee on Education and Vocational Training. Top of the class: report on the inquiry into teacher education. Canberra: House of Representatives Publishing Unit, 2007: 69.

育工作者辛勤的努力，大量证据表明教学实习还是在教育界引起了广泛的关注。

(三) 教学实习中存在的问题与对策

1. 教学实习基地、高素质指导教师匮乏

首先，虽然澳大利亚政府要求大学为学生提供教学实习机会，但并不要求雇佣机构或中小学有提供实习岗位的义务。在缺少义务的情况下，大学只能依靠某些中小学和个别教师的善意。而随着学生数量的增长，对实习岗位的需求也相应增加，许多大学都曾报道在给学生寻找足够的实习岗位的问题上面临严重的困难。

与此同时，在许多高校中，越来越多的教师不愿意承担指导实习生的任务，其中一个原因是近年来教师工作强度大，还有一个原因是教师缺少承担这个任务的动机。尽管教师可以根据 1990 年出台的"澳大利亚高等教育的实践教学指导奖"得到一定的报酬，但金额很低，近似于一种象征性的激励方法。而很少采取给负责指导实习生的教师提供诸如休假或提供专业发展机会等的激励措施，同时一般也不对承担指导任务的教师进行鉴定或正式的认可。

在中学寻找教学实习的岗位非常困难，在教师短缺的学科领域则更是难上加难。对大学来说，要在大学所在地区为所有学生找到实习岗位也非常困难，尤其是海外留学生。

其次，指导者的素质不尽如人意。大多数大学对指导实习生的教师都没有太多的特定要求。多数情况下，他们都不知道该把带领实习生的任务分配给哪个教师。有时它们是别无选择地把学生分配给了不适合这个任务（带领实习生）的教师。由于大学把注意力放在了寻找实习岗位的问题上，因而忽略了为实习生分配一个最合适的指导教师的问题。

许多大学很少对学生的教学实习进行支持，很少有大学教师对学生的实习工作进行管理。有证据表明，近些年来，大学对实习生的支持显著减少。大学的教育学院由于财政上的限制，使它们无法像过去那样监督指导和评估学生在中小学的实践情况。即使大学派出指导实习生的人员，那些人往往是兼职的大学中的非教学人员。一些大学也承认，通过这些非教学人员来指导实习生的工作并不是理想的加强理论与实践相结合的方法。

实习生的指导者有二：一是大学教师，二是中小学教师。对于他们指导学生实习的工作，有关部门一般都不来过问。多数情况下，中小学的指导教师事先并未与大学进行过密切的联系，等实习生到了中小学才作一些最起码的沟通。另外，中小学指导教师通常也不清楚大学对他们的期望，尤其是有关评估学生方面。有时，他们还对学生在大学所学的理论知识以及大学要求学生具备的能力感到陌生，这就是大学与中小学缺乏联系所造成的后果。

此外，教学实习和理论知识间的联系不足。许多教师教育专业的在读学生和毕业生表达了他们对教学实习与理论知识缺少联系的担忧。这较大程度上是由于大学和中小学之间缺少交流引起的，中小学校对教学实习的内容、时间安排和组织方面所下的投入很少，而大学往往对中小学的期望值也非常低。

2. 教学实习经费不足

大多数高校都宣称经费不足使得它们难以保证具备为学生提供高质量的实习经历的能力。实习相关经费包括：大学指导教师的报酬；安排实习的管理费用；高校派遣人员走访中小学的路费，以及支持学生实习和中小学指导教师的薪水。

尽管去农村和偏远地区的中小学进行实习很有价值，然而自己所需承担的交通费和住宿费使学生望而却步，有时学生只有通过兼职来获得这笔费用。成年学生负有对家庭的职责，因而不能离开本地区去偏远地区实习。当学生在农村和偏远地方实习时，高校也很难派遣专职人员到当地与他们进行面对面的交流以及对他们的实习情况进行评估。

3. 解决教学实习问题的策略

2004年澳大利亚教学协会（Teaching Australia）委托Vivian Eyers博士鉴别作为教师职前教育课程一部分的高质量教学实习的特征。在随后的报告中，教师行业的有关人员对高质量教学实习的特征达成了一致看法，指出要提高实习的质量，务必要做到以下几点：（1）将教师职前教育课程中的理论与实践知识相结合，通过运用通识教育知识以及发挥专业知识、教学技能和洞察力在实习中获取相关知识；（2）由教师教育院校、中小学、学校系统和相关专业组织合作进行设计和实施；（3）清楚地阐明获取知识、技能和特性的进步阶段以及新教师的素质；（4）提供在不同学校进行实习的机会；（5）对实习目的、任务以及教师教育院校对学生参加实习活动和绩效的要求进行评估；（6）包括对所需资源和造成的影响进行的评估；（7）是具有灵活度的，并且鼓励创新；（8）包括了同步的评价和反馈。①

虽然实习有多种不同的实施形式，高质量实习的规划和实施大致可以归纳为以下几方面。

第一，应明确实习的规划初衷，就是为了培养新教师。教师教育院校的法定责任是在实习计划的设计理念和细节上起到引领作用，促进中小学、学校系统以及其他相关专业团体在制定实习计划中的合作关系。

第二，实习应在中小学或其他教育机构进行，使教师教育院校的实习生获得良好的知识基础、技能、才能并具备一名新教师应有的素质。

第三，教师教育院校的实习指导教师应是高素质的专业人员，他们既能胜任在大学里的教学工作，又善于管理实习学生的事务，他们在大学的同事和在中小学的合作伙伴教师心目中具有崇高的地位。

第四，教师教育院校的管理者与中小学和学校系统建立合作关系，以便为实习生提供实习岗位，并且对学生的专业实践提供支持。

第五，选定的中小学指导教师应有一定的知识、技能、素质和时间与教师教育院校的教师进行合作，同时他们与教师教育院校中的教师一同支持、指导并评价实习生的实习情况。

第六，教师教育院校根据由中小学指导教师与教师教育院校指导教师合作撰写的对实习生的评估报告（主要根据中小学指导教师的意见），对实习生的成绩进行鉴定。②

从多年的实践经验可知，大学与中小学建立合作伙伴关系能更好地提高教学实习的质量。合作伙伴关系建立的关键因素是各方认识到他们应共同承担教师教育的责任，并且乐意与其他机构协同合作来履行这一职责。

澳大利亚政府在促进大学、中小学间建立合作伙伴关系方面起着引领作用。这种合作伙伴关系的建立被视为支持并促进全国范围内教师职前教育质量提高的工具。不但要建立合作伙伴关系，同时要建立并保持有效的

---

① V. Eyers. Guidelines for Quality in Practicum. http：//newsstand.education.monash.edu.au/attachments/2092/Draft%20guidelines%20for%20a%20high%20quality%20teaching%20practicum.pdf，2009－12－28.

② Ibid..

合作伙伴关系。

为了提高澳大利亚教师教育专业学生的专业实践质量,澳大利亚联邦政府于2008年开始实施改善教师教育的实践质量计划(Improving the Practical Component of Teacher Education,IPCTE)。联邦政府在2008年为实施教师教育的高等院校增加了1802万美元的资助金,以确保教师教育专业的学生能获得高质量的专业实践。根据以往对新教师的调查中显示,新教师认为专业实践是教师职前教育课程中对他们今后的工作最有帮助的一部分内容。

高等院校可以利用"改善教师教育的实践质量计划"的资助,通过以下方面的措施改善学生专业实践的质量:(1)加强对教师教育学生的专业实践的管理和组织;(2)与中小学和其他专业教育机构建立并保持合作伙伴关系;(3)在学生的专业实践中,促进他们将大学中所学应用到实践教学中;(4)为到澳大利亚农村与偏远地区学校、土著社区学校参加实践的学生提供支持;(5)灵活性地为已成家和有职业的学生参加专业实践提供帮助;(6)与州和地区的公立和私立学校部门商议,以使教师教育计划与劳动力市场的需求相一致。[1]

澳大利亚前届政府给为期四年的"改善教师教育的实践质量计划"分配了共计7700万美元资金,作为2007—2008年预算的一部分。[2] 这一资助要求高等院校为教师教育专业的学生在三至四年的课程学习中提供至少为期120天的专业实践机会。在一至两年的课程学习中,至少为学生提供为期60天的专业实践机会。当前政府(澳大利亚教育、就业和工作关系部)的政策重点在于提高学生专业实践的质量,而不是增加专业实践的天数。

"改善教师教育的实践质量计划"的资助金分配给教师教育高等院校后,教师教育高等院校实施这一计划,以确保和改进教师职前教育课程中的实践内容质量。受资助的教师职前教育课程应遵循以下一个或更多的要

---

[1] Tony Brandenburg. Improving the Practical Component of Teacher Education (IPCTE) Program. Pilot Project FinalReport. http://www.education.monash.edu.au/staff/governance/committees/faculty-forum/docs/2009/improving-the-prac-of-teacher-ed-final-report.doc,2009 - 12 - 28.

[2] Department of Education, Employment and Workplace Relations. Administrative Information Improving the Practical Component of Teacher Education Program. http://www.deewr.gov.au/Schooling/QualityTeaching/professionalexperience/Documents/AdminInfo.pdf,2009 - 11 - 26.

求来实施：[1]

（1）对所有学习三年至四年的教育学位课程的学生来说，他们必须参加不少于为期 80 天的专业实践；对所有学习两年制研究生课程的学生来说，他们必须参加不少于为期 60 天的专业实践；对所有学习一年制研究生课程的学生来说，必须参加不少于为期 45 天的专业实践。

（2）教师教育高等院校表明 2008 年入学的学生，在三至四年教育学位课程的学习中，保证有不少于为期 80 天的专业实践；在为期两年制的研究生课程学习中，保证有不少于为期 60 天的专业实践；在一年制的研究生课程学习中，保证有不少于 45 天的专业实践。教师教育高等院校认为，他们在实施"改善教师教育的实践质量计划"的过程中，能确保提高教师职前教育课程的实践部分的质量。

（3）教师教育高等院校表明，他们从 2008 年起增加在 2008 年前入学的学生的专业实践天数。在依照比例分配的基础上，这些学生的专业实践天数应与课程的最低要求相一致。对学习三年至四年制的教育学位课程的学生来说，他们必须参加至少为期 80 天的专业实践；对学习两年制研究生课程的学生来说，他们必须参加至少为期 60 天的专业实践；对学习一年制研究生课程的学生来说，他们必须参加至少为期 45 天的专业实践。教师教育高等院校表明，他们在实施这一资助过程中，能确保提高教师职前教育课程的实践部分的质量。

（4）2008 年，教师教育高等院校实施了一个试验性的项目，通过与提供教育实践的教育机构及其他机构合作，以提高教师职前教育课程的实践部分的质量。

双学位课程的专业实践要求与两年制课程的要求相当，即学习双学位课程的学生必须参加至少 60 天的专业实践。专业实践包括：（a）获得指导和未获得指导的丰富的课堂教学经验；（b）在课堂外的环境中获得的教学和教育方面的经验，它包括参加非学校组织的教育活动、诸如在一个机构进行读和写方面的教学、在学校家庭作业中心进行学习指导、在课堂管理活动中充当助教的角色、了解如何与其他教师以及和学生家长建立良

---

[1] Department of Education, Employment and Workplace Relations. Administrative Information Improving the Practical Component of Teacher Education Program. http://www.deewr.gov.au/Schooling/QualityTeaching/professionalexperience/Documents/AdminInfo.pdf, 2009-11-26.

好的关系、参加野营或远足的指导工作、参加微格教学或者虚拟课堂教学实践。

该计划的资助依据天数予以计算。但为了便于对课堂外的教学实践的天数进行计算，人们建议，7个半小时可以作为一天的专业实践时间来计算，两天的远足或野营可以计算为两天的专业实践时间。

四　新教师对职前教育的评价

（一）对职前教育效益的总体感受

2005年，澳大利亚教育、科学与培训部与澳大利亚教育学院院长理事会曾对学习教师教育专业毕业前一年的学生进行了一次调查。共计受访者1875人，他们是在澳大利亚各高等院校学习教师职前教育专业的最后一年的学生，其中80%是女性，20%是男性。[1] 2006年，澳大利亚教育、科学与培训部又对这些受访者中的1189人进行了再次调查，此时这些人已完成学业，成为了新教师，其中有693人对他们在高等院校所受的教师职前教育作出了评价。

大多数受访者（80.4%）对他们在大学所受的教师职前培训持肯定态度（认为"极好"、"很好"或"好"），其中认为这种职前培训是"好"的受访者超过半数，认为"很好"的受访者超过22%。只有近19.6%的受访者认为他们所受的职前教育是"不太好"或"不好"。[2]

当要求就职前教育问题发表意见时，许多受访新教师都提到了教学实习。他们认为：最重要的教学准备期是在中小学实习的时间段，因为能得到新老教师的指导，与他们讨论与交流经验。然而他们也提到跟着指导教师实习并不能使他们真正做好教学准备，因为那些指导教师通常都是富有经验的，一切都在他的掌握之中；倘若有两名教师在教室时，学生们往往会表现得很好，而不会把他们的缺点（行为）暴露在实习教师面前。同样，围着指导教师转也无法让实习教师学会如何与家长沟通，尤其是处理

---

[1] Department of Education, Science and Training. Survey of Final Year Teacher Education Students. Canberra：DEST, 2006：2.

[2] Department of Education, Science and Training. Survey of Former Teacher Education Students：A Follow-up to the Survey of Final Year Teacher Education Students. Canberra：DEST, 2007：29.

那些棘手的问题。

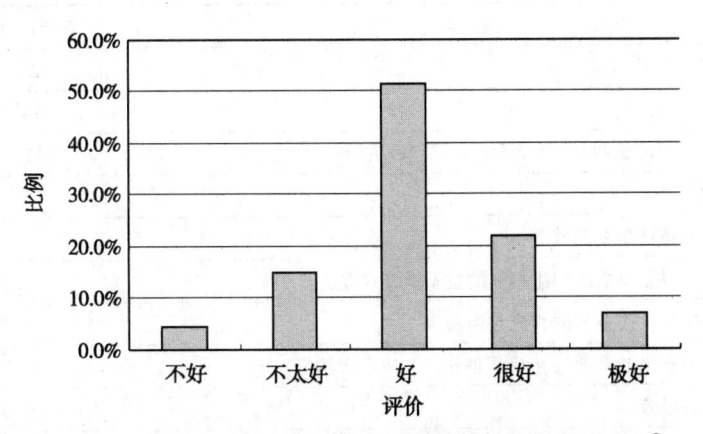

图4-3 新教师对其所受职前培训质量的评价（2006年）[1]

受访新教师提到其他关于教学准备的问题时，他们谈道："尽管我感觉自己的教学准备很充分，如指导怎样监控和评价学生，但我对作为一个教师需要面对的大量其他工作依然不甚了解，例如专业发展、全体教职工会议、业绩管理、教授其他科目、学校活动（如运动会或游泳狂欢节，学校集会，组织学生进行户外活动等等）等方面的问题，都知之寥寥。同时，如何、何时与家长进行联络方面的知识也是需要学习的。"

受访新教师对他们在大学接受的职前教育进行了回顾，认为，在进行职前培训时，有一些方面是值得更为关注的：分别有23.5%、14.7%的受访教师指出"行为管理"和"评价、报告"是需要重点关注的，还有12.2%的受访新教师认为"规划（包括时间调控）"、"教学设计"、"课程和资源的开发"这些方面要更加关注。

在那些建议多关注"行为管理"的受访新教师中，许多人指出他们希望受到更多的实践方面的指导。下面是一段有代表性的言论："行为管理。从技术层面上看，我知道该做什么，但却不知道该怎样去实施"。"更多符合当前实际的教学行为和行为管理。许多大学讲师已多年不接触中小学了，他们根本就不了解当前中小学的实际情况"。

---

[1] Department of Education, Science and Training. Survey of Former Teacher Education Students: A Follow-up to the Survey of Final Year Teacher Education Students. Canberra: DEST, 2007: 29.

表 4-13　　　　新教师职前培训中最关注的因素（2006 年）①

因　素	百分比（%）
行为管理	23.5
评价或报告	14.7
规划（包括时间控制），教学设计，课程和资源开发	12.2
课堂管理	8.6
天才学生和特殊学生的教育	7.5
应对特定学科、情境或学生群体的教学策略和方法	7.2
与学生、家长、同事间的交流与沟通	6.7
基于学校或班级的事项（包括管理任务，法定责任等）	6.7
更多的实习经验	6.0
读写与计算的教学（包括语音等）	3.9
其他	2.8

　　许多希望更多关注"评价或报告"的受访新教师指出，在"撰写报告"方面受到更多的指导以及加强练习对他们来说是很有益处的，"我在管理方面有实习经验，即使是像记录一系列事件、记录学生情况以及教师与家长谈话这样的工作对我都是非常有帮助的。记录的内容不需要太多或者说各个学校在细节上都是不同的。但是在'何时开始记录'以及'多少细节需要记录'这些方面是需要指导的，且是受用的。这与教学是有区别的"。"在我第一年学习期间，'撰写报告'对我来说就是个挑战。没有人支持我去寻求其他有经验的教师的帮助"。

（二）对职前教育课程的分类估值

　　该调查对新教师所受的诸如"学生行为管理"、"对有特殊需要的学生的教育"、"与家长的沟通"、"报告"、"主流文化"等方面的职前教育进行了评价。

---

① Department of Education, Science and Training. Survey of Former Teacher Education Students: A Follow-up to the Survey of Final Year Teacher Education Students. Canberra: DEST, 2007: 30.

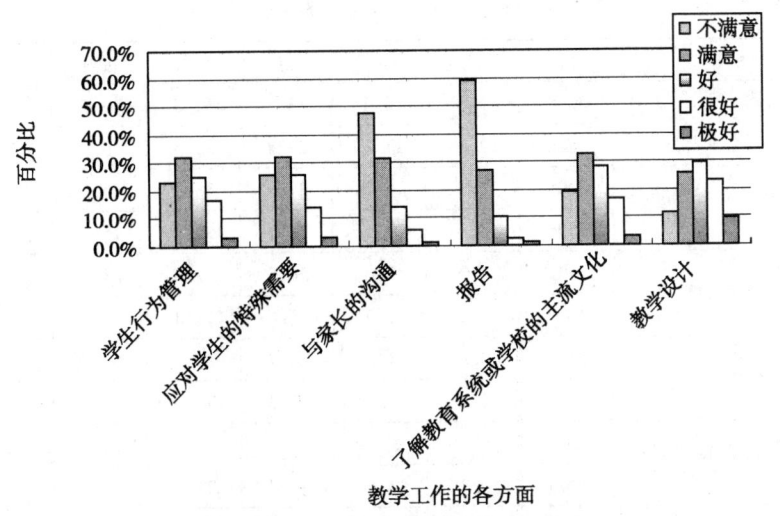

第四章　澳大利亚的教师职前教育　　151

图 4-4　新教师对其所修职前教育课程的评价①

过半的受访新教师（59%）对他们所受的"报告"方面的职前教育颇有意见，有近一半的受访新教师（47.5%）对"与家长沟通"方面的职前教育感到不满。总的来说，受访新教师对"教学设计"方面还是持肯定态度的。其中有9.9%的受访新教师对这方面评价为"极好"，23.4%的受访新教师认为"很好"，29.1%的受访者评价"好"，25.6%的受访者表示"满意"，只有11.3%的受访者表示"不满意"。②

2005年，在对毕业前一年的教师教育专业的学生所进行的调查中，受访者被要求用五个指标对他们所学习的课程的一系列方面做出评价，同样的问题在2006年的调查中也被问到。2006年的调查结果与2005年的调查结果正好相反。表4-14显示了作为新任教师的受访者的评价结果，与毕业前所作的调查结果形成了鲜明的对比。

---

① Department of Education, Science and Training. Survey of Former Teacher Education Students: A Follow-up to the Survey of Final Year Teacher Education Students. Canberra: DEST, 2007: 31.

② Ibid., 31.

表 4-14 受访者对教师职前教育课程的评价（%）①

因素	年份	不满意	满意	好	很好	极好	无回答
大学对实习的支持力度	2005	1.5	6.0	33.3	32.5	17.5	9.1
	2006	12.3	27.2	28.2	22.4	9.9	0.0
中小学对实习的指导水平	2005	2.4	6.2	27.1	38.4	25.6	0.2
	2006	7.8	19.7	25.3	31.5	15.7	0.0
实习学校的范围	2005	4.2	7.6	26.5	37.6	23.6	0.5
	2006	3.2	11.9	25.6	34.2	25.1	0.0
实习的重要性	2005	0.0	1.2	4.7	25.3	68.5	0.3
	2006	0.7	6.1	12.3	30.0	50.9	0.0
教师职前教育课程的内容	2005	4.0	9.6	32.7	39.6	13.8	0.2
	2006	10.8	21.6	31.7	27.8	8.1	0.0
课程中教与学的行为	2005	3.2	8.4	32.4	41.0	14.7	0.3
	2006	8.9	22.8	32.4	26.5	9.4	0.0
大学中资源的获得	2005	2.7	7.6	28.5	36.1	24.6	0.5
	2006	7.6	11.3	25.3	33.6	22.3	0.0
开始教学的准备状况	2005	2.4	6.1	28.8	41.1	21.2	0.3
	2006	11.0	21.2	30.2	29.3	8.3	0.0
培养对多样化教师角色和责任的洞察力	2005	1.3	6.1	30.5	40.5	1.1	0.5
	2006	15.2	24.8	30.5	21.6	7.9	0.0

如表 4-14 中所示，2006 年的调查结果中各项目的评价为"很好"或"极好"的比例都低于 2005 年。这些受访者在 2005 年还没参加工作，他们在第一份调查（2005 年）中的回答或许反映出了他们对自己将要从事的职业复杂性还不甚了解。

正如许多受访者所说的，实习过程是在非自然状态下进行的，因而所呈现的情况往往也是非真实的。2006 年，这些受访者是在有亲身工作经历的背景下对这些项目再次进行了评价。这些受访者经过一段时间的工作，他们意识到自己在职前教育阶段远未充分掌握他们应该掌握的教育教学方面的知识和技能。

---

① Department of Education, Science and Training. Survey of Former Teacher Education Students: A Follow-up to the Survey of Final Year Teacher Education Students. Canberra：DEST, 2007：32.

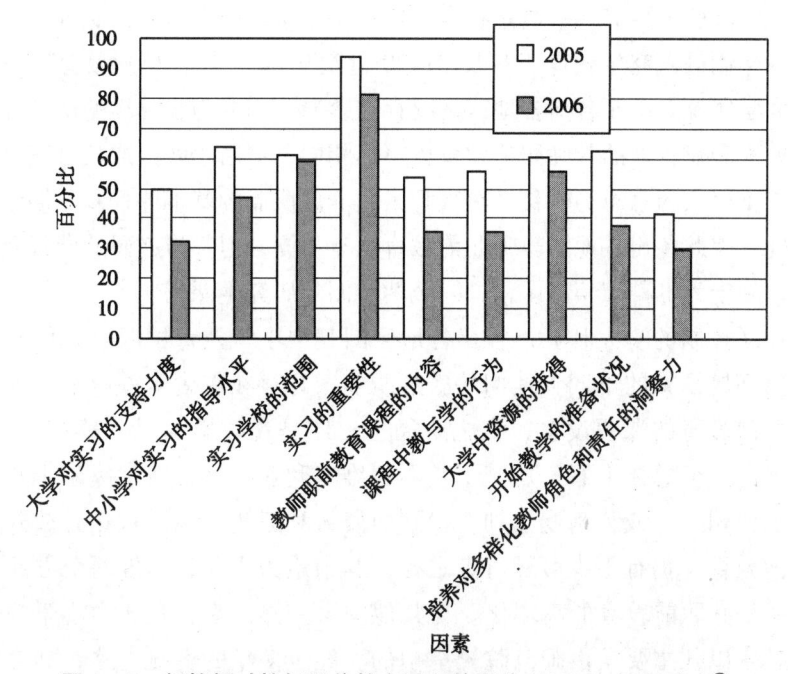

图 4-5　新教师对教师职前教育课程的评价（2005、2006 年）①

五　澳大利亚教师职前教育实践的剖析

在澳大利亚，教师职前教育并非教师教育的同义词。它被视为以培养教师为目的的教师教育过程的起始部分，但这并不意味着教师职前教育在教师培养中地位的无足轻重。相反，人们认为，这种职前教育对于教师职业素质的养成是至关重要的。良好的开端是成功的一半，职前教育是整个教师教育的基石。只有通过实施高质量的教师职前教育，尤其是通过教师职前教育课程的良好建构与实施，才能使学生获得做教师最起码的知识和实践经验，从而使他们有机会成为中小学所需要的、符合社会各方面要求的教师。

20 世纪 60 年代以前，该国小学教师职前教育主要是由州教育部管理的师范学院实施的，小学教师专业的课程一般是两年制的，从 60 年代开始开设三年制的教学证书课程。中学师资则由大学或师范学院培养，或是由大学

---

① Department of Education, Science and Training. Survey of Former Teacher Education Students: A Follow-up to the Survey of Final Year Teacher Education Students. Canberra: DEST, 2007: 33.

和师范学院联合培养。一般是在高校修完一个学科的本科学位课程，然后再修读一年制的研究生教育证书课程；20世纪90年代后，教师教育课程基本上由大学实施。由于各州各地区情况存在差异，当局与教育界的认知存在出入，澳大利亚各地的教师职前教育也不尽相同。但由于教师成长有其内在规律，它不以人的意志为转移，在教师素质养成所需的基本课程修习期限上尤其如此。因此各州各地的教师职前教育虽有不同，但都将起码的课程及其学习期限规定为本科四年制课程，一至两年制的研究生课程。

在联邦制的澳大利亚，各州各地区因其中小学教育情况、人们对中小学师资问题认知的不同，他们的教师职前教育存在着诸多差异，这无论在教师职前教育的课程设置、实施途径上，还是在教学实习、教育评价上，均是如此。但总体上看，从昆士兰州到维多利亚州，从新南威尔士州到塔斯马尼亚州，抑或从南澳大利亚州到西澳大利亚州，该国百花齐放式的教师职前教育，仍有不少可圈可点之处，其中最为主要的当推两个方面。

一是其职前教育的高端化。与其他国家一样，澳大利亚中小学教师的职前教育以往主要是由师范院校承担的。经过多年的蜿蜒之路，如今澳大利亚的教师职前教育早已今非昔比，已同国际教师职前教育接轨，跃上了一个崭新的台阶——主要由大学来实施。毋庸置疑，借由师范院校的途径来培养中小学教师，不无所长：在师范院校里，目标十分明确，学生们职业定位清晰；其手法也十分简练：这些准教师们先是一边学习有关学科的基本知识基本技能，一边学习教育科学、心理科学以及学科教学法方面的知识，并安排一定的时间去中小学见习与实习，获取中小学教学所需的基本教学技能。这样做的好处是学生学习的目的性十分明确，在校期间学习了本学科以及教育学科的知识，他们入职后通常很快就能适应教学工作。但也有明显的局限，最主要的就是他们由于受时间的制约，学习覆盖面虽广，但深度往往不够；教育适应较快，但研究能力往往不足，这对于教师的专业持续发展而言显然不利。而大学的教师职前教育则不然。一方面，这种教育经由本科生院、教育学院或研究生院三级，学生的学科专业知识、教育专业知识学得很宽泛且很扎实；另一方面，因大学综合性学术性强的氛围，使得准教师们对学科专业以及教育专业学术研究力也无可避免地得到了熏陶与培养，他们入职教师工作后，不但教学适应快，而且专业可持续发展性强。澳大利亚教师职前教育的这种与时俱进，走高端化的做法，显然是符合教师专业发展内在规律，有利于学校教学水平的提升的。

二是其对教师职前教学实习的重视。如上所述,澳大利亚各州各地区在教师职前教育中,对教学实习给予了特别的关注和支持。这种做法显然值得肯定。因为教学实习对于准教师们的专业发展的作用具有不可替代性。在教学实习中,既能有效促进学生巩固和运用所学的基础理论、专业知识和基本技能,获得有关中等学校教育、教学工作的充分与全面锻炼,培养教育和教学上的独立工作以及与人合作的能力;又能使学生在中小学教育、教学实际工作中切身感受作为教师的社会使命、进一步理解和巩固先进的教育教学理念;全面检查学生的教学技能和专业知识的掌握程度,及时发现问题,采取改进措施,以促进他们教学能力的提高。正因为如此,各国教师职前教育过程中无不强调教学实习工作的规划与落实。澳大利亚各州各地区重视教学实习的意义无疑具有不容置疑性。但澳大利亚教师职前教育在教学实践或教学实习领域眼下也面临着诸多的问题,包括教学实习中指导教师的"指导动力"不足的问题,教学实习经费短缺的问题等。为此,该国推出了一系列相应的应对措施,尤其是推出了"改善教师教育的实践质量计划",试图借此改善教学实习工作,提高教师职前教育的效益。这一切都值得我们深思。

澳大利亚的教师职前教育的实际成效如何?新教师入职后的切身体验是教师职前教育成效的试金石。由于重视职前教育的高端化和教学实习等,多数中小学新教师们认为他们在大学期间所受的教师职前教育是切合实际的。澳大利亚科学、教育与培训部2006年对新教师所作的一项调查表明了这一点。如上所述,调查中,80.4%的新教师对他们在大学所受的教师职前培训给予了充分的肯定,其中,有超过20%的受访新教师对大学的教师职前教育质量给予了"很好"的评价,半数以上的新教师对大学期间所受的教师职前教育作了"好"的评价,认为他们在大学所受的职前教师教育深度与广度兼顾、知识与能力并举,为他们入职后适应教师角色提供了比较充分的准备。只有19.6%的受访新教师认为他们所受的职前教育的质量"不太好"或"不好"。当然,澳大利亚教师教育也存在诸多亟待解决的问题。如在课程上一定程度上存在重学科学习轻交往技能训练的问题。调查中约有47.5%的新教师认为在大学期间,他们没有获得良好的如何"与家长沟通"方面知识的学习与技能的训练等,致使他们入职后在与学生家长进行沟通时,往往手足无措,只能跟着感觉走甚至盲目试误以至影响沟通效果,影响对学生的教育教学。

第五章

澳大利亚的教师教育认证机制

在澳大利亚，对于那些基于教师专业标准进行的教师职前教育是否真正符合社会的期望、其课程设置与实施是否真正适应中小学教师培养的要求，还有一套严格的认证制度来加以监控、审查与核准。

澳大利亚的教师教育认证（teacher education accreditation），实际上是指教师职前教育认证，其中主要是对教师职前教育课程的认证。它是一种保证教师职前教育课程具有高水准，从而确保制定并实施这些教师职前教育课程的机构能够培养出符合教师注册资格并具有专业素养的教师的制度。[1] 需要指出的是，在澳大利亚，认证与教师注册（即获得被中小学雇佣的资格）是联系在一起的。成功修完通过认证（审批）的教师职前教育课程是教师临时注册（provisional registration）——即入职的重要环节，当然要进行注册还要考察个体诸如性格、是否适合教学和是否有犯罪记录等方面的因素。

在澳大利亚，教师教育认证的对象主要是本科生和研究生阶段的教师职前教育课程（pre-service teacher education program[2]），认证是对这些课程进行评估和鉴定，而并非对实施教师职前教育的机构或毕业生进行认证。[3] 教师职前教育课程包括了获取教师入职资格所必须具备的学科专业

---

[1] O'Donnell, Brian Charles. A model for registering teachers, accrediting teacher education and awarding advanced certification in Australia: A means for advancing the status of teaching as an autonomous profession. Thesis (Ph. D.). Sudney: University of Western Sydney Macarthur, 2000: 1.

[2] Program 指某一特定领域开设的一整套课程，如师范教育课程或文学学士课程。参见王国富、王秀珍总编译《澳大利亚教育词典》，武汉大学出版社 2002 年版，第 181 页。

[3] Teaching Australia. A Proposal for a National System for the Accreditation of Pre-service TeacherEducation. http://www.teachingaustralia.edu.au/ta/webdav/site/tasite/shared/Publications% 20and% 20Covers/A% 20Proposal% 20for% 20a% 20National% 20System% 20for% 20the% 20Accreditation% 20of% 20Pre-service% 20Teacher% 20Education% 20June% 202007. pdf, 2009 - 11 - 25.

知识、教育专业知识和专业实践等内容。澳大利亚教师职前教育课程多种多样，如有"小学教育"、"早期儿童教育"、"中学数学教育"、"特殊教育"等课程。教师职前教育课程由澳大利亚联邦的所有州和地区的大学和其他通过认证的高等教育机构提供，这些课程均须通过有关部门的认证方能实施。

一 教师教育认证的历史背景及理论与实践基础

(一) 教师教育认证的历史背景

澳大利亚教育研究委员会（Australian Council of Education Research，ACER）曾对本国师资培训质量做过研究，研究表明，不同教师教育机构的师资培训质量有着明显的差异。[1] 这就需要有一定的外部认证机制，以监督和推动他们的教师职前教育课程水准达到基本的高度，进而使公众相信这些教师教育机构培养出来的毕业生能成为合格的教师。师资培训质量的差异是与培养师资的教师职前教育课程直接相关的。对教师职前教育课程进行认证，主要就是让公众确信，由特定教师教育课程培养出的毕业生是有能力和资格胜任教师这个职业的。

虽然那些可以自行认证的大学（self-accrediting universities）有自己的内部认证程序，但大多数大学认为专业认证组织对它们的教师职前教育课程的外部认证是教师质量保证的重要组成部分。建立教师教育认证程序无疑具有保证和提升教师的入职水平，从而保障澳大利亚中小学的教育教学质量的作用。

澳大利亚的教师教育认证实践可谓由来已久。自 20 世纪 60 年代中期以来，人们一直都呼吁建立联邦的和州立的教师职前教育认证体系。昆士兰州和南澳大利亚州早在 20 世纪 70 年代早期就已率先建立了与教师注册和认证相关的条例。维多利亚州的《教育法》（1958）和塔斯马尼亚州的《教育法》（1932）在几十年前就有关于非公立学校的教师注册的条文了，

---

[1] Lawrence Ingvarson, Alison Elliott, Elizabeth Kleinhenz, Phil McKenzie. Teacher Education Accreditation: A Review of National and International Trends and Practices. Canberra: Teaching Australia, 2006: 2.

到2002年后，开始采用强制性的认证和教师注册程序。[①] 2002年初，昆士兰、南澳大利亚和塔斯马尼亚州建立了教师注册机构并出台了教师职前教育课程的审批条例。2005年，西澳大利亚州、维多利亚州、北部地区和新南威尔士州也制定了教师注册法并建立了教师注册机构，负责公立、私立和天主教教会学校的教师注册工作。澳大利亚首都地区没有教师注册机构或是教师教育认证程序。

根据各地区的教师注册立法框架，各州都有认可、审批或认证教师教育课程的条例。一般说来，教师教育课程先要由各有关大学自己组织人员进行自我认证，然后交由注册机构或由一些雇佣机构实施的外部认证程序来补充完善。大学内部的课程认证是按如下程序实施的：教师职前教育课程由各个机构（学院）的教师教育工作者设计编制。这种设计往往是基于培养方案和专业设置的，如"小学教育"、"早期儿童教育"等专业课程。大量依照大学政策的课程文件拟好后，先交由学院审批，然后再送到学术委员会，最后上交到大学评议会。

大多数州的雇佣机构实施正式或非正式的教师教育课程认证程序。如新南威尔士州，所有的初等教师教育职前课程长期以来是由新南威尔士州教育和培训部实施的教师资格审批程序（Teacher Qualification Approval Process）来进行认证的（这个程序后来被新南威尔士教师学院于2006年7月颁布的教师教育课程认证程序所替代）。培养早期初等教育和早期儿童教育（2—5岁）的教师教育课程必须通过社区服务部的认可，社区服务部是负责管理州早期儿童事务的。

在澳大利亚，迄今约有40所培训师资的高等院校。这些高等院校中大多数是公立大学，也有一小部分是为宗教学校培养师资的私立高等教育机构，如新南威尔士州的爱望谷学院（Avondale College）、南澳大利亚州的泰柏学院（Tabor College）。某些高等院校只有一种教师教育课程，比如阿德莱德大学教育证书课程（the University of Adelaide Diploma in Education），而有些机构有6种甚至更多的教师教育课程，如埃迪斯科文大学（Edith Cowan University）和昆士兰技术大学（Queen sland University of

---

[①] Lawrence Ingvarson, Alison Elliott, Elizabeth Kleinhenz, Phil McKenzie. Teacher Education Accreditation: A Review of National and International Trends and Practices. Canberra: Teaching Australia, 2006: 5.

Technology)。

据统计,目前该国高校的教师职前教育课程共计有400种之多。2005年,大约有16000名学生修完了诸如此类的课程,其中有70%的学生是毕业于15所最大的师资培训机构的。有一些课程,每年都有很多人学习,如每年都有超过400名毕业生修完莫纳什大学教育证书课程和墨尔本大学证书课程。[1]

在当今的政治和教育氛围下,对教师职前教育课程进行认证是为了培养出更优秀的教师,提高学校教育的质量,提升教师职业的地位。

(二)教师教育认证的理论基础

澳大利亚要对教师职前教育课程进行严格的认证,以确保其高质量,这与国际认证大潮的兴起、国际标准组织的认证制度的实施不无关系。

随着世界融合过程的加快与各国经济贸易的发展,一个十分迫切的问题摆到了世界各国的面前。这就是——如何使各国有关的物质产品甚至服务贸易产品都按照一种通用规格来生产,怎样使这些贸易流通产品的质量都达到起码的高度等问题。这一问题的解决与否,直接关系到各国贸易的畅通与产品质量的水准。因此世界各国尤其一些发达国家,开始了产品基本标准的研制与推行之路。1963年,美国率先进行了这方面的尝试。这一年,美国国防部研发与公布了一套有关军需用品方面的质量标准MIL-O-9858A,该标准涉及其军需产品的设计、制造、装配、检验、包装、维护、运输以及储存等方面的一系列规格、规定,要求所有生产商和供应商在组织有关军需用品的生产与供应时,都必须严格遵守而不得违反。该标准的推出与实施,对美国军需用品的生产起到了很好的规范与质量保障的作用。美国成功的尝试与实践,引起了其他国家的极大兴趣与仿效。1965年,英国推出了三套军需产品的规格与质量标准;1979年,英国国家标准局更是研制和颁布了BS750系列产品设计与制造标准,用以规范相关产品生产商的产品生产和供应商的货物采购及供应。[2]

---

[1] Lawrence Ingvarson, Alison Elliott, Elizabeth Kleinhenz, Phil McKenzie. Teacher Education Accreditation: A Review of National and International Trends and Practices. Canberra: Teaching Australia, 2006: 5.

[2] 温正胞:《市场与学术的对话:高等教育导入ISO9000的比较研究》,浙江大学出版社2008年版,第8页。

用严格的标准来有效规范产品的生产与供应，借以保障产品质量与一定范围内的通用性的做法，同样引起了世界上最大的非官方性质的国际标准组织（International Organization for Standardization，简称ISO）的关注与跟进。该组织参照英美的做法，于1987年研发与推出了ISO9000系列世界各国通用的产品标准。该系列标准推出后前后经过多次修正，目前已为世界各国普遍认可，迄今已有150个国家制定了基于ISO9000系列标准的质量规格体系。①

有关厂家或制造商在生产相关商品时，需严格比照ISO9000系列标准所规定的各种参数来进行，只有达到了ISO9000的质量标准，并通过独立的第三方实施的ISO9000认证，产品才有可能获得相对而言比较畅通的市场之路。因此，现在相当多的国家的相当多的企业，都将获得ISO9000认证视为企业用于打开市场的敲门砖。大多数国家事实上也确实将获得ISO9000标准认证的产品视为有基本质量甚至有较高质量保证的产品，在市场准入上往往会给予绿灯放行。因此，对各国各类产品制造具有巨大的规范与质量保障作用、对各国间贸易产品包括服务贸易产品具有准入条件意义的ISO9000质量标准及质量认证，现今几乎成了一股势不可挡的潮流。

在产品质量至上的今天，中小学教育质量又将如何获得保证？在将教育行业视为服务行业，教育产品被视同服务产品的澳大利亚，人们对这一问题的忧虑与思考尤为突出。因为澳大利亚实行的是联邦制，各州各地区乃至各高校在教师教育上都享有极大的自主权。各州各地区乃至各高校可以依据本州本地区以及各学校特殊情况，依据自己对中小学教师教育问题的认知与判断，采取许多方面有自己特色甚至迥异于其他州、地区和高校的做法。如何在不触动各州各地区乃至高校自主权的情况下，使他们的教师教育质量获得有效地保证？国际上其他领域早已大行其道的ISO9000认证，无疑给了澳大利亚教育行政当局一个非常重要的启示：只要研发出一系列教师教育质量标准，构建出一个科学的教师教育认证机制，各州各地区乃至各高校的教师教育质量就能获得基本的保障。澳大利亚职前教师教育的认证制度的酝酿与实施，一定意义上就是ISO9000标准潮流涌动的产

---

① 温正胞：《市场与学术的对话：高等教育导入ISO9000的比较研究》，浙江大学出版社2008年版，第9页。

物,至少是在后者的影响下发展起来的。

(三) 教师教育认证的实践基础

走在西方发达国家教育改革前列的美国,其这方面的实践对包括澳大利亚在内的其他西方国家也不无一定的示范作用。长期以来,高等教育认证制度对美国高校包括教师教育在内的各种教育活动,以及对高校同政府、社会间关系的整合协调中,都发挥着十分重要的调控作用。"在高等教育内部,认证制度为高等教育市场提供了基本的标准,对市场的自由竞争起到一定的制约作用。在与政府的关系中,认证制度是政府管理的重要媒介,也是对政府管理的一种制衡。就社会而论,社会需要认证制度提供相关院校和专业的信息,通过认证制度参与高等教育的质量管理。"[①] 因为在美国,一方面,高等院校主要由各州政府管理的,且无论私立高校和公立高校,他们的办学执照也都由州政府审核颁发。另一方面,各高等院校在办学理念、办学方法、教育实施等方面均有极大的自主权,从而极易导致不同高等院校的教育质量的参差不齐。因此,亟须有一个认证机制来调控高校的教育活动,以确保其达到起码的教育质量水准。倘若没有一定教育质量认证机制抑或制度,各州高校的教育水准就会无可避免地出现巨大的悬殊,而公众也会在区分高质量高校和低质量高校时无所依据,甚至无所适从。

基于这一特殊的教育实际,美国较早地在构建比较完善的教师教育认证体系的问题上做了探索与实践。1954 年,美国成立了国家教师教育认证委员会,其成员是来自全国教育协会以及各主要州立高校的学者与专家。国家教师教育认证委员会是美国高等教育认证委员会的一个下属机构或组织,是一个由美国教育部授权的一个国家级认证机构。该委员会的工作目标十分明确,一是制定全国统一和通用的教师认证标准;二是推进对高校教师教育的科学评价,提升教师教学专业化水准;三是促进教师资格证书在全国范围内的使用和教师在各州的流动;四是鼓励教师教育机构之间的竞争;五是方便学生、雇主鉴别和选择达到质量要求的教师教育机构。[②]

---

① 熊耕:《美国高等教育认证制度的功能分析》,《比较教育研究》2005 年第 2 期,第 75 页。
② 雷庆:《北美地区高等教育质量保障体系研究》,北京航空航天大学出版社 2007 年版,第 247 页。

美国的实践证明，教师教育认证制度的实施对享有高度自主权的各地高校的教师教育质量而言，是起到了一种有力的监控与保障作用的。这对同属联邦制国家、教育体制与教育文化大致相同的澳大利亚来说，无疑是一个很好的启示：若要各州各地区教师职前教育的质量达到起码的水准，采用美国式的做法，对各高校设置的教师教育课程进行严格的审查，通过后再予核准实施，显然是必不可少的。澳大利亚教师职前教育认证制度就是在这样的国际认证潮流中出现与发展起来的。

二 澳大利亚各地的教师教育认证实践

在澳大利亚，由于教师教育水准会直接影响中小学师资培养的质量，因此各州各地区对于教师职前教育的认证工作都给予了足够的关注。但由于各州各地区的教育情况有异、认识视角不一，它们在教师教育认证的做法上也常有自己的一些探索。在相当长一段时间内，各地的教师管理（注册）机构的职能是不尽相同的：某些辖区的教师管理机构有对教师教育课程进行强制性认证和审批的职能，其相应的法规中明确规定教师职前教育课程要经过有关教师管理（注册）机构的认证、审批，否则不得实施，如昆士兰州和维多利亚州；而在另一些地区，教师管理（注册）机构则没有强制性执行认证的职能，立法规定高等院校在制定教师职前教育课程时要与教师管理（注册）机构"共同磋商"（confer）、"相互合作"（collaborate）、"保持联络"（liaise），课程要得到教师管理（注册）机构的认可。如南澳大利亚州的教师注册委员会和实施教师职前教育的机构就一起商讨教师职前教育课程的设置，如确定核心科目、设置最低的专业实践时限等。

（一）昆士兰州的教师教育认证

昆士兰州是澳大利亚第一个采用强制性教师注册的州，这在 1975 年就已实施。昆士兰州在澳大利亚已被认作是开发教师专业标准的领导者，它所开发的程序也成了其他各州所效仿的楷模。

2005 年通过的教师注册法要求所有教师职前教育课程必须要获得昆士兰教师学院的批准，毕业生要进入教师行业必须进行注册。这种认证程序的设计成为一种"互动的、合作的"程序。2005 年教育法中规定：为了实施教师注册，要对教师职前教育课程进行审批和监控。

20世纪90年代以前，教师注册委员会及其专业教育委员会就教师注册的目的在1990年颁布了教师教育课程获批的准则。这些准则在90年代又根据不断发展和更新的教育趋势和热点问题进行了更新。

近年来，这些准则又被2002年出台的毕业生专业标准和教师职前教育课程的指导方针所替代。毕业生专业标准涵盖了五个领域，且这些都必须体现在教师职前教育课程中，它们分别是：（1）具有教师专业和学科知识基础；（2）具备熟练的语言和计算能力；（3）具有并显示出创造具有挑战性的学习环境的能力，使所有的学习者都参与进来；（4）具备专业的协调人际关系的能力和教师职业操守；（5）具有持续的专业学习和反思能力。[①]

开发并采用新的教师专业标准是新建立的昆士兰教师学院优先发展的事项。新的教师专业标准设定了毕业生的入职水平（临时注册）和成为合格教师的水平（正式注册）两方面。专业标准涉及教师入职水平和持续的专业实践两方面。昆士兰州致力于使教师专业标准与教师职前教育课程的设计保持一致，它的实施为其他教师注册当局所效仿并且其他州也以此为榜样来建立新的教师教育课程的审批程序。

昆士兰州的课程审批过程要求教师教育机构阐明课程的基本原理、展示课程的主要知识（体系）、简述这些课程的实施步骤并提出对此课程改进的建议。同时还要求明确某门课程的教与学的方法；教学活动的模式（包括信息与通信技术的运用）；学习经历和评价之间的联系；有关专业实践课程的安排（包括在中小学的教学实践）以及毕业标准委员会对评估和监控学生成绩的方法。实施教师职前教育的机构每年必须递交课程实施的报告，汇报微小的变动，并且对课程内容、传授或评估的重大改动提供建议。

如上所述，进行注册是昆士兰雇佣教师的先决条件，注册的主要途径就是修完经批准的昆士兰教师职前教育课程。修完其他经批准的澳大利亚教师职前教育课程的毕业生或已在其他州进行注册的毕业生也具有在昆士

---

① Lawrence Ingvarson, Alison Elliott, Elizabeth Kleinhenz, Phil McKenzie. Teacher Education Accreditation: A Review of National and International Trends and Practices. Canberra: Teaching Australia, 2006: 13.

兰注册（或临时注册）的资格。来自其他州或地区的想要在昆士兰州进行教师注册的人必须填写注册申请表，并提供他们所完成的教师教育课程的详细资料。

（二）维多利亚州的教师教育认证

与昆士兰州一样，维多利亚州也有明确的教师教育课程的审查和审批程序，它由维多利亚教师学院制定的教师注册程序来执行。教师学院要求实施教师教育的机构确认他们所提供的教师教育课程中所包含的学习内容和"专业实践"部分是否达到既定准则的要求。维多利亚州的教师教育课程审批程序类似于其他州推行的那种以大学为基地、以中小学需求为导向的（审核）程序。

教师注册以及与之相关的教师职前教育课程的审批程序对于维多利亚州来说是比较新的。维多利亚教师学院是在2001年12月建立的，而要求所有的教师进行注册是直到2004年才提出的。维多利亚教师学院作为一个法定的机构创建了一个由20人管理的独立的注册权威机构。[1]

教师职前教育课程的审批过程是在维多利亚教师学院的认证委员会的指导下进行操作的。这个委员会的25位成员包括来自维多利亚州8所大学的教授教师职前教育课程的教师代表、中小学在职教师、家长以及教师管理当局的代表。在对课程进行审批、认证时，要组建一个专家小组，专家小组成员是从委员会中抽调出来的。对于每一类递交申请的课程，专家小组都要召开一个小型座谈会进行讨论，特别是大学教师代表就某课程文件中的课程设置情况向委员会主席（manager）咨询。一切就绪后，专家小组对课程文件进行审核，而后把推荐意见呈递到认证委员会。

教师职前教育课程的认可标准源于最初由维多利亚教师职业标准委员会定的准则。它们是（1）1998年12月出台的教师教育课程的评价准则；（2）专业学习方面的准则——最低限度的学科知识学习；以及（3）培养

---

[1] Lawrence Ingvarson, Alison Elliott, Elizabeth Kleinhenz, Phil McKenzie. Teacher Education Accreditation: A Review of National and International Trends and Practices. Canberra: Teaching Australia, 2006: 15.

初中教师的课程的临时准则。① 一般来说，在审批过程中，大学要提供这些课程已达到相关标准的书面证明，大学还可以提供有关学生对课程的满意度和完成情况、就业率、毕业去向以及雇佣者对毕业生的满意度等情况的材料，但并不强制要求呈递这些数据。在某些情况下，例如某类教师教育课程很复杂，或对获取学位要达到何种标准有质疑时，那么专家组就可以走访实施教师教育的高等院校，并与大学的教职人员就细节问题进行讨论。

维多利亚州立法中没有要求审批其他州的教师教育课程。查尔斯特大学（Charles Sturt University）和塔斯马尼亚大学（University of Tasmania）都在尝试使他们的教师教育课程能在维多利亚州得到批准，因为一些毕业生可能会到维多利亚州找工作。

毕业生的标准

2003年2月，维多利亚教师开始着手制定教师正式入职的专业标准。标准的制定不仅向公众提供了确保教学质量的依据，也给教师提供了一个指导持续专业学习的框架。标准描述了从"初级教师"到"高级教师"在专业知识技能和专业实践方面的不同发展阶段或"水平"。

教师教育课程审批程序源自于维多利亚教育部这个主要雇佣机构及其"标准委员会"所制定的那些程序。在继续保留那些"沿用"的要求——如对"专业实践"的要求等基础上，维多利亚州着手设计一种以更多标准和成效为依据的审核程序。他们设想，新的毕业标准要为教师教育课程提供一个框架，并为教师教育情况报告撰写与教师教育水准评估工作制定一套程序。他们设想由各大学对课程进行自主审批，并向维多利亚教师学院报告，课程应该达到哪些标准以及要达到何种程度。

（三）南澳大利亚州、塔斯马尼亚州的教师教育认证

与昆士兰州类似，南澳大利亚州自20世纪70年代早期便要求公立学校和非公立学校的教师进行注册。2005年3月，南澳大利亚州的新法规实施，它的实施也是保障儿童安全改革的措施之一。早几年推出的一些强

---

① Lawrence Ingvarson, Alison Elliott, Elizabeth Kleinhenz, Phil McKenzie. Teacher Education Accreditation: A Review of National and International Trends and Practices. Canberra: Teaching Australia, 2006: 16.

力保护青少年学生（从幼儿园到中学）、鉴别教师职业能力的措施，为 2005 年 3 月实施的州政府保护儿童安全的新法律提供了有力的支持。2005 年颁布的教师注册与标准法案关注儿童的福祉和发展，同时也关注教师水准的改善、提高以及对教师职业的认可。[1]

在南澳大利亚州，立法关注对教师职前教育课程的"认可"过程，与其他地方一样，课程的认可是和注册相关的。实施教师教育的机构把需要审批的课程文件提交给委员会进行审查，但是没有清晰、完善且严格的对教师教育课程进行审查和评估的政策或程序。近年来，南澳大利亚州注册委员会及澳大拉西亚教师注册和认证机构论坛（AFTRAA）以及主要利益相关者共同开发一系列与国家教师专业标准框架相一致的教师专业标准，并与实施教师教育的高等院校商讨开发指导教师教育课程制定、审查和评估的正式程序。

在塔斯马尼亚州，自 1932 年就对非公立学校的教师提出了注册的要求，20 世纪 90 年代中期，1932 年颁布的教育法被废除，取而代之的是 1994 年颁布的教育法。2000 年，塔斯马尼亚州颁布教师注册法，并于 2002 年的 1 月 1 日生效，[2] 这部教师注册法对教师注册程序作出了规定，塔斯马尼亚州教师注册法由塔斯马尼亚州教师注册委员会实施，塔斯马尼亚州教师注册委员会的建立是为了确保本州内的所有学生都由具备良好教学技能、优良品格的合格教师来进行教育。

2000 年颁布的教师注册法规定，只有在塔斯马尼亚州进行注册、临时注册过或具有相当教学能力的人才能被塔斯马尼亚州的公立或非公立学校聘任为教师。为了能注册成为一名教师，必须要符合教师注册委员会的要求：即他（她）完成了经批准的教师培训课程。教师注册委员会在它的权限范围内就可以对教师教育课程进行审批、认可或认证。因为要进行注册就必须要完成经批准的课程，所以教师注册委员会就可以承担这一职责，对教师教育课程进行审批。

在此以前，教师职前教育课程的审批工作是由塔斯马尼亚州内唯一的

---

[1] Lawrence Ingvarson, Alison Elliott, Elizabeth Kleinhenz, Phil McKenzie. Teacher Education Accreditation: A Review of National and International Trends and Practices. Canberra: Teaching Australia, 2006: 17.

[2] Ibid., 18.

州立教师教育机构——塔斯马尼亚大学依据其内部审批程序来进行的。自塔斯马尼亚州教师注册委员会开始运作起，塔斯马尼亚州也像其他州一样，其课程审批的工作也由大学与利益相关者（主要是雇佣机构和专业组织）共同实施。

2005年，塔斯马尼亚州教师注册委员会又成立了一个二级委员会——教师教育委员会，旨在监督开发基于毕业标准的课程审批程序。毕业标准的草案是与国家教师专业标准框架一致的，而且也和州际注册与认证当局所做的相应的工作是一致的。

（四）西澳大利亚州与新南威尔士州的教师教育认证

以前，西澳大利亚州法规中没有要求西澳大利亚教师学院对教师职前教育课程进行审批，教师职前教育课程依据大学的内部程序来进行自主审批。立法中只指出："在制定教师专业标准时要与西澳大利亚州教师学院进行商榷与合作。"

西澳大利亚州教师学院成立于2005年，是一个教师专业组织，由西澳大利亚州的教师管理，同时它也代表着西澳大利亚州教师的形象。西澳大利亚州教师学院的主要宗旨是：提高教师的地位；确保所有教师的持续专业发展；制定教师专业标准和树立教师的价值观；执行教师注册工作和纪律程序。[1]

虽然西澳大利亚州立法中没有明确规定西澳大利亚教师学院要对教师职前教育课程进行审批，但西澳大利亚州教师学院对教师职前教育课程的审批或认可还是要负有一定责任的，以确保这些课程达到了相关的标准。

像其他州一样，新南威尔士州近几年也通过了教师注册法，且不断地对教师职前教育课程的正式审批程序进行调整。根据新南威尔士教师学院2005年的法案，教师学院要对教师职前教育课程进行审批，修完经审批的课程才能具备教学的资历以及符合注册成为教师的要求。根据2005年的新南威尔士教师学院法案，建立并运行的新南威尔士教师学院和教学质量委员会负责制定新的课程审批程序。

---

[1] Lawrence Ingvarson, Alison Elliott, Elizabeth Kleinhenz, Phil McKenzie. Teacher Education Accreditation: A Review of National and International Trends and Practices. Canberra: Teaching Australia, 2006: 19.

新南威尔士州在教师教育认证方面也进行了摸索。根据新南威尔士州的教师专业标准，在利益相关者共同商讨下制定的有关教师职前教育课程的审批准则草案于2005年10月下旬公布。教师职前教育课程的审批政策与程序在2006年年中得到教学质量委员会和教育部的批准，同时还制定了一系列补充文件，这些文件对教师职前教育机构在进行"特殊教育"、"读写"、"信息与通信技术"、"专业实践"、"土著教育"、"课堂管理教育"、"应对多元语言与文化背景的学生"等方面的工作提供了指导。

如同其他州，新南威尔士州的教师职前教育机构也建立了内部的制定和审批教师职前教育课程的程序。新南威尔士州的大学（不包括私立高等教育机构）都是可以自行认证（self-accrediting）的院校，教育学院和教育系都根据课程审批程序来进行自行认证，这种程序类似于高等教育委员会（Higher Education Board）存在时期所创建的程序。新南威尔士州的大学在制定教师职前教育课程时都考虑达到其他相关标准、雇佣机构和其他利益相关者的要求，他们建立了一个课程咨询委员会为课程的结构、重点、课程的讲授以及专业实践或实习提供建议。在大学学术委员会对课程进行审核前，相关的学院会根据课程咨询委员会的建议对课程进行调整。内部认证的最后一步则是得到大学评议会或委员会的批准。在新南威尔士教师学院的课程审批程序建立前，新南威尔士州大学中的绝大部分教师职前教育课程（小学教育和中学教育）都是由新南威尔士教育与培训部和教师资格咨询专家组（TQAP）来认证的。[1] 这是最早确保毕业生具有在州内中小学获得教师资格的体制。

据新南威尔士州教师学院统计，新南威尔士州有大约110种教师职前教育课程需要审批。[2] 课程审批是强制性的，教育学院院长们一致同意设一个过渡阶段。教师职前教育课程每隔五年审批一次，当然还有复审和上诉机制以处理不遵从审批决议等问题。该州的课程审批程序对学习教师职前教育课程的毕业生是否达到教师专业标准进行评估。教师职前教育机构向教学质量委员会呈递高度符合毕业标准的课程文件，教学质量委员会将

---

[1] 教师资格咨询专家组于2006年8月被撤销。

[2] Lawrence Ingvarson, Alison Elliott, Elizabeth Kleinhenz, Phil McKenzie. Teacher Education Accreditation: A Review of National and International Trends and Practices. Canberra: Teaching Australia, 2006: 22.

派专家组对课程进行审核。专家组对教师教育机构的实地考察将对课程中的有关事项作进一步的调查。

对于培养中小学师资以外的课程的审批,如早期儿童教育学位课程,要由新南威尔士州社会服务部(Department of Community Service)进行审批。

(五) 北部地区的教师教育认证

如同其他已建立教师注册机构的州一样,北部地区一直在筹备制定认可或审批教师职前教育课程的正式程序。虽然北部地区的立法中只提到了实施教师职前教育的机构要与教师行业的利益相关者保持"联络",不过在教师职前教育课程的开发和认证过程中,注册当局、大学(包括查尔斯·达尔文大学和巴彻勒高等教育学院)、雇佣机构始终保持相互交流合作。

北部地区注册委员会为了保持教学专业的整体性,对教师专业要求、教师职前教育和专业学习标准提出了建议。北部地区注册委员会与实施教师教育的机构及其他主要利益相关者共同努力来落实教师职前教育课程的审批程序。

教师职前教育课程的常规审批程序是依据一系列教师专业标准建立的,反映公众对教师专业的要求。专业标准的重要作用是为教师的专业发展提供正确的指导——从职前培训到入职和试用期,直到成为合格的教师。北部地区的教师专业标准不仅是与全国教师专业标准框架保持一致,同时也是满足北部地区当地需求的。

北部地区有各种不同的教育机构和学校。大量本地人口与偏远地区人口在一起对教育的多样性提出了要求。招募去北部地区学校尤其偏远地方学校任教的教师是一项颇有难度的工作。公立学校和天主教会学校中分别只有20%和5%—7%的教师是毕业于有教师职前教育课程设置的北部地区大学的。也就是说,大部分教师是从北部地区以外招聘来的。据统计,教师流动率每年达25%。这使北部地区教师的供需情况复杂化。推行教师注册制度以及规定教师资格认可程序,因此成了北部地区的当务之急。[①]

---

① Lawrence Ingvarson, Alison Elliott, Elizabeth Kleinhenz, Phil McKenzie. Teacher Education Accreditation: A Review of National and International Trends and Practices. Canberra: Teaching Australia, 2006: 20.

2005年下半年，查尔斯·达尔文大学（Charles Darwin University）开始着手对教师职前教育课程进行审核。北部地区的课程审批程序中也参考了北部地区新教师专业标准和教师专业标准国家框架，这是为了确保教师职前教育课程的评估过程是严格的且明确毕业生要达到教师专业标准的要求，这也是在新的课程审批程序中尤为关注的。在制定和修订新的北部地区教师职前教育课程审批制度的过程中，北部地区教师注册委员会与利益相关者一直保持密切合作。

鉴于北部地区中小学的特点和学生的数量，雇佣机构指出，教师职前教育课程的评估与审批程序十分复杂，它有助于使课程继续聚焦于多元化的社会文化，特别是作为第二语言的英语（ESL）、土著和跨文化问题、读写、行为管理和基于课堂的专业实践。

三 国家认可框架体系下的现行教师教育认证机制

澳大利亚各州和地区在审核、认证教师职前教育课程上的这种"各显其能"，与该国实行的联邦制政体有关，在各州各地区教师教育背景有异、师资队伍状况不一的情况下，无疑有其不可小觑的意义，至少它具有很强的地域针对性和因地制宜性。但是教师教育审查、核准上的这种百花齐放、各行其是的做法也对澳大利亚教师教育的发展带来了困惑。因为各州、地区教师教育审核、认证标准的不同，他们培养出来的新教师在素养上无可避免地存在着差异，从而制约了各州、地区教师的流动性：各地的教师管理当局基本上只承认通过本州或本地区认可、认证的教师职前教育课程，如此便阻滞了教师的流动性。毕业生只能在就读教师教育机构的所在地找工作，若要跨州或地区找工作，则是一件相当困难的事。这样既影响了各州、地区教师需求的满足，又在一定程度上妨碍了教师个体价值的发挥。近些年来，这种情况已经开始引起人们的广泛关注，在社会各界尤其教育界自身各种力量的推动下，澳大利亚有关当局已悄然开始推行这方面各种各样的尝试性改革，并使得这种"各地不一"、"画地为牢"的情况发生了一些重大的变化：2006年起，澳大利亚各地的管理当局都把教师职前教育课程的审批或审议纳入他们的立法纲要中，从而有力地支持了各地教师资格的综合认定工作和教师注册或教师教育认证工作。目前，澳大利亚各州和地区负责教师教育认证与教师注册的机构大致有：昆士兰教师学院、新南威尔士教师学院、维多利亚教师学院、塔斯马尼亚教师注册委员会、南澳大利亚教师注册委员会、西澳大利亚教师学院以及北部地区教师注册委员会。澳大利亚首都地区正在探索建立类似机构。

2006年年中,澳大拉西亚教师注册与认证机构评议会(AFTRAA)[①]经过一系列商讨,提出了教师职前教育课程审批的国家认可框架,[②] AFTRAA对课程的审批设置了一定的要求,依据此框架的审批程序,所有通过AFTRAA其中一个成员组织正式审批的课程,也被AFTRAA的其他成员所认可。AFTRAA的成员把通过他们审批的课程公布在他们的网站上。当然,AFTRAA成员只对来自他们所在州或地区的大学和其他提供教师教育的机构的课程进行审批。

(一) 认证的主要标尺

教师职前教育课程的认证显然需有相应的准则或规范,否则难以保证其可操作性、科学性与公信力。在澳大利亚,教师职前教育课程要通过认证、审批,起码要符合以下几个条件。

(1) 达到"教师专业标准"设定的毕业生水准。2005年5月召开的教育、就业、培训及青年事务部部长理事会(MCEETYA)会议上指出,所有辖区在2006年底前要以国家框架为基准建立教师职前教育课程的纲领。

一般认为,修完某个教师职前教育课程后,毕业生应该达到当地"教师专业标准"中所设定的毕业生水平。虽然澳大利亚各地的"教师专业标准"有所差异,但应该还是保持在相近的水准上的。一般来说,毕业生要达到以下要求:(a)具有专业知识——即理解自己将要教授学科的基本概念、原则以及学科结构,知晓本学科与其他学科的相关联系,知道如何能够有效地教授学科内容;(b)具备专业实践力——即掌握了一定的教

[①] AFTRAA全称为"Australasian Forum of Teacher Registration and Accreditation Authorities"——澳大拉西亚教师注册与认证评议会,成立于2003年8月,其成员即澳大利亚各地教师管理当局。2007年11月,正式采用新名称"澳大拉西亚教师管理机构"即Australasian Teacher Regulatory Authorities,简称ATRA。

[②] Australasian Forum of Teacher Registration and Accreditation Authorities. The Framework for The National Recognition of Approved Pre-service Teacher Education Programs. http://www.acde.edu.au/docs/AFTRAA.pdf, 2009 - 11 - 28: 1.

学技巧和教学策略，能够通过活动引导学生致力于学习；善于处理课堂教学中的各种突发情况，还要能使用一系列评估技术对学生进行评价等；（c）具有专业价值观——即能够合理地分析、评估并且促进自己的专业实践，并且具有高尚的专业道德情操；（d）具有专业关系协调力——即能与多元背景的学生群体平等相处，与社区的各种人士建立良好的专业人际关系。[1]

对于这些"标准"，各州的提法虽有出入，但本质上无大差异，并要求在高校的教师职前教育课程中有充分的反映。

（2）学历和英语水平要求。一方面，澳大利亚教师职前教育课程必须使接受教师教育者通过学习获得起码的正规学历：如获得为期三年的相关学科专业学位，加一年至二年的教育专业学习（相当于研究生学历）；或为期四年的综合教育专业学位；或至少为期四年的学科专业及教育专业的双学位；或与以上学历相当的由管理当局审批的其他专业的双学位。

另一方面，澳大利亚教师职前教育课程必须使接受教师教育者通过学习获得一定高度的英语水平。即修完教师职前教育课程后，毕业生必须能用流利的英语与他们的学生以及社区的成员进行沟通。

（3）专业实践要求。安排一定时间的教学实践，以使学生获得必要的专业实践经验，是教师职前教育课程所必须包含的基本元素，也是衡量教师教育课程是否合格的重要标准之一。因此，在对高校的教师职前教育课程进行审批或认证时，往往会在这方面予以特别的关注，尤其会对实习安排的适当性进行评判。一般说来，为期一年的教师职前教育，至少要有45天的教学实践，为期二年的教师职前教育，不得少于60天的教学实践，为期四年的教师职前教育则不得少于80天的教学实践。[2]

（二）认证的条件

教师教育机构要递交关于教师职前教育课程的文件，文件须包括以下诸方面的内容。

---

[1] Ministerial Council on Education, Employment Training and Youth Affairs. A National Framework for Professional Standards for Teaching. Canberra: Curriculum Corporation, 2003.11.

[2] Australasian Forum of Teacher Registration and Accreditation Authorities. The Framework for The National Recognition of Approved Pre-service Teacher Education Programs. http://www.acde.edu.au/docs/AFTRAA.pdf, 2009-11-30: 5.

其一是阐明通过教师职前教育课程的实施如何使教师教育专业的毕业生达到地方管理当局的教师专业标准。这些当地的教师专业标准与国家教师专业标准框架是保持一致的。

其二是规定所有教师职前教育培养课程需符合以下各项要求，包括：至少四年全日制或与之相当的大学学习经历；具有教育专业学习、学科学习和相关的专业实践经验在内的学习经历；具有合适的学科研究课程；毕业生要具备较好的读写和计算能力；毕业生要具备教授读写和计算的能力；毕业生能熟练运用信息与通信技术（ICT）；毕业生具有为实现教育目的而运用信息与通信技术的能力；具有一套符合教育目的与教师专业标准的评估程序；对现行地方课程结构的合理意见；推动专业组织、在职教师及雇佣机构三者的磋商；毕业生具有应对学生的特殊学习需求的能力；发展毕业生的班级管理能力；符合某个州或地区的对土著学生和具有非英语背景学生的学习标准或要求；符合某个州或地区对土著学生所要掌握的澳大利亚历史和文化知识程度的学习标准或要求；毕业生能应对教师道德职责范围内的工作，如保护儿童。

其三要明确规定就读教师职前教育课程必须达到的要求，包括对英语熟练掌握程度的要求，无论该学生以前是在海外学习且第一语言不是英语，或该生以前在官方语言不是英语的国家学习，都要一视同仁。

同时还要阐明课程中专业实践经验部分的要求，包括在学校教学实习的时间总量，必须不少于以下的规定：为期一年的课程不得少于45天的实践，为期二年的课程不得少于60天的实践，为期四年的课程不得少于80天的实践。

（三）认证过程的要素

关于课程的认证与审批，应明确以下诸方面的要素，包括：

（1）课程一般四至五年认证、审批一次，然后再进行复审。[1] 特殊情况下，如为了促使大学和其他高等教育机构的复审循环周期保持一致，课程的审批周期可以缩短或延长。在某些辖区，课程初步获批或通过认证

---

[1] Australasian Forum of Teacher Registration and Accreditation Authorities. The Framework for The National Recognition of Approved Pre-service Teacher Education Programs. http://www.acde.edu.au/docs/AFTRAA.pdf, 2009 – 12 – 03：7.

后，接着就会对课程是否达到标准或其他要求进行一系列的评估。这会导致两种结果，即确证课程的合格或暂缓通过课程。

（2）管理当局依据课程审批程序的纲领对实施教师教育课程的机构公布以下内容：课程（文件）审核程序、评审专家小组的职责要求、管理当局与教师职前教育机构沟通机制、实地考察的安排、审批决定和上诉机制。

（3）各管理当局的纲领中要明确规定在教师教育课程的制定和评审过程中的人员。

（4）课程一旦获批或得到认证，管理当局要监控课程的实施情况，途径包括：实施教师职前教育的机构每年必须递交课程实施的报告；管理当局派专职人员对实施教师职前教育的机构进行考察；实施教师职前教育的机构向管理当局提供毕业生在毕业后一年（之后的几年）中的相关和有效的数据，作为大学课程改进的参考。

（5）课程通过审批或认证后，任何对课程的修改都必须向管理当局报告，任何较大的改动都必须在实施前得到管理当局的批准。

（四）国家认可框架体系下的各地做法列举

根据以上提案（要求），澳大利亚各州和地区制定了各自的教师职前教育课程认证的程序、标准和准则方面的文件。以下对维多利亚州和北部地区的相关做法作一分析。

1. 维多利亚州教师职前教育课程认证的标准、准则和程序

维多利亚州教师职前教育课程认证的标准、准则和程序是由维多利亚州教师学院制定并于2007年6月颁布。

维多利亚州教师职前教育课程的标准

维多利亚州教师职前教育课程的标准，实质上指的是，完成课程学习的毕业生应达到维多利亚州毕业教师专业标准，即入职标准。如第三章中所述，维多利亚州的教师专业标准分为三大部分八条标准。

维多利亚州教师职前教育课程认证的相关准则

这些准则尤其是针对毕业生学习结果的要求提出的，对毕业生的要求就是在"毕业教师专业标准"中所阐述的内容。维多利亚州教师学院要求实施教师教育的高等院校确保毕业生达到这些标准。

该州教师学院要求高等院校上报审批的教师职前教育课程要符合以下

六条准则：一要符合有关职前教育课程选择的要求；二要符合有关职前教育课程的总体要求；三要培养符合专业知识标准的毕业生；四要培养符合专业实践力标准的毕业生；五要培养符合专业职责标准的毕业生；六要符合有关职前教育课程实习方面的要求。

第一条准则即符合有关职前教育课程选择的要求。① 包括：(1) 对课程的选择要建立在学习者的学术能力基础上；(2) 对于选择修读本科课程的学生来说，要具备扎实的英语与数学基础；(3) 在挑选研究生课程的学生时，高等院校的有关人员要考虑学生本科阶段的专业，然后确定他（她）是否适合修读小学教育或中学教育专业的研究生课程；(4) 申请入学者如果没有取得通过高等院校审批的英语水平资格证，也必须证明自己的英语能力，国际英语语言测试（IELTS）成绩至少达到 7.0 分。

第二条准则是符合有关职前教育课程的总体要求。包括：(1) 职前教育课程应为职前教师提供在"知识、理解力、创造性和批判性思维、实践能力、个人和人际交往能力"等诸方面获得均衡发展的机会；(2) 毕业生应该完成相当于至少为期四年的全日制专业学习，包括教育专业知识学习、学科知识学习以及教育专业实践；(3) 要求完成小学教育专业课程的毕业生能够承担小学所有年级的教学任务，完成中学教育专业的毕业生能够承担 7—12 年级的教学任务，完成 1—10 年级或 1—12 年级教育专业课程的毕业生能够承担小学和中学所有年级段的教学任务；(4) 职前教育课程确保毕业生熟练掌握课堂管理的技能，能为学生创设一个安全的具有全纳性的学习环境，以最优化学习效果；(5) 所有毕业生都应具备在所教学科领域内使用信息与通信技术的能力；(6) 准备到小学从教的毕业生应具备较好的教授英语和数学的能力，同时也要能教授其他学科。准备到小学教授特定学科的毕业生（如美术、语言、音乐、卫生）应该精通他们所要从教领域的知识；(7) 所有毕业生应该具备他们将要从教学科领域的知识，他们所具备的知识应该具有广度和深度；(8) 对于要到中学从教的毕业生来说，他们应该具备教授至少两门学科的能力，其中至少有一门是高中段水平的课程。

---

① Victorian Institute of Teaching. The Standards, Guidelines and Process for the Accreditation of Pre-service Teacher Education Programs. http://www.vit.vic.edu.au/files/documents/1 158_Future-Teachersfinal.pdf, 2009 - 10 - 25: 6.

准则三、四、五分别是维多利亚州毕业教师专业标准中的内容（专业知识、专业实践、专业职责），已在第三章中详述，不再赘述。

第六条准则是符合有关职前教育课程实习方面的要求。[①] 包括：（1）所有本科学历的教师职前教育课程必须含有不少于 80 天的"有指导的"（supervised）教学实习，一年制和二年制的教师职前教育研究生课程分别必须包含不少于 45 天和 60 天的"有指导的"教学实习。一年制的 1—12 年级教育专业课程也必须包含不少于 60 天的教学实习；（2）除了上述规定的最少实习天数外，当然也希望所有的职前教育课程具有更广泛的专业实践经历，如组织学生访问不同类型的学校、接触校本教研、承担校本研究的任务等。

维多利亚州教师职前教育课程的认证程序

维多利亚州教师职前教育课程的认证职责是由维多利亚州教师学院下属的认证委员会承担的。认证委员会的成员包括各类学校的教师和校长、教师教育工作者、雇佣机构的有关人士以及家长。认证委员会既负责对现行课程进行复审，同时也负责对新课程进行审批，因而这里的"认证"就包括复审和审批两个含义。认证主要包含以下几个步骤：

步骤一：组建认证专家小组，并进行初步的讨论（Approval Panels and Preliminary Discussions）。维多利亚州教师学院下属的认证委员会将为每一个待审批的课程组建一个专家小组。在绝大多数情况下，专家小组由三位认证委员会的成员组成，一般说来包括一位注册教师、一位校长和一位教师教育工作者（不是来自提交审批课程申请书的大学）。所有专家小组成员在进行认证工作开展前要进行培训，以便确保大家对认证的标准和程序达成共识，并在专家小组内部形成一致的看法。教师学院还要为所有开设教师职前教育课程的高等院校举行一个信息通报会，以便阐明课程认证的目的和程序。如有必要，教师学院与递交课程文件的高等院校会进行初步的讨论。

[①] Victorian Institute of Teaching. The Standards, Guidelines and Process for the Accreditation of Pre-service Teacher Education Programs. http://www.vit.vic.edu.au/files/documents/1 158_Future-Teachersfinal.pdf, 2009-10-28：13.

步骤二：正式递交（Formal Submission）。① 高等院校至少要提前6个月将新的或修订过的课程报审文件呈递给认证委员会的专家小组。

所递交的文件须包括：（1）课程框架的概要，并提供相关的研究成果。（2）课程的目标。（3）入学条件以及职前教师的申请者的遴选标准。（4）评估程序。（5）阐明课程结构的图表，包括按照学期排列的课程单元。（6）课程结构的细节，它包括课程总学时和单元时间的安排；供学校申请的各种非教育类课程（诸如双学位课程）与教育类课程间的关系；选择和计算非教育类学习单元时间、课程水准及其权重的有关规则；在不同类型学校（包括小学、中学和中小学一贯制学校）进行实践的时间和地点的确定，每年或每学期的实践天数，在中小学实践的安排（诸如一周一天、三周为一个单元等）。（7）课程的内容、结构和改进之处。（8）表明职前教育课程包括了教育方面的专业学习、学科的学习和专业实践。它尤其包括以下要素：有充实的课程内容，以使毕业生达到毕业生的专业实践标准和上述课程认证标准；描述评估政策和程序，并指明评估的重心和方法；概述深入研究的课题的进展和各个学科之间的关联性；概述课程实施中理论和实践的均衡性以及它们怎样相互作用；概述信息与通信技术怎样被整合进课程，范围广泛的职前教师的各种专长和实际需要方面的问题怎样被解决，怎样培养职前教师在教学中使用信息通信技术；主要的文献利用方式，包括合理使用网络。（9）有关职前教育课程的专业实践部分的细节，包括：课程的专业实践怎样与课程的理论部分相结合；概述与伙伴学校的关系，以便确保高质量的实践经验的获得；指明一个毕业生将经历的实习活动的范围；陈述实习目的所指向的成效，以及这些成效怎样取得和被评估；确保职前教师不仅只有当他们在课堂教学实践方面被评为令人满意时才得到奖励。（10）表明职前教师将获得以下学习机会：熟悉有一定专业经验和资格（学历）的教职工；能获取合适的图书资料；能获取技术、多媒体和在线资源；课程所涉及的所有课程领域里的教学资源和设备；得到合适的支持与帮助。（11）阐明高等院校和参与学校之间的伙伴合作关系，指出它们怎样建构、如何得到资助和如何维持。（12）提交

---

① Victorian Institute of Teaching. The Standards, Guidelines and Process for the Accreditation of Pre-service Teacher Education Programs. http://www.vit.vic.edu.au/files/documents/1 158_ Future-Teachersfinal. pdf, 2009 – 11 – 02：15.

关于课程的其他认证材料、课程目标实现的时间表。(13)概述在整个课程待审批期间,质量保障和课程的持续改进、传授方法和学习结果方面的安排。其佐证材料包括:在课程实施过程中进行的各种课程评估,在人们关切的领域所采取的各种行动;与主要利益相关者进行定期的沟通,包括描述咨询过程。教师学院要求高等院校递交所有符合上述条目的有关材料。

步骤三:课程的审批(Course Approval)。[①] 认证委员会的专家小组与有关的高等院校进行协商后,对文件予以评估。专家小组可能进行实地考察,将其作为课程审核过程的一个部分。专家小组将与高等院校协同合作,以确保课程评估工作与文件已述的标准和准则相一致。然后专家小组将建议和报告递交给认证委员会,以便做出最后的决定。依据《2006年维多利亚州教育和培训改革方案》,认证委员会具有评估和审批教师职前教育课程的权力。维多利亚州教师学院理事会将最终决定正式通知有关高等院校。认证委员会的主席将告知高等院校有关的评审结果,并指明有待改进之处。修完维多利亚州教师学院批准的职前教育课程的毕业生有资格在维多利亚的学校进行临时性的教师注册。

步骤四:持续的监控和认证(Ongoing Monitoring and Acceptance)。课程审批工作的间隔最长为五年一次。在获批的时期内,若要对课程做出巨大的改变,开设教师职前教育课程的高等院校应将情况上报教师学院,高等院校必须向认证委员会表明,更改后的课程符合课程审批要求,并有助于培养符合维多利亚州入职专业标准的毕业生的。认证委员会将与高等院校一起,对审批变动较大的课程的事宜进行商议。

步骤五:批准现行课程(Current Courses)。教师学院将在网站上公布获批的现行教师职前教育课程的目录。由维多利亚州教师学院理事会批准的有关教师职前教育课程认证的标准、准则和程序将逐年更新。这些标准、准则和程序每隔五年与有关的利益相关者进行重新商议,以确保它们仍然是世界上最优秀的教师职前教育课程认证体系。

教师学院将就有关课程的审核问题,对毕业生、督导教师、学校校

[①] Victorian Institute of Teaching. The Standards, Guidelines and Process for the Accreditation of Pre-service Teacher Education Programs. http://www.vit.vic.edu.au/files/documents/1 158_ Future-Teachersfinal. pdf, 2009 – 11 – 09: 17.

长、教师教育工作者,以及在读学生进行调查,并告知课程审核的程序。调查的结果将定期反馈给高等院校,告知他们所开设的教师职前教育课程的有效性以及应该如何进行改进。

2. 北部地区教师职前教育课程审批的标准、指导原则和程序

指导原则

2004年,北部地区颁布了《教师注册法案》,该法案规定,地区教师注册委员会必须确保只让那些能胜任教师工作的人在该地区任教。为了使教师职前教育课程适合于在北部地区实施,教师注册委员会在对职前课程进行认证的过程中与高等院校始终保持紧密的合作关系。[1]

教师注册委员会于2006年年初制定了北部地区教师专业标准。这些标准都是由本地教师来起草的,并且与教育、就业、培训和青年事务部部长理事会于2003年颁布的《教师专业标准国家框架》相一致,教师专业标准对这个地区的教师专业水平和职责做出了明确的声明。完成经认证的职前教育课程的毕业生必须达到毕业教师专业标准,入职一至两年后,预期能够达到合格教师的专业标准。北部地区教师职前教育课程认证的准则是与教师专业标准国家框架相一致的。

北部地区有两所实施教师职前教育的高等院校,分别是查尔斯·达尔文大学(Charles Darwin University)和巴彻勒土著高等教育学院(Batchelor Institute of indigenous Tertiary Education)。查尔斯·达尔文大学开设本科和研究生水平的小学教育专业和中学教育专业的教师职前教育课程,巴彻勒土著高等教育学院开设本科水平的小学教育专业的教师职前教育课程。

审批的标准

审批的标准分为毕业生的专业标准、正规的学历资格、课程的入学要求以及课程的设计及其结构要求。

(1)毕业生的专业标准。修完这些课程的毕业生能够达到教师注册委员会于2006年1月19日通过的"北部地区毕业教师专业标准"(TRB Professional Standards for Graduating Teachers)。"北部地区毕业教师专业标准"共分为三大主题八条标准。

---

[1] Teacher Registration Board of the Northern Terrirory. Teacher Registration (Northern Territory) Act. http://notes.nt.gov.au/dcm/legislat/legislat.nsf/64117dddb0f0b89f482561cf0017e56f/f9c4f8172f4f1bdf692572e2000f4cbe/$FILE/Rept043.pdf, 2009-10-23.

第一大主题是"专业参与"。它包括两条标准，一是规定毕业教师是教师行业中积极工作的成员；二是要求毕业教师反思、评价和改进他们的专业知识和实践。第二大主题是"专业知识"。这包括三条标准，分别规定毕业教师应了解学生；毕业教师知道学生怎样学习和怎样有效地教导学生；毕业教师掌握所教学科的内容。第三大主题是"专业实践能力"，它也包括三条标准，分别规定毕业教师能规划、设计有效的学习活动，并对学习活动作出评估及报告；毕业教师能为学生创设并维持安全的、富有挑战性的学习环境；毕业教师能使用范围广泛的教学实践形式和各种资源，以便使学生积极地参加有效的学习活动。①

这八条标准中的每一条都是依据有效学习的特征而制定的。在毕业教师修读职前教育课程时，他们应理解这些标准并努力达到这些标准的要求。这些标准为高等院校实施教师职前教育课程提供了导向。

（2）正规的学历资格。北部地区经审批的教师职前教育课程必须是达到澳大利亚学历资格框架（Australian Qualification Framework）的要求的。北部地区教师注册法（2004）规定，注册教师资格的人员的学历，需具备以下条件：② 具有查尔斯·达尔文大学或巴彻勒土著高等教育学院四年制的教育学学士学位或毕业证书；从其他州或地区的高等院校获得的修业年限为四年的教育学学士学位，该学位是通过该州或地区的认证机构认证的，或者是达到教师注册机构的注册要求的。

（3）课程的准读要求。教师职前教育课程应当具有清晰的学生选择标准和入学程序、实施过程，它应当具备公正的学生入学机制。

一般而言，本科阶段各种课程学习的目的，主要在于使学生获得较有深度的学科内容知识，以利于他们日后能胜任相应的学校教育阶段的特定学科的教学工作。查尔斯·达尔文大学和巴彻勒土著高等教育学院通常会鼓励那些适合从事教学职业的学生申请入学。北部地区实施的教师职前教育课程既要求毕业生获得在澳大利亚中小学教学所需要的技能，也鼓励学

---

① Teacher Registration Board of the Northern Territory. TRB Professional Standards for Graduating Teachers. http：//www. trb. nt. gov. au/standards/docs/ProfessionalStandardsGraduateTeachers. pdf, 2009 – 11 – 18：2.

② Teacher Registration Board of the Northern Territory. Teacher Registration (Northern Territory) Act. http：//notes. nt. gov. au/dcm/legislat/legislat. nsf/64117dddb0f0b89f482561cf0017e56f/f9c4f8172f4f1bdf692572e2000f4cbe/ $ FILE/Rept043. pdf, 2009 – 10 – 23.

生了解该地区多样化的和富有挑战性的教学情境。参加教师职前教育课程学习的学生应当了解，他们在进行教学实习前，首先要接受犯罪记录审查（Criminal History Check）。

（4）教师职前教育课程的设计及其结构要求。教师职前教育课程应当进行系统的设计，它要清晰地陈述所依据的理念和预期的结果。教与学的方法应有助于学生通过职前教育课程的学习，达到毕业的专业标准；这一目标怎样才能达到在课程文件中应有的清晰的阐述。

教师职前教育课程必须符合澳大利亚学历资格框架的要求，并且修业年限不得少于四年。内容则须包括教育方面的专业学习、学科专业知识的学习以及专业实践。

（5）专业实践要求。专业实践是指将新教师安排到中小学或者其他教育机构中进行的专业活动，它包括进行教学实习和其他实践活动。专业实践是所有教师职前教育课程的必要组成部分。

高质量的专业实践应当有助于促进教师教育专业的学生将理论知识和专业实践的整合。2004年制定的《教师注册法》[①] 要求本科水平的教师职前教育课程包括不低于90天的得到教师指导的教学实习，研究生水平的教师职前教育课程包括不少于55天教师指导下的教学实习。教师注册委员会既不批准学生单独进行的实习活动，也不支持学生在北部地区的中小学进行无教师指导的实习活动。对参加教师职前教育课程的学生的直接指导，不论是教学实习还是其他实践，都必须贯穿整个实习过程。教师注册委员会认为，团队式的教学实习优于不合格教师带领的和缺乏教师指导的教学实习。

（6）读写和计算能力的要求。2007年4月，澳大利亚政府理事会（The Council of Australian Government）同意于2007年底制定读写和计算能力方面的全国统一的、核心的教师标准，它要求对所有辖区的教师职前教育课程进行认证，以便落实这一教师标准规定的要求。这一决定旨在实施澳大利亚政府理事会的全国改革议程（National Reform Agenda）中提到的关键措施。

---

① Teacher Registration Board of the Northern Terriroty. Teacher Registration（Northern Territory）Act. http：//notes.nt.gov.au/dcm/legislat/legislat.nsf/64117dddb0f0b89f482561cf0017e56f/f9c4f8172f4f1bdf692572e2000f4cbe/$FILE/Rept043.pdf, 2009 - 10 - 23.

就读写能力要求而言,要求毕业生能用英语与学生和社区成员进行有效的交流。实施教师职前教育课程的高等院校通过以下方式确保学生具有一定的英语水平:一是设置英语水平的入学要求,二是规定毕业时要达到的英语水平要求。所有教师职前教育课程必须确保毕业生达到以下标准:具有高水准的读写能力;熟悉他们所教的课程领域的读写能力要求;了解所有学生的读写需要,并掌握满足这些需要的范围广泛的读写教学策略;了解适合其教学年级的读写教学方式。对于那些英语非第一语言以及那些英语为非官方语言国家的入学申请者,他们可参加如下测试:国际英语测试系统(IELTS);国际第二语言熟练等级认定(ISLPR);教师专业英语评估测试。总的说来,毕业生在教师职前教育课程学习结束后,在国际英语测试系统(ITELS)的测试成绩,至少平均达到7分。①

在计算能力要求方面,所有教师职前教育课程的实施必须学生毕业时:具有高水准的计算能力;熟悉他们所教的课程领域的要求,熟悉所教学生计算能力方面的需要,并掌握满足这些需要的教学策略;了解适合其教学年级的计算教学的教学方式。

教师职前教育课程的认证程序

北部地区教师注册委员会负责课程的认证工作,并将监管权授予教师职前教育委员会(Initial Teacher Education Committee, ITEC)。北部地区教师注册委员会不仅审核现行的课程,而且还负责审批新的课程。

第一步:通告(Notification)。在查尔斯·达尔文大学、巴彻勒土著高等教育学院或者其他机构决定对现有的某种教师教育职前教育课程进行审批,或者即将制定一种新的课程方案前,应该将这一情况告知北部地区教师注册委员会。同时,北部地区教师注册委员会也要就重新评估某课程问题通知有关学院。

第二步:任命专家小组,进行初步地讨论(Appointment of panels and preliminary discussions)。一旦被告知课程有待审批,那么教师职前教育委员会(ITEC)就建议北部地区教师注册委员会组建一个专家小组,以便

---

① Teacher Registration Board of the Northern Territory. The Standards, Guidelines and http: // www. trb. nt. gov. au/ docs/ EducationPrograms. pdf, 2009 - 09 - 25. Process for the Approval of Initial Teacher Education Programs. http: //www. trb. nt. gov. au/ docs/ EducationPrograms. pdf, 2009 - 09 - 25: 8.

对课程进行审查。一般说来，专家小组包括北部地区的四位具有相当经验和专长的成员，以及一位北部地区以外的成员。五位成员包括一名在职教师、一名中小学校长、一名教师教育工作者（由澳大利亚教育学院院长理事会提名）、一位北部地区教师注册委员会的成员、一位雇主代表。教师注册委员会可以选择额外的专家进入专家小组。

教师职前教育委员会与递交待认证课程的高等院校应定期聚会，以使他们之间能进行开放的、持续的对话。北部地区教师注册委员会的职责，在于提供建议和协调课程委员会的活动，而不履行直接决策的职能。

第三步：正式递交（Formal Submission）。查尔斯·达尔文大学和巴彻勒土著高等教育学院需至少提前6个月将待审批课程的正式文件递交到教师注册委员会。待审批的课程文件应当清楚地表明如何鉴别毕业生达到北部地区毕业教师专业标准的要求，且这些标准是与教师专业标准国家框架保持一致的。[①]

高等院校所递交的报审课程文件应包括：（a）课程框架的概要，主要陈述课程设计的理念、原则和教育学原理等。（b）课程目的说明。（c）修读教师职前教育课程的入学要求和选择学生的标准。（d）课程的结构，包括确定每学期的课程单元。（e）课程结构的细节，它包括课程的总学时、单元时间及权重分配；供学校申请的各种非教育类课程（诸如双学位课程）与教育类课程间的关系；选择和计算非教育类学习单元时间、课程水准及其权重的有关规则；去不同类型学校（包括小学、中学等）实践的时间，每年或每学期的实践天数，在中小学实践的具体安排（诸如一周一天、三周为一个单元等）。（f）课程的内容、结构和改进之处；包括基于北部地区情况的学习标准；满足澳大利亚土著学生、以英语为第二语言（ESL）的学生和多样性文化背景学生的需求；能应对具有特殊学习要求的学生；形成良好的课堂管理技能；明确学校教育的阶段（如小学教育、中学教育）。（g）儿童保护方面的要求和犯罪记录审查。（h）报告教育专业学习、专业学科知识学习和专业实践的情况。包括阐明课程内容（学生

[①] Teacher Registration Board of the Northern Territory. The Standards, Guidelines and http://www.trb.nt.gov.au/docs/EducationPrograms.pdf, 2009-09-25. Process for the Approval of Initial Teacher Education Programs. http://www.trb.nt.gov.au/docs/EducationPrograms.pdf, 2009-09-29: 9-12.

学习该课程内容后,毕业时能达到教师专业标准和上述课程认证的标准);描述评估方针和程序,并指明所使用的评估主题和方法;概述学习进展情况和各课程之间的关联性情况;概述课程实施中理论和实践的一致性以及它们怎样相互作用;概述如何将信息与通信技术整合进课程,如何在教学中使用信息与通信技术;确保毕业生具有高水准的读写和计算能力;使毕业生具备教授相应年级段的读写和计算方面的能力。(i)待审批课程的"专业实践"部分:包括说明与伙伴学校的关系,以确保学生能进行高质量的专业实践,专业实践包括评估程序、行为准则以及对学生的指导和监督;指出毕业生应当具有广泛的实习经历;陈述教学实习方面的预期结果以及这些结果怎样获得和进行评估;如果学生在课堂教学实践中取得了不错的成绩,则是如何给予奖励的。(j)呈交教师教育工作者具有合格的资格和丰富经验、学校具有适合的图书资料及多媒体和在线学习资源,从而使学生能获得有效教育的佐证材料。(k)描述质量保障和课程审批的具体安排。[1]

第四步:评价和撰写报告(Assessment and development of report)。北部地区教师注册委员会任命的专家小组将在接受课程评审任务后的两天内对文件进行审查,可能还要到大学进行一次现场的考察。他们可以要求查尔斯·达尔文大学和巴彻勒土著高等教育学院提供更多关于某课程的信息与说明。专家小组向北部地区教师注册委员会呈递附有建议的评估报告。

第五步:委员会审批课程(Course approval by the Board)。北部地区教师委员会收到专家小组对待审批课程的评估报告后,或是接受报告的建议,或是拒绝报告的建议,或者要求采取其他合适的行动。

北部地区教师注册委员会将北部地区新的教师职前教育课程的教学适切性问题向教育部部长提出建议。当某个课程通过了北部地区教师注册委员会的认证,它将在委员会的网站上予以公布。

持续的监控(On-going monitoring)。课程的认证周期一般为五年。北部地区教师注册委员会将监控获批课程的实施情况,以确保它们有助于持

---

[1] Teacher Registration Board of the Northern Territory. The Standards, Guidelines and http://www.trb.nt.gov.au/docs/EducationPrograms.pdf, 2009 – 09 – 25. Process for the Approval of Initial Teacher Education Programs. http://www.trb.nt.gov.au/docs/EducationPrograms.pdf, 2009 – 10 – 09: 13.

续地培养出合格毕业生，且符合北部地区毕业教师专业标准的要求。如果要对获批课程作出较大改动，那么查尔斯·达尔文大学和巴彻勒土著高等教育学院应当在实行这种改动前向北部地区教师注册委员会提出申请。委员会将与查尔斯·达尔文大学和巴彻勒土著高等教育学院协商，以审核这些变动较大的课程。

北部地区尚无上诉机制，但高等院校如对认证结果有异议，北部地区教师注册委员会将予以重新考虑其决定。

在澳大拉西亚教师注册与认证机构评议会（AFTRAA）提出的教师职前教育课程审批的国家认可框架体系下，各州各地区都先后调整并制定了各自的教师教育认证制度。这些制度虽然有其各自的特色，但在主要方面却是共同的抑或是一致的。如以教师专业标准作为职前课程实施质量的依据，规定课程的学历要求和英语水平要求以及专业实践要求。其认证的过程一般也包括认证机构发布受理认证申请公告、组建专家小组初步讨论申请的课程、高等院校向认证机构递交正式的课程报审文件、认证机构组织专家小组审议评估并递交评估报告、认证委员会作出认证决定等。认证通过后，认证机构还对课程的实施进行持续地监控，以确保其按规定实施。这种对教师教育课程的严格认证程序，在很大程度上有效地避免了高度自主化的高校在中小学教师培养上的随意性现象的发生。

四　澳大利亚教师教育认证的发展趋势——建立国家认证体系

澳大利亚目前尚无国家统一的教师职前教育课程的认证体系。教师专业是澳大利亚尚未实行全国认证的最后一批专业的其中之一。各州和地区教师注册机构、认证机构虽然在对职前教育课程进行认证时会以AFTRAA国家认可框架为参照标准，但具体执行起来难免带有地方色彩，还是有一定的差距的。自20世纪60年代中叶以来，要求拟定教师职前教育课程国家认证制度的呼声一直很高。

有关人士对教师职前教育课程的国家认证方法有一个一致的看法，即统一的国家认证方法必须与"教师专业标准国家框架"保持一致，且这种国家统一的认证方法由各地区的教师管理机构独立操作。目前澳大拉西亚教师注册与认证机构评议会（AFTRAA）与各地区的教师注册委员会共同为制定一个全国统一的认证标准而不懈努力。

来自西澳大利亚州的大学部门的一位主要发言人指出，建立国家层面上的教师职前教育课程审批程序比建立各州自己的教师职前教育课程审批程序要更有益处。因为有一些教师职前教育课程已不止在一个州实施，建立国家统一的教师教育体制，是为了提升这些教师教育课程的权威性，提高毕业生的质量，特别是方便教师在国家各地区的流动。虽然这种观点有可取之处，当地的背景和需要也是要高度重视的。[1]

北部地区教师注册机构是澳大拉西亚教师注册与认证机构评议会（AFTRAA）的一员，其利益相关者提出促成国家统一的教师注册和课程审批程序的重要性。AFTRAA成员间的高度信任为建立统一的教师注册和课程审批程序提供了可能性。此外，由于大部分北部地区的中小学教师是在其他州接受职前教育的，所以一些利益相关者认为鉴于北部地区的这一特殊情况，更需要建立全国统一的教师职前教育课程的审批程序。所有的利益相关者都强调要使教师职前教育课程满足北部地区独特的不同于其他地方的需求，所有的利益相关者都支持教师职前教育机构与广大的教育团体之间保持持续的紧密合作关系。[2]

众所周知，课程认证是一个极为重要的保障机制。虽然在澳大利亚的某些地区，其课程认证机制已经非常成熟，但在某些地区（首都地区）却尚未建立或还不够完善。因而澳大利亚国会教育与职业培训委员会强烈提议建立一个国家层面上的教师职前教育课程的认证体系，以为各州和地区树立最佳的认证模型。

澳大利亚教育学院院长理事会（ACDE）强烈支持建立国家认证体系的观点，早在1998年，ACDE就发表了报告——"为职业做准备"，其为教师教育课程的国家认证体制提供了有效的指引和支持。

澳大利亚教学协会也支持建立国家认证这一体系，并已着手进行有关制定教师职前教育课程国家认证方面的工作。澳大利亚教学协会认为采用国家体系的课程认证方法应该由各州和地区自愿主动实施，而非强制性

---

[1] Lawrence Ingvarson, Alison Elliott, Elizabeth Kleinhenz, Phil McKenzie. Teacher Education Accreditation: A Review of National and International Trends and Practices. Canberra: Teaching Australia, 2006: 19.

[2] Ibid., 21.

的，各州和地区在进行认证时应该考虑到国家认证的一些方法，把它作为当地原有认证方法的补充。然而澳大利亚国会教育与职业培训委员会却认为建立一个强制性的国家认证体系则更为有效，它能更有力地保障社会公众的利益，联邦政府为实施教师职前教育课程机构提供的资金必须要得到国家教师教育认证机构的认可。

建立教师职前教育课程的国家认证体系的主要任务是制定国家层面的毕业生专业标准（入职标准）和教师职前教育课程的标准。澳大利亚联邦政府将继续支持教学协会开展制定国家认证体系的工作。一个高质量国家认证体系的建立需要一定的时间，并且需要各州和地区的教师注册和认证机构的紧密合作。一旦国家认证体系建立，澳大利亚联邦政府要求接受联邦补助金的教师职前教育课程必须由国家认证机构来进行认证。[1]

（一）实行国家认证的益处

采用国家层面上的教师职前教育课程的认证方法将使社会、教师教育行业、学生和大学在很大程度上受益。

一是能确保持续的高质量。采用国家层面上的专业认证方法可以使公众确信，使新教师获得高质量的职前培训（这与州或培训机构无关），从而有助于提高教师雇佣机构、广大公众对教师职前教育课程质量和毕业生质量的信心。

二是能分享成功实践的经验。一方面，采用国家层面上的认证可以给教职人员和教师教育工作者提供交流观点并分享成功实践经验的机会；另一方面，根据国家认证来设计课程计划，可以更好地满足教师职业、教师教育机构和教师雇佣者的需求。

三是能通过建立合作伙伴关系来促进教师行业的发展。虽然影响教学质量的因素是多种多样的，但教师职前教育课程是基础。认证是一个重要的机制，它旨在使教师行业的成员制定关于教师入职标准以及教师职前教育课程的标准。一个专业认证体系可以为加强并维持大学、雇佣者和行业间的合作提供强大的基础。

---

[1] Australia. Parliament. House of Representatives. Standing Committee on Education and Vocational Training. Top of the class: report on the inquiry into teacher education. Canberra: House of Representatives Publishing Unit, 2007: 34.

四是能在全球教育市场中定位澳大利亚教师。澳大利亚的大学提供能被国家和国际认可的专业教师职前教育课程，这是非常重要的。教师自身可从专业流动中收益颇多。采用国家认证可以使毕业生的入职资格不仅在澳大利亚国内得到承认，也能在国际上得到认可，它可以为教师资格的国际互相认可创设基础。

五是能降低重复度。国家认证体系可以减少重复性的工作。那些想打破州认证体系的大学要寻求能在各州得到认可的课程认证方式。大多数大学都希望修完它们开设的课程的毕业生在其他地区甚至海外也能得到入职的资格，而不需要经过多次认证的程序。

六是能使需求与资源相匹配。教师职前教育课程的质量关键依赖于有效资源的水平和分配的方式，现行的教师教育的资金模式是不够充分的。澳大利亚教师专业的认证体系有助于各地的教师教育资金需求的有效鉴定，以及经费资源的合理分解，使两者相匹配。

（二）关于国家认证体系的原则、过程与管理

1. 国家认证体系的原则

认证体系的制定和实施是基于一系列原则的。以下原则是基于澳大利亚教育学院院长理事会在 1998 年的报告——"为职业做准备：教师职前教育课程的国家标准和指南的报告"中提出来的：[①]（1）教师教育认证应是国家认证，它将随国家以及当地的需要而变化；（2）认证是一个主要的利益相关者在一起合作的过程；（3）对某个机构的课程的认证是客观的、严格的和独立的；（4）这种认证主要的是基于人们所期望的实际效果，而非基于某些特定的细节与借鉴来的标准；（5）毕业标准、教师职前教育课程的标准和认证程序将接受持续的循环审核；（6）这种认证制度将促进和支持教师职前培养的优化、多样化、变革与发展（传播）；（7）认证将被整合进现行的质量保证程序中（评审、认证和复审）；（8）认证程序是透明的（公开的）、费用合理、高效率的和及时的。

2. 国家认证的过程

关于国家认证的过程，澳大利亚教学协会提出了主要的几个步骤，简

---

① Australian Council of Deans of Education. Preparing a Profession: Report of the National Standards and Guidelines for Initial Teacher Education Project. Canberra: Australian Council of Deans of Education, 1998: 29—30.

言之，国家教师教育认证体系主要的过程包括：认证机构进行初步的讨论；决定具有认证资格的课程；实施教师教育的高等院校递交待认证课程的初步申请书；认证机构组建一个专家组对教师职前教育课程进行评估并提出建议；实施教师教育的高等院校根据认证的标准进行自评；递交具有符合认证标准的材料支撑的详细申请书；专家组对所提供材料的质量进行评估；认证机构依据专家组的建议作出正式的认证决定；最后还有上诉制度。①

3. 关于教师职前教育认证的国家体系管理

这个国家认证体系由澳大利亚教师教育认证理事会（Australian Council for the Accreditation of Teacher Education，ACATE）支配管理。

澳大利亚教师教育认证理事会的作用和职责分配如下：对认证政策提出建议；制定并记录认证过程；明确各教师注册及认证机构的认证任务；作出认证的决定；记录通过认证的课程；制定合适的上诉程序；向公众报告认证结果；公布经认证的课程并存档；宣传有关高质量教师教育的信息与指引；对学校教育的相关事务，如对特定层级学校教育和特定领域的教师教育认证提出具体要求；通过认证对鉴定高质量教师教育的方法提供建议；与相关机构建立并保持良好联系。

澳大利亚教师教育认证理事会由15名成员组成——1名主席，14名成员，他们都是专业人士且具有丰富的经验。澳大利亚教学委员会将根据与教育学院院长以及各州和地区的教师注册及认证机构的商议结果，来任命国家认证理事会主席。认证理事会的其他成员是根据相关认证机构或委员会的提名来任命的，具体如下：2名成员来自于教师注册和认证机构，3名来自于大学或其他师资培养院校，3名是中小学的教师，2名是中小学校长，2名是教师雇佣机构中的成员，1名是澳大利亚教学协会的代表，

---

① Teaching Australia. A Proposal for a National System for the Accreditation of Pre-service Teacher Education. http：//www.teachingaustralia.edu.au/ta/webdav/site/tasite/shared/Publications%20and%20Covers/A%20Proposal%20for%20a%20National%20System%20for%20the%20Accreditation%20of%20Pre-service%20Teacher%20Education%20June%202007.pdf，2009-11-25：5.

1 名是家长联合会的成员。①

依据各教育学院院长及各州和地区教师注册认证机构的建议,澳大利亚教学协会董事会(Board of Teaching Australia)任命认证理事会主席。澳大利亚教学协会为认证理事会设置了秘书处,并负责对认证过程进行资助。

澳大利亚教师教育认证工作依据其严格的认证管理制度开展,并有相关文件对这一制度作了详细的规定,主要包括如下要素:阐明认证体系的依据和认证体系的操作要点;提供认证标准的细节,包括毕业标准和课程标准,以及课程的评估程序;概述高等院校教师职前教育课程的认证步骤;说明提供给大学以及其他开设教师职前教育课程的高等院校的信息:包括课程合格的要求,怎样递交详细的课程认证申请书,自我评估的程序,专家组考察程序及上诉过程;规定有关访问专家组及成员的构成、选择、成员的具体情况,包括成员构成、选择、培训、职责、程序、推荐、报告及对秘书处予以支持等;阐明认证理事会、各州各地区教师注册和认证机构达成的关于教师职前教育课程认证的安排;规定认证理事会的构成及运作,描述其功能及操作程序;概述上诉程序及纠纷程序如何解决的具体措施;阐明现行教师职前教育课程的认证体系向国家体系的认证转变的步骤。

(三) 教师职前教育课程的国家认证标准

澳大利亚教学协会建议,将教师职前教育课程的国家认证标准分为毕业标准和课程标准两部分。第一部分是毕业标准,其指明教师职前教育课程应该培养学生的技能和性格的形成以及知识的掌握,这些特征应该在毕业生身上得以体现。毕业标准还详细说明了毕业教师应了解什么,及在职前学习中应学会什么。它并不是作为标识能力的一览表,而是为职前教育课程的培养目标提供指导。毕业标准分为专业知识、专业实践力和专业职责三大主题。

---

① Teaching Australia. A Proposal for a National System for the Accreditation of Pre-service Teacher Education. http://www.teachingaustralia.edu.au/ta/webdav/site/tasite/shared/Publications%20and%20Covers/A%20Proposal%20for%20a%20National%20System%20for%20the%20Accreditation%20of%20Pre-service%20Teacher%20Education%20June%202007.pdf, 2009-11-29: 6.

首先，在"专业知识"方面，有以下要求：①

（1）要求修完职前教育课程的毕业生具有较高水平的读写能力及计算能力，包括：领会语言和涉及多元读写能力的读写技能在参与社会实践中的重大作用；拥有良好的口语交流能力和书面表达能力；理解数学学科中的基本概念以及它们之间的相互关系；具有较强的计算能力。

（2）要求毕业生了解所教学科的内容，包括：了解将来从教学科的内容；能够解释与所教学科相关的重要原则与概念；通过对教学内容进行探究、批判性分析与综合来证明他们的知识。

（3）要求毕业生了解中小学学生如何学习以及如何有效地教育学生，包括：了解一系列读写能力、计算能力习得的策略，包括培养口语、词汇、语法、阅读流畅性、理解以及读写能力的新方法；知道如何使用诊断工具来鉴别和评估学生在读写与计算能力方面的发展；对所教学科的教学方法具有透彻的理解；了解如何采用教学方法和合适的资源（包括信息与通信技术）来促使学生学习；了解怎样鼓励学生进行高阶思维与批判性探究学习；理解学生在学习中存在的潜在障碍并知道该如何应对；领会土著文化规范和实践的重要性；知道怎样有效地与学生交流学习情况和学习目标；了解一系列教学策略，以满足不同学习者的需求以及了解怎样合理利用评估来促进学生的学习。

（4）要求毕业生了解学生，包括：知道学生的技能、兴趣以及先前的经验如何影响他们的学习；具有课堂管理的教学技能；对学生表现出同情和积极的关心；认为所有的学生都能够学好并表示理解及承诺在教学过程中做到公平、公正；知道怎样与学生及其家庭建立良好的关系；了解儿童以及青少年的发展；了解学生不同的学习方法；承认澳大利亚土著人是最初的统治者及澳大利亚居民，并尊重土著托雷斯海峡岛居民学生的文化；了解根据学生不同的教育需要采用不同的教学策略，如针对有特别需要的学生、非英语语言背景的学生以及具有挑衅性行为的学生。

---

① Teaching Australia. A Proposal for a National System for the Accreditation of Pre-service Teacher Education. http：//www.teachingaustralia.edu.au/ta/webdav/site/tasite/shared/Publications%20and%20Covers/A%20Proposal%20for%20a%20National%20System%20for%20the%20Accreditation%20of%20Pre-service%20Teacher%20Education%20June%202007.pdf，2009-12-05：9.

其次，在"专业实践力"方面，提出了以下要求：①

（1）要求修完职前教育课程的毕业生具备设计有效的学习活动的能力，包括：运用专业知识为学生个体或群体确立清晰的、具有挑战性的并能达成的学习目标；设计并开展促进高阶思维能力和批判性探究学习活动；计划和实施一系列连贯的课堂教学从而促使学生学习并帮助学生取得学习成效；利用合适的资源（包括信息与通信技术）来帮助学生学习；创设适合不同类型的学生的良好学习环境；听取和学习土著居民的状况；设计并开展体现社会公正并且具有全纳性的学习活动；设计学习活动时充分考虑到学校、家庭、社区等背景因素；设计学习活动充分考虑学生的技能、兴趣以及先前经验方面的因素。

（2）要求毕业生具有评估和报告有效学习的情况的能力，包括：使用一系列策略来评估学习结果的达成情况；懂得学习成效与评估策略之间的关系；为学生提供有效的、及时的口头或书面形式的反馈；记录准确的、可靠的有关学生信息，以监控学生的学习进展情况；知道向学生家长或监护人报告的原则及具体实施方式；利用评估结果来反思过去的实践并思考今后教与学活动的设计方案。

（3）要求毕业生能为学生创设并维持富有成效的学习环境，包括：为了给所有的学生提供安全的学习环境而建立清晰的行为期望；有效地与学生交流学习情况以及学习目标；运用一系列策略以发展与学生的和谐关系并与他们保持合适的专业关系；树立合作学习与他们积极互动的榜样行为；建立重视学习、尊重学生观点的学习氛围；运用一系列策略创设一个全纳性的学习环境，在这种学习环境中所有学生都能开拓思维、拓展技能；尊重并力图理解土著居民规范及其习俗；与对学生学习及福祉负责的同僚或专家进行合作；了解学校维护学生安全的具体要求。

---

① Teaching Australia. A Proposal for a National System for the Accreditation of Pre-service Teacher Education. http：//www.teachingaustralia.edu.au/ta/webdav/site/tasite/shared/Publications%20and%20Covers/A%20Proposal%20for%20a%20National%20System%20for%20the%20Accreditation%20of%20Pre-service%20Teacher%20Education%20June%202007.pdf，2009-12-07：10—11.

再次,在"专业职责"方面,有以下要求:[①]

(1) 要求毕业生要培养反思性实践的能力,包括:反思自己作为学习者的长处、偏好以及需求并确认专业发展中优先考虑的事项;反思及评价自身的专业知识与实践力;从他人那听取并接受反馈以便提高自身的专业能力。

(2) 要求毕业生参加专业发展,包括:证明自己有基于事实的专业实践能力;参加个人或集体形式的专业学习;致力于参加社团学习;了解怎样学习及应用新的知识以便应对新的挑战或不断变化的环境;了解支持同事实践的结构和技能;通过研究、讨论和争论来探究专业概念和问题。

(3) 要求毕业生成为专业团体中的一员,包括:证明具有与同事进行合作的能力;与同事建立良好的专业关系;践行并支持团队协作原则;准备好融入社区实践中所需具备的商讨、合作与批判性精神;理解教学的法律和道德维度以及教师对学生的专业职责的性质。

教师职前教育课程的国家认证标准的第二部分是课程标准。教师职前教育课程标准为高等院校是否有能力实施职前教育课程并促进学生的学习提供了一个基准。课程标准包括学生的筛选、课程教学、评估程序、专业实践和质量保证五个方面的内容。

第一是学生的筛选。高等院校根据清晰的选择标准来挑选入学申请者,包括:为申请者提供公平的入选机会;促进专业内部的多样化;对于有天赋和在性格上适合接受教师职前培养的学生,高等院校将为这些学生提供便利。

第二是课程教学。在课程教学方面,要求做到以下几方面:由合格的教师教育工作者进行课程教学;展示高等院校在教学和研究方面的最佳实践成果;运用多种数据资源对课程进行持续地改进;提供充足的设备、丰富的资源来支持学生的学习;为实现学生在大学和中小学具有高质量的学习经历提供充足的资金支持;在关注通识教育的背景下,教授学生充分的知识以使毕业生达到"毕业标准"的要求;教授关于学校教育、学校、

---

① Teaching Australia. A Proposal for a National System for the Accreditation of Pre-service Teacher Education. http://www.teachingaustralia.edu.au/ta/webdav/site/tasite/shared/Publications%20and%20Covers/A%20Proposal%20for%20a%20National%20System%20for%20the%20Accreditation%20of%20Pre-service%20Teacher%20Education%20June%202007.pdf, 2009-12-07: 11.

人类发展和教学法方面的充分的专业知识，从而使毕业生符合"毕业标准"的要求；用诊断性工具来鉴别和评估学生的读写能力和计算能力的发展情况；发展作为有才能和细心的专业人士所需具备的专业知识和技能；证明有将学习技术和教与学活动整合的最佳实践能力。

第三是评估程序。职前教育课程有一套严格的评估程序，高等院校的评估步骤具有以下特征：严格、公平和透明的；定期检查、评价和改进；在多种情境中以不同的方式来评估学生的表现；监控学生的学习进展以确保学生朝着"毕业标准"的要求前进；如果学生在所有学习单元中（包括专业实践）表现得差强人意，则不能顺利毕业。

第四是专业实践。高等院校为学生提供的专业实践机会具有以下特征：为学生提供有充足时间的、多样化的和有深度的专业实践以使他们能达到"毕业标准"的要求；促使学生运用并反思在不同背景中的教学内容、专业的和教学法的知识、技能以及对事情的处理情况；专业实践根据"毕业标准"中的规定，与新教师在获取知识、技能方面的发展阶段相一致；学生的成绩、表现将按照清晰的目标、任务和期待的要求来评定；在高等院校的教师与一线学校教师之间建立真正的合作伙伴关系；提供机会接触中小学中学识渊博、技能熟练的优秀教师；为学生提供机会接触指导者，并提供其他形式的专业支持；定期通过合作过程来评估和改进专业实践。

第五是质量保证。高等院校将通过如下措施提高其教师职前教育课程的质量：维持高等院校是合法的、有偿付能力的高等教育机构；为教师职前教育课程提供各方面充足的资源；定期监控、评价和改进课程内容、授课形式和评估方式；积极应对本行业合法的关注和要求；支持教职员工在本职岗位和在中小学方面的专业发展；定期与利益相关者（如管理层）协商发展大计；透明、公平地招聘大学教师；实行工作量政策以保证教师能够参加包括教学、奖学金、评估和咨询等专业活动以及中小学的其他工作。[①]

[①] Teaching Australia. A Proposal for a National System for the Accreditation of Pre-service Teacher Education. http：//www.teachingaustralia.edu.au/ta/webdav/site/tasite/shared/Publications%20and%20Covers/A%20Proposal%20for%20a%20National%20System%20for%20the%20Accreditation%20of%20Pre-service%20Teacher%20Education%20June%202007.pdf，2009－12－15：12—13.

(四) 关于国家认证框架的制定过程

关于澳大利亚教师职前教育课程的国家认证框架制定的过程，澳大利亚教学协会提出了以下几点建议。

第一，认证的过程将建立在全面考虑毕业生、课程内容和课程传授的基础上。传统的认证体系旨在关注课程设置（投入）（course input）——课程和学科大纲，评估和人员配备。①

当前的认证过程则更强调课程实施的结果以及能否培养出胜任教师职业的毕业生。认证体系必须充分考虑课程内容、课堂教学、教学效果，以及在课程设置、教育法改进和评估机制运作等方面的投入是否充分，以达到预期效果等因素。制定两大类认证标准——课程标准和毕业生的专业标准——将为认证打下良好基础并为课程开发者提供引导和支持。

第二，澳大利亚国家认证框架要对毕业标准作出界定。认证机构的中心任务之一，是要开发出一套可信的衡量有效教师职前教育课程的标准。它包括毕业生的专业标准，以使他们知道并具有必要的教学法和专业的知识、技能和性格，以便能促进所有学生的学习。认证体系对于改进（教学）的有用程度以及赢得尊重和信任的程度，高度依赖于这些标准的相关性、有效性以及评估过程的严密性。

第三，认证体系标准的制定，要建立在与各州和地区的教师注册和认证机构进行磋商，并考虑现行的认证实践和认证框架的基础之上。大多数州和地区的教师注册和认证机构都已经对教师职前教育课程的审批负有法律责任，它们的职责是评估该州或地区的毕业生是否达到教师注册的标准。

澳大利亚教学协会（Teaching Australia）将与各地的教师管理机构密切合作，努力开拓一个澳大利亚全国的教师教育认证系统。教师专业标准国家框架目前已经获得了联邦和州部长的认可，并且国家认证程序已着手开发，这无疑是一个良好的开端。在这些业已完成的前期工作基础上，研

---

① Teaching Australia. Australia wide accreditation of programs for the professional preparation of Teachers: A consultation paper. http://www.aitsl.edu.au/ta/go/home/dsm/cache/offonce? sr = tasite&sr = tadspace&sr = taodle&showdesc = true&sort = priority&qt = Australia－wide＋accreditation＋of＋programs＋for＋the＋professional＋programs＋for＋the＋professional＋preparation＋of＋teachers&x = 11&y = 10，2009－11－25：5—6.

制国家认证标准，并开展有关国家认证方面的工作。

第四，澳大利亚全国范围的认证体系将以不同层级的标准来鉴定教师职前教育课程。其中一种做法是以单一的标准对课程进行认证，结果是课程通过认证或不通过认证。另一种做法则是根据不同层级的标准来对课程的质量进行鉴定，这些可以作为认证决定的一部分内容，高等院校也可以寻求更高层级的认证。

以专业为导向的国家认证体系的主要目的在于持续地确保教师职前教育课程的高质量，并不断地进行改进。澳大利亚教学协会建议在即将推出的国家认证标准的基础上，开发不同层级的认证标准，以反映教师职前教育课程符合认证标准的程度。

第五，国家认证体系要考虑到学校教育的某个特定阶段的具体要求。一个十分重要的问题是，国家认证定位是综合性的认证，还是基于某些特定的教学领域的认证，抑或是对不同阶段学校教育（如早期儿童教育、小学教育、中学教育）的认证。然而，这将导致"毕业教师专业标准"制定的复杂化，澳大利亚教学协会为了确保公众利益，认真探讨各阶段学校教育的要求。

第六，国家认证体系要对教师职前教育课程中的专业实践、大学同中小学的合作伙伴关系进行评估。

教师职前教育的最重要因素之一是在中小学的专业实践或实习。实习教师和在职教师普遍都认定这是关乎他们职前教育成功与否的关键问题。教师职前教育课程实施中，学生要获得高质量的专业实践经验的，就需要大学与中小学建立合作伙伴关系，以便实习生可以受到来自优秀教师的支持和指导，这些优秀的在职教师无论在教学实践方面，还是在指导实习生方面都具有较高的造诣。国家认证体系要评估大学与中小学建立的伙伴合作关系的质量，并鼓励高等院校与中小学致力于创建新型的富有成效的关系。[①]

第七，课程的评定工作由专家小组实施。专家小组成员一般包括中小

---

① Teaching Australia. Australia wide accreditation of programs for the professional preparation of Teachers: A consultation paper. http://www.aitsl.edu.au/ta/go/home/dsm/cache/offonce? sr = tasite&sr = tadspace&sr = taodle&showdesc = true&sort = priority&qt = Australia − wide + accreditation + of + programs + for + the + professional + programs + for + the + professional + preparation + of + teachers&x = 11&y = 10, 2009 − 12 − 06: 7.

学教师、校长、雇佣机构、教师注册与认证机构以及教师教育工作者等。由专业人士和其他相关学者组成的专家评审小组对课程进行评估，这使得本行业具有确定教师准入标准的机会。

国家认证体系由专家小组牵头，在全国范围内开展关于教师职前教育课程设置以及教师培养方式等问题的讨论，以集思广益，精益求精。国家认证专家小组的成员需要进行培训以统一认识，从而推出具有共识的决定和报告，形成有效可信的认证程序。认证机构开展课程评估时，需尊重专家小组的意见，并且需给出严格的评估结论与咨询意见。

第八，国家认证有效期最长为5—6年。某一特定周期的认证工作，往往会使我们发现有必要进行课程改革，以使课程设置与时俱进，适应教育实践需要的不断变化。

认证周期的长短通常要因地、因专业而异。在一些情况下，它是与该课程的实施时间长度保持一致的（如一项为期4年的课程的认证周期为4年）。但是，在多数情况下，课程是每隔5—6年复审一次。实际上只有极少部分教师职前教育课程可以持续6年以上保持不变的；一些专业课程在获批后不久便因种种需要作了一些改动，因此需要复审认证。

第九，国家认证理事会由澳大利亚教学协会领导，监督澳大利亚全国的认证工作。国家认证理事会即将成立，专职负责认证工作。一位澳大利亚教学协会的主管将担任国家认证理事会的主席之职。

强烈希望成为认证理事会成员的组织有：教师专业协会、教师教育工作者、教师注册与认证机构、雇主和联盟。澳大利亚教学协会董事会确定认证理事会的任务、职权范围、架构和成员；拟订认证理事会成员的遴选程序；审议认证理事会呈交的评估报告等事宜。[1]

最后，认证体系的有效实施必然事涉公共利益。因为有效的认证体系的实施是一项十分复杂的，又是耗资昂贵的工程，而且其开支必须控制在合理的范围内并必须与公众利益相符。因此须通过高质量教师培训课程的认证来确保社会公众的利益。有鉴于教师职前教育课程认证的重要性，政

---

[1] Teaching Australia. Australia wide accreditation of programs for the professional preparation of Teachers: A consultation paper. http://www.aitsl.edu.au/ta/go/home/dsm/cache/offonce? sr = tasite&sr = tadspace&sr = taodle&showdesc = true&sort = priority&qt = Australia – wide + accreditation + of + programs + for + the + professional + programs + for + the + professional + preparation + of + teachers&x = 11&y = 10, 2009 – 12 – 12: 8.

府应承担其主要开支。

(五) 教师职前教育认证国家模型

2007年6月,澳大利亚教育学院院长理事会(ACDE)对教师职前教育课程的认证体系进行了一次探讨,形成了教师职前教育课程国家认证体系的模型。

表 5-1　　　　教师职前教育(课程)的国家认证模型[①]

管治	认证委员会的结构 在国家认证机构(目前暂时被称为国家认证委员会)的指导下的认证体系每年向教育、就业、培训与青年事务部部长理事会递交报告。 依据合同的规定,秘书处在初始阶段与现行机构(澳大利亚教师协会或澳大拉西亚教师注册与认证机构评议会的一个成员,或是澳大利亚质量保障署)保持联系。秘书处管理认证工作,但不进行认证。 课程4—5年进行审核一次,确定秘书处的构成与驻地。秘书处通常每隔4—5年就要在各注册和认证机构间轮驻,以提高其超然于国家和专家的权属意识,或者成为澳大利亚大学质量署的一个下属机构。
*	委员会的作用和职责: 监控国家认证标准的开发与审核,以确保教师教育专业毕业生的质量。 往后更进一步的全国的教师专业标准,同样也受定期审查。 监控和审批认证程序,包括建立专家小组成员的标准。 受理认证申请。 正式认证有关计划,受理专家小组成员注册,并对他们提出有关建议(即审核小组成员们基于有关标准与程序所作出的决定)。 建立必要的申诉程序。 定期审议认证标准。 确保教师专业学习活动的开展,以改善辖区内以及辖区间教师认证工作。 确保对专家小组成员和专业所提出的建议,能更多地指向于同教师教育相关的高等教育质量问题。
	主席和成员: 全国认证委员会是一个小规模的专家组(三分之一是教师教育工作者,三分之一由澳大利亚教师协会提名的教师和校长的更广泛的专业人员,还有三分之一属于雇主群体,他们可以由澳大拉西亚教师注册与认证机构评议会提名)。(注:过大的一个委员会意味着秘书处具有实权) 全国认证委员会有庞大的代表其他主要利益相关者的委托小组。 注:主要的中小学利益相关者群体也直接参与教师专业标准的讨论,同时毕业教师专业标准构成认证的基础。

---

① Australian Council of Deans of Education. Preliminary Commentary on Teaching Australia (TA) and AFTRAA proposals of June 2007, Each For a National System of Accreditation as Presented to the Meeting of the Joint Project Streering Group-Preservice on Thursday 28 June 2007. http://www.acde.edu.au/docs/A%20Accreditation%20response%2011july.doc, 2009-12-26: 6.

续表

	国家层面的方法： 全国认证委员会批准认证过程。 认证的实施可在地方做小的调整，全国认证委员会予以批准，但它在基于全国标准的认证中加以调节。 小组包含至少一个非本地的成员，他或她来自得到全国认证委员会批准的全国认证人员库。 小组成员包括教师教育评审过程方面的专家，并能吸收与特定计划相关的专家。
* 过程	过程的特征： 鼓励创新、多样化以及对本地需求作出反应。 公开透明、讲求效益，有效、及时，外部干扰和行政负担最小化。 一个运行周期为5—6年，与现行的大学认证过程和审议过程同时进行。 依托机构，并且每一种课程都得到认证。 用简明的文件通告修订过的课程或新批准的临时性课程。 认证人员要包含全国范围内的训练有素的专家。 一切判断都基于证据。 是合作性的，建立教师教育方面的最佳实践合作网络，其目的是促进持续的改善。
* 标准	毕业标准： 基于全国的标准，且在不同的管辖范围内具有一致性。 构成一个连续的教师标准，它由所有利益相关的群体研制。 教师教育方面要有巨大的投入，以便确保这种教育切合当地实际和达到预期目标。 经得起定期的和系统的评估。 与教育、就业、培训与青年事务部部长理事会会议上通过的"教师专业标准国家框架"相一致，专业人际协调力体现在专业实践力中。
*	职前教育课程的标准应当： 基于全国的标准，即便在不同的地域也要与之具有一致性。 鼓励和实现创新及多样化。 考量教师教育专业毕业生的质量，并有一个明晰的诉求。 由全国认证委员会研制。

五 澳大利亚教师教育认证机制特点的解读

作为教师职前教育的实施机构，高等院校在教师职前教育课程的设置上，显然应有一定的自主权。它能给高校创造性地进行教师职前教育提供条件，也是各州各地区的高校在教师教育实践上各显其能、百舸争流的重要原因之一。然而，由于教师培养是一项影响成千上万青少年发展的工作，是一项只允许成功不允许失败的大业，其水准或在高度方面，向上可以有无限性，下限则须有一个基准性——各高校固然可以有自己的考量，以自己对中小学教育实际的考察,来施行教师教育,以期在中小学教师培养上彰显自己的特色;但这种具有自身特色的教师职前教育须是以"保证基本质量"为前提的,否则,一切所谓的特色性教师教育都将黯然失色、毫无意义,甚至危害无穷。这就须有一个基本的制衡机制来对高等院校的教师职前教育课程进行必要的监控。在某种意义上,实施教师教育认证不失为一种良好的策略:在允许高校自主进行教师职前教育的同时,又给它们划出了一条基准线,使他们的教师教育活动质量始终立于这一基线之上,而不能低于这一基线。

澳大利亚对这方面的工作十分重视。多年来,该国各州各地区乃至在国家层面上,一直在进行着教师教育认证科学化的摸索,就教师教育认证的机构、原则、标尺、流程以及基本模型等一系列问题,进行较为系统的研究,并进行了相应的认证实践。这种探索与实践虽非澳大利亚首创,却也颇有思考的价值。

首先,它强调了教师职前教育的严格性,这是质量至上社会在教育领域的缩影和体现。澳大利亚是一个非常看重产品质量的国度,对于任何产品都有一整套严格的质量认证程序,且其质量认证体系标准的严格性,在国际上也是领先的。不管是其国内原装或组装产品,还是进口产品,都要按同一标准检验。同一产品因型号不同,也必须接受检验。凡不符合检验标准的产品,都须按要求改进,达到要求后,方允许投放市场。即便某些欧洲和美国的产品已经获得美国 UL 认证,或是欧洲 CE 认证,同样都要经过澳大利亚的质量认证检验。教师职前教育因其也是一种产品,而且是一种关系到师资培养的利害攸关的特殊性服务产品,理所当然地为澳大利亚整个社会所关注。对其进行严格的认证后,方允实施,是这种活动质量的基本保障机制所在,也是社会发展的必然趋势之一。

其次,它的具体实施透明公开,系统有序。尽管各州各地区的认证,在条件与手法上有所差异,但从申请认证、提交材料到机构审查、核准反馈,从大学自我认证到校外独立机构审核,程序十分系统,过程十分透明,这与澳大利亚国家对其他领域产品的认证策略可以说是一脉相承的。如该国的车辆质量认证严格按"厂家提出认证需求——VEO 代表厂家提出认证申请——制造商根据 ADRs 对车辆进行测试——VEO 整理测试材料,通过 RVCS 提交给 VSS 审核——VSS 对测试报告进行审核——审核合格后，VSS 颁发牌照批准——厂商依据牌照批准在有关车辆上安装牌照"①的程序执行，其他产品的认证情况也是如此。教师职前教育这一产品的认证显然也是沿袭了该国的惯例，严格按照一系列透明公开的程序以及有关标准或条件进行认证审核，通过后方可实施。这种透明性、公开性、系统有序性的认证特质，能使教师职前教育认证尽可能地客观公正，也有利于高校对教师职前教育的正确调整与改革，是符合教育现代化发展潮流的。那种过程模糊化、操作暗箱式的认证或审核的做法，显然已经背离现代社会发展的轨道，也是不利于高校教师职前教育的改进与发展的。

　　澳大利亚由于实施了比较严格的教师教育认证制度，在教师教育质量保障方面取得了良好的效果。以往，虽然人们都知晓教师教育的质量事关中小学教师素质和学生发展的大计，其严肃性不可小觑。但因各大学对教师教育的认知存在差异，更因各地对大学采取了一种完全放任自流的态度，因此各大学的教师教育成了一种随意性很强的活动或工作，使得教师教育质量处于一种失控的状态。自从实施了严格的教师教育认证制度后，这种情况便发生了根本性的变化。各大学此时仍有高度的办学自主性，教师教育亦然，但已置于教师教育认证制度之下。在教师教育中，他们可以有自己的办学特色，但必须符合有关要求，必须通过认证，方可实施。正是借助于具有上述特色的认证机制，澳大利亚在一定程度上有效地规范了其高等院校的教师职前教育，从而在制度层面上为该国中小学教师的高质量培养提供了基本保障，也为他国教师教育工作的变革与完善提供了借鉴。

---

① 澳大利亚/新西兰 ADR 认证，http: //www. hzveo. org/adr. asp? id = 62&page = 2, 2010 - 06 - 29.

第六章

澳大利亚的教师入职教育

经过大学阶段教师职前教育的学生抑或"准教师"们，走进中小学后，如何很快地实现角色转换，怎样在短时间内掌握作为一个教师必须具备的且在学生阶段还尚未形成的知识与能力，成为胜任教学教育工作的教师？实践表明，对他们及时进行入职教育，是一条切实有效的途径。澳大利亚在20世纪80年代早期，其有关教师教育的一系列报告就已经号召人们对新教师的入职给予更多的关注，经过二十多年的探索，澳大利亚在这方面已然形成了富有自身特色的做法，很值得人们探究。

一 教师入职教育的本质内涵与理论基础

（一）入职教育的含义

"入职教育"在文献中一般是表示给新教师提供支持性计划的专业术语。但该术语的用法在不同情况下有很大的差别。

表6-1　　　　　　"入职教育"的定义[①]

定义	关注点
1. 帮助新教师熟悉学校环境的过程。	适应学校的组织结构
2. 帮助刚进入学校的新教师成为学校机构中能发挥作用的一员，并融入新环境。	"融入"学校的文化氛围
3. 新教师借以发展必要的知识、技能和态度并有效实现自身角色的过程。	教学技能的发展
4. 新的合格教师接受发展性支持，并在教学的第一年证实自身能力的过程。	入职教育的完整性以及对新教师试用期的评价
5. 摸索着成为一名教师以及了解教师职业的有关事项，同时也是新教师个人成长和社会适应的过程。	个人和专业成长

---

① The Tasmanian Educational Leaders Institute. An Ethic of Care——Effective Programme for Beginning Teachers. Canberra: Commonwealth of Australia. 2002: 22.

各种关于"人职教育"的定义一般都涵盖了入职教育的目标。目标的确定反过来又影响新教师入职教育计划的设计与重点事项。例如,将入职教育定义为"帮助新教师熟悉学校环境的过程",就意味着要给刚就职的新教师提供关于学校有关事项、有关程序的信息等。另外,各种入职计划需要有一个发展性的关注点,对入职教育要有长远的观点,并制定一套可行的操作策略。

在某些文献中,使用"入职"这个术语会受到诟病。莱昂斯(Lyons)认为这个术语没有任何有意义的含义。他指出,这个词语(induction)会使人认为学校里的教师仅分为两类:在职教师(inducted)和新入职教师(inductees),新入职教师在进行两年教学工作后即转为经验丰富的教师。[1]

马丁内斯(Martines)认为,"入职"是一个有特定内涵的概念,意味着新入职者加入教师队伍的过程,使这个职业有了接班人。这个过程是一个长期的职业生涯过程,这个观点与持批判性、反思性教学实践的观点相冲突。他认为,过多地关注于新教师的入职适应过程,将会使得新教师的教育观点、尝试新想法的意愿的产生受到阻碍。[2]

"入职教育"被看作为是教师专业学习连续体中的一个重要阶段,旨在为新手教师提供以下帮助:适应教师职业和组织;对新教师个性化和专业化进行支持;获取发展性教学知识,形成良好教学技能和教学态度。

大多数评论者认为对入职教育的定义应更宽泛些。不能把该术语仅指向于单一的短期的目的,也不能只关注教学技能的发展。有效的入职教育需要通过实施综合的计划才能实现,综合的入职教育计划需要满足新教师最主要的三项需求:即个人需求、教学法方面的需求、专业化方面的需求。因此,所谓入职教育,实际上主要是指对走上教学工作岗位的新教师所进行的通过以老带新、校本培训、校外研修等途径,促进他们坚定教师职业追求、快速熟悉学校教学环境、尽速掌握教育教学方法、促进教师专业发展的教育实践或活动。

---

[1] Lyons, J. Ignore, Induct or Develop? Implementing Effective Beginning Teacher Development Strategies. The Practising Administrator, 1993, 15 (2): 12—16.

[2] Martinez, K. Supporting the Reflective Beginning Teacher. Education Research and Perspectives, 1993, 20 (1): 35—45.

（二）教师入职教育的理论基础

任何新入职的员工因其"新"，也因其对所入职业情况的陌生或先前所掌握知识与实践间存在一定的距离，在某种意义上，他们都还只是可能的胜任者，都有一个需要接受各种形式的入职教育或培训的迫切性。学者乔恩·M. 沃纳（Jon M. Werner）和兰迪·L. 德西蒙（Randy L. Desimon）提出了新员工入职的组织社会化理论。认为，新员工初入职时往往会面临巨大的挑战和机会。他们发现自己所处的是一个不熟悉的环境。要使自己在新的工作环境中获得成功，他们必须迅速建立起一个友善的人际关系网，学会新的行为、适应新的工作程序、接受或包容新的价值观。这一过程事实上是一个组织社会化的过程。

乔恩·M. 沃纳和兰迪·L. 德西蒙指出，这一过程的关键是角色适应。角色适应的结果表现为那些初期被组织成员视为圈外人转化为获得大家认可的圈内人。[①] 在这一组织社会化抑或个体学习组织角色的过程中，原来的组织成员有义务指导他们该做些什么以适应组织的要求和有效地开展本职工作。在理想的状态下，作为新成员的个体应善于同组织的其他成员沟通，在沟通中获得了解、理解与认同。作为新成员的个体还必须学会合理的角色定位。只有这样，才能使自己有机地融入组织，并在组织其他成员的帮助下有效地开展工作。

这一过程一般包括三个阶段。首先是预期社会化阶段，它始于作为新成员的个体进入组织之前。在这一阶段，个体通过各种途径获取信息，从而对该组织的人际关系环境形成初步的印象。接着是磨合阶段。该阶段开始于新成员获准进入组织之时。此时，个人获得了第一手的信息，并开始发现组织的真相。最后是改变和获得阶段。在这一阶段，新成员开始接受所在组织的有关规范和价值观，开始精通相关的业务，并开始有能力解决各种角色冲突问题。[②]

新入职的教师又何尝不是如此？作为刚跨出大学校门的新教师，尽管他们在大学就读期间，学习和掌握了大量的科学知识，甚至通过实习实践

[①] ［美］乔恩·M. 沃纳、兰迪·L. 德西蒙：《人力资源开发》，董恬斐、徐芳译，中国人民大学出版社2009年版，第254页。

[②] 同上书，第277页。

也形成了一些教学技能，但本质上仍还仅仅是准教师。面对一个崭新的学校环境，每一个新教师都有一个快速熟悉学校情况、学生情况、学校资源情况的问题，迅速了解学校教育教学目标、学校发展目标的问题；以及快速掌握教学技能教学方法、、如何融入教师群体也即迅速"社会化"的问题。这些问题如若得不到及时解决，教师要快速胜任所入之职，有效履行其教师职责便将无从谈起。因此教师新入职时，对其进行适当的入职教育，是必不可少的。它是教师由"准"而"真"、由"新"而"熟"的必由之路。20世纪90年代后，一些国家对新教师入职教育的重视提到了一个相当的高度。澳大利亚在参考英国相关实践的基础上，针对本国教育实际，特别推出了一个包含校外活动、书面材料、校内活动及其他活动四个方面内容的"新教师指导计划"。① 在《21世纪的教师：创造特色——联邦政府高质量教师行动》（Teachers of the 21st Century：Making the Difference—— A Commonwealth Government Quality Teacher Initiatives）——这一联邦教育、科学与培训部于2001年颁布的文件中，教育、科学与培训部要求从改善教师质量、提高学校教学效益，尤其是提高学生成绩的高度，看待新教师的入职教育问题，并由联邦政府拨款7400万美元，用于解决加强"师资队伍建设"等问题，包括进行该国新教师入职过渡阶段的现状、问题及对策的调查研究。② 在此基础上，澳大利亚联邦政府于2002年8月进一步推出了关于新教师入职教育的重要文件：《一种值得关注的道德——新教师的有效入职教育计划》（An Ethic of Care——Effective Programme for Beginning Teachers），要求各州各学校对新教师的入职教育给予足够的重视和支持，并提出了依托大学进行理论培养与基于中小学进行具体实践两者相结合的新教师入职教育架构或模式。

---

① 王斌华：《澳大利亚教育》，华东师范大学出版社1996年版，第143页。

② Commonwealth Department of Education, Science and Training. Teachers for the 21st Century: Making the Difference——A Commonwealth Government Quality Teacher Initiative. Canberra：Commonwealth of Australia. 2000：15—16.

二 教师入职教育的基本架构

(一) 教师入职教育的目标所在

各行各业的活动各有其自身的特色,但有一点却也是殊途同归的,这就是任何行为或活动的价值与效率,都在很大程度上维系于其行为目标抑或活动目标的状态。倘若目标不明确或者不正确,那么相应的行为与活动的价值与效益就会大打折扣。教师入职教育也不例外。只有在明确且正确的目标导引下,新教师入职教育才有可能步入有序有效的轨道。澳大利亚教师入职教育的目标主要表现在如下几个方面。

一是降低教师的离职率。澳大利亚何以长期不懈地关注乃至不断地强化新教师的入职教育?一方面这是降低新教师离职率的需要。与其他许多国家的情况相似,澳大利亚各州的教师职前教育也不同程度地存在着理论知识与教育实践相脱节、毕业生教育社会化程度相对较低、对教育现实了解肤浅、对教学技能缺乏掌握等问题,这使得他们走出校门,踏进中小学时,不可避免地遭受到"现实的冲击",备感疲惫、困惑,乃至无法适应而无奈离职。昆士兰教育部长论坛曾这样描述新教师所面临的处境:"对于第一年从教的新教师来说,充满了巨大的挑战,其工作往往很孤立无助,充满着巨大的压力甚至会崩溃,很多有潜质的新教师因此而辞职,从而导致了职前教师教育资源的浪费。"[1] 这方面,昆士兰州是一个明显的例子。该州教育局的调查报告显示,20%的新教师,在其入职后的五年内因此而离开教育岗位,[2] 其他州亦然。维多利亚天主教学校的一位督导在一篇调查报告中这样记述:"2001年,我们学校来了一位新教师,但她在年底就离开了。她说的一席话让我们很震惊,她说她离开的原因之一是她

---

[1] Queensland Deans of Education Forum. Response to Discussion Paper: Strategies to Attract and Retain Teachers of Science, Technology and Mathematics. http://www.dest.gov.au/NR//rdonlyres/EB9B6E3E-8C75-41B6-9728-52982A01A080/1882/RTTE65.PDF, 2002-10-28.

[2] The Tasmanian Educational Leaders Institute. An Ethic of Care——Effective Programme for Beginning Teachers. Canberra: Commonwealth of Australia. 2002: 19.

得不到足够的帮助。"① 教师队伍的超稳定固然会导致教师专业发展的动力缺乏，进而影响教师专业素质的不断改善和教育教学质量的持续提升，然而，教师队伍的极度不稳定对学校教育的危害性同样不可小觑。对于新的工作对象，新的工作环境，每一位新入职的教师都需有一个适应过程，一个教学方法、教学内容的不断调整的过程，在此期间，其教学水平可能在逐步上升，但不可能达到最佳状态。因此，教师的过度流动与频繁的"更新"，将不可避免地将学生置于非最优的教学状态下，从而导致整个教育教学水准的滞胀甚至降低。因此，要对"教育社会化"程度不高、尚未切实掌握实践技能的新教师进行及时的"入职教育"，使之在短时间内迅速适应教育教学生活，以扎实的基本功有效应对"崭新"的教学工作，进而提升他们的教育自信心，减少离职率。实际上，该州"确保更高的留任率的最佳措施之一，主要的就是在新教师从教的第一年中为他们提供支持与指导，即是通过新教师入职指导计划来进行的"。②

二是促进新教师的专业成长。教师的专业成长是其教育生涯工作质量的基石。其发展既有无限性也有层次性：前者指教师的专业发展，从其接受教师教育之日起一直到教师生涯结束，都是必不可少且无止境的；后者则指贯穿教师职业生涯的专业发展，也有明显的阶段性：如以专业发展的重心而言，即可分为职前培养那种以理论修养为主与实践技能辅之的阶段，在职教育中实践技能掌握与理论素养提高相结合的阶段。而就在职教育阶段来说，实质上还存在着一个初入职时的以迅速掌握实践技能为主的时期。③ 实践表明，这一时期虽然为时不长，却意义非凡。因为，在入职时，新教师必须尽快实现由学生到称职教师的角色转变。这一过程能否如期顺利地进行，往往会影响他们的职业倾向性和职业持久性，进而影响到他们的专业发展模式和蜕变成为什么样的教师。快速而成功的"转变"，可以使新教师对自己的职业生涯充满信心、恒心与进取心，反之则易使新

---

① The Tasmanian Educational Leaders Institute. An Ethic of Care——Effective Programme for Beginning Teachers. Canberra: Commonwealth of Australia. 2002: 19.

② Committee for the Review of Teaching and Teacher Education. Australia's teachers: Australia's future: advancing innovation, science, technology and mathematics: main report. Canberra: Department of Education, Science and Training, 2003: 150.

③ 赵凌、张伟平:《澳大利亚教师入职教育的实践与思考》,《教师教育研究》2010 年第 2 期, 第 77 页。

教师的职业信心、恒心和上进心毁于一旦。然而，实际情况却令人担忧：该国新教师的入职过渡阶段存在诸多问题。澳大利亚参议院就业、教育和培训委员会在其1998年的报告中指出，在昆士兰州大约只有50%的新教师能获得系统的入职辅导，而在其他地区情况则更为严重。[①] 许多新教师因未能得到良好和有效的入职辅导，未能快速地完成从学生到合格教师的角色转变，既影响了学校的教育质量，又滞缓了他们专业发展的进程。

此外，《一种值得关注的道德——新教师的有效入职教育计划》为新教师策划的入职教育目标还包括：（1）为入职前的准备和就业之间搭建起桥梁，以使新教师顺利地适应教师角色；（2）帮助新教师把握应该遵守的各种教学道德，并理解他们所要承担的各种专业任务；（3）帮助新教师尽快熟悉教室情况、学校情况、学校所在的教育系统和社区的情况；（4）在新教师的职业适应阶段，为他们提供持续的帮助，以提高他们的教学实践能力；（5）促使新教师形成高度的自我专业发展的责任感；（6）激励全校教师意识到自己在促进新教师发展方面的专业职责；（7）帮助新教师在其所在教师群体中获得教学自信。

可以看出，澳大利亚的新教师入职教育目标是比较全面的，既有适应教学环境方面的设计，也有促进新教师专业水平方面的诉求，还有提高新教师自信方面的考量。因此以上所有的一切，首先固然是为了提高新教师的留任率。但是，我们也可以清晰地看到，澳大利亚入职教育最根本的目标不在于其他，而在于促进新教师的专业成长和发展。

（二）教师入职教育的实施原则

人们认为，以上目标能够实现的可能性最主要取决于入职教育计划的设计和执行是否符合被广泛认同的有效入职的原则。要使新教师入职教育获得有效实施，有必要在相应的入职教育实践中切实遵循以下几个方面的原则：（1）入职教育应该被视为是专业学习连续体中的一个重要阶段，专业学习始于职前教育阶段，并贯穿着整个教师教育生涯；（2）入职教育计划应进行精心系统地设计，它是促使新教师适应教师角色的过程，应告知新教师们有关"工作规范"；（3）入职教育的责任应该由师资培训机

---

① The Tasmanian Educational Leaders Institute. An Ethic of Care——Effective Programme for Beginning Teachers. Canberra: Commonwealth of Australia. 2002: 21.

构、雇佣机构，学校和学校所在地区共同承担；（4）提高教师素质的系统计划应该包括承担有效入职教育的义务；（5）教育系统的领导，尤其是学校的校长应该对新教师入职教育计划提供实质性的支持，包括尽可能多地直接参与新教师入职培训过程；（6）分配给新教师的教学任务和职责应该能促使新教师成功地完成由学生—教师的角色转换任务，而不应成为新教师沉重的负担；（7）入职教育工作应该多侧面、多层次、全方位地进行，以帮助新教师尽快适应教师角色，尽可能多地获得学校、其他教师个体乃至所有其他教师的帮助，发展新教师进行有效教学实践所需具备的知识、技能和态度；（8）入职教育工作应重视、了解新教师的个人和专业素质情况，并把入职教育建立在这一基础上；（9）入职教育计划的制定应该在新教师个人的需要和目标的基础上进行协商，而不是一律采用标准化的内容，并要时刻关注新教师需求的改变；（10）入职教育的过程应该遵从一系列被认可的有效专业实践的标准来进行；（11）入职培训课程应该利用一系列策略和人力资源，以实现不同的目标和应对不同新教师个体的需要；（12）入职教育中，需要组织好评价工作，以免挫伤新教师的积极性，使他们不知所措，抑或与入职教育初衷相悖等情况的发生。它同时也应该是一个系统性强、积极向上和与教师协作的过程；（13）有效入职教育计划的实施依赖于学校的文化氛围，这是一种开放性、合作性和支持性的文化氛围；（14）入职教育计划需要进行系统地评估，在评估的过程中要考虑新教师的观点。[①]

在落实上述入职教育原则时，有关人员认为必须注意以下诸方面的问题。

一是要清楚地分配好师资培训机构、雇佣机构、地区和学校在教师入职教育方问题上的责任；二要鼓励在大学、雇佣机构和学校之间建立新型的合作伙伴关系；三是要建立教育系统、地区和学校之间更好的协调模式，以促进入职教育的质量；四是学校应制定方针，以公平公正地为新教师分配教学工作量和其他职责；五是要建立规范的入职教育计划，鼓励学校将入职教育看作是一个多侧面、多层次的系统工程，而不是简单化为仅

[①] Tasmanian Educational Leaders Institute (Department of Education Tasmania). An ethic of care: effective programs for beginning teachers. Canberra: Department of Education, Science and Training, 2003: 113—114.

使新教师适应工作环境这一点；六是应该为进行入职教育的新教师开展一系列专业发展活动和行动研究；七是在新教师进行入职教育过程中，应实施一些扶持新教师的措施（如利用人际支持网络和合作论坛）来帮助他们；八是教育系统应该制定方针，以对新教师的评估进行调控，旨在鼓励采用更系统、积极和协作的方法；还有一点就是教育系统应该建立评价模式，以帮助各地区和学校采用更为系统的方法对入职教育计划进行监控和评价。

（三）教师入职教育的主要内容

新教师入职教育的基本内容抑或主要范畴是什么？换言之，通过入职教育，应该让新教师们获得哪些基本信息，懂得哪些基本知识，掌握哪些重要资源？澳大利亚各地情况虽有不同，其入职教育内容或范畴也有出入，但概括起来，大体上包含以下几个方面。

1．"适应阶段"入职教育的内容

适应阶段通常指教师入职开始直至教学工作开始后的几周。它需要新教师迅速地调整自己的角色，快速地了解作为一名中小学教师应该承担的任务以及加深对学校组织和学校文化的理解。因此，这一阶段的入职教育内容主要包括了以下一些方面：（1）及时了解"学校的基本信息"，包括学校历史、领导机构、职能部门等；（2）及时了解"同事的信息尤其联系方式"，以便于新老教师之间的相互交往，交流信息，互相帮助；（3）知道如何"利用课程和教学资源"，以利于新教师充分发掘各种潜力，提高教学效率；（4）熟悉"学校规章制度和政策"，以使新教师在工作中能按章办事，按规施教，而不随心所欲、我行我素；（5）及时了解"如何使用学校的设备设施"，以便新教师们充分利用学校设施为教学服务；（6）谙熟"学校的课程设置"情况，以便新教师在教学中能正确处置自己的教学内容；（7）正确认知自己的"教学角色和责任"，以尽可能地使新教师及时地校准自己的教学行为，不负学校、社会与家长们对教师的期望；（8）了解"教师的权利和法律义务"，知道作为教师，具有哪些基本的权利，肩负着什么样的社会义务；（9）了解"学校的办学思想"，以使得新教师在岗期间能够把学校的办学思想理念贯穿于教学工作中，实现预期的教育目标；（10）了解"学生的社会或文化背景"，以使新教师们能够在教育教学过程中运用合适的方法，恰如其分地处理各种问题；

(11) 了解"学校的决策程序",以使新教师感受到学校决策的透明性,并提高自己办事的效率;(12) 了解"教师投诉程序",以使新教师们知道有麻烦、遇障碍时如何获得帮助,如何使问题获得解决;(13) 清楚"雇佣条件(比如工资待遇)",以使新教师知己知彼,因有心理准备而安心教学工作。[1]

此外,适应阶段的内容还包括了解"行政管理程序"、"试用期及注册的程序"、"学校的对外服务(比如咨询服务)"、"课外职责的要求"、"关于专业协会或联盟的信息"、"学校委员会及如何加入"、"关于住宿的建议和帮助"等等。

2. "确立阶段"入职教育的内容

确立阶段指的是教师入职后的前几周,渐渐进入了角色,主要关注诸如课堂管理、教学设计等方面的问题。在刚任教的前几周里新教师能独立而自信地工作,而且对课堂管理和计划比较关心。确立阶段与适应阶段在时间上有所交叉或有部分重叠,但有它自身的特点。在教育内容上,相应的主要方面是:学习学生行为管理;学会满足学生的一系列学习需要;掌握有效的教与学的策略;学会组织学生学习;懂得评估学生的方法;熟悉与家长沟通的技能;掌握特殊学习内容的教学策略;了解全纳教育(包括残障学生)的方法与技能;学习激发学生的动机;懂得怎样保存学生的学习记录;学习制定自身的学习计划;懂得调控时间的方法。[2]

3. "成长阶段"入职教育的内容

新教师在开始工作几周或一个月后,就渐渐适应了角色,然后便从确立阶段转向另一个重要的阶段——成长阶段。在这个阶段,最为关注的是专业发展问题。相应的,教师入职教育的内容也应有所变化,主要包括:学习学生行为管理;懂得评估学生的方法;学会满足学生的一系列学习需要;掌握有效的教与学的策略;学会撰写报告;熟悉与家长沟通的技能;学习制定自身的学习计划;进一步学习如何最优化地保存学生的学习记录;学习激发学生的动机;进一步掌握全纳教育(包括残障学生在内)

---

[1] Tasmanian Educational Leaders Institute (Department of Education Tasmania). An ethic of care: effective programs for beginning teachers. Canberra: Department of Education, Science and Training, 2003: 52—54.

[2] Ibid., 65—68.

的方法与技能；学习课堂教学设计；掌握缓解压力的方法；懂得调控时间的方法；学习将计算机作为开展教与学活动的工具；学习教学计划的评估方法；学习处理行政管理方面的事务；学习更好地履行教师的课外教育职责。①

三　新教师的需求与有效入职教育的特征

（一）新教师的需求

但凡有效的入职教育，都是具有很强的针对性，富有新教师需求的对应性的。那么，新教师最需要什么样的支持呢？一些有识之士指出，以前有关教学和教师教育的报告已经指出了新教师所需要的以下方面的支持：一是得到有经验的教师的指导和支持；二是能够开展与他们特定的情况密切相关的专业学习；三是减轻新教师在第一年工作中的课堂教学工作量，以保证他们有一定的时间来反思他们的教学实践、与指导者见面、观摩其他教师的课堂教学，并进行适当的持续的专业学习。

新教师也需要能有机会将他们在职前教育课程中之所学尽快地应用到实践中。他们需要一个适当的稳定的工作环境，进行相当于一年时间（或在成为正式教师前）的全职教学工作。同时，给新教师分配的教学任务必须是他们能够承担的，并且是与新教师的专长领域所对应的。

在整个澳大利亚，为新教师提供的支持是各种各样的。对新教师来说，通常特指在他们教学的第一年中，有必要对他们进行入职教育或培训。对新教师入职培训的责任通常是由雇佣机构和新教师所在学校共同承担的。入职培训方针、专业发展计划和支持入职培训的资源材料一般是由地方教育部门提供的，而新教师就职的学校通常负责提供持续的入职方面的指导和组织校本培训活动。

近些年来，澳大利亚一些辖区在这方面也取得了实质性的进展。它们将注册过程与教师专业标准结合起来，有效地体现了入职过程在新教师从临时教师向正式教师转换中的作用。在维多利亚州，要进行正式注册的新

---

① Tasmanian Educational Leaders Institute (Department of Education Tasmania). An ethic of care: effective programs for beginning teachers. Canberra: Department of Education, Science and Training, 2003: 79.

教师，需证明自己已达到了正式注册的专业实践标准。由维多利亚教师学院和教育与培训部制定的新教师入职教育计划的目的就是帮助新教师顺利达到正式注册教师的标准。新南威尔士州也要求为新教师分配一个指导教师，以帮助新教师获得专业能力水平的认证。与其他辖区一样，在新南威尔士州，为新教师提供入职培训的责任在很大程度上由新教师任职学校校长承担。塔斯马尼亚州实施了全面的入职教育计划。这些表明澳大利亚各地都竞相为新教师提供专业的支持和指导。

（二）有效入职教育的特征

在澳大利亚，一般认为，有效的新教师入职教育虽然可以是五彩纷呈的，但都应具有以下诸方面的基本特征。

表 6-2　　　　　　　　　　入职教育的特征

方面	有效入职计划的特征
目标	有效的计划包括适应、个人和专业支持、专业发展和评价。 1997 年亚太经济合作组织（Asia Pacific Economic Cooperation）一份关于太平洋区域各个国家的入职教育的研究报告提出了入职教育计划的多个目标，其中包括： ——使新教师熟悉教学的责任和其所在学校的校园文化。（侧重目标） ——提高新教师的专业技能，以此增加新教师的竞争能力。（侧重专业发展） ——评估新教师，以确保他们有承担相应的教学职责的能力，并且保证他们能胜任所在学校的工作。（侧重评价） ——提供支持和引导，以帮助新入职者顺利地实现由新教师向专业人才的过渡。（侧重个人和专业需求） 只是单一地关注新教师对工作环境的适应或新教师试用期间的评价的做法，都是有局限性的。有效的入职计划应能达成多种目标，使新教师获得全面的发展。
关注点	有效的入职计划应该是多维度的。 新教师要成为能够完全胜任教学工作的专业教师，需要经过职前培训。他们有三种交织在一起的需求：教学法方面的需求、专业化方面的需求和个人的需求。 教师的发展包括学习教学的专业技能，承担在课堂、学校、教育系统和社区等不同环境下的专业任务，并且在头脑中形成自己是一名教师的概念。有效的入职计划认为教师的专业行为和教学表现由个体的自我概念决定，它们旨在从多个维度探讨教师的需求。
新教师观念	承认新手教师的能力和潜在贡献。 许多研究似乎已经接受了一个片面的观点，即新教师只有需求、忧虑或亟待探讨的问题。相比之下，马丁内斯（Martinez）认为，我们需要避免只是单一地考虑新教师的不足之处，应该问一问"他们能给学校带来哪些益处？"，他认为新手教师可以给教育系统带来生机，因为他们头脑中已形成的学校教育观、个人意愿等观念较少，因而可尝试新的想法，也可参与到关于教与学的最新研究中。①

---

① Martinez, K. Supporting the Reflective Beginning Teacher. Education Research and Perspectives, 1993, 20（1）：35—45.

续表

方面	有效入职计划的特征
内容	有效的计划采取的是一种差别化的方法,主要侧重于个体的需求和目标,而不是标准化的内容。 许多关于支持新教师的文献引用了一系列关注新教师需求的研究报告,这与他们的发现极为一致。应对学生个体差异、行为管理、激励学生和评价往往是新教师最需要帮助的方面和最为关注的问题。 这类研究的价值在于他们强调了一些常见的关注点。但是这些研究的一个局限性是教师的关注点往往仅定位在教学实践问题上,而忽略了个体或理念问题。另一个局限性在于很容易使人根据统计信息,推断并认为这些关注点正是所有教师感兴趣的。需要着重指出的是,教师的需求是随情景的不同而变化的,同时也是因人而异的。为了使入职计划真正实现其有效性,需要对个体的需求进行评估并满足特定个体的需求。
入职教育的"结构"(structure)	入职计划要与新手教师不断变化的发展需求相匹配。 教师的需求随着时间的推移会不断变化,许多学者都提出了教师专业发展阶段的框架,将其视为教师成长的途径,这些阶段可用一些术语进行描述,如"生存"、"适应"、"巩固"和"发展"。 在新教师入职的第一年还有一个必经的阶段,此时许多教学问题会突显出来,要求新教师采取不同的应对方式。新教师需要了解关于学校政策和程序的相关信息,以及第一年的教学任务。他们或许还要解决住宿安排。在教学工作刚开始的前几周,他们的课堂调控和教学设计能力也是关注点之一——尽管过后还会有与评价、报告以及家访等相关的问题。[①] 有效入职计划中的活动应根据每学年的要求和教师的准备情况以及教师的发展阶段来进行设计。
协调	各地关于入职计划的有关规定,需作协调。 一些学者认为,为了使教师能够适应每所学校及其所在社区的风气和文化,入职教育需要在特定环境下进行。但是,并非所有的需求都能得到满足(尤其是那些规模较小或偏远的学校)。要让新教师参与地区或教育系统组织的计划,以加强他们与其他学校的新教师或经验丰富的教师的交流。
策略	有效的计划由一系列的策略组成,这些策略满足不同的目标和需求。 1991年澳大利亚教育研究理事会曾对三个州超过1000名教师进行过一次调查,[②]发现最有价值的帮助形式(如减少新教师的教学工作量、指导体制、观摩)在该调查中得到实施的概率低于43%。 如果一项入职计划要达成不同的目标,并且成功地满足个体在每一个发展阶段的需求,那么利用一系列的策略就显得非常重要。这或许需要有多种创新途径来克服组织机构上的困难。

---

① Dinham, S. Teacher Induction: Implications for Administrators. The Practising Administrator, 1993, 14 (4): 30—33.

② Batten, M., Griffin, M., Ainley, J., Recently Recruited Teachers: Their Views and Experiences of Preservice Education, Professional Development and Teaching. Canberra: Australian Govt. Pub. Service, 1991.

续表

方面	有效入职计划的特征
评估	要对评估进行控制，以使其不至于对入职计划产生负面影响或冲突。 大多数新教师最开始都有试用期，在入职的第一年或第二年都需要接受评估。在许多文献中一个亘古不变的主题就是关注对新教师的帮助和评估二者间的冲突。当学校的有关人员同时承担帮助新教师和评估新教师的责任时，这种对立矛盾便显得尤为突出。 与许多人一样，道丁（Dowding）认为入职教育应该是一种积极向上的经历，因此必要时要与评估分开进行。另外，马丁内斯认为将入职教育和评估作为两个相互分离的系统进行在实施上还是有一定的困难（尤其是在规模较小的学校中）。而且那些参与到入职计划中的新教师也希望接受评估。① 不论采取何种评估方式，都必须慎重地对评估过程进行控制，从而防止对入职计划产生负面影响。
教学任务	教学工作量和其他责任需要根据新教师的能力和经验进行合理分配。 与医学或法律专业的新入职者不同，新教师职业生涯刚开始的时候，需要承担与经验丰富的教师相同的责任。因此，澳大利亚一些辖区在新教师入职第一年通过各种措施使新教师避免承受一些不合理的工作压力，这些措施包括减少新教师的工作量，不布置所教学科以外的教学任务，不增加课外任务等。波特伍德（Portwood）指出，教育系统要考虑新教师的"人权法"，这是保证新教师在入职第一年接受公正合理的教学任务和适当支持的关键。② 认识到那些卓有成效的教师的流失代表着教育投资的浪费。因而这类计划在给新教师分配教学任务时采取了"道德关爱"。
学校文化	有效的入职计划是在一种开放性、合作性和支持性的学校（和地区）文化背景下进行的。 应认识到文化与背景对新教师入职教育计划成功的重要性。当教育指导被认为是一种职责，求助与合作被看作为一种准则，观摩教学成为学校工作的一部分，反思性实践被广泛模仿时，入职教育是最有效的。 建立一种合适的入职阶段的文化需要付出努力。这并不意味着强迫性合作，而是在共享责任与支持的文化背景下，公开信息反馈和评论。

四　有效入职教育的途径

澳大利亚的教师入职教育究竟是如何具体实施的呢？尽管各州的情况不尽相同，但主要是借助于以下几方面的途径进行的。

---

① Martinez, K. Supporting the Reflective Beginning Teacher. Education Research and Perspectives, 1993, 20 (1): 35—45.

② Portwood, G. A Bill of Rights for Beginning Secondary Teachers. http://www.teachnet.org/docs/Network/Policy/Institute/Research/TPNTI/Portwood, 2009-06-25.

（一）"超前"实施

澳大利亚的教师入职教育并非按部就班地从新教师报到后进行的，而是采取了一种非常的方法，即在招聘工作开始时就着手进行这一工作。其常用的手段就是"面谈"。他们认为，同应聘教师的面谈，不仅仅是了解应聘者表达能力、知识结构、思想状况的途径，而且还是一个学校与他们交流信息的机会。州教育部门和学校可以借此机会，向应聘者介绍学校的详细情况、教育要求等。在南澳大利亚州，一些教师教育机构甚至有一项"特殊安排"，即在最后一个学年结束前，给予学生一段假期，让他们提前参观未来可能就业的学校，熟悉学校的基本情况、接触未来可能的同事，了解学校教育的实际。澳大利亚各地区教育系统还向接受教师教育的学生寄送有关学校信息的小册子。如西澳大利亚州编写的小册子《走上教学岗位》，[①] 除了详细介绍教师规章制度、晋升原则等外，还列出了履行新教师职责的十一条注意事项，供即将毕业的教师教育机构的学生提前学习，从而使他们在即将踏上工作岗位时，就开始了从"准教师"到合格教师的角色转变过程。

（二）行政力倡

如果说，"超前实施"是一种前入职教育的话，那么，新教师录用后进行的行政"会议教育"便是正式意义上的入职教育了。这种行政"会议教育"，其主体不是学校自身，而是地方教育当局。这一情况，在澳大利亚尤其该国北部地区可谓十分普遍。其形式大体上有三种：

一是"岗前会议"培训。即在新教师走上讲台前，通常都要参加由地方当局举行的为期三天甚至长达两周以上时间的会议；二是"学年会议"培训。即在入职后的第一学年中间，每一位新教师还必须再次参加教育当局召开的为期三至四天的第一学年的会议。在这种培训会议上，教育当局通常会请有关专家出席，让教师们陈述自己的经历，向专家提问，专家们则针对他们的实际情况和遇到的问题，进行有的放矢的"报告"和循循善诱的点拨；三是第一学年后的"地区会议"培训，对新教师强化入职教育。这种会议一般由地方教育官员筹备，通常在第一学年结束时进

[①] 王斌华：《澳大利亚教育》，华东师范大学出版社 1996 年版，第 148 页。

行，以讲座为主，由专家和本地区资深教师主持。[①]

无论哪种形式的会议培训，筹备者、主导者均为教育行政当局。教育行政当局的这种倡导与重视，既为教师的入职教育提供了场地租用、专家聘用、经费开支诸方面的保障，又给新教师们的角色转换带来压力与动力，使得各地中小学新教师的入职教育得以强力而有序地进行。

（三）校本主导

如果说各地行政当局力倡是新教师入职教育的强有力的推动、必不可少的入门工作的话，那么可以说，仅此是远远不够的，新教师从"学生"到合格教师的角色转变绝不是通过三五次会议培训就能实现的，他们正确的教育理念、娴熟的教学技能、得心应手的学生管理方法等等，只有在进一步的、持续不断的校内"入职教育"历练中，才有可能逐步形成与掌握。因此，澳大利亚各州中小学无可避免地担当起了新教师入职教育主导者的角色。为了使新入职教师尽快地完成角色的转换，成为胜任教育教学工作的教育者，澳大利亚各州和地区的中小学通常要安排一系列"步骤"，对他们进行相应的入职教育。包括（1）组织参观座谈。组织新教师预先参观学校，让他们在熟悉学校环境、课程设置、学生的社会背景与经济状况的同时，与校长、副校长和学生辅导员座谈，使学校了解他们的水平、兴趣与意向，并尽可能地将他们安排在最为合适的岗位，为顺利完成入职"过渡"奠定基础。（2）举行学校"学前会议"。在澳大利亚中小学一般都会在新学期开学前召开各种形式的工作会议。南澳大利亚、维多利亚、西澳大利亚等州的学校甚至在开学前要召开为期一天至两天的教师会议，让新教师们进一步明了学期任务、校方要求、家长期望、班级管理制度、开学第一天的注意事项等，从而大大减轻新教师初入职时的紧张心理，从容应对新的教学工作。（3）高密度的期中"讨论会"。各地学校通常要频繁地为新入职的教师召开有关教育教学问题的讨论会，新教师必须参加，同时也邀请有关教师参与。主要就课堂管理、提问艺术、板书规范、差生分析、教学策略等问题展开研讨、互相切磋，以促进新教师教育教学素养的提高。此类讨论会，一般说来频次很高、第一学年甚至每周一次，以后随着新教师的渐进角色逐步递减。（4）施行"听课制度"。为

[①] 赵凌、张伟平：《澳大利亚教师入职教育的实践与思考》，《教师教育研究》2010 年第 2 期，第 78 页。

了使新教师迅速成为合格的教育工作者，澳大利亚各州和地区的许多学校还建立和推行了一种"新教师听课制度"。这一制度要求新入职教师要尽可能地去观摩优秀教师的课堂教学，以学习他们的上课风格和教学方法。一些学校则推出了新教师互相听课的措施，让新教师就课堂教学问题相互切磋，既让"老教师"的课堂教学接受新教师新思路的冲撞，更使新教师从老教师处获得各种启发，借以改进自己的课堂教学水准。

五　有效入职教育的策略

澳大利亚教育研究委员会1991年的一项调查研究了促进新教师发展最有效的策略问题。最重要的三个因素与新教师个人在工作中获得的经验紧密相关。85%的新教师认为课堂教学实践经验是一个关键因素；68%的新教师提到了与其他教师的讨论；而47%的教师则认为主要是观摩其他教师的课堂教学。相反，正式的在职研讨班和会议则排在了相当低的位置。[①]

这些发现也证明了近年来基于工作需要（work-based）的学习模式占据主导地位。例如：培训（coaching）、指导（mentoring）和行动研究（action research）。这些方法的主要特征是他们将学习与工作场所的任务和事项直接联系起来，主要依靠校内教师的指导而不是校外的培训人员或顾问。校内富有经验的教师制定议程、决定方向、实施计划，在专业学习中体现较高的灵活性、适切性和实用性。

除了依靠校内专家教师外，能得到校外专家的指导就更为理想了。正因为如此，有效的入职教育计划往往同时结合校内专家教师的指导与校外专家的帮助，以最优化地促进新教师的成长。

入职教育的最佳时机和形式对于新教师来说是因人而异的，在推动入职教育计划实施中，人员调配、推进过程和实施风格的多样性往往能产生极为重要的影响。同样，在入职教育的不同阶段需要采用不同的策略。

莱昂斯（Lyons）将入职教育分为适应阶段和成长阶段，并就各阶段应采取的策略发表了自己的看法。他认为，在适应阶段，最主要的是要使

[①] Batten, M., Griffin, M., Ainley, J., Recently Recruited Teachers: Their Views and Experiences of Preservice Education, Professional Development and Teaching. Canberra: Australian Govt. Pub. Service, 1991.

新教师熟悉学校环境，以及学校的特定文化。为此应该采取如下策略：①给新教师致欢迎信或者欢迎电话；就职前对新教师做个别访问；引导新教师参加学校的各种社交活动；向新教师分发入职手册或资料，以使他们掌握学校的相关情况；为每一位新教师指定一个教师联系人（了解信息或资源供应）；安排新教师与校长或督导进行有关适应阶段培训事项的座谈；创造条件让新教师参加区域研讨会和会议。

当新教师熟悉了学校文化，调试好心理状态，已准备好将主要精力投注在课堂教学上时，就进入了成长阶段。这一阶段的策略包括：给新教师安排放松的时间；为新教师指定一个指导者；引导新教师介入团队教学；引导新教师相互合作进行教学设计；让新教师参加校外研讨会或会议，以了解更广阔层面上的教育教学情势；组织他们参加新教师会议；组织新教师参观其他学校；向新教师提供入职教育资料。

尽管人们对教师入职教育策略的认识不尽相同，但总体上看，主要的当是下述几个：即为新教师提供指导者、为新教师量身定制"教学任务"以及因"段"制宜、因需调适。

（一） 为新教师配置指导者

为新教师确定一位指导者是策略中的一项。2001 年，塔斯马尼亚州教育领导机构（塔斯马尼亚州教育部）对学校入职教育的情况进行了一次调查研究。该项目由联邦教育、科学与培训部资助，属于《21 世纪的教师——联邦政府高质量教师行动》中的"高质量教师计划"中的子项目。

校本入职教育的研究是通过两个全国性的调查和对各种重要群体（focus group）的访谈来实施的。调查返回的资料来源于 697 名入职第一年和第二年的新教师、380 名督导（其中 54.0% 为校长，27.0% 为副校长，7.2% 为资深教师，3.9% 为新教师指导者，还有 7.9% 未注明身份）。②

有 82.6% 的受调查学校声称它们为新教师分配了指导者。调查要求督导说明指导者的作用，如表 6-3 所示。

---

① Lyons, J. Ignore, Induct or Develop? Implementing Effective Beginning Teacher Development Strategies. The Practising Administrator, 1993, 15 (2): 12—16.

② Tasmanian Educational Leaders Institute (Department of Education Tasmania). An ethic of care: effective programs for beginning teachers. Canberra: Department of Education, Science and Training, 2003: 45.

表 6-3　　　　　　　　　　　　指导者的作用①

指导者的作用	
• 提供课程或教学方面的帮助	53.5%
• 提供常规的专业支持	51.5%
• 扮演一个诤友的角色，且提供反馈信息	45.2%
• 提供私人的支持——可以依靠的肩膀	40.2%
• 扮演一个有经验的榜样角色	11.6%
• 扮演学校的拥护者角色	9.1%

同时，还要求督导陈述其为新教师确定指导者的依据，表 6-4 显示了为新教师选配指导者的根据。

表 6-4　　　　　　　　　指导者与新教师的匹配原则②

指导者与新教师的匹配	
• 同年级段	46.6%
• 相同的课程领域	30.0%
• 指导者所应具备的技能和人际交往能力	25.4%
• 资深教师	13.8%
• 相似的个性或兴趣	7.8%
• 近距离（如处同一办公室、相邻教室）	6.4%
• 那些表现出有意愿或兴趣担任指导者的人	5.3%
• 由新教师挑选	4.6%
• 同一年龄段	2.8%
• 相同性别	0.7%

关于提供指导的作用的普遍观点是：这使得新教师有机会"反思自身工作，探索自身实践和应对加强学校教育、改进教育方法的挑战"。然而由表 6-3 可见，最受欢迎的指导者角色是能够为新教师"提供课程和教学方面的帮助"，而不是"扮演一个诤友的角色"。

---

① Tasmanian Educational Leaders Institute (Department of Education Tasmania). An ethic of care: effective programs for beginning teachers. Canberra: Department of Education, Science and Training, 2003: 73.

② Ibid., 73.

管理者都认为为新教师选派一位指导者是培训计划中很重要的策略之一。在为新教师选派指导者之前，学校应该做好以下事宜：一是要确立合适的指导方案；二是挑选出来的指导者应具备一定的指导能力；三要确保所有相关事宜是按照计划的预期结果进行的；四是确保选对了适合作为指导者的教师。

学校应对新教师指导者进行一定的培训，使他们能胜任这个任务，同时，也要确保指导者有充分的时间去指导新教师，并且要有这个责任心。指导者对于促进新教师发展有着重要意义。如一位塔斯马尼亚州的新教师说："我们学校的指导体系实在太好了，如果没有我的指导者，我恐怕无法生存。""我与我的指导者一起工作，我找到了归属，我很幸运能拥有这些。"

指导者作用的发挥是建立在有效指导的基础上的，如果只是一个挂名的指导者，那对于新教师的发展是毫无促进价值的。然而在澳大利亚，无效的指导情况还是存在的，如一位维多利亚州的教师指出："指派给我的那位指导者，由于她要处理的事物实在太多，以至于我都无法接近她。我放弃了，并与另一位愿意与我分享资源并欢迎我的教师建立了关系，她不再是我的指导者。"

值得注意的是，只有28.4%的督导指出，在他们的学校里，指导者有比较充裕的时间去指导新教师。当被问到如何改善指导者对新教师的有效性问题时，36.7%的督导认为，为指导者和新教师安排见面时间是最重要的。[①]

在挑选指导者的问题上，指导者所具备的技能和态度是很重要的，选择指导者不应该随机决定，要选定合适的人选，如一位昆士兰州的督导认为，"我们发现指导过程开展得有效或不太有效，取决于参与的团队。确实需要进行监管来确保指导过程进行得有效。基本上我们的指导者是投入的，指导工作的有效性还取决于领导选取了合适的教师团队。"

被挑选出来承担指导工作的人，其个性类型也许并非是最适合的。他们可能是因为与新教师教授同一科目和年级，所以他们认为指导工作并不复杂，他们觉得自己已经按照要求做好了工作。新教师确实需要那样一个

---

① Tasmanian Educational Leaders Institute (Department of Education Tasmania). An ethic of care: effective programs for beginning teachers. Canberra: Department of Education, Science and Training, 2003: 76.

团队,但他们同样需要能将他们头脑中所有新观点付诸实践的信心。他们需要别人的意见,但不需要照搬他们的东西。

此外,新教师更倾向于让同年龄段的教师作他们的指导者,因为新教师对于经验丰富和技能娴熟的指导者有种敬畏感。一位塔斯马尼亚州的新教师如是说道:"有时候被选定的指导者其实是个错误的人选。他们确实经验丰富,但是他们只想让别人克隆他们自己。这是个真正的大错误。"[1]

由此可见,为新教师选派一位指导者固然是重要的,但万万不能随机选择。指导者是要精心挑选的,同时要对他们进行培训,并分配给他们一定的执行指导任务的时间。要让所有的指导者都认识到自身的任务以及学校对他们的期望。指导者能够对新教师提供积极的帮助、指引,并能够理解他们。指导并不是单向的过程——新教师在来到学校时,已经具备交流所需具备的知识和想法,以及丰富的亲身体验和经历。

但是有证据表明,对新手的指导,并不往往都起到正面的积极作用。如果没有既定的标准来对新教师指导者加以约束,同时他们也没有接受过正规的培训,那么他们所起的作用就会大打折扣甚至会有反效果。主要的指导原则应当包含以下几个方面:一是要挑选那些符合新教师自身需要及特点的指导者;二要选用那些做好充分准备,接受过充分培训的指导者(校方和雇主,应致力于合作建立一种完善的指导者培训体系);三是要为有效指导的进行提供充足的时间;四是要因地制宜,制定不同的、有效的指导方案;五是要建立有效的绩效指标和评估体系。

在这方面,维多利亚州的做法有一定的典型性。该州教师学院基于对降低新教师的流失率的考虑,制定了一个新教师指导计划。约有400多名新教师和颇富经验的教师一起参与了这个计划的实施。该计划涉及包括公立学校、天主教会学校和独立学校在内的115所学校。[2] 指导计划的内容之一,就是根据不同的需要来安排不同类型的指导者。一位新任的科学教师需要一名指导者来协助他进行课堂管理方面的工作,也需要一名指导者帮助他处理

---

[1] Tasmanian Educational Leaders Institute (Department of Education Tasmania). An ethic of care: effective programs for beginning teachers. Canberra: Department of Education, Science and Training, 2003: 77.

[2] Committee for the Review of Teaching and Teacher Education. Australia's teachers: Australia's future: advancing innovation, science, technology and mathematics: main report. Canberra: Department of Education, Science and Training, 2003: 153.

学科教学方面的问题。如果这位新教师是学校中或一个区域中或偏远地区中的唯一的科学教师，那么就必须通过网络来与指导者进行交流联系了。西澳大利亚州就通过在线网络服务成功地为新教师搭建了这样一种平台。

在合理安排教学的基础上，适应广泛的学校生活，对新教师来说，是其中的一部分挑战。因此有人提议，对于那些承担新教师指导任务的富有经验的教师，应设立一种晋升的奖励机制。

为新教师提供高质量的支持与指导，是建立在健全合理的原则基础上的，并且能有效利用指导者的专长，以及对时间和资源进行合理的分配。校长在对入职教育进行组织安排时要充分考虑到这一点，以确保为新教师在他们就职的第一年为他们提供更好的学习和发展的机会。正如一位维多利亚州的新教师所说的那样："我们学校规定，新教师不必承担过多的职责。第一年是纯粹用来寻找自己的感觉的。"[1]

在过去的二十余年中，由资深教师指导新教师适应角色转变，是新教师入职教育的主要策略之一。资深教师的指导使得新教师获得了他们所需要的信息或帮助，就如他们在一个安全的、个性化的学习环境中获得了可靠的信息资源。另外，在这种环境中，资深教师的指导也往往不再局限于满足新教师个人的需要，而会涉及更广泛的专业问题。

在诸多有效的入职计划中，指导（mentoring）被视作为指导者与被指导者提供一种互利的专业发展经历。对新教师来说，通过"指导"能反思自身工作，探索自身实践和应对加强学校教育、改进教育方法方面的挑战。对指导者而言，这种"指导"的经历能促使自身在倾听、观摩、咨询以及促进新教师学习方面的技能得到发展。指导者反映，通过帮助其他教师成长的过程，使他们有一种自豪感与满足感，也是对自己能力和经验的认可与肯定，由此增加了他们的专业自信。此外还有一个积极的影响，那就是在鼓励新教师反思自己的教学实践的同时，也能勉励自身批判性地评价自己的专业知识、理念和教学实践。[2]

对新教师进行指导固然不能替代新教师入职教育的所有内容。但它是

---

[1] Tasmanian Educational Leaders Institute (Department of Education Tasmania). An ethic of care: effective programs for beginning teachers. Canberra: Department of Education, Science and Training, 2003: 49.

[2] Murray, S., Mitchell, J. Dobbins, R. An Australian Mentoring Programme for Beginning Teachers: Benefits for Mentors. Australian Journal of Teacher Education, 1998, 23 (1): 22—28.

一项必不可少的工作，要做好这项工作，使新教师尽快进入角色，就必须采取一系列相应的措施。

表 6 – 5　　　　　　　　　　　新教师指导中的问题与对策

有关问题	应对措施
● 指导的本质特征与教学的主流文化的矛盾。 成功的入职教育计划案例往往产生于一种互相协作的文化氛围中。在这种文化氛围中，资深教师将指导视为自身的专业职责，在这种计划中，对新教师的人职指导一般应寓于实际教学过程中，而不应带有强制性的色彩；入职指导中还应有指导者和被指导者的情感互动，避免缺乏情感因素的机械式的所谓指导。 然而，指导的主要活动——观摩教学与讨论活动并不是日常教学工作的一般特征。费曼·尼姆塞尔（Feiman-Nemser）指出，学校文化应是自发的、不受干涉的且有隐私权的。这种情况限制了指导者的行为，包括对新教师的指导工作。 另外，卡特（Carter）认为"指导"本身通过促进建立一种探究与专业学习的文化范式来影响学校文化氛围。①	对新教师进行指导的目标需要学校和参与者个体给予明确定义或清楚地说明。 学校制定一项包括了入职教育方针的教学发展计划，使全体教师意识到自己对新教师的责任。 新老教师的交流互动要有形式，更要注重内容。 对指导者挑选的标准是基于他们的工作能力和与同事的合作能力，以及能促进新教师对自身教学实践进行反思的批判性的专业对话。
● 指导与被指导关系中学徒制模式的恢复。 当新教师处理班级问题时，指导者总是引导他们使事情变得简单，且提供即时的解决方法。这极易导致师傅控制——学徒执行这一特殊关系的产生：在这种关系中，"讲究实效"和教学技巧是焦点，而不重视引导新教师更多地对教学进行反思。当指导关系因缺乏时间受到制约时，加上新教师对资深教师本能的服从，问题可能会更严重。 盖勒（Gale）和杰克森（Jackson）认为学徒制模式的根本局限性是它依靠简单的技能模仿，——"模仿它是因为它有用"，而没有对潜在的目的或背景进行认真的反思。此种方法也是相当保守的。② 同时，迈克尔泰若（Mclntyre）质疑新手教师进行批判性反思的意义，认为那是"过度使用"且"理论基础不足"，大部分评论者认为，指导者应该真正关注于培养新教师的兴趣及提高其反思自身问题的能力。③	在入职教育的"确立阶段"，技能发展是重中之重。指导者的任务被视为鼓励新教师学会批判性反思。指导者因指导新教师的需要接受了相应的培训。在培训中指导者除了学习指导的任务、技巧和实践外，也使得指导者有机会分析自身的教学理念及清楚地阐述他们的实际教学经验。 指导者从其他富有经验的指导者、顾问或其他教师教育工作者那里获得持续的帮助，包括网络交谈、定期会议和资源共享。 指导者和新教师都有充足的时间来就教学问题进行反思和专业对话，包括互相观摩课堂教学。

---

① Tasmanian Educational Leaders Institute（Department of Education Tasmania）. An ethic of care: effective programs for beginning teachers. Canberra: Department of Education, Science and Training, 2003: 31.

② Gale, T., Jackson, C. Preparing Professionals: Student Teachers and Their Supervisors at Work'. Asia-Pacific Journal of Teacher Education, 1997, 25（2）: 177—191.

③ Board of Teacher Registration, QLD. Learning to Teach: Report of the Working Party on the Practicum in Preservice Teacher Education. Qld: Board of Teacher Registration, 1994.

续表

有关问题	应对措施
• 指导者和被指导者的搭配 卡特（Cater）认为，指导者和新教师的人际相处是指导关系成功的关键。指导者的个性和能力，在两者由"专家—新手"型关系向真正的共同进行反思性学习的合作关系的转变上，具有至关重要的作用。 莱昂斯（Lyons）认为，指导关系不能强行建立。 规模较小或者正在进行较大人事变更的学校，要使指导教师与新教师都达到最优组合，越来越困难，因为这些学校有经验的教师或有指导能力的教师相对匮乏。 因此，费曼·尼姆塞尔（Feiman-Nemser）建议，最好的办法是为形成最优的指导关系创造有利的条件，而不是试图去建立这种最优组合。	• 选取的指导者不仅要具有开朗、诚实、亲和、热心和谦虚等个人品质，还要具备高水准的教学和引导能力。 • 新教师需要获得恰如其分的和及时的指导。这意味着，指导者要尽量亲近他们的合作伙伴（被指导者），应该共处同一个办公室，教授同一学科领域的内容，每天都进行交流。并且指导者与被指导者在年龄和性别方面的搭配也存在着激烈的争议。 • 通过多个指导者的共同努力可以提高指导计划的绩效——尤其是他们通力合作。 • 校外指导者可以提供在线信息指导。

（二）量身定制"教学任务"

所谓为新教师量身定制"教学任务"，主要是要适当减轻新教师的工作负荷，为新教师接受入职教育提供时间条件。能否确保入职教育的效果，在很大程度上与新教师入职后的工作状况也是息息相关的。倘若新教师的教学任务繁重，整天疲于应对日常教学工作，甚至忙得焦头烂额，那么新教师对于入职教育的主动参与性就会大打折扣，即便参与了也往往会流于应付，而不会自觉而积极地消化那些"新理念"、琢磨那些可能有助于提高自己教学素养的技能、方法等。因此澳大利亚的一些学校比较注意给新教师"减负"，尽量避免满负荷工作。由于认识到新教师需要时间来反思自己的教学过程和教学经验，需要时间与老教师交流，需要时间进行专业发展活动，一些地区甚至把新教师的授课负担作为一项课题进行研究。具体应减多少才最有利于新教师的发展呢？他们认为这应该有一个最低的标准，并指出，在新教师入职后的前12个月里，其工作量应不超过正式教师的80%。[1]

其一是学科教学任务要适度。教学任务的度直接关系到新教师参加入

---

[1] 赵凌、张伟平：《澳大利亚教师入职教育的实践与思考》，《教师教育研究》2010年第2期，第79页。

职教育的可能性。即便是本学科教学任务，如果任务过重了，便会在客观上导致新教师难以有暇参加各种入职教育活动。

但在实践中可见，一些学校往往置新教师入职教育需要于不顾，过多地给新教师安排教学任务，甚至把有经验教师不愿意承担的课堂教学任务也分配给新教师。毋庸置疑，这种做法是不甚适宜抑或是有失妥当的。因为这种连有经验的教师都不愿意承担的课堂教学任务，一般说来都是一些比较棘手或者难度很大的工作，把它们甩给新教师做，实际上往往会对新教师产生一种当头棒喝的消极作用，也容易给新教师们造成严重的挫败感。因此这种不负责任的做法必须予以杜绝，应该从新教师的教学能力和自身发展实际出发分配教学任务。

在有关新教师教学任务的性质方面，对新教师进行调查得到的结果具有一定的见解，如下所示：49.6%的新教师声称在来到学校之前就已被问及偏好的教学任务；30.6%的新教师表示在工作的第一年，学校为他们酌减了工作量；17.1%的新教师表示，学校减少了他们的非教学工作量；7%的新教师认为分配教学任务时，自己对学科以及（或者）年级段的选择范围被缩小了。[①]

但也有很多学校在这方面考虑欠妥，新教师的教学任务偏重，以致在一定程度上弱化了他们接受多方面入职教育的可能。很大一部分新教师坚持认为他们没有获得帮助，在某些情况下甚至感到学校通过安排教学任务来剥削他们。在一些重要群体中，许多感到困惑的新教师描述了在某一标准下可能成为不合理的教学任务分配的情形。

一位塔斯马尼亚州的新教师如是说："他们说'对不起，我们不得不这样对待你，除此以外没有别的办法了'……我有点觉得被骗了……在学校里我教的科目数量最多，其中也消耗了我大量的精力。"一位昆士兰州的新教师说道："真正让我觉得艰难的事情之一是他们把所有不同的科目都强压给我；他们再也不用为任何课程操劳了……我要教6门课，落实5种不同的工作规划和4种不同的教学大纲——除了这些以外，我还要写我自己所有的教学反思……我快被累死了。这工作让人马不停蹄，艰苦地难

[①] Tasmanian Educational Leaders Institute (Department of Education Tasmania). An ethic of care: effective programs for beginning teachers. Canberra: Department of Education, Science and Training, 2003: 47.

以置信。"一位西澳大利亚州的新教师说:"我被安排去教学校里最难的一门课程,因为没有其他任何人想教这门课。其他教师告诉我:'你比我勇敢多了,因为我拒绝教这门课'。第二年我才开始选择我想教的……"

"适者生存"的思想似乎很有道理。许多继续在当前学校工作的资深教师认为,在能够参与教学任务设计的情况下,他们才有机会与学校商讨教学任务的分配问题。一位西澳大利亚州的新教师说:"步入第二年,你就会拥有更多的选择机会。但是当你还是个刚毕业的新教师的时候,你只能得到那些剩下的,那些没有人想要承担的教学任务。"[①]

总之,在一些地方,新教师们通常被繁重的本学科教学任务压得喘不过气来,这势必将导致新教师疲于应付"本职工作",而无力再去学习学科教学以外的其他知识,也无暇去同更多的资深教师交往交流,从而在客观上无可避免地阻滞了新教师入职教育的有效展开。因此,承担学科教学工作虽然天经地义,但给新教师的任务必须恰如其分,过重或过量都是不可取的。

其二是尽量避免安排非本专业教学(teaching out of area)。这是因为非本专业教学任务的承担和有效进行,势必将占用新教师更多的时间、付出更艰辛的劳动,从而使他们疲于奔命,无法很好地接受入职教育。但是实际情况却不容乐观。一些地方的学校,没能充分考虑新教师的各种实际,尤其是需要接受入职教育的特殊实际,只因学校需要,就如对资深教师那样安排新教师以非本学科教学工作,这给他们造成了很大的困惑。一位昆士兰州的新教师如是说道:"我是一个戏剧文学和历史学教师,但是他们让我教地理和体育。由于对这两门学科一无所知,我觉得教的时候特别困难……我就在前一天晚上看课本,然后第二天上课。"

45.3%的新教师表示,在从教的第一年他们教的完全是自己所学专业领域的科目;还有54.7%的教师所教的科目中有一部分是与专业领域无关的。很明显地,有22.1%的教师——占总数的五分之一——只教"部分"或者"根本不"教他们专业领域的科目。这些数据与学校督导调查得出的结果相同,与昆士兰州教师注册委员会(1991)得出的研究结果也相一致。

---

① Tasmanian Educational Leaders Institute (Department of Education Tasmania). An ethic of care: effective programs for beginning teachers. Canberra: Department of Education, Science and Training, 2003: 47—48.

尽管新教师对非本专业学科并非一无所知，他们经过努力也能够承担这些学科的课堂教学任务。但是这些学科的教学对于新教师而言毕竟不是他们的擅长，教授这些学科也不是新教师们的擅长。因此，为了完成这些非本专业教学任务，新教师往往要加倍地投入时间和付出努力，非如此不足以实现预期的教学目标。这对于新教师参加入职教育以快速适应教师职业、胜任教师角色，是非常不利的。

因此，在安排教学工作时，对于急需进行入职教育以尽速适应教师专业的新教师，不宜像对资深教师那样，只要学校需要就安排相应的工作，应尽可能地特殊情况特殊处理，不仅本学科的教学量不宜过大，而且还应尽量不给他们安排非本学科的教学任务，以为他们创造入职教育的时间条件。

其三是承担的课外职责不宜过重。作为教师，除了有履行课堂教学的使命外，还要承担大量非课堂教学的工作，这在中小学是极其正常的事情，教师也不应对此愤愤不已。但是新教师情况特殊，他们最为急迫的事莫过于尽快参加各种入职教育，实现从"准教师"到"真教师"的角色转变。然而，在现实生活中，一些学校没能因人制宜，而是"一视同仁"地分派新教师们以大量的课外指导之类的工作，一些新教师们则为了保住自己的饭碗，往往"自愿承担"一些课外职责。这实际上对于教师全方位地接受入职教育是不利的。一些学校督导也看到了这一点，因此他们积极地劝阻新教师："我们确实已经正式表达了我们的期望……我们告诉他们：'不，我们不要你做这个……不，即使你不做这些，我们对你也不会有什么看法……我们不想让你做那个……我们希望你在第一年能够把精力集中在提高教学技能上'。"

无疑教师也相当赞成这种做法，一位维多利亚州的教师表示："我们的学校规定，新教师不用承担任何课外职责。第一年完全用来寻找感觉。我认为这真的非常重要。"[1]

概言之，从推动入职教育的有效实施、促进新教师发展的方面来看，学校还应尽量少给甚至不给处于特殊时期的新教师分派各种课外工作任务，否则便有对新教师成长不负责任甚至有"杀鸡取卵"之嫌。

---

[1] Tasmanian Educational Leaders Institute (Department of Education Tasmania). An ethic of care: effective programs for beginning teachers. Canberra: Department of Education, Science and Training, 2003: 49.

(三) 因"段"制宜因需调适

新教师入职后各个阶段的情况不同，需求不一，教育策略显然也不能抱残守缺，一成不变，而应该依据各阶段的实际，采取不同的教育对策。

1. 适应阶段的特殊对待

初入职的教师需要进行适应阶段的职业培训。在适应阶段，系统的和地区性的入职培训计划要求教师学习作为教育系统中的一员所要扮演的角色、影响教师工作的政策方针以及工作条件。

为了探索适应阶段的实施方法，澳大利亚对一些新任教师和他们的督导进行了调查，此调查关注适应阶段的策略，以及在职业生涯的开端的信息需求。

调查对象被给予一份由11项常用培训策略组成的列表，并要求：(1) 确认在适应阶段实践过的策略（调查新教师）或使用过的策略（调查督导）；(2) 评价这些新教师培训策略，有多少益处（调查新教师）或有多少效果（调查督导）。调查采用5个评价等级。要求新教师对每个策略进行评价：必不可少（等级1），非常有帮助（等级2），比较有帮助（等级3），不太有帮助（等级4）或没有帮助（等级5）。督导被要求这样评价实施过的策略：非常有效（等级1），比较有效（等级2），一般（等级3），不太有效（等级4），无效（等级5）。

新教师认为调查表中所列的11项策略对适应阶段的培训均有帮助。但是支持率最高的5项与其余的策略是有明显差距的。表6-6是新教师认为最有效的5项策略，同时，督导也认为这5项策略是最有效的。

表6-6　　　　　　　有效的适应阶段培训策略[①]

策略	平均等级	认为该项是"必不可少"的新教师的比例（％）
● 就职前的参观	1.40	71.0
● 确定一个入门引导者	1.46	68.3
● 与校长及资深教师座谈	1.52	62.5
● 使用一份适应阶段的培训手册或资料软件包	1.74	51.9
● 与学校的电话联络	1.83	47.9

---

① Tasmanian Educational Leaders Institute (Department of Education Tasmania). An ethic of care: effective programs for beginning teachers. Canberra: Department of Education, Science and Training, 2003: 50.

偏爱这些策略其实并不奇怪，它们表现了一个教师在职业生涯开端最主要的需求，那就是：熟悉学校环境；得到他人的支持；感到自己受组织的欢迎；获得关于学校的基本信息。很多初涉职场的人强调需要得到支持和帮助，特别是个别的辅导。大多数教师认为在他们的适应阶段培训计划中，"确定入门引导者"是最有意义的策略。一位塔斯马尼亚州的教师如是说："我认为最初的支持者给了我一个精神支柱，知道学校发生的每件事情。有人可以回答你所有愚蠢的问题，这是非常重要的一点。如果你不知道这些答案，你的生活会变得很艰难。"令人欣慰的是，表6-6所列的5项策略均被新教师和督导确认为最常用的策略。

表6-7显示了其余的培训策略。正如平均等级所显示的那样，这些策略都是有价值的，但它们获得的支持率明显少于前面提到的5项。

表6-7　　　　适应阶段培训中不太受欢迎的策略[1]

策略	平均等级	认为该项是"必不可少"的新教师的比例（%）
• 与学校全体员工见面	2.26	27.1
• 与来自其他学校的新教师座谈	2.27	30.3
• 欢迎信	2.45	26.9
• 地方教育机构组织的学术会议	2.49	20.5
• 与其他学校的新教师保持联络	2.76	19.4
• 学校网址	2.92	14.3

重点突出。入职教育中重心置于何处不能全凭学校当局或入职教育工作者的主观意愿，而应考虑新教师的实际需求。那么在适应阶段新教师对信息的需求状况又是怎样的呢？下面就是有关新教师在适应阶段的信息需求情况反映。

调查对象被给予一份包含了27项信息的列表并要求：（1）确定以正式的形式为新教师提供经过深思熟虑的信息（比如通过书面的形式，会议告知的形式或由指导教师告知的形式）；（2）新教师评价这些信息的重要性（调查新教师），或新教师认为这些信息有多少价值（调查督导），此

---

[1] Tasmanian Educational Leaders Institute (Department of Education Tasmania). An ethic of care: effective programs for beginning teachers. Canberra: Department of Education, Science and Training, 2003: 51.

项调查仍采用 5 个等级的评价指标。

新教师认为表中所列的信息都是重要的，但同时又能按重要程度再分成三个层次。表 6-8 清楚地显示适应阶段教师认为必不可少的信息（第一层次）。

表 6-8　　适应阶段培训中最重要的学习项目（第一层次）[①]

信息	平均等级	认为该项是"必不可少"的新教师的比例（%）
• 课程教材和教学资源的有效利用	1.29	76.7
• 学校规章制度和政策	1.31	76.0
• 如何使用学校的设备设施（比如复印机）	1.33	73.2
• 教学任务与责任	1.34	73.6
• 学校课程	1.36	72.1

可以看到，前 5 项信息都是与教师首次就职直接相关的。这些信息回答了这样的问题："在教室里我必须怎么做？在哪里能找到对我有帮助的资源？"

一位昆士兰州的教师说道："在刚开始的时候，你所想的是找到资源，使你的教学计划得以顺利进行，那些是你最先考虑的，你想考虑自己的课堂教学。"一位西澳大利亚州的教师说道："作为一名家政学老师，我必须订购衣服、食物、针线等一大堆东西。但我不知道有多少预算，如何以及在哪里订购这些东西。我能否在小镇的商店订购？在学校什么地方你能找到这些东西？在哪里能拿到垫子？在哪里能拿到纸？知道可从图书馆借到投影仪、录像机吗？这些东西究竟保存在哪里？没有人告诉我这些信息，我必须自己去找。"

表 6-9 显示第二层次的信息，教师认为这些信息也很有价值，但不如上一层次的信息重要。这些信息是在正式开始工作的前几天或前几周获得，或者由地区或教育系统组织的入职课程提供（例如：雇佣条件，教师的权利和法律义务，有关试用期和注册的信息）。而在调查中可见，新教师们认为这些入职教育的内容尽管需要学习，但在时间上并不具有"燃眉"性。

---

① Tasmanian Educational Leaders Institute (Department of Education Tasmania). An ethic of care: effective programs for beginning teachers. Canberra: Department of Education, Science and Training, 2003: 52.

表6-9　　　适应阶段培训次重要学习项目（第二层次）①

信息	平均等级	认为该项是"必不可少"的新教师的比例（%）
● 电脑、网络和电子邮件的有效运用	1.50	61.7
● 教师的权利和法律义务	1.51	62.8
● 雇佣条件（比如工资待遇）	1.57	61.3
● 图书馆设施	1.57	57.5
● 获得校内专家教师的有效帮助	1.67	49.7
● 关于新教师入职计划的信息	1.68	54.0
● 学生的社会和文化背景	1.68	52.2
● 行政管理程序	1.72	49.3
● 试用期及注册的程序	1.73	52.1
● 学校的理念和使命	1.81	48.1
● 学校社区的概况	1.81	43.4
● 校外专家的帮助（比如指导）	1.84	41.8
● 学校决策制定程序	1.91	39.3
● 课外职责	1.92	37.1
● 学校资深教师的角色	1.94	33.1

对"获得校内专家教师的有效帮助"这一项获得较低评价等级的现象，暗示着新教师在教学的前几周关注自己的责任，以至于没有意识到获得其他教师帮助的重要性。然而这一信息还是非常重要的，且应该在一开始就应该提供给新教师。

余下的若干项信息，属于不太受新教师关注的第三层次的信息，它们分别是：

---

① Tasmanian Educational Leaders Institute（Department of Education Tasmania）. An ethic of care: effective programs for beginning teachers. Canberra: Department of Education, Science and Training, 2003: 53.

表 6 – 10　　　　　适应阶段培训第三层次的学习项目①

信息	平均等级	认为该项是"必不可少"的新教师的比例（%）
● 关于就业机会均等（EEO）和防止骚扰的政策	2.01	37.5
● 关于专业协会和联盟的信息	2.01	37.1
● 教师投诉程序	2.16	30.2
● 学校委员会及如何加入	2.16	28.5
● 家长群体的角色	2.35	22.4
● 地方教育机构的角色	2.50	20.2
● 关于住宿的建议和帮助	2.76	27.5

适应阶段的入职教育考虑新教师发展的实际需求，对学习进行相应调适，这对于提高入职教育的效率是有益的。实践表明，尽管尚有许多亟待改进的地方，但新教师们感到这种灵活的入职教育有助于他们顺利度过适应期。

2. 确立阶段（the 'establishment' phase）的机动处置

与适应阶段的调查方法类似，对确立阶段新教师和督导的调查，包含了一系列关于新教师教学工作策略或提供相应帮助的问题。那么，在此阶段的入职教育上，应该尝试什么样的策略呢？在关于"策略"这个问题上，人们为调查对象列出了 18 种策略，要求调查对象：（1）确认在工作的前几周受到过何种类型的帮助；（2）评价这些策略在多大程度上对新教师有益（调查新教师）、有效（调查督导）。与适应阶段一样，用 5 个等级对以下策略进行评价。

新教师认为所有的策略都是有益的，调查结果把最受新教师欢迎的策略分为两个层次。表 6 – 11 显示的是排名前 9 位的被新教师认为最有价值的策略（第一层次）。

---

① Tasmanian Educational Leaders Institute (Department of Education Tasmania). An ethic of care: effective programs for beginning teachers. Canberra: Department of Education, Science and Training, 2003: 54.

表 6 – 11　　　　　　确立阶段新教师最欢迎的培训策略①

策略	平均等级	认为该项是"必不可少"的新教师的比例（%）
• 课程资源	1.44	67.6
• 与团队教师合作进行教学设计	1.55	60.9
• 与指定的中小学指导教师座谈	1.60	62.0
• 与学校资深教师座谈	1.60	58.1
• 与校长或副校长座谈	1.67	56.1
• 观摩其他教师的课堂教学	1.83	51.5
• 新教师手册	1.87	49.5
• 与教师同伴座谈	1.95	42.4
• 减少教学工作量	1.96	50.9

这些策略与适应阶段受欢迎的策略有着同样的"风格"。他们关注的是的教学实践设计、为他们提供必要的信息和个人支持。督导们与新教师在关于确立阶段最有效的策略问题上观点大致相当，但仍有一些不同。

新教师比督导更加重视以下几个方面：一是课程资源（在对督导的调查中，此项位列第五，有 53.7% 的督导认为这项极其有效）；二是与校长和副校长的座谈（在对督导的调查中，此项位列第七，41.8% 的督导认为这项极其有效）；三是观摩其他教师的课堂教学（在对督导的调查中，此项位列第八，41.8% 的督导认为这项极其有效）。

新教师都希望能获得学校资深教师，特别是校长的重视，都希望资深教师尤其校长也来关注他们的需求。一些督导指出，这并不需要校长付出多大的努力，但这对新教师来说却有很大的影响力。如有的教师表示："我和我的校长关系非常融洽……他会时不时地走进我的课堂，仅是稍留片刻……然后他会来找我并及时将信息反馈给我。我真的感到很受器重因为他能花时间来听我的课……前几天我对此有点恐惧……但是对他来说真的让我觉得很难得……这给了我信心，如果我有了学生工作方面和其他方面的问题又没有办法去请教和咨询我的良师益友……那么我会去叩门拜访

---

① Tasmanian Educational Leaders Institute（Department of Education Tasmania）. An ethic of care: effective programs for beginning teachers. Canberra: Department of Education, Science and Training, 2003: 59.

我的校长,因为他让我感到他很重视我。""初次与资深教师进行座谈是很重要的,因为这能使你感受到你是学校中的重要一员……虽说他们都很忙,但是如果你能就一些教学基本问题跟他们沟通交流一下,那么不久你会很自然地而且毫不犹豫地跟他们谈论一些教学之外的问题……"同时,也有很多新教师对于那些给予他们承诺却不提供任何支持的校长表示不满。一位维多利亚州天主教学校的新教师说道:"他们将条条框框写在纸上,但事实上永远都不会兑现。"[1] 上述新教师的评论强调了一个事实,那就是对新教师的支持力度与领导者的素质有紧密的联系。

然而,督导却比新教师更重视以下诸方面:与教师同伴座谈(在对督导的调查中,此项位列第五,51.9%的督导认为这项极其有效);团队教学(在对督导的调查中,此项位列第十,43.7%的督导认为这项极其有效)。

表6-12 显示了新教师入职确立阶段不太受欢迎的、虽都有价值但是支持率明显较小的几种策略。

表6-12 确立阶段新教师不太欢迎的培训策略[2]

策略	平均等级	认为该项是"必不可少"的新教师的比例(%)
• 与其他新教师的座谈	2.02	41.0
• 为新教师介绍网络资源	2.04	40.6
• 参加专业会议	2.16	38.3
• 团队教学	2.17	38.7
• 让其他教师来听课,并提供及时的反馈	2.24	38.4
• 非公开的咨询	2.33	31.8
• 地方教育机构组织的学术会议	2.62	22.4
• 访问其他学校	2.71	24.1
• 与其他学校的新教师保持联络(如电子邮件)	2.75	20.0

要项优先

研究发现,尽管该阶段涉及的新教师入职教育事项纷繁复杂,但这些

---

[1] Tasmanian Educational Leaders Institute (Department of Education Tasmania). An ethic of care: effective programs for beginning teachers. Canberra: Department of Education, Science and Training, 2003: 61.

[2] Ibid., 61.

事项对于新教师适应和胜任学校工作的意义并非等量的。其中有些内容的学习、有些能力的形成对于新教师的角色转变与专业发展具有基础与根本的价值，需要特别关照、优先对待。如表6-13所列。

表6-13　　　　　　新教师入职确立阶段最重要的学习项目①

事项	平均等级	认为该项是"必不可少"的新教师的比例（%）
● 学生行为管理	1.31	76.3
● 满足学生的一系列学习需要	1.53	61.5
● 有效的教与学的策略	1.55	59.7
● 组织学生学习	1.61	56.3
● 学生评估	1.69	57.6
● 与家长的交流	1.74	55.6
● 关于特定内容的教学策略	1.74	47.8
● 全纳教育（包括残障学生在内）	1.77	51.3
● 学生的动机	1.78	49.4
● 记录保存	1.81	49.7
● 制定一系列的学习计划	1.82	46.1
● 时间调控	1.84	48.5
● 课堂教学设计	1.88	48.9
● 缓解压力	1.91	48.9

　　督导的评价与新教师大致相当，但也存在着一些差异。新教师比督导更关注以下方面：满足学生的一系列学习需要（此项被督导排在第五位，47.5%的督导认为此项"非常有用"）；对学生进行评估（此项在督导的评价中位列第九，39.4%的督导认为此项"非常有用"）。

　　然而督导却比新教师更重视：课堂教学设计（此项在督导的评价中位列第二，47.6%的督导认为此项"非常有用"）；制定有序的学习计划（此项在督导的评价中位列第八，仅有39.9%的督导认为此项"非常有用"）。

---

① Tasmanian Educational Leaders Institute（Department of Education Tasmania）. An ethic of care: effective programs for beginning teachers. Canberra: Department of Education, Science and Training, 2003: 65.

新教师们从自己的切身体验出发，对另外一些入职教育的内容提出了异议，至少认为这些内容的学习对于他们成长而言虽然必要但未必是非常迫切的。

表6-14　　　　　新教师入职确立阶段次重要的学习项目[1]

事项	平均等级	认为该项是"必不可少"的新教师的比例（%）
●教学计划评估	2.01	41.0
●撰写报告	2.06	48.9
●将计算机作为开展教与学活动的工具	2.08	37.6
●处理行政管理方面的事务	2.15	36.5
●课外职责	2.43	26.3

显而易见，在新教师入职教育的确立阶段，对于上述新教师与督导们都认为具有优先学习价值的内容，应该给予特殊的待遇，予以优先的处置。而对于那些相对而言迫切性不那么强的内容的学习可以而且也应该适当延后进行。这样做的结果，客观上能对新教师的成长起到良好的促进作用，从而获得较好的成效。

3. 成长阶段（The 'development' phase）的灵活举措

就某些新教师而言，确立阶段要贯穿整一年，有时甚至更长。通常来说，新教师在开始工作几周或一个月后，就渐渐适应了角色，然后便从确立阶段转向另一个重要的阶段——成长阶段。在新教师成长阶段采用的策略与确立阶段大致相同，但最为关注的是专业发展问题，注重来自其他教师对新教师提供的反馈信息。

这些策略分别是：参加专业会议、与校长或副校长座谈、与资深教师座谈、与团队教师进行合作教学设计、提供课程资源、参加地方教育机构组织的研讨会、与指定的指导者座谈、与其他新教师座谈、其他教师来观摩教学并提供反馈信息、参加团队教学、观摩其他教师的课堂教学、与教师同伴座谈、减少教学工作量、阅读新教师手册、访问其他学校、获得非公开的咨询、与其他学校的新教师保持联络、为新教师介绍互联网资源。

---

[1] Tasmanian Educational Leaders Institute (Department of Education Tasmania). An ethic of care: effective programs for beginning teachers. Canberra: Department of Education, Science and Training, 2003: 67.

需要指出的是，适应阶段和确立阶段时需要认真对待的"重心突出"、"要项优先"处理方式，在成长阶段同样适用。因为在对新教师的调查中发现，有两项条目的支持率显著上升了，① 第一项是"对学生进行评估"——在确立阶段，此项排名第五，新教师对此项评价的平均等级是1.69，57.6%的新教师认为这项是必不可少的；而在发展阶段，此项排名跃升到了第二，新教师对此项评价的平均等级为1.45，65.3%的新教师认为此项对于他们更为重要；第二项则是"报告撰写"——在确立阶段，此项排名十六，新教师对此项评价的平均等级是2.06，48.9%的新教师认为这项是必不可少的；而在成长阶段，此项排名跃升到了第五，新教师对此项评价的平均等级为1.57，63.1%的新教师认为此项对于他们而言更为重要，因而成长阶段的教师入职教育应该格外关注对新教师在这两方面学习的引导与督促。

六　入职教育的保障

如何使教师入职教育获得有效实施？在2002年3月举办的一次研讨会上，教育界人士就一系列相关问题进行了探讨。此次研讨会的参与者主要来自各个州和地区的利益相关者，包括公立学校、学校所在地区和所属教育系统，天主教学校和独立学校、大学、专业协会和联邦教育、科学和培训部的有关专业人士。该研讨会旨在讨论入职教育的意义、有效入职教育的原则和模式，并提出了一系列建议，尤其是设计与提出了一个包括管理模式、教育评价、经费提供等要素在内的保障机制，以使教师入职教育真正落到实处。

（一）入职教育的管理与设计模型

管理出效益，有效的教师入职教育离不开管理工作的同步跟进。考虑到这一点，研讨会的参与者们设计了一个管理入职教育工作的总体模型。在确定学校、学校所在地区和学校所属教育系统应贯彻的有关方针、各自

---

① Tasmanian Educational Leaders Institute (Department of Education Tasmania). An ethic of care: effective programs for beginning teachers. Canberra: Department of Education, Science and Training, 2003: 78—81.

应承担的主要任务、应提供的教育资源、应履行的主要义务、进行的主要的入职教育活动和入职教育评估工作的同时，该模式勾勒了一项简明的行动框架，它被称为入职教育"工作规范"，在不同的辖区可以有不同的实施方式。该模型认为，倘若学校、学校所在地区和学校所属教育系统均按照以下七个步骤来实施，那么各地在对新教师入职教育所提供的支持方面，就有可能更趋于公平和一致。

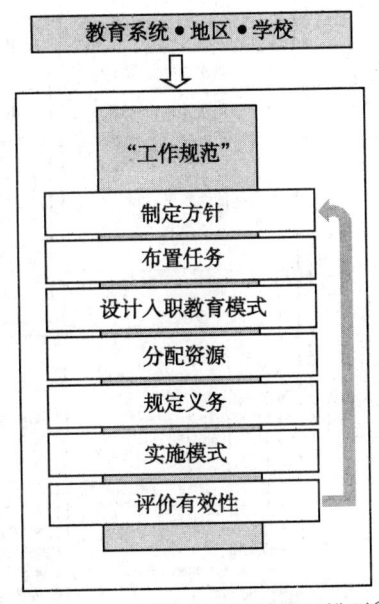

```
        教育系统·地区·学校
              ⇩
        ┌─────────────┐
        │  "工作规范"  │
        ├─────────────┤
        │  制定方针    │
        ├─────────────┤
        │  布置任务    │
        ├─────────────┤
        │ 设计入职教育模式 │
        ├─────────────┤
        │  分配资源    │
        ├─────────────┤
        │  规定义务    │
        ├─────────────┤
        │  实施模式    │
        ├─────────────┤
        │  评价有效性  │
        └─────────────┘
```

图 6-1　入职教育计划的管理模型①

根据有效入职教育计划的原则，以及通过上述调查研究和对重要群体进行访谈得出的结论，会议设计了以下入职教育计划模型。由于模型对于入职教育的方方面面都有周详而明确的要求，依据入职教育计划的模型来考察入职教育实践，检验教师入职教育是否全方位地获得实施，便成了督促有关学校切实实施新教师入职教育的重要保障。

---

① Tasmanian Educational Leaders Institute (Department of Education Tasmania). An ethic of care: effective programs for beginning teachers. Canberra: Department of Education, Science and Training, 2003: 115.

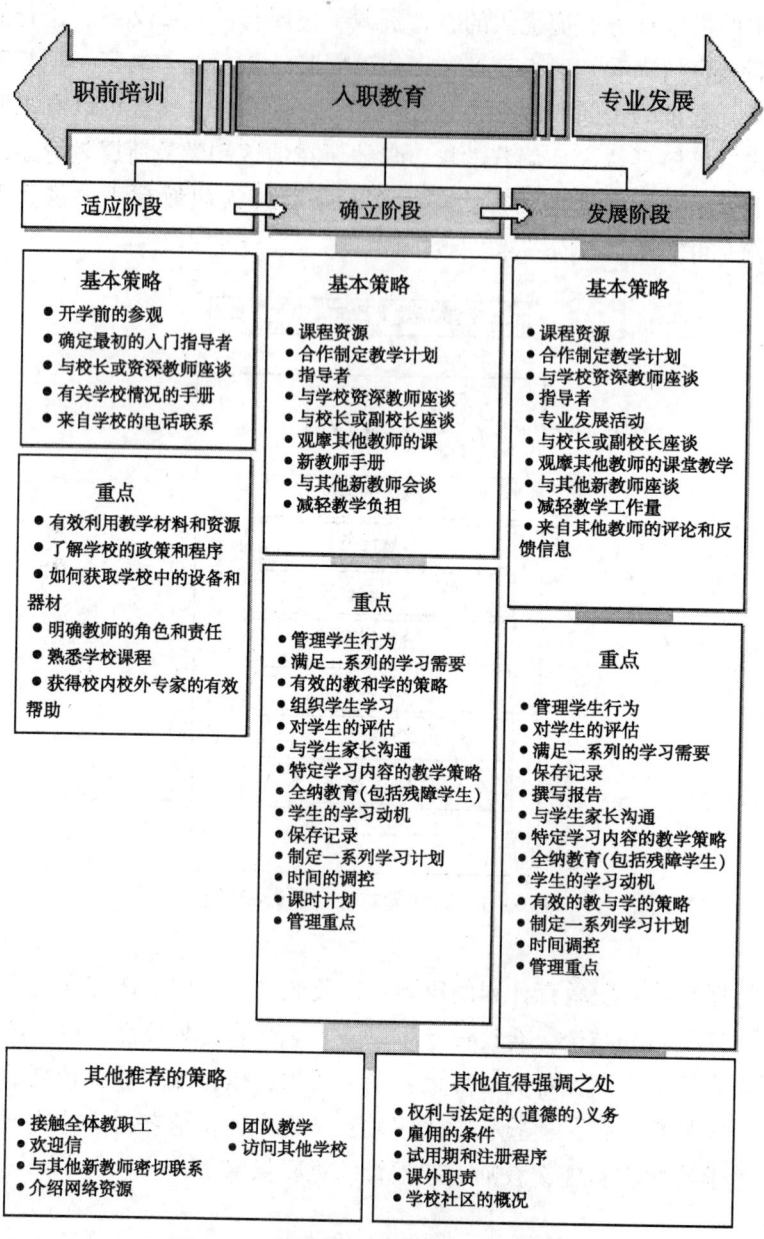

```
         ┌─────────┐  ┌─────────┐  ┌─────────┐
◀════════│ 职前培训 │══│ 入职教育 │══│ 专业发展 │════════▶
         └─────────┘  └─────────┘  └─────────┘
                          │
         ┌──────────┐ ┌──────────┐ ┌──────────┐
         │ 适应阶段 │⇒│ 确立阶段 │⇒│ 发展阶段 │
         └──────────┘ └──────────┘ └──────────┘
```

适应阶段

基本策略
- 开学前的参观
- 确定最初的入门指导者
- 与校长或资深教师座谈
- 有关学校情况的手册
- 来自学校的电话联系

重点
- 有效利用教学材料和资源
- 了解学校的政策和程序
- 如何获取学校中的设备和器材
- 明确教师的角色和责任
- 熟悉学校课程
- 获得校内校外专家的有效帮助

确立阶段

基本策略
- 课程资源
- 合作制定教学计划
- 指导者
- 与学校资深教师座谈
- 与校长或副校长座谈
- 观摩其他教师的课
- 新教师手册
- 与其他新教师会谈
- 减轻教学负担

重点
- 管理学生行为
- 满足一系列的学习需要
- 有效的教和学的策略
- 组织学生学习
- 对学生的评估
- 与学生家长沟通
- 特定学习内容的教学策略
- 全纳教育(包括残障学生)
- 学生的学习动机
- 保存记录
- 制定一系列学习计划
- 时间的调控
- 课时计划
- 管理重点

发展阶段

基本策略
- 课程资源
- 合作制定教学计划
- 与学校资深教师座谈
- 指导者
- 专业发展活动
- 与校长或副校长座谈
- 观摩其他教师的课堂教学
- 与其他新教师座谈
- 减轻教学工作量
- 来自其他教师的评论和反馈信息

重点
- 管理学生行为
- 对学生的评估
- 满足一系列的学习需要
- 保存记录
- 撰写报告
- 与学生家长沟通
- 特定学习内容的教学策略
- 全纳教育(包括残障学生)
- 学生的学习动机
- 有效的教与学的策略
- 制定一系列学习计划
- 时间调控
- 管理重点

其他推荐的策略
- 接触全体教职工
- 欢迎信
- 与其他新教师密切联系
- 介绍网络资源
- 团队教学
- 访问其他学校

其他值得强调之处
- 权利与法定的(道德的)义务
- 雇佣的条件
- 试用期和注册程序
- 课外职责
- 学校社区的概况

图 6-2 入职教育计划的设计模型①

---

① Tasmanian Educational Leaders Institute (Department of Education Tasmania). An ethic of care: effective programs for beginning teachers. Canberra: Department of Education, Science and Training, 2003: 117.

（二）入职教育的评估

在大多数学校中，新教师有一个试用期，而且必须在入职后的第一年年底或者第二年就是否继续聘用进行评估。这意味着对新教师而言，就职初期会有一对潜在的矛盾：职业的入门和社会化过程以及受监控和入职评估的评判性过程。而对新教师入职教育的评估将无可避免地涉及以下一系列问题。

一是依据什么来评估入职教育的成效？受澳大利亚国家教学质量工程（NPQTL）委托的项目小组在1992—1993年间制定了初任教师能力框架的的草案，该项目小组经过几年的调查研究，对 NPQTL 框架提出了新教师入职的若干方面的能力标准，分别是运用专业知识和发展价值观的能力；与学生以及他人进行交流，并通过合作来规划和管理教学的能力；监控和评估学生的进步和学习结果的能力；为持续地提升素养而进行反思、评估和规划的能力。以上这些标准体现的是新教师的教学实践水平。

二是由谁来实施教师入职教育评估？这实际上就是由谁来对新教师进行评估的问题，澳大利亚教育界有很激烈的争论，争论的焦点就在于新教师的指导教师能否参与评价。一般认为，入职教育和评估过程应该分离，而且指导者和评估者的角色应该由两个不同的人扮演。因为评估者的角色会让新教师有压力，会使新教师产生不安全感，而不是信任感。对新教师继续聘任有评判权的指导者，可能会因为"减少压力"的考虑，而导致他们不能最大限度地给予新教师最需要的帮助和指导。卡特（cater）指出："要使指导者与被指导者的专业对话处于信任与公开的状态，那么在两者关系中就不能存在评估的因素。"[1]

但是，并不是所有的评论者都认同这一观点。马丁内斯（Martines）提出了另外一个重要的观点。那就是在一些规模较小或者进行重大人事变动的学校里，就存在着这样的限制条件：把两个过程分开是不现实的。而且，还有一个两难问题：即帮助新教师的人往往对这个新教师很了解，因而新教师指导者是对新教师作出中肯评价的最佳人选。"我们面临的挑战

---

[1] Tasmanian Educational Leaders Institute (Department of Education Tasmania). An ethic of care: effective programs for beginning teachers. Canberra: Department of Education, Science and Training, 2003: 34.

就是能建立一个真正能兼任指导和评估双重角色的体系"[1]

许多人认为，应针对新教师的情况作出批判性的反馈，以使新教师在试用期间的实践能力得到评估，从而提升新教师的实践绩效。在新教师的专业学习中，完全分离指导者和评估者的角色就会忽略形成性评价的重要作用。一部分教师认为，评估利大于弊。[2]

如何进行总结性评估和如何使它在入职教育中扮演重要的角色是问题的关键。1997年亚太经济合作组织（APEC）关于太平洋区域各个国家的入职教育的一项研究发现，最成功的入职教育就是"降低"评估的作用，这并不意味着减少评估——在很多入职教育活动中评估是很频繁的，是由非正式的和由全体人员共同进行，但是它不是入职过程中首要的重点。[3]

三是通过什么形式来实施入职教育评估？在澳大利亚，对接受入职教育后的新教师进行评估一般会采用课堂教学观察、档案袋评价以及校内其他人员综合评价三种形式。所谓课堂教学情况观察，通常指学区督导与校长等评估人员一起现场观察新教师的课堂教学。这通常被认为是一种最为可靠的评估形式，因为这种现场听课的方式，能使他们客观地了解新教师的教学实践状况，对受过入职教育的新教师的教学能力做出客观可靠的评估。一般说来，这种听课不采用突然袭击的方式，而是采用公开透明的方法：在现场听课前，评估者与作为被评估者的新教师会就听课的目的、听什么、何时听、谁来听等问题进行必要的沟通，以利于评估活动的顺利进行。另外，在对新教师进行评估时，校内其他人员尤其是指导教师的看法也会被充分考虑，因为指导教师与新教师接触频繁，也比较了解新教师的教学情况，将他们的看法纳入到对新教师的评估中，是必需的。此外，人们在采用上述两种形式的基础上，还会结合运用"教学档案袋"来对新教师进行评估。教学档案袋中一般包括新教师在教学实践方面的记录，如教学设计、课堂教学录像、学生情况记录、班级日志、教学反思以及一些

---

[1] Martinez, K. Teacher Induction Revisited. Australian Journal of Education, 1994, 38 (2): 174—178.

[2] Tasmanian Educational Leaders Institute (Department of Education Tasmania). An ethic of care: effective programs for beginning teachers. Canberra: Department of Education, Science and Training, 2003: 34.

[3] Stephens, M., Moskowitz, J. From Students of Teaching to Teachers of Students: Teacher Induction around the Pacific Rim. http://www.ed.gov/pubs/APEC/, 1998 - 02 - 25.

其他信息。适当考虑教学档案袋中所包含的教学信息，有利于对新教师作出合乎客观实际的教学评价。

在经过州或地区的教师管理机构和学校组织的评估考核之后，那些合格的新教师可以进行正式注册，不合格者虽然也可以留用，但一般不会超过三年。留用期间，一般会继续让其接受入职教育，以帮助他们提高教学水平，成为合格的正式教师。

（三）入职教育的经费及时间保障

教师入职教育不能也无法凭空实施，它须有一定的条件支撑。其中最主要的条件包括必要的经费和新教师接受这种教育所需的时间。应该认为，澳大利亚在这方面是比较重视的。

就经费而言，1993年，该国就成立了全国教学委员会，拨款1个多亿美元，其中2000万美元专门用于实施包括新教师在内的教师进修计划。在"21世纪的教师：创造特色——联邦政府高质量教师行动"中，联邦政府就拨款7400万美元支持高质量教师计划，其中便包括对新教师的培训。澳大利亚政府每年投入相当于新教师10%的薪水，作为新教师参加为期12个月的入职培训的费用。这些资金是提供给那些为新教师进行入职培训的雇佣机构和学校的。新教师校外研修所需的费用，除少部分由任职学校担负外，其余基本上由地方政府负担。一些州和地区，在支持新教师入职教育方面则走得更远。以维多利亚州为例，便是如此。维多利亚州政府每年按教师人均250美元的额度，直接下拨各中小学校一笔经费，供新教师入职教育用。该州教师发展协会甚至设立了教师入职教育专项基金，用以支付新教师参加各种校外培训活动的筹备经费、新教师参加培训和考核的经费以及指导教师的劳务津贴。2001年，该州教师发展协会给该州9个学区出资15万美元（新教师平均每人约68美元），来推动新教师的校本入职教育工作。该州下属各学区最初至少获拨8000美元的经费，还能根据新教师的人头数获得追加。各学区需要向教师发展协会提交关于经费使用情况的年度计划和开支报告，但在如何将这些经费用于教师入职教育的问题上，学区可以依据实际情况酌情处理。学区下属各学校则相应地也要制定新教师入职教育计划，特别是新教师人均800美元入职教育经费资助的使用计划，以确保新教师入职教育得到有效实施。新南威尔士州教育部还采用了一个正式的入职教育计划，每年投入500万美元以支持新教师入职培训。有近 90 所学校参与这个入职教育计划。[①]

新教师的入职教育还需有时间的保障。这里时间的保障主要是针对新教师和指导教师来说的，为了更好地让新教师有较多的时间来获得多方面的入职教育，包括参观其他学校、教师互相听课观摩等。澳大利亚的学校通常是将新教师的课堂教学工作量减少至一般教师工作量的 80%。同时，由于给新教师进行指导也非易事，需要指导教师有认真负责的态度与循循善诱、一丝不苟甚至精辟独到的教学智慧，因此往往要占用他们大量的精力和时间。为此，澳大利亚的学校在对指导教师给付一定的物质酬劳的同时，通常还会在教学工作量上对指导教师予以一定的减量处理，从而使他们有一定的时间来指导新教师，使新教师有可能在指导教师的引领下，快速地熟悉教学要素、形成基本的教学智慧与教学能力，快速地实现由准教师向真教师的角色转换，成为能胜任教学工作的教师。

七　案例："飞翔的起点"——昆士兰州新教师入职教育

昆士兰州非常重视新教师的入职教育，该州教育与培训部有义务确保所有的新进教师参加入职教育。该州"飞翔的起点"入职教育策略，也引起了人们对昆士兰州新教师入职教育的关注。

昆士兰州教育与培训部专门为学校领导设计了名为"飞翔的起点"的入职教育理念手册，以使他们能更好地为新教师制定入职教育计划。虽然入职教育通常是在本校范围内进行的，但是学校所在的地区、辖区在这方面也同样起着重要的作用。昆士兰州教育与培训部鼓励大学与专业协会建立合作伙伴关系，以便在一个地区、一个州或是全国范围内建立和拓展专业发展社区关系网。学校领导在支持和保证新教师专业发展方面起着重要的作用，他们能确保相关的入职教育活动得以顺利实施，以及委派任务给适合承担此任务的教师。

"飞翔的起点"入职教育计划的框架重视为新教师量身定做入职教育

[①] 转引自 Australia. Parliament. House of Representatives. Standing Committee on Education and Vocational Training. Top of the class：report on the inquiry into teacher education. Canberra：House of Representatives Publishing Unit，2007：86.

计划的必要性，强调有效的入职教育计划应对以下几个方面予以关注。①

首先，有效的入职教育计划应该能帮助新教师较快地适应工作，使他们得到个人和专业的支持，促进他们的成长。其次，有效的入职教育应该以教师专业标准框架为准则，入职教育是多维度且灵活的，是帮助与监督共存的，是全体教师的共同职责所在，要密切关注新教师个人的需求。再次，学校领导者应履行其在入职教育中的职责，包括：确保入职教育符合新教师个人的需要；制定基于个体和组织的共同职责的入职教育计划；使新教师融入学校的文化和"结构"；帮助新教师建立专业合作伙伴关系；帮助新教师熟悉全体教师、社区和学校设施；选定一名合适的教师作为入职教育的联络人；为新教师选择合适的指导者，如资深教师；积极参与入职教育计划的有关事项；履行自己在新教师试用期间的职责，并完成昆士兰教师学院要求的报告；与主要利益相关者一起评价入职教育计划的有效性；为所有的新教师提供入职教育，包括在学期中间入职的教师或代课、合同制的教师。

在昆士兰州的入职教育中，新教师要关注四条主要事项。第一条事项包括：熟悉学校环境，并了解在这所学校里，作为一名教师应有的特质和要求；了解关于学校的课程，并制定对学生负责的行为计划；获取学校资源、教材和设备，并得到实质帮助，以使自己从一开始便能如同一位有才能的教师那样工作；知道从哪里以及如何得到专家教师的帮助与指导；从事感兴趣的事，例如加入委员会、进行体育活动或是艺术活动；顺利完成试用期间的中期报告。第二条事项包括：了解学校的运行程序，明确自己的日常工作；熟悉学校中的其他教师，并且融入他们的圈子，成为对这个教师团队有贡献的一员；以专业人员的身份被同事、学生及其家长接受和认可；顺利地完成试用期间的总结报告；通过昆士兰教师学院要求的中期审查；进行专业阅读。第三条事项包括：形成独立性以及与其他教师地位相等的意识，并且思考作为教师需要学习什么、实践什么、达成什么；与同事团队就教学实践、计划和课程进行深刻的反思；证明自己成功地达到昆士兰州的试用期要求。第四条事项包括：达到昆士兰教师学院对教师注

---

① Queensland Government, Department of Education, Training and Arts. Flying start induction ideas for beginning teacher induction programs. http://education.qld.gov.au/staff/development/docs/flying-start_ideas_beginningteachers.pdf, 2010-02-25: 2.

册的要求；认可并反思绩效与挑战；确定未来一年的专业发展目标和专业发展活动；在未来一年内主动寻找在学校中成为领导者的机会。

昆士兰州还要求在入职教育中为新教师营造一种支持性的文化。首先，要对新教师进行指导。[①] 指导者在新教师入职教育的过程中起着非常重要的作用，通过专业对话，指导者帮助新教师完全融入学校的教学工作和学校社区。这不仅能提高新教师的技能，同时还能激发新教师的斗志，促使他们通过专业学习建立自信。辅导促使一种学习文化氛围的产生，在这种文化氛围中，人们可以通过互相分享彼此在工作中的经验、技能和知识而学到更多的东西。指导计划应该是精心策划、富有成效的，且能促进新教师的专业发展、增进学校教师间相互交流与理解。

其次是要为新教师建立专业合作伙伴关系和人际支持网络。专业协会和人际支持网络通过改善教师所教特定学科的知识，以丰富教师的专业生命。它们还可以为专业发展活动提供专业意见。专业关系网络的主要作用就是能使教师群体共享专家意见，并且对处于各个职业生涯阶段的教师来说，专业关系网络都是高质量的专业发展活动的资源。学习园地网为教师们提供了进行网上交流的机会，这种网上交流，使得教师们有更多的机会分享他们的策略和经验，教师们在网上交谈，可以增加对特定问题的关注意识，并能获取网上的教学资源。最后是要创设一种有效交流的环境。学校与其主要利益相关者之间的有效沟通，对于建立帮扶文化是非常重要的。在整个学校范围内建立透明的交流渠道无疑为全体教职员创设了一个开放的积极的环境。通过持续的、开放的和积极的交流形成的团队精神和积极的态度，将有助于建立友好和愉悦的工作环境。

昆士兰州的入职教育在新教师就职前就已开始，它主要包括四个方面。[②] 其一是让新教师了解有关学校的一些信息与程序，如：给新教师提供机会，让他们熟悉学校的文化氛围和更广大的学校社区，让他们与学校的教师及学生接触；让他们接触学校的活动、课程组织、教室、资源和其

---

① Queensland Government, Department of Education, Training and Arts. Flying start induction ideas for beginning teacher induction programs. http://education.qld.gov.au/staff/development/docs/flying-start_ideas_beginningteachers.pdf, 2010-03-02: 3.

② Queensland Government, Department of Education, Training and Arts. Flying start induction ideas for beginning teacher induction programs. http://education.qld.gov.au/staff/development/docs/flying-start_ideas_beginningteachers.pdf, 2010-03-06: 4.

他设备；确保对于新教师来说，课程、学习框架和帮助还有报告文献都是可以获得的；将学校公报或者是通讯发送给新教师。其二是让新教师了解入职教育所需的有关信息与资料，如有关学校和社区环境的信息；新教师入职的第一天所需知道的有关学校的主要方针和程序（学生管理的准则、关爱的职责、学生名单、急救措施、与家长交流的行为准则、教师的作用和期望）；学校主要教职工的明细表，包括他们的主要职责和联系方式；学校地图的复印件（注明员工休息室，教室，操场），还有一份学校的时间表；为新教师提供基本的信息，关于哪里停车、着装要求、从何处进学校，办公室的安排、如何利用资源、如何使用电脑设备、复印机等等。学校入职培训可提供的配套内容的样本在课程交换资源中心网站也可以找到。其三是确保新教师能得到指导者的帮助，包括：为新教师选择能促进其对教学法、技能和知识进行反思的合适的指导者；将新教师引见给他们的指导者，并与指导者保持联系；让新教师有机会规划、讨论学生的学习经历，并在指导者的帮助下进行第一周的教学工作；与指导者讨论了解学生及学生的学习背景的策略；指导者为新教师提供帮助，以期为他们建立一个积极的学习环境。第四个方面是为新教师提供实用的信息，以便使他们确立"应该教什么"和"我在教谁"的意识，使他们能够合理规划时间，用来检查教学计划和活动、课程选择和学生的问题；在新教师入职第一天，与新教师就学校行为准则和要求进行清晰地讲解；让新教师认识他的直接领导；为新教师提供在教室中使用的资源（姓名标签，座位表）以及入职第一天该做的事项的清单；为新教师逐步提供引导，如使用钥匙进入教室和休息室、使用复印机、了解集会的注意事项、公交车的时间、午餐次序、储物柜、时间表等等。

在新教师入职后的适应期阶段，还要为新教师提供六大方面的帮助。[①]首先是帮助新教师入门，包括在专业发展和社交活动等方面，让新教师与学校和其他教师融为一体；通过学校通讯或集会或者其他教师有兴趣参加的活动，向教师正式介绍有关学校的情况；帮助新教师处理学生问题。第二是开展规划和讨论活动，以使新教师放松地与指导者和其他新教师进行

---

① Queensland Government, Department of Education, Training and Arts. Flying start induction ideas for beginning teacher induction programs. http://education.qld.gov.au/staff/development/docs/flying-start_ideas_beginningteachers.pdf, 2010-03-08: 5.

交谈，包括每日的联系与汇报情况；并且要为新教师建立学习圈，使新教师效仿有经验教师的优秀教学实践；在学校中为新教师组建一个社交圈，还要帮助他们加入校外人际网络。第三是拓展新教师的专业实践，包括：组织团队教学，让新教师效仿最佳教学实践；组织新教师访问其他学校或班级；定期组织关于课堂管理、特定管理任务和教学法方面的专业发展活动；为新教师提供实际的帮助，如读写能力测试、与家长的访谈、报告、教学设计，以及提供远足和野营所需的帮助；鼓励新教师在更广泛的社区中进行资源共享和开发；依据计划开展专业发展活动，并据此进行相应的评估和情况汇报；鼓励他们加入学校或地区的新教师人际网。第四是为新教师提供个人的和专业的援助，包括：为新教师提供多重的反馈和帮助机会；提供和其他教师一起讨论在教与学实践中的问题及发展，如探寻不同的策略、策划新的活动以及尝试不同的教学方法；为教学绩效的提高提供讨论的机会，这种讨论应该是绩效提高活动框架的一部分，以形成一种开放的对话氛围，使教师们不仅表面上接受并且真心欢迎这种讨论；对指导者进行培训，以使他们具备相应的能力来促进新教师对教学实践、技能和知识进行反思；鼓励指导者通过帮助新教师厘清问题、充分讨论或行动研究、提供有用的指导以及支持新教师勇于创新的方法来指导新教师；使新教师有机会与其指导者和其他教师进行座谈；帮助新教师与邻近学校的新教师建立联系；表彰新教师的业绩与成就。第五个方面是鼓励新教师与同事合作进行课堂教学，支持他们参加校内或者校外的专业发展活动。最后还要为新教师提供以下帮助，包括让他们对所达成的专业学习与专业实践效果进行反思；不断地帮助新教师正视这段困难时期，并让他意识到感到疲劳是正常的；为他们提供与其他新教师一起分享和解决问题的机会。

新教师度过适应期后，就进入了专业成长期。在此阶段，昆士兰州的入职教育要帮助新教师发展他们的专业能力,[①] 包括：构建个体学习目标，以便提高他们教学方法方面的素养；批判性地评价学生的学习效果和自身教学实践；将信息与通信技术资源整合到教学设计、评价和报告中；有效地帮助学生学习；在教学设计与准备中使用时间调控策略；发展有效

---

① Queensland Government, Department of Education, Training and Arts. Flying start induction ideas for beginning teacher induction programs. http://education.qld.gov.au/staff/development/docs/flying-start_ideas_beginningteachers.pdf, 2010-03-10: 6.

的课堂管理技能；利用有效的行为策略来建构一个安全的和支持性的课堂环境。除此之外，教工团队和学校社区要继续为新教师提供支持，帮助新教师做到以下诸方面：认识到他们自己新颖的视角是有价值的；与自己的指导者和同事一起设计教学活动；参与教学策略、资源和经验的共享；参与全校性的规划和审核过程；在学校社区中与同事和其他成员进行有效的合作；致力于课外活动和学校社区的活动；参加专业社团，如专业协会和新教师人际网，并在其中学习。

学校领导在此期间也有相应的职责，包括：组织新教师开展法律方面的专业发展活动，比如行为法或学生保护法；通过对新教师正式或非正式的反馈和审查，以促进他们对昆士兰州教师专业标准的理解；帮助新教师收集和分析有关他们的教学有效性的证据；支持指导者与新教师进行批判性的谈话；在讨论专业发展活动及其所取得的成效的基础上，形成关于专业发展重心、优先参与专业发展领域的共识；支持教师选择参加有用的活动和专业领域，以满足自身的专业发展需要；新教师参加一段时间的专业学习后，对其专业发展成效或取得的进步进行评论；认可并表彰新教师的专业发展和绩效；督促新教师完成中期报告和试用期阶段的报告，并递交试用期报告和昆士兰州教师注册的报告。

八　澳大利亚教师入职教育的特色分析

澳大利亚教育界讨论并设计了一个相对完善的入职教育体系。它把新教师的入职教育期划分成了适应阶段、确立阶段与成长阶段；依据各阶段教师发展所面临的各种挑战与发展需要，规定了相应的富有针对性的教育内容，其中有如何融入学校人文环境方面的、怎样获取并利用学校教育资源方面以及学习教学方法与学生评价方面的等等。澳大利亚的教师入职教育，主要是通过"超前实施"、"行政力倡"、"校本主导"的方式来实施的。为了真正有效地将这种入职教育付诸实施，构建一支相对稳定且高素质的中小学师资队伍，澳大利亚采取了诸如为新教师选配指导教师、酌量减轻新教师教学任务、不同发展阶段区别对待，以及由联邦政府与各州和地区政府提供必要经费等一系列举措，从而使得该国新教师入职教育工作获得了有力的支撑，促进了中小学新教师的专业发展、师资队伍的相对稳定和中小学教育质量的提高。

毫无疑问，教师入职教育并非澳大利亚的专利，其他许多国家也有这方面的探索，只不过采取的形式各有千秋、支持的力度有大有小罢了。但人们也不得不承认，澳大利亚在新教师入职教育领域的实践，也确实不乏新颖之处，至少有两个值得思考的地方。

一是活动进行的无缝对接性。如上所述，澳大利亚的教师入职教育并不是新教师们到学校报到从而正式入职的那天才始进行的，而是在准教师们将要走出大学校门但尚未真正跨出大学校门时就着手实施了，包括让准教师们去他们未来可能就业的学校参观、向他们寄送有关学校情况的小册子、向他们介绍学校规章制度、晋升原则等；入职后则进一步及时地让他们参加由地方教育当局组织的"岗前会议"培训、"学年会议"培训等；其间，新教师所在的学校则更是通过组织参观座谈、举行学期前会议、期中讨论会和施行听课制度等方式与途径，对新教师进行各种各样的入职教育。这种近乎无缝式的入职教育，对于新教师迅速适应学校环境和进入教师角色，是十分有益的。因为正是这种入职教育的"无缝接轨性"，对于准教师们及时熟悉学校管理情况、课堂教学情况，形成正确的教学理念和教学技能，起到了那种滞后且断续的入职教育所无法企及的强化的作用，从而能产生事半功倍的功效。

二是过程处置的师本至上性。所谓师本至上，主要是指入职教育过程中一切都从教师发展的实际需要出发，都以教师发展的根本目标为中心，其他的一切都将被置于从属的地位。澳大利亚各州各地区在入职教育问题上所采取的为新教师提供"指导者"，让教学造诣较高的教师以"一对一"为方式、以自己切身经验为手段，给新教师以特殊意义的入职教育；从实践需要出发，酌情减少新教师的教学任务量，在教师入职的不同阶段区别安排教育内容等，正是这种师本至上入职教育理念的体现与贯彻。这样做，既能使新教师们感受到学校的人文关怀，又能使他们看到入职教育内容的实践性与目标实现的可行性，从而最大限度地激发他们自觉参与入职教育的积极性。在某种意义上，这是提高入职教育效益、推动教师快速实现角色转换与适应的重要战略，很值得我国教育界关注与跟进。

第七章

澳大利亚的教师职后更新教育

教师教育应该贯穿于整个职业生涯。职前教育必然是有限的，不仅受教育和学习的时间有限，同时也因为职前教育是不可能使该教师形成最终的教学风格和模式的。教学技能的改进和提高主要依靠实践工作经验的积累，这些经验的积累必须在若干年的持续的专业学习中方能获得。再者，社会和学校教育正在发生着日新月异的变化，教师要学会适应这些改变，必然要不断地进行专业学习。教师在其整个职业生涯中需要不断地进行专业更新，只有这样，才能不断提升自身素养，游刃有余地完成促进学生发展的重任。

一 教师职后更新教育的概念与社会历史背景

（一）教师职后更新教育的内涵

在澳大利亚，教师职后更新教育可以被视作为教师精心设计的一系列活动，以提高教师、管理者和领导者的水平，促使他们能更好地应对新的情势。在精确界定其内涵时，有必要澄清几个问题。

首先是教师职后更新教育与校外教师课程培训的关系问题。教师职后更新教育是不是教师校外课程培训的代名词？显然不是，也不应该将两者混为一谈。教师职后更新教育，从范围上看远比教师校外课程培训要来得大。一般说来，教育系统或者学校为教师提供职后课程培训，仅仅是教师职后更新教育的一部分而已。

教师在工作中接受培训、获得发展与他们在校外学习的课程是有区别的；那就是，一个是在工作中（校内）培训和得到发展，一个是参加校外的课程学习活动。毫无疑问，教师职后更新教育应该是兼顾这两者的。

值得注意的是，尤其是校外培训，人们把教师的职后更新教育与他们参加课程学习等同起来。虽然相关的课程学习对于教师的发展起到了一定的作用，但教师职后更新教育主要的还是通过教学工作中的不断学习或解决学校教育中的实际问题、达成教育目标等途径来进行的。

也许"教师职后更新教育"这个词并不能很清晰地表明它的本质和目的，其实教师职后更新教育在目标上与一般意义上的继续教育基本相同。用"教师职后更新教育"这个词，表明要求教师掌握特定的新技能，教师需要通过培训来应对未来发展中将会遇到的更为复杂的问题，使他们的知识基础更扎实，具有更强的理解力，更敏锐的判断力。

其次是教师职后更新教育与教师入职教育的关系问题。教师职后更新教育似乎是包括入职教育的，两者间似乎具有一种包含与被包含的关系。其实不然。何为入职？如前所述，新教师被学校招聘与录用，在某种意义上还只是人事关系的入职，因其原有知识储备、教学经验、人际资源等方面因素的制约，他们要经过一系列富有针对性的入职教育方能在观念、行为、教学知识和教学能力等方面真正入职。许多人就是因为没能顺利度过这一"特殊时期"，没能最终真正"入职"而不得不放弃教师这个职业的。因此严格地说，教师的职后更新教育期应该是从新教师们顺利度过入职期，在教育观念、教育行为、教学知识和能力诸方面真正符合"教师"角色时开始的。

因此，那种把教师入职教育也算作教师职后更新教育的做法，是不符合教师教育实际的，因而也是不科学的。也正因为如此，从本质上看，所谓教师职后更新教育，实际上是指有关教育当局与学校，创造各种各样的条件，让所有度过入职期包括从教多年的教师，在继续教学工作的同时，以职后的形式参加校内各种业务活动、校外有关课程学习，从中不断更新自己的知识结构、形成新的教学认识、提升自己的教学能力与水准的活动。

（二）教师职后更新教育发展的历史背景

重视对教师进行职后更新教育，在澳大利亚不是今天才有的事。在过去的30年里，澳大利亚不断地在进行教育的改革与重建，教师作为从教者和管理者的角色也在转变。日益革新的技术影响着教育，尤其是教师和管理者。

第七章　澳大利亚的教师职后更新教育

价值观的发展和社会结构的变化也对澳大利亚的教育产生了深远的影响，人们对经济理性的关注取代了对社会公正的追求。20世纪70年代和80年代初期，澳大利亚在教育政策和教育实践中力图体现社会公正的理念，试图给所有的学习者创造获得成功的机会。通常教师在考虑他们自己的理念和切身实践的基础上，依据公正和公平的价值准则履行职责。他们将这些准则应用于教学之中，对教育中的社会公正问题表示关切。[1]

从80年代初期到中期，教育政策同时体现着社会公正和经济理性思想。然而从80年代中期到后期，经济理性思想便彻底成了社会的主导思想，对社会公正的追求已不再占据主导地位。在某些教育系统中，学校几乎蜕变成了一种自我管理的公司机构。教育话语为公司话语所替代，家长和学生通常被称为客户。[2] 教师评价与教学质量保障方面的一些做法，使课堂教学日益成为一种能力为本的机械性活动。

学校与企业建立了合作伙伴关系。从某种意义上来说，学校是自我管理的机构，虽然中央政府的控制权已减弱，但通过实施问责制使得其对学校仍握有控制权。吉登斯（Giddens）把这种现象称为新保守主义方法，它既有利于市场的自由发展，又需要国家强有力的控制。[3]

人们呼吁赋予教师以更多的教学任务，赋予课程以更多的实际内容，这使得教师处于高强度的工作状态中，由于太过忙碌而无暇进行研究、阅读或就有关教育问题进行反思。格里夫斯（Hargreaves）指出，随着创新的不断涌现和改革压力的增加致使课程计划不断地变化。教师们表面上似乎是参与了决策工作，但实际上在对重大的政策和实践做决定时，他们是被排除在外的。媒体批评教师的业绩，但教师却不能对政府的教育体制做出任何公开性的评论。[4]

经济理性主义的提法和话语使得教育政策和实践处于这样一种情况下，即学校被视为微观经济改革的工具，因而其被看作是达到目的的手

---

[1] Lorraine M. Ling, Noella Mackenzie. The Professional Development of Teachers in Australia. European Journal of Teacher Education, 2001, 24 (2): 89.

[2] Ibid..

[3] Anthony Giddens. The third way: the renewal of social democracy. Cambridge: Polity Press, 1998: 21.

[4] Andy Hargreaves. Changing teachers, changing times: teachers' work and culture in the postmodern age. London: Cassell, 1994: 117.

段，教育的工具性价值是至关重要的。在大学和中小学，课程的实施是为了造就一个富有知识且极具智慧的国家，并培养出训练有素和具有高技能的劳动者。因此，职业教育全盘采纳了普通文理教育的方法。

正是在这样的背景下，澳大利亚的教师职后更新教育出现了。由于教师工作的巨大变化和教师队伍趋于老龄化，职后更新教育成了教师工作的需要。在某些情况下，教师的考核和晋升是与职后更新教育联系在一起的。教师在业余时间、周末及假期参加各类课程学习，将其作为一种更新知识结构和实现专业持续发展的途径。这本是具有积极意义的，但问题是，教师在试图达到公众和政府对他们的期望时面临着一些困难。在这种情况下，大学、私立机构、顾问和政府通过教育部为教师和管理者提供职后更新教育的机会，使中小学教师获得了可持续职后更新教育的可能。

二 理论基础与实践意义

（一）教师职后更新教育的理论渊源

澳大利亚教师职后更新教育的进行，同当代终身教育理论的传播与辐射是密切相关的，甚至可以说它实际上是终身教育理论在教师教育领域的体现抑或实践。

终身教育一词最早见于英国的文献。1944年，英国教育法令中就有终身教育概念的反映。[1] 但终身教育作为一种重要的国际性的教育思潮，是20世纪60年代才出现的。1965年，联合国教科文组织在巴黎召开国际成人教育促进会议，该组织的成人教育局局长保罗·朗格让提交了一份主题为建立终身教育体系的报告。该报告提出了终身教育的理念，分析了实施终身教育的必要性、基本内容、主要目标以及所应采取的方法、战略。保罗·朗格让指出，长期以来，社会各界将人的一生机械地划分为学习期与工作期，前一时期的任务是积累知识，后一时期的工作就是使用知识，这是不恰当的，也是不科学的。他认为，社会在不断变化与发展，教育与学习也必然是终身性的。否则，个体就会无法适应发展变化的社会。因此，他主张建立终身教育体系，让教育从纵向看贯穿于人的一生，横向

---

[1] 毕淑芝、王义高：《当今世界教育思潮》，人民教育出版社1999年版，第189页。

看连接个体和社会的各个侧面，使学校教育随时都能以最好的方式向个体提供其所需要的知识与技能。① 1967 年，联合国文化合作委员会进一步提出将终身教育理念作为其教育工作的主要指导思想之一。1968 年，联合国教科文组织还将终身教育规定为 1970 年这一国际教育年的 20 个目标之一。

1970 年，保罗·朗格让出版了《终身教育导论》一书，阐明了他的终身教育思想。他认为，个体发展要经历诸多年龄阶段，而每一阶段都会遇到各种与之相应的问题。要使个体在每一阶段都获得良好的可持续的发展，成为自我意识清晰、知识掌握扎实的人，那么在每一个关键时期，在教育上都要付出特殊的努力。② 1972 年，联合国教科文组织国际教育发展委员会发布了一份名为《学会生存：教育世界的今天和明天》的文件。该文件对终身育思想作了充分的肯定，认为只有采纳了终身教育的思想，教育事业才能变成有效的、公正的、人道的事业。③

社会大众需不分年龄不分性别地以适合自己的方式接受各种不同的教育，唯其如此，才能使自己的知识结构、观念行为与时俱进，跟上现代社会发展的步履，胜任必须担当的有关社会角色。中小学教师又何尝不是如此？倘若不及时进行与接受职后更新教育，中小学教师的知识结构、教学理念以及教学方式方法等就会滞后于学校教育的飞速发展。他们只有及时地接受职后更新教育抑或终身教育，方能应对社会、家长以及学生在教学质量上的各种要求，适应不断发展变化着的学校教学情势，而不至被淘汰。澳大利亚重视教师职后更新教育，其中小学教师也能动地接受这种教育，究其原因之一，就在于终身教育思想抑或理论已经被广泛地认同与接受。

（二）教师职后更新教育的实践意义

教师职后更新教育在澳大利亚之所以能够大行其道、广为接受，更重要的还在于其学校教育的实践提出这方面的迫切要求。

---

① 参见张维主编《世界成人教育概论》，北京出版社 1990 年版，第 94 页。

② ［法］参见保罗·朗格让《终身教育导论》，滕星等译，华夏出版社 1988 年版，第 47 页。

③ 联合国教科文组织国际教育发展委员会编著：《学会生存：教育世界的今天和明天》，华东师范大学比较教育研究所译，教育科学出版社 1996 年版，第 179 页。

澳大利亚联邦政府号召全国致力于作为国家经济重新调整组成部分的中小学教育质量。国家要求提高劳动者的技能，学校教育被视为经济复苏的基石。澳大利亚急需培养大量知识丰富、受过良好教育、具有基本知识技能的毕业生。

劳动者除了需要具备更好的适应力、灵活度外，还需要具备职后学习新技能的能力。为了培养年轻人成为这样的劳动者，中小学教育应为学生在计算、读写能力方面打好基础，并要拓宽学生的知识面，对其进行一定的技能训练，培养学生承担义务、独立自主、团队协作的精神和正确的判断力。高中阶段的教育不再仅仅是为了上大学做准备，同时也要发展学生的兴趣，培养学生的能力。在小学教育阶段，教师不仅要使学生形成良好的知识基础，同时也要培养学生浓厚的学习兴趣，并逐步发展他们的自我指导（self-direction）和自律能力。

要提高澳大利亚的中小学教育质量，就意味着要提升教师的素质。对学校的新挑战实际上就是对教师的挑战，包括对教师在学科知识、教育学知识、教学的艺术和技术方面的挑战。同时也意味着，教师要善于运用新技术、媒体进行教学。为了使学生掌握各种新的实践技能，教师需要给学生布置新形式的作业，以新的方式对学生进行评估。教师还要到学校外的社会中学习，以掌握更多符合社会需求和要求的能力。教师每学期都要开设地方课程，以便为所有学生提供有意义的、适宜的课程。

澳大利亚联邦政府曾经专门就中小学教师和中小学教育问题做了一项历时12个月的调查研究，并形成了一份著名的调研报告——"教师的学习"（Teachers' Learning）。这份调研报告剖析了在提升教师教学技能、改善教师知识结构中所遇到的挑战，它直接针对联邦政府、州和地区体制以及教师职业本身。澳大利亚工党（the Working Party）也曾对该国的教师教育做过调查，并得出结论：旨在重新唤起具有十年或以上从教经历的教师的激情的教师职后更新教育活动，已经十分必要而且非常迫切。对新教师的入职培训应高度重视，然而老教师队伍的稳定问题和他们的持续充电问题也不应忽视。[①]

总之，澳大利亚社会普遍认为，从实践层面看，教师职后更新教育已

[①] F Ebbeck. Teacher education in Australia, report to the Australian Education Council by an AEC working party. Canberra：Australian Government Publishing Service, 1990：58.

势在必行，这主要包括以下诸方面的因素：（1）为了促进教师的发展，使他们有能力在自己的专业工作中及时反映社会、经济、文化、技术和科学的变化；（2）通过改善教师的课堂教学能力、基础知识结构和专业判断力来满足不断提高教学成效的要求；（3）支持教师对学习知识、优秀业绩的追求，以履行其在学校学习的职责；（4）为教师、用人单位和其他机构提供条件以使他们能创造性地应对教育中的突发问题；（5）认识到教师的专业地位和长期的职业生涯实质上是一个职后更新教育的过程；（6）通过让教师对自己的业绩进行反思，来维持教师的学习动机、保持教师学习的热情，提高他们的自信心以及他们自我调控专业学习的意识；（7）使教师具备新的能力和技能去应对一些变化，如从任课教师的角色转变到管理者或专家的角色，或者转换到新的教学环境中。

三 教师职后更新教育的目标与原则

（一）教师职后更新教育的目标追求

具体说来，教师职后更新教育应该以什么为它的主要诉求？人们认为，尽管希望通过教师职后更新教育来达成的目标很多，但最急迫最重要的应属以下几个方面。

一是帮助学生形成各种可迁移的技能。在澳大利亚，一个人平均一生会换三次工作甚至更多。[1] 可以说一个人的未来是不确定的，但我们可以断定他所从事的职业中的技术会不断地革新。学校和教师必须将学生培养成在其职业生涯中具有持续学习能力、具备良好适应能力以及掌握良好技能的人。在不同的教育阶段，教师要用新的教学方法来培养学生善于分析和解决问题的能力以及在新的环境中自力更生的能力，除此之外还应该确保他们掌握扎实的"基础知识和技能"。尤其是教师必须充满自信、富有学识并且明确自己所担负的教育任务，这样他们才能适应新的要求。

学校的传统课程需要进行调整使之与课堂外的世界保持密切的互动。这给国家、教育系统和学校提出了一个新的重任，即要更新这些传统课程

---

[1] Australia. Inservice Teacher Education Project Steering Committee. Teachers' learning: improving Australian schools through inservice teacher training and development. Canberra: Australian Govt. Pub. Service, 1988: 5.

从而使学生通过这些课程的学习能发展其理解力和技能，学生掌握的这些理解力和技能在其毕业走上工作岗位后也是有用并且可迁移的。因此，做教师的就必须不断地更新自身的教学方法和能力，以应对新课程提出的要求。

二是学习满足各种学生人群的需求。① 随着学生人数的增多，教师需要开发课程和技术以满足不断增长的多样化的学生群体的需要。于是就出现了新的学校组织形式，如在校外车间学习和接受技术与继续教育（TAFE）。在一些地方，学校教学出现了特殊情形，比如特殊教育，残障学生已与普通学生在同一个课堂里学习，这必然对教师的教学技能提出了新的要求。

三是善于关注广泛的兴趣和需求。高质量的教学，通常都是建立在教师了解学生的能力、背景、兴趣、价值观、学习风格和抱负的基础上的。毋庸置疑，社会对教师的要求不断地在提高。首先，学生群体比以往更为多样化；其次，社会对性别、阶级和种族的共存共荣意识激增。新的公平标准应用于教育中。此外，教师需要更关注具有澳大利亚特色的课程，要让学生对亚洲和太平洋地区的邻国有更多的了解。教师也要掌握咨询技能，因而他们必须掌握除他们所教学科领域外的更广博的知识。

四是更新教师的专业知识基础。学校教学必须及时反映各学科知识的变化以及文理教学知识的更新。就像其他任何一种职业，教师需要定期更新他们的专业基础知识。社会期望教师像医生那样能与时俱进，不断地取得进步。

（二）教师职后更新教育的基本原则

澳大利亚依据教育当局和教师所认可的，以及通过对成人学习和教师发展的研究所得出的结论，确定了以下有效教师职后培训与发展的十项原则。

---

① Australia. Inservice Teacher Education Project Steering Committee. Teachers' learning: improving Australian schools through inservice teacher training and development. Canberra: Australian Govt. Pub. Service, 1988: 5.

（1）关于成人学习（Adult Learning）的原则。[①] 有效的教师职后培训和发展应该是：教师需要学习与他的职业和课堂教学实践相关的新知识，教师需要不断改进其教学方法并善于评价自己的教学情况；在这一发展过程中教师需要支持与鼓励。

（2）关于实施方式（Delivery Modes）的原则。有效的教师职后培训和发展在实施时，应"以革新为焦点"和关注那些基于教师学习的"行动研究"，随时注意两者间的平衡，并给予各种支持。

（3）关于背景和焦点（Setting and Focus）的原则。有效的教师培训发展，应该为教师提供良好的背景条件，并将学校作为其主要的活动场所。这是因为在教学理念的发展和运用、教学实践和教师教学技能的提高以及对课程计划的批判性评价方面，学校是起着关键作用的。

（4）关于领导（Leadership）的原则。有效的教师培训和发展同学校校长的承诺和提供的支持直接相关，并通过校长们的合作领导而得到加强。

（5）关于支持结构（Support Structures）的原则。有效的教师培训和发展强调为教师随时参与这种培训提供内部和外部的支持。

（6）关于控制（Control）的原则。有效的教师培训与发展教育是由对培训活动结果负有职责的利益相关者联合设计、共同实施与监控的。

（7）关于承诺（Commitment）的原则。有效的教师培训和发展通过为教师提供经常性的或长期的参加专业学习的机会和奖励的方式向教师提供支持。

（8）关于学科（Subject Matter）的原则。有效的教师培训和发展批判性地将教育研究的成果应用到公认的学科和新的知识领域中。

（9）关于氛围（Climate）的原则。只有当系统、高等院校和教师个体将自身和他们所拥有的资源投入到个人和集体专业学习中，教师的培训和发展才是有效的。

（10）关于评估（Evaluation）的原则。有效的教师培训应是在认真评估其对学生和他们的学习、对教师和他们的教学，以及对教育事业本身的

[①] Australia. Inservice Teacher Education Project Steering Committee. Teachers' learning: improving Australian schools through inservice teacher training and development. Canberra: Australian Govt. Pub. Service, 1988: 29.

影响中进行的。

四 教师职后更新教育的实施形式

(一) 校本教育与"会议培训"

澳大利亚有多种教师职后更新教育的形式。校内课程当是该国教师职后更新教育主要形式之一。这种课程通常由本校教师根据校内教师职后更新教育的需求来拟定的。

在校内课程学习这一职后更新教育中，教师们往往以小队或小组为单位开展学习活动，虽然他们各有不同的学习任务，但彼此互为补充。制定、重新制定以及评估课程政策的工作是由本校教师负责的。这些课程对于学校来说是成本最低的，因为并不需要聘请校外的专家。虽然成本低，但成效也并不明显。

学校也在"课程日"或"学校发展日"开展教师职后更新教育活动。通常一学期开展一次，教师们就某个具体的教育问题或主题进行讨论。学校的"课程日"一般安排在开学的第一天或学期末最后一天。给教师提供为时6小时的短期课程在澳大利亚仍十分普遍。[1] 这种课程可以为教师提供某门特定课程的有关信息，以及一种教学方法论、一种学习策略或教育的其他方面问题。然而，这种短期课程的有效性是备受质疑的，因而某些州的教育政策是不主张开设此类课程的。

澳大利亚某些州要求教师制定年度个人职后更新教育计划。计划中要列出本年度所要参加的各类职后更新教育活动及本年度的职后更新教育目标。校长会与每位教师就其个人职后更新教育计划进行当面讨论，教师要递交其履行个人计划情况的形成性与总结性报告。

在新南威尔士州，教师职后更新教育是中小学总计划的重要组成部分之一。新南威尔士州的中小学还能从教育与培训部获得开展教师职后更新教育活动的资金。而在维多利亚州的中小学，除了要求教师制定个人职后更新教育计划，学校还有一整套教师职后更新教育的计划；学校自行对开

---

[1] Lorraine M. Ling, Noella Mackenzie. The Professional Development of Teachers in Australia. European Journal of Teacher Education, 2001, 24 (2): 89.

展教师职后更新教育活动所需的经费进行预算，并且学校的教师职后更新教育计划要得到教育部的认可后方能实施。学校特许状（School Charter）就是根据这些计划形成的，它指明学校在未来的一段时间内（如三年）要达成的目标与愿景。这是确保学校依照国家或州的教育政策来实施教师职后更新教育计划的主要问责制措施之一。学校按其预算收到上级的拨款，管理人员将资金或用于教师个人的职后更新教育活动，或用于整个教师群体的职后更新教育活动。

澳大利亚联邦教育培训与青年事务部对全国教师的职后更新教育进行了详细的调查研究，并于 2001 年发布了《澳大利亚学校教师专业发展的国家蓝图》（PD 2000 Australia：A National Mapping of School Teacher Professional Development），为全国教师的职后更新教育的实施提出了建设性的建议。《澳大利亚学校教师专业发展的国家蓝图》将职后更新教育的主要原则定位于"以校本培训为主"。该蓝图指出，教师的专业学习应以"教与学活动的实践"为中心。[1] 教师的专业学习是以提升学生的学习效果为宗旨，教师的日常工作是职后更新教育的重要途径。教师职后更新教育活动的实施方式主要是将教学实践中的任务、问题作为研究内容。其中一种途径是教师设计具体的教学单元、尝试不同的教学组织形式来促进学生的学习。另一种途径是搜集教与学活动的有关信息记录，以此作为职后更新教育课程的资料来进行探讨。这些资料信息主要包括学生的作业、教材、课堂教学录像、教学笔记以及对学生的评估情况等。这些信息资料可从教师自身持续的工作中或他人的实践中获得，然后将它们分类，教师之间互相分享与探讨，并将讨论的成果应用于教学实践中，从而提升自身的专业化程度，最终改善学生的学习效果。在更新教育中，他们必须不断地熟悉新的课程内容、学习新的教学标准、掌握新的评估手段，并有机地整合到自己的教育教学实践中去。只有这样才能从容地应对学校教育教学中不断出现的各种挑战。[2]

澳大利亚最常见的教师职后更新教育的形式是各种会议或研讨会，这

---

[1] David McRae, Geoff Ainsworth, Robin Groves, Mike Rowland, Vic Zbar. PD 2000 Australia：A National Mapping of School Teacher Professional Development. Canberra：DETYA. 2001：20.

[2] 参见祝怀新《封闭与开放——教师教育政策研究》，浙江教育出版社 2007 年版，第 268 页。

种会议就是组织教师就某个具体主题进行讨论。大型的学科协会会议每年定期举行，许多教师都要参加这种会议，并将其作为职后更新教育的一次机会。教师如果想将在会议上提交的论文作为其职后更新教育课程的学习内容，只要通过适当的评估，就给予学分。这样，就能鼓励教师成为研究者，并把研究成果以论文的形式提交到会议上或发表到期刊上供同行与专业人士互相学习。这是激励教师主动参与职后更新教育活动的主要方式。此外，教师还可以参加领导课程培训，这种课程既通过了大学的认证也得到了教育体系的认可，行动研究也是这种课程的一部分。这种会议培训有时也由高校来组织。由高等院校组织的非学历职后培训的最常见形式就是短期活动。这种活动多以举行问题讨论会、有关领导力的研讨会等方式进行的。

（二）高校的学历（学位）教育

澳大利亚的高等院校在教师职后教育问题上承担了重任，其最主要的任务就是为中小学教师提供范围广泛的研究生层次的学历课程。

一般来说，大学为教师提供职后更新教育的课程模块，这些课程模块可以是独立的学习单元，也可以组合成特定的课程。维多利亚有一种教师职后更新教育证书课程，要求教师在维多利亚州的任一一所大学进行15—18小时的课程模块学习。[①] 教师们把参加这种课程学习作为满足其职后更新教育需要、获得晋升和工作表现方面的评价，或是获得大学授予的研究生证书的一种途径。如果要获得某大学授予的证书，就必须至少完成这所大学规定的四个课程模块中的两个。每所大学一般都会列出可供其他大学的课程模块。如在拉筹伯大学（La Trobe University）参加培训的许多学习者就继续学习其他大学提供的课程。

一些高等院校在教师职后更新教育课程的设置上拥有很大的灵活性与自主性，这些课程将重点放在当前学校教育的理论与实践的联系上。课程中通常会用案例来说明学校教学实践和行动计划中需要反思的问题。这种课程设计的方法受到了广大一线教师和学校管理者的欢迎，通过这种课程的学习使得教师的教学更为有效，从而有助于学生学习成绩的提高。

[①] Lorraine M. Ling, Noella Mackenzie. The Professional Development of Teachers in Australia. European Journal of Teacher Education, 2001, 24 (2): 90.

高等教育机构在联邦政府的经费资助下，为职后教师开设硕士学位、学士学位课程以及研究生文凭和研究生证书层次的课程等，为提升职后教师的学历作出了显著的贡献。

许多高等院校不仅仅在提升中小学教师的学历方面作出了很大的贡献，同时也对满足他们的专业需要非常关注。高等院校对课程的结构和实施程序做了较大的调整，使之具有更大的灵活性，具体调整措施如下：其一是把在学校或在教师注册地进行的非学历职后培训活动，作为课程学习的一部分；其二是认可由其他高等院校提供的课程；其三是允许把其他研究生课程中的有用的课程模块作为课程学习的一部分；其四允许在短期内开发课程模块，并与中小学进行商讨，以满足中小学的实际需要；最后，将课程的实施放到假期，或是在周末以会议的形式进行。

澳大利亚教育学会（Australian College of Education）[①]曾发起并组织对澳大利亚公立、天主教会和私立学校的教师进行过一次调查，此次调查由澳大利亚教育、培训和青年事务部（Department of Education, Training and Youth Affairs）资助。调查发现，[②] 10019 位受访者已参加正规的学历课程培训。受访者中参加此类培训最多的是北部地区的教师，比例高达 27.6%，紧随其后的是西澳大利亚州的教师（21.8%）。其他州和地区的受访教师参加学历培训的比例在 10%—19% 之间。分别有 5.4% 和 3.6% 的教师攻读硕士学位和研究生证书课程（Post-Graduate Certificate courses），有 40 位教师学习了博士生课程，并有 35 位教师在攻读博士学位。

在这次调查中，将近五分之一的男教师和女教师参加了专业学历进修。这些受访教师中，31—40 岁和 41—60 岁的各占五分之一，而 51—60 岁的则占了 14.6%。参加专业学历进修的受访者中，有 26% 的教师是来自天主教会学校，还有 20.9% 和 15.6% 的教师是来自私立学校和公立学校的。大学是教师进行专业学历进修的主要场所，分别有 85.7%、76.5% 和 74.3% 的天主教会、私立学校和公立学校教师在大学参加学历进修。私立学院或研究所也是不少教师的选择，分别有 13.2%、4.5% 和

[①] Australian College of Education，澳大利亚教育学会，参见王国富、王秀珍总编译《澳大利亚教育词典》，武汉大学出版社 2002 年版，第 15 页。

[②] Australian College of Education. Teachers in Australian Schools: A Report from the 1999 National Survey. Canberra: Dept of Education, Training and Youth Affairs, 2001: 13—14.

15.2%的私立学校、天主教会学校和公立学校的教师在那里进修。除此之外,还有15.6%、7.9%和5.8%的公立学校、私立学校和天主教会学校教师选择去技术和继续教育学院(TAFE Colleges)进修。

在该调查中,将近11%的男教师和女教师完成了正规的学历课程学习。21—30岁的年轻教师占了完成学历课程学习者中的绝大部分(86.3%)。正在进修中的教师人数要比已经完成进修的教师数要少。

如图7-1所示,面授和基于文本的培训是最常见的授业方式,其他利用电子技术的方式只占了相当小的比例。[1]

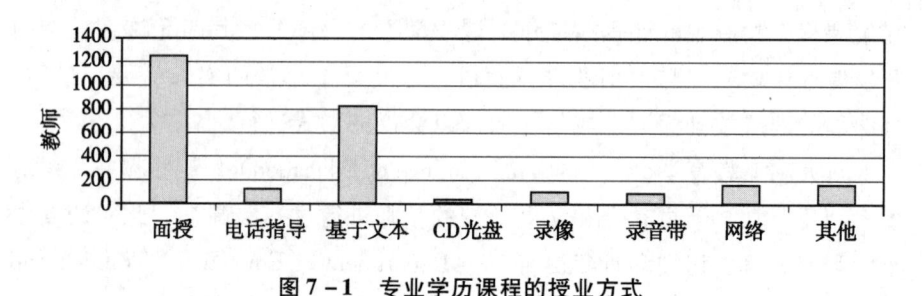

图7-1 专业学历课程的授业方式

(三) 中小学与高校合作进行的非学历职后更新教育

在澳大利亚,中小学与高等院校合作开展中小学教师职后更新教育,也十分普遍。由高校教师参与的非学历教师职后更新教育的范围是很广泛的,这些活动可以是由高等院校、教育系统的中心或地区机构或中小学发起承办。这些活动可能是一次性的培训,也可以是长期的学习活动。

教育系统鼓励中小学要提升教育水准。由此大量的中小学或学校集团开始着手进行长期的教师职后更新教育项目。这些项目为教师提供现场的、持续的职后培训活动。一般来说,用人单位对教师实行精心设计的短期课程,以此来响应国家或教育系统的要求。同时,中小学邀请高校的教师教育工作者参与职后培训课程设计、培训教师以及对职后培训活动作评估。中小学与高校教师教育工作者在教师职后培训活动方面互相商讨、密切合作。高等院校及其教师教育工作者对中小学教师的职后更新教育所作出的贡献是不言而喻的,同时也显示了高等院校在促进中小学教师职后更

---

[1] Australian College of Education. Teachers in Australian Schools:A Report from the 1999 National Survey. Canberra:Dept of Education, Training and Youth Affairs, 2001:14.

新教育的有效实施方面有着巨大的潜能。

由澳大利亚教育、培训和青年事务部资助,澳大利亚教育学会发起并组织的对澳大利亚公立、天主教会和私立学校的教师进行的调查研究显示,有 69.8% 的受访教师表示他们是在自己的学校接受非学历职后更新教育的。毗邻学校 (38%) 和教师中心 (38%) 也是常用的非学历教育场所。超过三分之一 (34.6%) 的受访教师在会议中心 (conference centre) 参加培训活动,还有将近 18% 的受访者在大学、宾馆或俱乐部参加培训。澳大利亚各州和地区职后培训场所的类型相仿,维多利亚州、昆士兰州和南澳大利亚州最常用的培训场所是会议中心。在培训活动的组织方面,教师所在的学校 (23.6%) 是主要的组织者,其次是地区教师教育中心、学科或专业协会 (8.3%) 以及学校集团 (6.5%)。而较少组织培训活动的则是大学、教师联盟(联合会)和学校支持中心。[①]

在非学历职后更新教育活动中,面授仍是主要的传授知识的方式,面授的方式占了 61%。采用录像、基于文本传授、电话指导与录音带、网络和 CD 光盘的方式分别占了 12%、10%、5%、3% 和 2%。

(四) 各类职后更新教育的教师参与度

中小学教师自身是否积极能动地参与,在某种意义上对于官方支持的中小学教师职后更新的效果,是具有决定性作用的。消极被动的"被参与"无疑会使这种职后更新教育效果大打折扣。只有当教师们能动地参与时,职后更新教育才会富有生机,事半功倍。那么,在澳大利亚,中小学教师对其职后更新教育的参与情况又怎样呢?

康纳斯 (Conners) 就此命题做过专门调查。整个样本包括了 2780 位教师,其中有 1459 位小学教师,1321 位中学教师,1459 位小学教师中有 627 位男教师、832 位女教师,1321 位中学教师中有男教师 749 位、女教师 572 位。88% 的回收问卷是有效的。[②]

---

① Australian College of Education. Teachers in Australian Schools: A Report from the 1999 National Survey. Canberra: Dept of Education, Training and Youth Affairs, 2001: 14.

② Philip Hughes. Teachers' Professional Development. Vic: The Australian Council for Educational Research Ltd, 1991: 63.

表 7-1　　　　　　　　职后更新教育中教师的参与情况①

活动	小学 参与度（%） 女教师	小学 参与度（%） 男教师	中学 参与度（%） 女教师	中学 参与度（%） 男教师
为期一天的职后更新课程	47	53	46	45
为期二天或更长时间的职后更新课程	38	36	29	26
为期四至八周持续的教师职后更新教育课程	7	4	2	1
到继续学院（大学）学习以取得学位	11	14	9	11
学习继续学院/大学的非学历课程	3	4	5	3
参加专业协会的活动	34	40	40	38
参与校本课程开发	84	87	55	66
指导实习教师	27	52	24	45
教师接受指导	54	52	21	27
参与访问其他学校	33	40	27	30
观察其他教师	43	50	37	45
阅读教育期刊	83	88	83	82
阅读学科内容方面的书籍	92	84	92	89
阅读有关教学策略和方法论的书籍	80	71	54	48
阅读有关学校管理的书籍	34	52	30	34
其他活动	16	12	14	16

表 7-1 阐明了范围较广的由教师自主进行和有系统组织的职后更新教育活动，而且在绝大多数活动中教师的参与率都很高。许多活动是学校重点关注的，有一部分则是基于教师个人需求的；某些活动持续时间较短而另一些活动则持续时间较长。

小学和中学教师在学习职后更新教育课程方面的参与率非常高，大约 50% 的教师表明在这一年中他们参加了职后更新教育课程的学习。教师参与度是职后更新教育成效的一个重要参数。在小学和中学都有很大一部分教师会"观察其他教师的工作"，同时也有很大一部分教师"访问其他学校"。"对其他教师进行指导"以及"接受他人的指导"也占了相当大的

---

① Philip Hughes. Teachers' Professional Development. Vic：The Australian Council for Educational Research Ltd，1991：64.

比例。值得一提的是：小学男教师中担任指导者的人数（52%）差不多是女教师（24%）的两倍。这一情况在中学也是如此，只有24%的中学女教师承担了指导工作，而负责指导工作的男教师占到了45%。

超过80%的教师都参加了自主和非正式的职后更新教育活动。阅读专业期刊和有关学科内容的书籍这两个项目都有很高的参与度。在小学教师中，"阅读有关教学策略或方法论的书籍"这一项目占了特别大的比例。在"阅读关于学校管理的书籍"这项活动上，教师的参与度一般，每组均有超过30%的教师选择了这个项目。其中小学男教师这个组群的参与度最高，达到52%。这个项目的中等参与度表明了大多数教师都没有晋升职务的意愿。教师参加专业协会活动的比例也适中，只占了全体中小学教师的34%。

在大学或学院接受继续教育以获得学位这一教师职后更新教育活动，较之其他的活动，中小学教师的参与度都不高。虽然如此，还是有将近九分之一的小学女教师、七分之一的小学男教师、十分之一的中学女教师、九分之一的中学男教师为了获得学位都到高校接受继续教育，显然一部分教师是致力于提升他们的专业学历的。然而，如表7-1所示：只有小部分中小学教师参加非学历课程的学习，此外，同样只有很小一部分教师参加了持续的职后更新教育课程学习。但是考虑到这些专门的课程与大多数中小学教师的关系并不大，因而出现这些较低的参与度也并不奇怪。教师们绝大多数都参与了其他各种各样的教师职后更新活动，如撰写地区简讯、指导实习教师和成为课程委员会成员、撰写期刊论文。

五 教师职后更新教育的一般内容

教师的职后更新教育在内容层面上看主要有课堂教学课程、校本管理课程与特定课程等。课堂教学课程主要与课堂教学相关，校本管理课程主要同学校管理有涉，而所谓特定课程则是混搭型的课程，关联的内容既有上述两方面的，更有社会公平、家长参与方面的。

（一）课堂教学课程

在教师职后更新教育中，最为重要的莫过于有关课堂教学方面课程的实施。因为只有当中小学教师的教学理念、教学思想与时俱进，他们的学科知识结构得到更新,新的教学方法、教学手段以及课堂管理技能不断形成与优化,学科教学的水准才有可能获得有效的提升,学校整体的教育质量才有可能获得充分的保障。因此地方教育行政当局和各中小学校无一例外地都将教师职后更新教育的重心之一放到了课堂教学课程的实施上。事实上,由于直接关系到教师自身专业发展的程度,关系到他们课堂教学水平的提升,乃至影响到他们专业生涯的延续,因此,这类课程的学习一般而言,特别受教师们的欢迎与关注,他们积极参加这类课程学习的比例也因此相对较高。在澳大利亚教育学会组织的调查中可见,分别有45.6%、45.9%的教师参加了"教材分析"、"教学过程优化",有44.4%、38.5%的教师参加了"学生评价艺术"、"课堂信息技术"等课程的研修,参加"课程设计与开发原理"课程学习的教师也达到了35.4%之多。

表7-2　　　　　教师参加课堂教学课程研修的情况[①]

课堂教学课程	受访者	
	人数	百分比(%)
教材分析	4572	45.6
教学过程优化	4602	45.9
学生评价艺术	3856	38.5
课堂信息技术	4444	44.4
教学问题咨询	973	9.7
课堂管理方法	2369	23.6
课程设计与开发原理	3542	35.4
学生课堂行为管理	2956	29.5
其他	209	2.1

(二)学校管理课程

在学校里,教师所扮演的角色从来都不可能单一,而总是多重的。从管理学的层面看,教师首先是管理者。作为学校的一分子,学校整体的运行情况与教师个体的发展状态息息相关。因此,但凡学校的工作与事务,

---

[①] Australian College of Education. Teachers in Australian Schools:A Report from the 1999 National Survey. Canberra:Dept of Education, Training and Youth Affairs, 2001:15.

每一个有责任心的教师都有主动关心、参与"管理"的权利与义务。至少在社区互动、学校规划、课程评价、经费预算等领域，其应该发挥主人翁的精神，积极介入"管理"。另外，教师也是被管理者。他的课堂教学、课堂引导等等，都需接受学校行政管理部门的监控、评价。这些监控与评价是否合理、是否正确？做教师的显然不能人云亦云、被动接受，而需要独立思考。

实践中可见，只有当教师既是课堂教学的实施者，又是学校管理的主体，并主动地参与学校管理工作时，一所学校才会呈现出生机勃勃的景象来。正因为如此，形成管理者的主体意识与掌握学校管理的基本尝试，也就成了教师职后更新教育的重要内容之一。澳大利亚在要求中小学教师修习课堂教学课程的同时，还积极推动他们参加有关学校管理方面课程的学习，以使他们掌握这方面的基本知识，从而提升他们的课堂教学管理水平，促进他们同学校管理层之间的互动与理解，许多教师也因此参加了这方面课程的进修。

表7-3　　　　　教师参加学校管理课程进修的情况[①]

学校管理课程	受访者 人数	百分比（%）
教育市场需求概览	337	3.4
社区关系/互动方法	530	5.3
学校规划的设计原理	1929	19.3
有关的法律问题	1298	13.0
部门领导力结构	827	8.3
课程评价	2452	24.5
学校评价	1524	15.2
学校财政/预算	609	6.1
资产与设备管理	263	2.6
学校领导力构成	1393	13.9
其他	96	1.0

[①] Australian College of Education. Teachers in Australian Schools：A Report from the 1999 National Survey. Canberra：Dept of Education, Training and Youth Affairs, 2001：16.

当然，从表7-3可见，这类课程虽然重要，但由于种种原因尤其是教师对自身角色认知的原因，他们认为自己最迫切的需要是改善课堂教学而非其他，因此他们对这方面课程学习的积极性还有待提高。

(三) 特定课程

这是一类根据实际需要组织的拼盘式的课程。虽无严密的内在逻辑性，却也是遵循了"教师需要什么设什么"、"教师缺乏什么给什么"的原则的。

这类课程实际上应该说还是受到了不少教师的青睐的。如表7-4所示，受访对象中，有15.0%、12.6%的教师分别参加了"员工业绩评价"、"戒毒戒酒精"等课程的学习；11.4%、12.4%的教师分别学习了"天才儿童教育"及"卫生与安全"的课程；而多达21.3%、30.4%、37.5%的教师则根据自身的特殊考量修读了这一拼盘式课程模块中的计算教学、信息技术和读写教学等"特定课程"。

表7-4　　　　　　　教师参加特定课程学习的情况[1]

特定课程	受访者人数	百分比（%）
读写	3762	37.5
计算	2134	21.3
英语作为第二语言	497	5.0
土著与托雷斯海峡岛学生的教育	558	5.6
信息技术	3049	30.4
职业教育与培训	764	7.6
工作区的卫生和安全	1244	12.4
天才儿童的教育	1139	11.4
学校管治	342	3.4
公平/社会正义	892	8.9
多样化教育	479	4.8
家长参与	576	5.7

---

[1] Australian College of Education. Teachers in Australian Schools: A Report from the 1999 National Survey. Canberra: Dept of Education, Training and Youth Affairs, 2001: 16—17.

续表

特定课程	受访者	
	人数	百分比（%）
偏远地区学生	80	0.8
学校效益/效能	873	8.7
毒品与酒精方面的教育	1264	12.6
公民学	403	4.0
员工业绩评价	1499	15.0
其他	479	4.8

显而易见，这种"特定课程"模块虽似杂烩堆积，也无特色，但它考虑到了教师实际情况的千差万别，从而充分体现了教师职后更新教育课程设置的师本精神，也有利于中小学教师职后更新教育参与积极性的激发。

（四）校本课程

校本课程在教师职后更新教育中备受人们的重视。处于新南威尔士州的堪培拉—古尔本地区的阿克迪奥瑟斯天主教教育当局甚至出台了一个教师职后更新校本课程计划，它要求中小学构建系统的校本课程，旨在促进资深教师在课程审议和课程发展的过程中发挥其积极的作用，也使学校在课程建设和教师发展中更富有独立性。

随着现代学校教育的发展，天主教学校系统也开始鼓励学校进行课程审议和更新，并为这一过程提供支持。校本课程发展计划旨在加强对教师的职后培训，其职后培训计划致力于解决诸如校本课程建设怎样由个别学校甚至由个别教师孤立的工作转化成为学校基本职能之类的问题。职后培训的目标是通过教师发展活动参与审议小学阶段和初中阶段的课程，并增强学校管理层面和一线教师层面的责任和能力。校本课程发展计划是教育系统主导的，但在实施中又是以学校为本的；学校教师需要依照一定的程序，来实施学校为本的课程发展计划。

堪培拉的学校职后教育中心提供教师职后培训课程。这些课程实际所需的经费则由联邦学校系统提供资助。每门课程为期四周，一般每学期开设二至四门课程。课程包括 20 个模块。[1] 这些模块包括：确定课程问题；陈述学校目标、制定学校政策和编制课程文件、开展合作性的实践以促进学校发展；制定社区关于教学目标和方法及学生评价方面的政策；学习有效教学的理论；形成设计、评估、记录和报告学生学习活动的有关情况的技能。

校本课程发展计划要取得成效，必须做到以下诸方面：对课程和教学实践进行改进；探索学校整体发展的途径；采用系统的方法；获得相关的支持服务；学校与其所属系统保持紧密的联系；形成承担职责的氛围；学校领导给予大力支持。

应当认为，校本课程不是也不应该是教师职后更新教育的主课程。但在某种意义上，它确实也是"课堂教学理论与方法"之类教师职后更新教育核心课程的重要辅助性"课程"。因为，教师参加校本课程的开发、审议与实施过程，实质上也是一个改造自己教育教学理念、明晰教育教学目标、学习有关教学理论的过程，也是与学校管理层及教师团队协同合作的过程。因此，让教师参与校本课程的过程，客观上也就成了新教师职后更新教育的过程。

六　教师职后更新教育的优化实施策略

（一）优异教学计划

在教育界，促使学生获得优异成绩从来是热门话题。对教师来说，追求优异教学也是其重要目标之一。优异教学计划旨在帮助教师将教学理论转变为课堂中有效的、实用的策略。优异教学计划是一种基于学习模块的职后培训和发展课程，它关注课堂管理、教学策略、师生关系处理和教学规划。

优异教学计划将威廉·格拉瑟（William Glasser）关于学科教学、积极交流和教学策略的观点及玛德琳·亨特（Madeline Hunter）提出的学习原理和有效教学实践经验结合在一起。这一计划的核心特征在于强调对课

---

[1] Andrews, Bob. Some exemplary practices in inservice teacher training and development. Canberra: Australian Govt. Pub. Service, 1988: 2.

堂问题的积极预防。在发现问题和解决问题方面，它有赖于精心设计的教学策略的实施，同时也有赖于对学生、包括了解课堂内外学生个体的学习风格、需要和能力以及学习态度的了解与认知。[1] 这一计划的实施旨在帮助教师在课堂秩序和与学生交流之间建立起一种合理的平衡关系，以便教与学活动的有效进行。通过确定少量但适切的课堂规则，并且允许学生寻求帮助、发表观点、讨论课堂中提出的令人感兴趣的问题等途径，从而建立一个积极的课堂学习氛围。

优异教学计划的实施步骤主要包括：通过多种方式将开展"优异教学计划"的信息传递给学校；学校教师表明他们关注的是哪些问题；参与计划制定的顾问与所有感兴趣的教师进行一个小时的面谈；教师和管理者自主决定是否参加这一"校外课程"；教师和管理者进行评估，以确定特定的关注领域和课程重点；被指定参与学习的教师自主确定参加学习的日期、时间等；培训课程的总时间为20小时，共计十大模块；有关部门召开一次咨询培训事宜的会议；在后续活动中教师成为校本活动的顾问，后续活动包括会议、课堂观察、顾问提供有关材料等；最后是进行观察和反馈训练。

在十大课程模块中，除了一个概览外，还包含了下述各种专题：满足学生基本的心理需要，建立积极的课堂和学习氛围；设计一组有成效的课程、满足学生不同的学习风格；激发学生的动机；采取各种措施、减少冲突、促使学生形成自信心；提高行为的有效性、发挥其强化学生相关行为的作用；建立有效的课堂规则；形成学习改进方面的良性循环，发展学生的批判性思维能力；发展问题分析和问题解决的技能；增强对学生和同事的影响力，了解学生的性格气质。

在实施优异教学计划的过程中，计划的管理权下放给了相关的地区。有关地区的咨询人员和核心协调人员能分享所有信息。在培训开始前，管理者要用一周时间进行培训准备，包括确定每一个课程模块的内容，准备相应的影像材料等；并组织有关人员对有关课程内容进行审议。

优异教学计划要取得预期的成效，必须具备下列要素：它是发展性的，所涉及的各个因素相互关联；它是实用的，关注能在课堂教学中产生

---

[1] Andrews, Bob. Some exemplary practices in inservice teacher training and development. Canberra: Australian Govt. Pub. Service, 1988: 7.

积极效应的教学策略和方法；它关注当前的问题，即关注教师和管理者直接关注和感兴趣的问题；它是校本的，它致力于应对个别学校和课堂中的特定需要；它是教师实行的；它是以学校为本的，计划和后续活动尽量在特定的学校进行，尽可能地运用学校的物质资源、实践案例和教学人员为其服务；具有持续性，其目标主要在于使教师的那些已初步形成的能力得到不断的提升。

如果说校本课程属于辅助性的，抑或是隐性的教师职后更新教育内容或课程的话，那么"优异教学计划"的推行，便是名副其实的、显性的职后更新教育课程。因为它的目的十分明确，即追求优异的课堂教学；它的重心十分"简单"，就是聚焦于帮助教师将教学理论转变为课堂中有效的、实用的策略；它的内容也十分"专门"：从学习满足学生的心理需要、营造良好的课堂氛围、到学习设计符合学生需求的课程、学习强化学生良好的学习行为等等，无一不与教师职后更新教育相关，因而对教师职后的专业持续发展具有十分重要的意义。

（二）教育主体互动

如果教师职后更新教育课程及其提供者，作为组织机构的学校，以及教师个体这三个要素发生互动，那么职后更新教育就会对教学实践产生稳定的促进作用。教师职后更新教育是在一定的社会情境中产生的，因而也受制于这种社会情境。教育改革的历史表明，教师职后更新教育课程的成效各不相同，许多职后更新教育课程还未见其成效就已悄然隐没。教育政策和资金固然重要，但并不能保证教师职后更新教育的有效性。学校文化建设、学校成员对专业成长和教育改革的全力投入，这两者对教师职后更新教育课程的实施效果有极大的影响作用。对学校、教师以及教师职后更新教育设计者和提供者之间的互动水平和模式进行考察，是对教师职后更新教育课程的有效性和普遍性进行解释的一种手段。[1]

下面简单描述以下两种教师职后更新教育的模式，它们都包括三个相同的要素，即教师职后更新教育课程及其提供者（要素1）、学校（要素2）和教师（要素3）。两种模式之间的区别在于三个要素之间的互动水平

---

[1] Lorraine M. Ling, Noella Mackenzie. The Professional Development of Teachers in Australia. European Journal of Teacher Education, 2001, 24 (2): 94.

和互动类型不同。

1. "割草机模式"

教师职后更新教育模式 A 又可称为"割草机模式",在此模式中,三个要素彼此独立,职后更新教育课程提供者向职后更新教育参与者(教师)单向传递特定的信息。参加职后更新教育课程学习的教师根据以往的经验和自己的理解来诠释这些信息。

参加职后更新教育课程学习的教师往往来自不同的学校,因而他们基本上不可能在这种特定情境下获得针对个人情况的指导。教师也不可能对职后更新教育课程本身产生任何影响,通常情况下,这些课程内容是预先制作成软件包的。一些教师在学习了职后更新教育课程后,根据自己的理解,将所学知识带回学校。

由于模式 A 对参与者的限制,从而导致学校极少为职后更新教育课程提供内容素材,也不对教师提供支持。除了学习动机特别强烈的教师,这种职后更新教育的模式对教师教学实践的改进是不太有效的。这种低效能应归因于职后更新教育课程及其提供者、学校和参与教师三者之间缺乏互动。短期课程培训班通常采用这种模式。

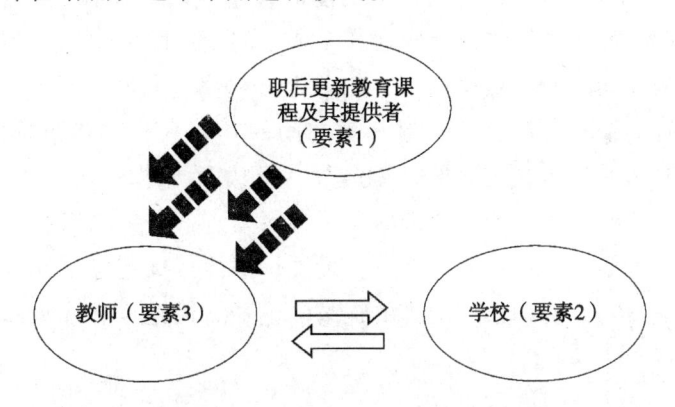

图 7-2 教师职后更新教育模式 A——"割草机模式"[1]

要改变这种状况,这三个基本要素之间就必须有积极的互动。要使职后更新教育真正实现其成效,应该基于教师和学校对职后更新教育的需求,各方在具体情境下对职后更新教育课程进行主动商定后才进行参与。

---

[1] Lorraine M. Ling & Noella Mackenzie. The Professional Development of Teachers in Australia. European Journal of Teacher Education, 2001, 24 (2): 95.

开设职后更新教育课程的学校应该全面提供这些课程的信息，以使教师和学校能在对课程宗旨、目标及预期承诺和结果充分了解的基础上来商讨参与方式。只有采用灵活多样的职后更新教育方式，才能促使教师相互对实践进行商讨并相互理解，才能及时得到学习后的反馈并由相关人员在学校当场进行及时的指导。

2. "涡轮机模式"

教师职后更新教育模式 B 又称为"涡轮机模式"，它仍包括与模式 A 中相同的三要素。但在模式 B 中此三要素间是在商定的需要或目标上相互动态地关联着的。在这种情境下，各要素（教师职后更新教育提供者、教师和学校）间有着共同的目标，但达成目标所采取的方式是根据参与职后更新教育的学校、教师的能力和需求来设计与制定的。

批判性反思是这种模式的核心，通过反思，参加职后更新教育的个人和团体能对其自身的成绩进行检测，这是一种不断丰富自身知识并起到自我监控作用的发展模式。

在模式 B 中，职后更新教育提供者在特定的探究领域中采用灵活的方式，并具有丰富的知识，因此，他们能够采用不同的途径达到共同目标。动态的互动过程的预期结果是随着三个要素的变化而变化的。其职后更新教育形式是互动的而不是单向的，如图 7 - 3 所示。

在职后更新教育活动中，这三者之间的互动水平越接近模式 B 的水平，那么改善教学实践的可能性就越大。模式 B 要求建立一种组织文化，它反映了反思性行为的特征。能对反思性行为进行反思的组织，往往会使个体在分享领导力、分享角色及任务配置，群体目标定位、开展群体行动的过程中获得知识的积累和能力的提高。模式 B 的运作程序见图 7 - 4。[1]

---

[1] Lorraine M. Ling & Noella Mackenzie. The Professional Development of Teachers in Australia. European Journal of Teacher Education, 2001, 24 (2): 96.

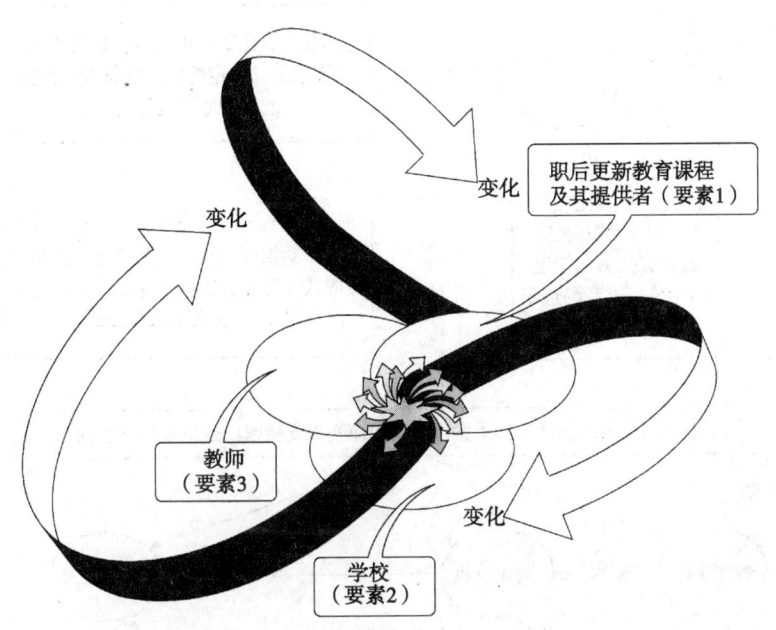

图 7-3　教师职后更新教育模式 B——"涡轮机模式"①

如果职后更新教育是一个相互作用的过程，并且它包括所有要素之间的辩证关系，则其所产生的能量可能会导致教与学的方法的广泛和持久的变化。将权力下放给教师是职后更新教育的主要目的，所有要素持续动态的互动和参与方能产生能量。如果职后更新教育按照"涡轮机模式"运作，那么学校和职后更新教育提供者与教师一同产生变化。反之，按照"割草机模式"运作的职后更新教育则难以获得广泛的变革、赋教师以权或提供继续发展的动能。模式 A 就如同割草机的工作模式，从"信息提供者到信息接受者"或是"从系统——信息提供者——信息接受者"，这种模式只能产生短期的效应。然而，一段时间后，这种效应便会消失，就如同又需重新割草，这种相同的过程又得重复一次。因而这种短期效应难以为继，也难以使参与职后更新教育的教师获得不断进步与更新的潜力。更新的潜能和产生的能量在这一模式中消失殆尽。

而在职后更新教育模式 B 中，职后更新教育的过程处于不断地互动

---

① Lorraine M. Ling & Noella Mackenzie. The Professional Development of Teachers in Australia. European Journal of Teacher Education, 2001, 24 (2): 96.

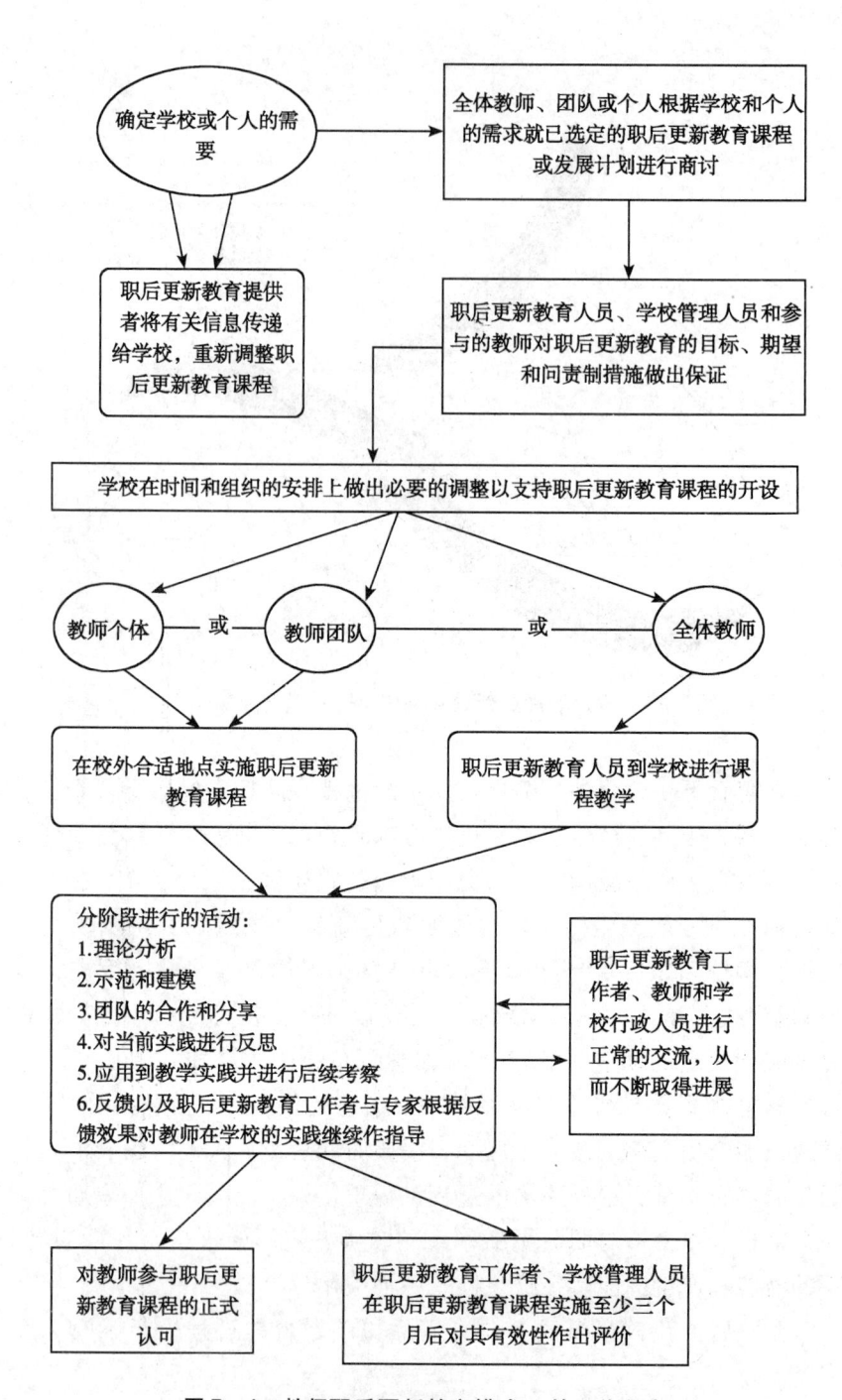

图 7-4　教师职后更新教育模式 B 的运作程序

中,其所产生的持续的能量和动力集聚成强大的动能促使学习者获得积极的变化和良好的学习成效。这种涡轮机模式使得教师成了教育变革的推动者和他们自身社会地位的维护者。通过授权教师倡导职后更新教育并清晰地阐明职后更新教育的意义,为教师地位的提升提供了一条良好的途径。只有当教师们理解职后更新教育的意义并认识到自己具有改变现状的能力,他们的职后更新教育及其社会地位的提升才能实现。

就澳大利亚的两种教师职后更新教育模式来说,我们应该汲取"涡轮机模式"的职后更新教育的优点。在21世纪,变革势在必行,那些陈旧、传统、无效的职后更新教育方式理应摈弃。我们已进入后传统时期(post-traditional period),教师应用新的方式方法去应对新形势与挑战,应把自己视为能量的产生者而不为外部动力所驱使。[①]

教师要清楚他们所受的种种制约,也要知道他们所拥有的各种权利,以此为据来调控自己的活动,并开展基于授权的各种活动,展示教育者自己的个性特色。教师们只有通过批判性反思、与教育系统各种其规则进行碰撞,教师的自我改造活动——职后更新教育活动才有可能有效进行。教师的职后更新教育无法仅靠外在力量的推动,其动力必须源自于教育系统、教师自身。职后更新教育的首要任务之一,就是要使教师有反思自己发展的能力。如若不然,教师们将会无法履行其肩负的使命,只能依赖外力来调控自己的工作。

七 职后更新教育诸要素与中小学教师的需求

各地推行的教师职后更新教育是否最大限度地符合中小学教师专业发展的需要,哪些方面有待改进?康纳斯对此做过较为周详而深入的调研。

(一) 职后更新教育目标设置与中小学教师的期望

在康纳斯的调查中,要求教师对15个职后更新教育目标的相对重要性进行评估,这些目标的排名情况如表7-5所示。

[①] Lorraine M. Ling & Noella Mackenzie. The Professional Development of Teachers in Australia. European Journal of Teacher Education, 2001, 24 (2): 98.

表7–5　　　　　　职后更新教育目标的教师欢迎度分析①

目标	小学 女教师 比率(%)	排名	小学 男教师 比率(%)	排名	中学 女教师 比率(%)	排名	中学 男教师 比率(%)	排名
了解自己教学领域的最新发展情况	87	1	77	1	89	1	80	1
获得能应对自己当前教学实践的内容	77	2	67	2	71	3	62	3
与其他学校的教师互通信息	71	4	63	3	76	2	66	2
获得能应对自己当前教学实践的教学方法	72	3	61	4	66	4	59	4
在学校日常教学工作中获得一次富有启发性的间歇	57	6	57	5	56	5	55	5
确认当前自己的教学实践的适切性	58	5	51	6	50	6	43	6
参加一些自己感兴趣的与教学不直接相关的活动	49	7	44	9	49	7	42	7
获得新的技能和（或）知识以使自己有更多的从事教学职业方面的选择权	38	9	46	8	49	8	36	8
获得自己工作的系统的有关知识	41	8	33	11	37	10	35	10
获得可使自己在教学实践中有重大变化的课程内容	33	12	34	10	36	11	36	9
获得可使自己在教学实践中有重大变化的教学方法	34	11	33	11	37	9	33	11
获得自己作为学校行政管理人员所需的知识和（或）技能	25	14	50	7	19	15	31	12
除了与孩子接触外，更要与成人保持联络	37	10	33	13	29	12	30	13
通过学习获得学位从而提升自己的专业学历	26	13	27	15	28	13	22	15
为了提升职位而获取相关的技能和（或）知识	22	15	27	14	27	14	25	14

"了解自己教学领域的最新发展情况"这一职后更新教育目标在中小学教师中的支持率最高。尤其是在中学教师这个群体中，这项目标的欢迎度比其他目标高出至少十几个百分点。

中小学教师都认为"获得能应对自己当前教学实践的内容和教学方法"是很重要的。而"与其他学校的教师互通信息"及"确认当前自己

---

① Philip Hughes. Teachers' Professional Development. Vic：The Australian Council for Educational Research Ltd，1991：67—68.

的教学实践的适切性"这两项目标同样也获得了超过50%的高支持率。

对以上这些职后更新教育目标的高欢迎度表明了教师积极并专业地致力于更新课程内容和改善教学实践,表现出强大的责任心。对这些目标的强烈支持表明了教师为革新自己的教学做准备,重点关注教学效率的提高。

"在学校日常教学工作中获得一次富有启发性的间歇"这个职后更新教育目标以及"参加一些自己感兴趣的与教学不直接相关的活动"这项目标都获得了很高的支持率。这两个目标的高支持率表明:给教师从学校的各种工作压力中得以放松的机会是非常重要的。

从那些排位较靠后的职后更新教育目标中可以得出许多值得注意的方面。每个组(群体)的教师都将"为了提升职位而获取相关的技能和(或)知识"列在最后或倒数第二位,对于那些已经升职和那些并不具备晋升资格的教师来说,这个结果并不奇怪,然而等待晋升机会过久而致使教师失望也是此项目排位较后的因素之一。与此目标相关的另一目标,即"获得自己作为学校行政管理人员所需的知识和(或)技能",由于教师中担任管理者的人员只占一小部分比例,除了小学男教师这个群体外,其他所有教师群体对这项目标的欢迎度很低。

表7-5中的数据也表明教师们并不把"通过学习获得学位以提升他们的专业学历"放在优先的位置,但并不表示此项目标不重要。首先,从参与调查的教师来看,大多数教师都具备了符合晋升资格的学历;第二,不重视获得更高的专业学历并不意味着教师们对更新自己在教学实践中的内容和方法不予关注。教师对"更新课程内容和教学方法"这一目标的高度重视反映了教师对其自身职后更新教育的关注;第三,尽管此目标排位较靠后,仍有超过20%的教师认为通过学习以提升专业学历从而获得更高学位是十分必要的。

(二) 职后更新教育领域与中小学教师的兴趣

教师们对其职后更新教育活动的40个重点领域的关注程度反映在以下两张表格中。对小学教师的调查结果反映在表7-6中,对中学教师的调查结果则反映在表7-7中。

小学教师高度关注有关提高教学技能方面的职后更新教育领域。这从"有关可资利用的教学资源"、"激励学生的技巧"以及"测试和评价技术"等项目所具有的高支持率便可看出。小学女教师相对于男教师而言，更加注重以学生为中心，或更关注改善教学技能或课程开发和设计，而小学男教师一般则更倾向于关注行政和管理领域。

该组数据表明教师的职后更新教育需求在较长的一段时间内会重复出现，这表明规划职后更新教育活动的负责人应对教师的某些需求予以持续的关注。致力于开发课程材料和单元及探寻有效的授课方式对于激励学生和进行个别化教学等会有一定的作用。一些在职后更新教育中受关注的领域反映了某个特殊时期的政策问题，这些领域往往反映了教师对它们的高需求，受到教师们的高度重视。例如，男女教师都对"掌握计算机技能"给予很高的关注，并且教师们也愿意致力于这方面的学习。然而，随着越来越多掌握了计算机技能的毕业生们进入教育行业后，这一技能反而没那么受关注了。

也有些职后更新教育领域反映了个人的需求。其中缓解压力这一项目标选择率相当高，超过54%的小学女教师和60%的小学男教师对这一方面给予了较高的关注。由此可见，教师对缓解工作中的压力有着强烈的需求。

表7-6 职后更新教育中小学教师关注的领域[1]

关注领域	女教师 比率（%）	排名	男教师 比率（%）	排名
有关可资利用的教学资源	71.4	1	56.3	8
激励学生的技巧	67.8	2	66.3	1
辅导后进学生	62.7	3	50.6	17
发展自我评价的技能以改善教学	62.7	3	49.0	19
检测和评价学生的技术	61.2	5	59.0	5
学习在自己教学专业领域的新策略或技术	60.3	6	47.1	24
与家长有效地沟通	60.0	7	58.5	7
教学设计技术	60.0	7	53.5	10
计算机技能	56.7	9	66.2	2
设计个别化教学计划	56.7	9	53.3	11

---

[1] Philip Hughes. Teachers' Professional Development. Vic：The Australian Council for Educational Research Ltd，1991：70—71.

续表

关注领域	女教师 比率（%）	排名	男教师 比率（%）	排名
小队教学	54.4	11	50.8	15
缓解压力	54.1	12	60.0	4
个人发展与学生健康成长	53.9	13	55.0	9
加强课程评价技能	53.1	14	51.8	3
获得更多自己专业领域的知识	50.1	15	37.7	31
获得关于虐待儿童和性侵犯方面的知识	49.9	16	38.9	29
促使全体教师专业化地成长	48.8	17	64.6	3
学习并使用利用媒体的技能并用于教学中	48.2	18	41.3	27
加强开发课程的技能	47.4	19	45.7	26
在学校中加强交流	47.2	20	58.8	6
满足有天赋的学生的需求	44.7	21	50.8	15
管理与控制课堂教学	42.8	22	39.3	28
更好地融入社区	41.7	23	52.3	12
制定全校评价政策	41.1	24	49.3	18
做决策时的人际交往技巧	38.7	25	49.0	19
有关毒品教育的知识	35.9	26	35.9	32
评价政策组织	34.8	27	48.8	21
分析特殊教育学生的个性倾向	34.6	28	30.9	34
学校和法律	33.8	29	47.4	23
多元文化教育	32.8	30	22.2	36
学校组织结构	31.8	31	46.9	25
合理安排时间	30.4	32	24.9	35
监督全体教师的技能	29.1	33	51.7	14
作为新的管理人员学习管理技能	28.5	34	47.4	22
研究媒体	27.2	35	34.4	33
无性别歧视教育	26.2	36	13.9	38
学习作为第二语言的英语	25.4	37	12.4	39
土著学生教育	24.5	38	21.9	37
财政管理	22.7	39	38.8	30
社区语言	15.1	40	10.3	40

中学教师则对有关课堂互动技能方面的职后更新教育活动特别感兴趣,他们重点关注新的教学策略、激励学生的技巧、获得教学资源以及辅导后进学生的相关知识。中学教师更倾向于在其专业领域获得更充足的知识,正是因为中学更注重学科教学,所以中学教师在这方面比小学教师有着更高的需求。

教师表明其所重点关注的领域如激励学生的技巧等,似乎是超越实际可能的。由于社会的变迁或教育政策的改革,出现了特定时期内的教师需求,并且这种需求占了主导地位。例如,社会高度关注个体发展反映了这个时期课程对此方面的重视。

表 7-7　　　　　职后更新教育中中学教师关注的领域①

关注领域	女教师 比率（%）	女教师 排名	男教师 比率（%）	男教师 排名
有关可资利用的教学资源的知识	86.0	1	73.9	2
激励学生的技巧	81.5	2	74.0	1
辅导后进学生	76.3	3	67.3	3
发展自我评价的技能以改善教学	74.5	4	63.8	4
检测和评价学生的技术	62.7	5	48.1	15
学习在自己教学专业领域的新策略或技术	59.2	6	50.7	10
与家长有效地沟通	58.0	7	48.7	14
教学设计技术	57.3	8	55.2	6
利用计算机	57.3	8	43.9	17
设计个性化教学方案	56.5	10	53.1	7
小队教学	55.0	11	52.2	9
缓解压力	55.0	11	41.6	21
个人发展与学生健康成长	51.6	13	63.0	5
加强课程评价技能	49.7	14	48.8	13
获得更多自己专业领域的知识	49.7	14	49.6	12
获得关于虐待儿童和性侵犯方面的知识	48.4	16	50.6	11
促使全体教师专业化地成长	47.4	17	52.4	8

---

① Philip Hughes. Teachers' Professional Development. Vic: The Australian Council for Educational Research Ltd, 1991: 72—73.

续表

关注领域	女教师 比率（%）	排名	男教师 比率（%）	排名
学习并使用利用媒体的技能并用于教学中	45.4	18	43.4	18
加强开发课程的技能	44.8	19	42.4	19
在学校中加强交流	44.6	20	29.5	33
满足有天赋的学生的需求	43.1	21	32.0	32
管理与控制课堂教学	41.8	22	44.5	16
更好地融入社区	41.0	23	32.5	31
制定全校评价政策	37.0	24	16.7	38
做决策时的人际交往技巧	36.7	25	40.4	24
有关毒品教育的知识	36.1	26	40.7	22
评价政策组织	33.2	27	37.9	26
分析特殊教育学生的个性倾向	32.5	28	42.4	19
学校和法律	31.6	29	36.3	27
多元文化教育	30.4	30	21.6	35
学校组织结构	30.1	31	36.9	34
合理安排时间	29.7	32	35.1	29
监督全体教师的技能	29.3	33	19.1	37
作为新的管理人员学习管理技能	28.5	34	40.7	22
研究媒体	26.1	35	39.9	25
无性别歧视教育	24.8	36	36.0	28
学习作为第二语言的英语	23.5	37	20.5	36
土著学生教育	18.7	38	32.9	30
财政管理	18.1	39	12.3	39
社区语言	11.9	40	8.6	40

从上述资料可以得出以下结论：

首先，确立教师职后更新教育需求有助于教师职前教育以及职后教育的发展。教师职前教育的时间是有限的，学生又缺乏实践经验，因而在这一研究中得出的一些需要重点关注的教师职后更新教育领域可以提前在职前教育课程中加以实施。如教学设计技术、辅导后进学生的技能、激发学生潜能的技巧以及课堂管理和控制的技能。其次，要根据不断发展的背景来确立教师的需求,教师的需求应建立在社会层面、学校层面以及教师个人层面上。最后,从教师对绝大部分更新教育内容有很高的支持率可以看出,中小学教师们是十分关注他们自身的职后更新教育的。因而,用人单位应为教师所关注的重点领域提供学习的机会,教师不仅能确定他们职后更新教育的需求,并且他们会主动参加职后更新教育活动,从而满足自己的职后更新教育需求。

(三) 职后更新教育的方式与中小学教师的倾向

实施的方式与实施效果密切相关。只有当实施方式恰当,为教师们所乐见时,职后更新教育才有可能实现预期效果并最优化。那么实际情况又如何呢?康纳斯进行的调查结果显示了教师们对职后更新教育实施方式的欢迎度。这项调查要求教师对他们所参加的一系列职后更新教育活动或活动的方式进行评价,参加这些活动是为了获得新的课程内容或是为了获取或提高教学(管理)技能。

表 7-8 中的数据重点在对教学与管理技能方面的评价,同时也阐明了教师对其他各种职后更新教育实施方式的评价。中小学教师都认为参加职后课程(不论是为期一天或两天或是持续更长时间的课程)的学习是获得教学或管理技能的最有效的方式。参加问卷调查的教师对职后教育课程给予了强烈的支持。一位小学女教师对职后课程的减少而忧心忡忡,她说:"教师主要担心的问题之一是职后课程的减少。作为一个学前(小学)教师,我错过了很多有关课程内容、教学策略和教育改革等主题的讲座。"一位中学男教师的评论道出了中学教师的心声:"作为一位经常参加职后课程培训的积极的协调人,我真难以置信政府郑重其事地取消了那么多有助于全国教师职后更新教育的课程。""如果职后更新教育课程停开,那么教育质量必然下降。因为以我个人经验来说,职后教育对于教师来说是很有效的。高水平的教学需要持久的能量、热情、刺激和信息。这就是职后教育必须持续进行的原因。"[①]

---

① Philip Hughes. Teachers' Professional Development. Vic: The Australian Council for Educational Research Ltd, 1991: 76.

第七章 澳大利亚的教师职后更新教育

表7-8 教师对获取或提高教学或管理技能方式的评价[1]

目标	小学 女教师 比率(%)	排名	小学 男教师 比率(%)	排名	中学 女教师 比率(%)	排名	中学 男教师 比率(%)	排名
参加为期二天或更长时间的职后课程培训	73	1	68	1	73	2	64	2
参加为期一天的职后课程培训	72	3	59	3	78	1	66	1
参加校本职后课程培训	72	2	68	2	68	3	54	3
阅读专业期刊	55	7	55	4	54	4	49	5
参与访问其他学校	56	5	49	6	53	5	53	4
参与课堂教学示范	62	4	41	10	51	7	44	7
参加为期四至八周持续的教师职后更新教育课程培训	53	9	51	5	51	8	41	9
参加年度学科会议或全体教员会议	54	8	48	7	50	10	39	10
参加专业协会的活动	41	12	38	14	53	6	46	6
参与监督（管理）工作	33	13	47	8	39	13	43	8
参加新书或教材的展示活动	55	6	32	15	50	9	31	14
阅读有关教学方法论的书籍	51	11	44	9	41	12	36	12
让教师观看视频教学	52	10	39	13	44	11	39	11
到继续学院（大学）学习以获得学位	32	14	40	11	36	14	29	15
参加研究项目	30	15	28	16	33	15	32	16
阅读有关管理方面的书籍	24	17	39	12	24	17	26	16
参加继续学院（大学）的非学历课程学习	25	16	25	17	31	16	22	17

短期的职后教育课程的价值受到了职后更新教育领域的一些学者的质疑。然而并不表示它就毫无价值，就如潘斯格洛（Pansegrau）所指出的："教师参加职后课程的学习有各种各样的原因（除了为获取信息外），通过学习有助于快速地改善他们的课堂教学情况。"[2]

校本职后更新教育的方式受到全体教师的支持，教师对校本职后更新

---

[1] Philip Hughes. Teachers' Professional Development. Vic: The Australian Council for Educational Research Ltd, 1991: 75—76.

[2] Pansegrau, H. Teachers' perspectives on inservice education. Alberta Journal of Educational Research, 1984, 30(4): 240.

教育方式的高度支持说明了学校自身是开展活动的最有效的单位；如果不在教师进行日常教学工作的地点开展职后更新教育活动，那么职后更新教育活动的有效性也就无从谈起了。教师们强烈表现出了对许多其他校本职后更新教育方式的喜爱，并高度评价"访问其他学校"、"参加课堂教学示范"、"参加年度学科会议或全体教员会议"这三种方式。

中小学的女教师都将"指导实习教师"这项职后更新教育方式排在了相对靠后的位置，这一情况对于承担指导实习教师的学校来说是要引起高度关注的。但就男性教师而言，他们则认为指导实习教师是一项很有价值的职后更新教育方式。得出这一结果并不奇怪，因为据表7-1所示，男教师较之女教师更愿意成为指导者，几乎为女教师人数的两倍。

中小学女教师都认为阅读专业学术的期刊十分有助于提升他们的教学与管理水平。这一结论与表7-1中所示的有超过80%的教师有阅读专业期刊的习惯相一致。阅读有关教学方法的书籍和参加新书和教材的展览这两项职后更新教育方式也非常受教师们的欢迎，其中中小学的女教师比男教师更喜欢这两种方式。除了小学男教师这个群体外，"阅读有关行政和管理类的书籍"这种方式都不太受其他教师们的欢迎。而这种方式受到小学男教师的欢迎反映了在小学中有较多的男教师是扮演着管理者的角色。

在对这17种职后更新教育的方式进行评价时，教师们将"到继续学院或大学学习以取得学位"以及"学习继续学院或大学的非学历课程"这两种方式排到了接近最后的位置。暂且不论这两种方式在教师中的受欢迎度很低，其实，仍有32%的小学女教师、40%的小学男教师、36%的中学女教师和29%的中学男教师非常赞同到继续学院或大学学习以取得学位。

所有参加调查的教师都将"参加研究项目"排在了最后一位。不过，值得指出的是，将近30%的教师认为参与研究是促进专业发展的手段之一。

总而言之，康纳斯的研究肯定了一个观点，即教师认为应该通过各种不同的方式开展职后更新教育活动。相对合适的用以满足不同的职后更新教育需求的方式要求充分考虑教师个体的差异，同时也对职后更新教育活动和课程的开展负责。

这里强调了澳大利亚高素质教育中教师职后更新教育的重要性。教师职后更新教育是一个复杂的、不断发展的过程，因为教师在不同教育情境与职业生涯的不同阶段有着不同的职业需求。重要的是，教师职后更新教育是在一定的背景中产生的，因而在教师个体和学校之间应是一个"伙伴关系"，唯有如此，教师的职后更新教育才能得以完善，同时学校的需求也能得以满足。

教师能够对其职后更新教育需求作出合理的评估，当其职后更新教育的需求得以实现，就能提升教师的专业化程度从而提高学校的教育质量。只有更加关注教师在其职业生涯不同阶段的需求，并对教师提供各种支持（如开展职后更新教育活动，提供课程学习等）以满足教师的这些需求，教师的专业学习质量才能得以提高。

八 教师职后更新教育的政府财政保障

教师职后更新教育须有财政的支撑。否则一切都将无从谈起。在澳大利亚，为了使教师职后更新教育工作能真正有效地展开，政府在财政方面提供了多种形式的援助。

（一）学校定向资助

这是一种以学校为对象的财政资助，供有关学校开展各种形式各种项目的教师职后更新教育用。

1974年到1986年间的各种名目的教师职后更新教育计划，以及有着特定目的的计划，联邦政府以发放定向资助的方式在促进教师职后更新教育方面起到了关键作用。自从1986年开始，联邦政府以间接的方式投入了大量的资源分配协议框架下的基金以支持职后教师培训和发展活动。

表7-9反映了澳大利亚联邦政府根据1986—1988年资源分配协议，提供给各州和地区的公立学校和天主教学校的数额巨大的基金。从用于改善职后教师培训和发展活动的总的支出经费情况来看，塔斯马尼亚州、西澳大利亚州、昆士兰州和南澳大利亚州分别占了42.8%、14.7%、33.2%和7.8%。

联邦政府虽不组织教师职后培训与发展的活动，但在惯例上，他们大力支持并提供教师培训与发展活动所需要的资金。在1985—1988年计划中，全国各州获得了数额较大的由联邦政府提供的资金，在这三年中全国每年平均要花费1800万美元在教师的职后培训与发展活动上。

表7-9 资源分配协议基金及职后教师培训和发展活动的支出费用估算①

州/部门	根据资源分配协议商定的用于改善教师职后培训和发展活动的基金 1986—1988（$'000s）	职后教师发展活动支出费用估算 1986—1988（$'000s）	百分比（%）
新南威尔士州公立学校	47597	14178	29.8
维多利亚州公立学校	42463	10065	23.7
昆士兰州公立学校	26787	9303	34.7
西澳大利亚州公立学校	15044	2207	14.7
南澳大利亚州公立学校	14282	3524	24.7
塔斯马尼亚州公立学校	5287	2235	42.8
北部地区公立学校	972	301	31.0
新南威尔士州天主教学校	32475	4845	14.9
维多利亚州天主教学校	26226	2724	10.4
昆士兰州天主教学校	11936	3966	33.2
西澳大利亚州天主教学校	6064	1815	29.6
南澳大利亚州天主教学校	3927	308	7.8
塔斯马尼亚州天主教学校	1071	248	23.2
北部地区天主教学校	648	214	33.0
	234779	55933	23.8

注：以上数据反映的是三年的经费情况

此外，联邦政府还为教师在高校参加学历进修提供资金，其中包括教师攻读研究生学位从而提高其专业学历，或是参加非学位课程的学习。

（二）项目定向资助

这是一种以项目为对象的财政资助。联邦政府持续资助了一批有特定目的的、能提高教师职后更新教育有效性的项目。只有那些开展了有关教师职后更新教育项目的学校，才能获得。

如澳大利亚政府高质量教师计划（AGQTP）在2006—2009年为澳大利亚各州和地区的公立与非公立学校的教师专业学习项目提供了共计

---

① Australia. Inservice Teacher Education Project Steering Committee. Teachers learning: improving Australian schools through inservice teacher training and development. Canberra: Australian Govt. Pub. Service, 1988: 9.

8700万美元的资助金。资金分配如下表所示：

表7-10 2006—2009年澳大利亚政府高质量教师计划的资金分配情况①（单位：$）

	2006	2007	2008	2009	总计
新南威尔士州					
公立学校	4646700	4761700	4876900	4992100	19277400
天主教会学校	1487400	1524200	1561000	1597800	6170400
私立学校	778100	797300	816600	835800	3227800
总计	6912200	7083200	7254500	7425700	28675600
维多利亚州					
公立学校	3348100	3431000	3513800	3596700	13889600
天主教会学校	1123800	1151600	1179400	1207200	4662000
私立学校	662500	678900	695300	711700	2748400
总计	5134400	5261500	5388500	5515600	21300000
昆士兰州					
公立学校	2802300	2871700	2941000	3010400	11625400
天主教会学校	667800	684400	700900	717400	2770500
私立学校	519400	532300	545100	558000	2154800
总计	3989500	4088400	4187000	4285800	16550700
南澳大利亚州					
公立学校	1035700	1061300	1086900	1112600	4296500
天主教会学校	282000	289000	296000	302900	1169900
私立学校	234100	239900	245700	251500	971200
总计	1551800	1590200	1628600	1667000	6437600
西澳大利亚州					
公立学校	1434600	1470100	1505700	1541200	5951600
天主教会学校	380700	390100	399500	408900	1579200
私立学校	283100	290100	297100	304100	1174400
总计	2098400	2150300	2202300	2254200	8705200

① Department of Education, Science and Training. Australian Government quality teacher programme: Client guidelines, 2005 to 2009. http://www.dest.gov.au/NR/rdonlyres/350AB00B-0F01-4E2A-806 A-00AA02A0E9F3/15343/AGQTPClientGuidelines200509RevisedOctober2006.pdf, 2009-11-16.

续表

	2006	2007	2008	2009	总计
塔斯马尼亚州					
公立学校	378900	388300	397700	407000	1571900
天主教会学校	81500	83500	85500	87500	338000
私立学校	53300	54600	55900	57200	221000
总计	513700	526400	539100	551700	2130900
北部地区					
公立学校	306100	306100	306100	306100	1224400
天主教会学校	49800	49800	49800	49800	199200
私立学校	44100	44100	44100	44100	176400
总计	400000	400000	400000	400000	1600000
澳大利亚首都地区					
公立学校	239700	239700	239700	239700	958800
天主教会学校	115000	115000	115000	115000	460000
私立学校	45300	45300	45300	45300	181200
总计	400000	400000	400000	400000	1600000
总计					
公立学校	14192100	14529900	14867800	15205800	58795600
天主教会学校	4188000	4287600	4387100	4486500	17349200
私立学校	2619900	2682500	2745100	2807700	10855200
全部总计	21000000	21500000	22000000	22500000	87000000

九 教师职后更新教育的行动计划

应该认为，澳大利亚在教师职后更新教育方面作了大量的努力，也取得了显著的成效。但问题依然不少，离高质量和最优化，还相距甚远。为此，澳大利亚联邦与各州政府酝酿了一系列的方略，以图进一步推进教师职后更新教育的发展，提高中小学教育质量。

（一）高质量教师行动及专门项目行动

提高学校的办学效益和提高学生的学业成绩是澳大利亚联邦政府所追

求的主要目标，教育质量的最优化是国家未来的希望。正是教育才能使公民能具备应对社会、文化、经济和技术不断变革的能力。澳大利亚的所有教育部部长一致赞同——"关于21世纪学校教育国家目标的阿德莱德宣言"（Adelaid Declaration on National Goals for Schooling in the Twenty-First Century）中指出的学校教育的目标。这些目标的重中之重就是要提高学生的学习成效。要达到此目标，首先就要发展教师。

社会的变迁对学校和教师提出的新的挑战，如要求教师满足土著学生和其他具有显著不同文化、社会和经济背景的学生的需求。经济发展的需求对学生、教师和学校带来了新的压力，它要求教育至少要使学生具有熟练的基本技能、批判性思维能力、创造力、终身学习的理念以及科技知识素养。后者也对学生的发展与学习产生影响，因而要求教师采用新的授课方式和新的教学方法。

国家教育质量的最优化要求学校教师的教育最优化。澳大利亚政府承认教师在传授年轻一代知识和技能、努力提高教育质量方面的重大作用。

1. 联邦政府高质量教师行动

2001年，澳大利亚联邦教育、科学与培训部发布了文件——"21世纪的教师：创造特色——联邦政府高质量教师行动"（Teachers for the 21st Century: Making the Difference—— A Commonwealth Government Quality Teacher Initiatives），以下简称"21世纪的教师"。"21世纪的教师"的核心目的是提高教师的素质、增加高效益学校的数量，以期最大化提高学生的学业成绩和提升国家学校教育水准。因而，这项21世纪的高质量教师行动旨在达成下列目标：一是通过有定向目标的职后更新教育活动来发展、更新和提高所有教师的专业技能从而提升教师的教学质量，并鼓励开发教师专业标准；二是发展学校领导的技能以支持教师的发展和提升学校的办学质量；三是支持全校教职工参与学校的规划与管理工作，以提高教师的专业技能从而改善学生的学习效果；四是对高质量的学校、学校领导和教师进行认可并奖励。

以上项目即为"21世纪的教师"中的四项子行动，分别可以概括为"高质量教师行动"、"高质量领导行动"、"高质量学校管理行动"以及"质量认可行动"。澳大利亚联邦政府为这项为期三年的行动计划提供8000万美元的资金。其中7400万美元用于支持高质量教师行动，150万美元用于高质量学校领导行动，200万美元用于高质量学校管理行动，还有 250 万美元用于质量认可行动。①

2. 专门项目行动

开展专门项目行动，是澳大利亚推行教师职后更新教育工作的另一重要举措。它包括：

国家高质量教师信息交换项目（National Quality Teacher Information Exchange Project）。国家高质量教师信心交换项目通过讲习班、研讨会等方式来促进各地的信息交流。通过这个项目，教师有效地获得了在高质量教师计划实施中的信息。

土著学生的有效教学实践项目（Effective Teaching Practices for Indigenous Students Project）。此项目旨在促进教师课堂教学方法的改进，从而有效地提高土著学生的英语读写和计算能力。这一有效教学实践项目也支持学校探寻另外的更符合学校和社区特点与需求的实践模式。

开发教师专业标准项目（Developing professional standards）。作为提高教学质量和提升教师专业水平的方式，澳大利亚对教师专业标准的开发以及教师资格证的颁发极为关注。虽然澳大利亚的教师雇佣者和专业协会早已开始着手教师专业标准的研制和评估，但有很多方面尚未成熟。美国的实践表明，教师自发参加资格证考试可以促使其自身发挥最大的潜能，从而使学校和学生也从中受益。政府认为雇佣者和教师本人承担着开发专业标准的主要责任，因而政府也极为支持他们的工作。

联邦政府十分支持澳大利亚教育学会的工作，鼓励他们对制定教师专业标准的必要性进行讨论。同时，联邦政府拨款资助澳大利亚教育学会，支持其举办有关教师专业标准的全国性论坛。

高质量学校领导项目（Quality Leaders）。高质量学校领导行动旨在使中小学校长和他们的领导团队成为高素质的教育领导者、师生领袖和管理者。

为校长提供支持项目（Support for principals）。② 中小学校长在提高学生学习成效方面起着至关重要的作用。高质量的学校必然拥有杰出的学校

---

① Commonwealth Department of Education, Science and Training. Teachers for the 21st Century: Making the Difference——A Commonwealth Government Quality Teacher Initiative. Canberra: Commonwealth of Australia. 2000: 15.

② Ibid., 17—18.

领导，他们都有远见卓识，对自己的学校有着很高的期望，并且他们能与学校所在的社区人员进行有效的沟通和交流；他们关注学生的学业成就并鼓励和支持学校教师的发展。他们深谙学校和教学的改革，知晓信息通信技术的益处，并能很好地引导和管理处于网络世界中的学生，他们在管理学校方面有着不可或缺的重要作用。

校长、副校长和教务主任也需要参加职后更新教育活动来使他们具备应对复杂的日常工作的能力。这项活动的主要目的不仅在于提高学校领导者的水平，同时也要求教师们参与学校的管理工作。

澳大利亚联邦政府支持"顶级校长（peak principals）组织"推出一个国家框架，阐明优秀学校领导者所要具备的共性（共同要素），并研究学校领导职后更新教育的实践策略。澳大利亚联邦政府同时也支持澳大利亚小学校长协会（Australian Primary Principals' Association）和澳大利亚中学校长协会（Australian Secondary Principals' Association）举办研讨会以交流信息，对当前的实践和优先发展的事项进行商讨。

高质量学校管理项目（Quality School Management）。[1] 高质量学校管理行动旨在促进学校管理质量的提高。它是"21世纪的教师"这项工程中的一个长期计划。一项关于澳大利亚学校的改革和有效实践的研究表明，教师这个因素在校本管理方面起着重要作用。学校通过实施有目的的干预或策略、对教师和领导的工作予以支持、对研究提供支持与协助等方式可以显著提高学生的成绩。学校改革的顺利实施是依赖于学校领导、教师和广大的主要利益相关者如家长的全员参与、互相支持才能达成的；同时也需要学校社区对学校改革的认同和支持。这项高质量学校管理行动借鉴以上研究成果，支持学校高质量管理的实施，包括发展由学校领导和教师共同管理学校的模式。

校本行动研究项目（School-based action research）。[2] 这项新的研究项目促使各学校和学校集团在一个整体学校框架下（whole school frame-

---

[1] Commonwealth Department of Education, Science and Training. Teachers for the 21st Century: Making the Difference——A Commonwealth Government Quality Teacher Initiative. Canberra: Commonwealth of Australia. 2000: 18.

[2] Commonwealth Department of Education, Science and Training. Teachers for the 21st Century: Making the Difference——A Commonwealth Government Quality Teacher Initiative. Canberra: Commonwealth of Australia. 2000: 19.

work）运行。在这个框架内，各学校一起来鉴定、改进校本规划、校本评估、学校管理或文化，将它们付诸实施并处理一些特定教学要求等。这项校本行动研究项目的主要目标在于：鉴定教师的专业技能、支持旨在提高学生学习成绩的校本改革；开发教学改革与学生学习成绩关系的评估技术等。

教师职后更新教育与学生的学习成绩项目（Professional development and student learning outcomes）。这个项目旨在验证教师职后更新教育和学生学习成绩之间存在积极关系的理论，并鉴定能最有效提高学生学习成绩的教师职后更新教育活动和方式的特征。

质量认可项目（Recognition of Quality）。这项行动旨在对优秀教师和学校进行认可、奖励以及促进和提升教师的地位。尽管人们承认教师职业的重要性，然而社会上仍存在一些看法，即教师地位正在降低。虽然一些研究显示父母对其子女的教师相当尊重，然而公众却认为教育的整体质量在下降。鉴于此，联邦政府认为必须提高教师的地位，唯有如此，才能使那些优秀教师得到社会的认可。

革新与奖励优秀教师项目（Innovation and Excellence Awards）。[1]澳大利亚联邦采用了一个审核机制，对那些具有优秀教学技能的教师和高质量的教学实践进行审核。该项目把重点放在国家优先重视的学科领域，联邦政府对在优先重视的学科领域上取得高业绩的学校，以及在提高学生学业成绩方面作出显著贡献的教师或教师团队，进行嘉奖。

高质量教学的国家会议项目（National Conference on Quality Teaching）。澳大利亚联邦政府资助举办高质量教学国家会议，首先重视的是最佳教学实践的问题，同时还关注培训教师，以推进教育改革，从而达到提高学生学习效果的目的。

（二）联邦高质量教师计划政策

基于进一步优化教师职后更新教育工作，不断促进中小学教师专业可持续发展的考虑，澳大利亚近些年来先后出台了三个"高质量教师计

---

[1] Commonwealth Department of Education, Science and Training. Teachers for the 21st Century: Making the Difference——A Commonwealth Government Quality Teacher Initiative. Canberra: Commonwealth of Australia. 2000: 20.

划",包括最早的 2000—2002 年高质量教师计划客户①指南(公布于 1999/2000 年预算后不久);联邦高质量教师计划:修订后的客户指南,2003 年(公布于 2003 年);以及澳大利亚政府高质量教师计划:客户指南,2005—2009 年(公布于 2005 年)。以上政策在本书中统称为"高质量教师计划"(Quality Teacher Programme),本书按发布的先后次序分别称其为"高质量教师计划(一)"、"高质量教师计划(二)"、"高质量教师计划(三)"。

1. 高质量教师计划 A

这是澳大利亚联邦政府于 2000 年颁行的旨在改革教师职后更新教育工作的一个文件抑或政策。

首先,该计划要求在职后更新教育过程中要格外注意教师对社会进步和民主的目标追求。在实践中,许多中小学校虽然并不反对教师们这方面目标理念的学习、形成与追求,但由于教师更多的是被视为一个大系统中的工作人员抑或具体的执行者而已,因此正确的社会目标学习与社会价值取向学习,实际上被边缘化了。高质量教师计划 A 强调这种做法是不可取的,应予矫正。

其次,该计划强调要通过提升教师的教学素养,促进学困生成绩的改善。这涉及改进次级目标群体(secondary target groups)的教师的教育,这个群体包括教导土著学生的教师、农村和偏远地区学校的教师以及在城市中条件较差学校的教师。这种视多数处于不佳环境中的教师为"次级目标群体",表明了此计划的重点就在于提高教师的地位及提升教师的素质,包括:改善中小学教师在读写、计算、数学、科学、信息技术和职业教育等领域的教学技能;提高公立与私立学校的教师地位。②

其三,该计划认为,对土著、农村、偏远地区和城市中条件较差学校的教师的职后更新教育要予以更多的重视,因为这有利于教育的公平与均衡发展。

---

① 在澳大利亚,某些教育话语都变成了公司话语,这里的客户指的是教师、领导等。

② Hardy, Ian. The production of Australian professional development policy texts as a site of contest: The case of the federal quality teacher programme. Australian Educational Researcher, 2009, 36 (1): 78.

为此，高质量教师计划 A 要求各州各地区积极地推动教师开展各种属于职后更新教育范畴的学习活动。如鼓励教师开展并参加有关活动，有意识地与社区以及学生家长建立伙伴关系；鼓励教师开展各种基于信息技术的课程学习活动，促进教师们特别是城市学校教师与来自农村、偏远地区教师间的交流；保持职后更新教育中理论学习与实践活动之间的平衡；通过提供范围广泛的学习活动来促使可持续的教师职后更新教育的进行。

该计划特别强调教师间相互交流的意义，主张教师应与同伴一起学习而不是独立学习。它鼓励教师对其自身的学习发表意见；然而在教师学习的多样化方式中，这种"自由性"在教师的价值观学习问题上实际上是受到相当大的限制的。因此，在教师职后更新教育中要处理好加大管制力度与这种教师学习灵活性之间的冲突。

2. 高质量教师计划 B

随着时间的推移和教师教育实践的发展，已经取得了不少成效的上述 2000 年版高质量教师计划，但是诸如教师学习目标与学习方式之间不协调等一系列问题，仍亟待解决。因此，2003 年，澳大利亚联邦政府在修改 2000 年版计划（即高质量教师计划 A 的基础上，推出了高质量教师计划 B 这一新版的教师职后更新教育计划）。

新版高质量教师计划明确指出了教师职后更新教育中教师学习目标与方式之间的不协调问题，主张应将目标实现与良好学习方式有机地联系起来审视。它把有效的教师学习理解为持续的、以促进学生学习为目的的活动，一种满足教师工作需求的活动，合作性的活动以及问题导向的活动。这些活动被视为教师专业学习的"最佳实践"方式：认为教师职后更新教育过程所开展的活动应具有一系列鲜明的特征。包括：基于教师与学校的需求；有明确的目标和成效；对教师来说具有适切性；在学校教学中能使教育理论学习与实际应用相结合；考虑将单所学校的整体发展与区域网络方面的活动统一起来；建立利益相关者之间的伙伴关系；强化教师对学生成绩的问责制；使课程与教育问题相协调；开展基于信息技术的教师职后更新教育活动，促进参与教师的交流，特别是来自农村、偏远地区的教师。

然而，由于人们依然强调那些特定的学科领域尤其是国家重点学科领域，这种最能促进教师学习的"灵活性"往往难以实现。与高质量教师计划 A 一样，高质量教师计划（二）还是把重点放在那些限定的学科领域上。

2003年版联邦高质量教师计划在进一步强调要改进教师在诸如读写和计算能力、数学、科学、技术（包括信息技术）、职业教育这些重点领域的教学技能和理解力的同时，也十分关注学校安全的国家框架、教师专业标准和学校领导专业标准的制定与实施。

3. 高质量教师计划C

为了解决实践中出现的诸多新问题，也为了进一步深化教师职后更新教育，更好地促进中小学教师的专业发展，2005年，澳大利亚联邦政府组织有关各界人士在2003年版计划的基础上，研制与出台了一个相对来说更为与时俱进的教师职后更新教育政策框架——《高质量教师计划：客户指南，2005—2009》，即高质量教师计划C。

这一计划指出，前述教师学习的目标与实施方式之间的不协调问题依然突出，需采取进一步的措施，如在财政资助上有所作为，以使问题获得妥善解决。一方面，不资助那些不符合教师学习目标的活动。政府要求受资助的中小学和订约人在预算计划书中说明各个预算项目的恰当用途。[①]另一方面，则鼓励教师在公民、卫生、语言与音乐等广泛学科领域开展学习活动。这与较早的政策文本中重点关注教师在读写与计算能力、科学、信息技术与职业教育方面的学习活动形成了鲜明的对照。第三是倡导教师成为学习的主动参与者。它明确支持"引领实践性专业学习"（leading practice professional learning）原则的贯彻，认为教师需要在学习中将本校的发展需要与其自身的发展需要有机地结合起来，唯有如此，学习才能得以持续进行。

同时，高质量教师计划C鼓励教师独立思考，让他们自主分析专业学习计划：[②]（1）哪些学习内容以及实践活动是他们所需要的；（2）是否以

---

① Department of Education, Science and Training. Australian Government quality teacher programme: Client guidelines, 2005 to 2009. http://www.dest.gov.au/NR/rdonlyres/350AB00B-0F01-4E2A-806A-00AA02A0E9F3/15343/AGQTPClientGuidelines200509RevisedOctober2006.pdf, 2009-11-16.

② Department of Education, Science and Training. Australian Government quality teacher programme: Client guidelines, 2005 to 2009. http://www.dest.gov.au/NR/rdonlyres/350AB00B-0F01-4E2A-806A-00AA02A0E9F3/15343/AGQTPClientGuidelines200509RevisedOctober2006.pdf, 2009-11-16.

校本活动为主，并且结合他们的日常教学工作的；（3）是否体现了将教师组织起来以合作解决问题的原则；（4）学习是否具有可持续性——包括能否获取必要资源与引发新思维的校外学习等等。通过这样的方式，鼓励教师参与他们学习活动的安排。教师至少在某种程度上被视为主动参与者与积极的知识创造者，支持全校式教师学习的开发也反映了对合作学习的不断重视，这与教师个体学习形成了鲜明的对照。

此外，高质量教师计划 C 还鼓励教师尽可能地关注学生的学习情况。计划 C 认为作为教师，不仅要关注学生的学习内容并帮助他们解决在学习相关材料中遇到的问题；而且要在分析学习成绩、学习目标间差距的基础上，对学生的学习进行评估。教师要从学生的实际情况出发满足学生的特定需求，强调要正视学生可能遇到的各种问题以及重视对学生成绩与学习目标之间的差距分析，这两者都强调了本校实际情况的重要性。

高质量教师计划 C 是在考虑社会存在各种各样差距的基础上来界定教师学习的。早期的高质量教师计划政策文本特别关注农村和偏远地区及条件较差的城市中小学教师，而高质量教师计划 C 则更为关注宽泛意义上的"目标定位的学习需要"（targeted learning needs）。

应该认为，澳大利亚联邦政府先后于 2000 年、2003 年和 2005 年颁布的这三个高质量教师计划，无论在教育目标上还是在为实现目标而采取的教师"学习方式"上，都是有诸多差异或区别的。如表 7 - 11 所示，在教师职后更新教育目标的追求上，计划 A 强调特定的课程领域（尤其是读写、计算、科学、信息与通信技术）知识的学习、强调提高教师的地位、照顾有关次级目标群体的教师学习；计划 B 主要强调的是教师特定课程（尤其是读写、计算、科学、信息与通信技术）内容的学习与掌握；而计划 C 在某种意义上则在关注学习有关读写、计算、科学、信息与通信技术方面的知识学习的同时，相对而言更关注诸如音乐、语言、卫生、体育等课程知识的学习与掌握、更关注范围宽泛的"目标定位的学习需要"，即职后更新教育目标诉求中的师本精神。

然而，总体上看，上述这三项高质量教师计划，既有其自身的侧重点，同时也保留了早先高质量教师计划政策的许多特征，它们都十分重视教师成为自觉的学习者和关注学生需求的积极的"学习决策者"。教师也被视为范围宽泛的政府重点关注领域尤其是经济增长领域中的行动者。事实上，每一高质量教师计划都对教师专业化发展目标及其实施方式进行了分析与设计。它们都要求在严格的财政问责制下，对教师投身于政府优先开展的工作予以财政支持。教师及学校其他工作者负责合理利用高质量教师计划方面的资金，这些资金是根据高质量教师计划指南中的资金分配计划发放到各个学校中的，以最大限度地推进教师职后更新教育活动，促进中小学教师的专业持续发展。

表 7-11　高质量教师计划中教师的学习目标与学习方式[①]

政策	教师学习的目标（重心）	学习方式
高质量教师计划 客户指南 2000—2003 高质量教师计划 A	强调特定的课程领域（尤其是读写、计算、科学、信息与通信技术）知识的学习；将教师学习视为经济增长领域中的有机组成部分。	鼓励教师参加可持续的培训，尽可能避免一次即完式的培训。
	强调提高教师的地位。	
	顾及有关次级目标群体的教师学习，包括农村和偏远地区学校的教师、土著学生的教师以及城市中条件较差的学校的教师。	
联邦高质量教师计划：修订后的客户指南 2003 高质量教师计划 B	倡导学习特定的课程领域（尤其是读写、计算、科学、信息与通信技术）的内容。	关注教师职后更新教育中的"最佳实践"，包括建立伙伴关系、鼓励与特定学校和学生自身的需要相关的探究性学习。
澳大利亚政府高质量教师计划：客户指南 2005—2009 高质量教师计划 C	倡导学习有关读写、计算、科学、信息与通信技术方面的知识，同时关注诸如音乐、语言、卫生、体育等课程领域。	关注教师的参与、合作以及教师在日常工作中相应于特定情境的持续学习。
	关注范围宽泛的"目标定位的学习需要"。	

[①] Department of Education, Science and Training. Australian Government quality teacher programme: Client guidelines, 2005 to 2009. http://www.dest.gov.au/NR/rdonlyres/350AB00B-0F01-4E2A-806A-00AA02A0E9F3/15343/AGQTPClientGuidelines200509RevisedOctober2006.pdf, 2009-11-16.

十 案例：昆士兰州教师职后更新教育框架

昆士兰教师学院于 2008 年 12 月 12 日出台了"教师职后更新教育框架"。该州教师学院认识到，一个专业形成的根本标志，是成员拥有特有的知识、技能，并意识到职业生涯中进行专业不断更新与持续发展的意义。

《教师注册委员会的权力和功能评议报告》讨论并关注"为今后生活而注册"概念的不足之处。该报告认为，教学工作要维系其活力和成效，就需要教师不断更新其知识与技能。[1] 该报告还建议，注册的更新过程有必要将新近的教学情况和职后更新教育的要求两者结合起来。教师职业所依赖的知识库不断扩充，它要求教师以一个终身学习者的角色，从事知识生产和传播活动。[2]

教师注册更新（renewal of registration）

昆士兰教师学院（Queensland College of Teachers，QCT）的 2005 年教育法案于 2006 年 1 月 1 日生效，它对昆士兰州的教师提出新的要求，以便教师在每五年的教师注册时段后及时进行更新注册，教师个体需要承担参加注册以及满足更新注册方面要求的职责。

为了这种注册更新，业已正式注册过的教师，也必须满足昆士兰教师学院《教师职后更新教育框架》中提出的职后更新教育的要求。那些在新近教学实践中表现不佳的教师并不需要去迎合"职后更新教育框架"中的要求，但他们要按照《重新执教条件》进行注册更新，方可执教该学科。

所谓新近教学实践，指的是教师在五年注册时段内进行的为期一年（为期 200 天）的教学实践。在学校的教学指的是在昆士兰州的公立和私立学校里进行教学。

教师在昆士兰教育法中被界定为在一所学校里从事如下工作的人员：（1）实施一项教育计划；（2）在一个教育计划实施过程中对学生参与情

---

[1] McMeniman, Marilyn. Report of the review of the powers and functions of the Board of Teacher Registration. Brisbane: Dept. of Education and the Arts, 2004: 59.

[2] Coolahan, J. Teacher Education and the Teaching Career in an Era of Lifelong Learning. OECD Education Working Papers, No. 2. Paris: OECD Publishing, 2002: 13.

况进行评价；（3）管理一项教育计划。这意味着不承担课堂教学任务的校长和副校长也包括在"教师"的定义中。

教师离职一段时间后如想重新执教，需要完成"重新执教"要求的职后更新教育计划。

重点与原则

根据昆士兰教育法，教师职后更新教育框架必须关注昆士兰教师专业标准。教师职后更新教育标准的重心在于：（1）职后更新教育包括对实践的批判性反思及改进和加强；（2）职后更新教育是灵活的，它与教师个体的专业实践相关，是其专业实践的一部分；（3）职后更新教育承认教师的学识和专业性的重要性。

教师职后更新教育框架概念反映了昆士兰州教师专业标准中的第十条标准，即注重反思性实践和进行注册更新。教师根据持续专业框架的要求进行实践时须遵循以下原则：（1）教师依据专业标准反思他们的实践和工作中的角色，以便确认发展目标、发展需要和职业期望，教师职后更新教育框架关注形成和更新年度的持续发展计划；（2）教师在注册期间里实施一个灵活的、相关的、均衡的职后更新教育计划，他们关注加强专业实践、达成职后更新教育目标、记录实践成效；（3）教师对他们的职后更新教育进行批判性的反思，对自身的职后更新教育进行改进和监控；（4）框架的焦点之一是职后更新教育的成效或教师实践的改进。

教师职后更新教育的要求

教师职后更新教育的要求指的是：教师进行的职后更新教育活动必须符合三大要求：第一，职后更新活动须在下述三方面保持均衡：即雇主引导和支持教师职后更新教育、学校支持教师职后更新教育、教师个体认识到职后更新教育的意义；第二，职后更新教育应包括一系列不同类型的教育活动；第三，教师必须完成最低限度的活动量。对一个全日制教师来说，职后更新教育活动至少包括每年30个小时的活动量，对非全日制的教师来说，活动量可以有所减少。[①]

教师职后更新教育的类型

人们认识到，现代学校教育需要的是优化整个教师队伍的专业知识和

---

① Qeensland College of Teachers. Continuing Professional Development Framework. http：//www.qct.edu.au/PDF/PSU/CPDFramework20081212.pdf，2009 - 12 - 29：3.

技能，而不仅仅是关注单个教师的职后更新教育程度。教师需要从事职后更新教育活动，以便承担作为团队成员和学校成员的职责。有关研究也表明，当一个学校里的教师集体做出努力以追求共同的目标、促进职后更新教育时，学生的学习成绩才能得到持续的提高。因此，教师进行的职后更新教育活动包括三种已确认的类型，即雇主引导和支持的、学校支持的和教师个体进行的职后更新教育类型。

由于教师个体所处的情境不同，上述三种学习并非是等量齐观的，例如，因一些雇主的要求，教师首先要进行前两种在"教师职后更新教育框架"中确认的学习（雇主引导和支持的职后更新教育类型与学校支持的职后更新教育类型）。对于暂时离职的教师来说，更重视个体确认的职后更新教育形式较为合适。

教师职后更新教育活动的范围

针对已确认的三种教师职后更新教育类型，要进行一系列不同的职后更新教育活动（见表7-12）。为了满足教师职后更新教育框架提出的要求，职后更新教育必须有别于教师的常规教学工作或者教师所参加的课外活动。例如，职后更新教育并不包括参与日常教学工作中的会议、教学设计和准备工作。只有符合职后更新教育要求的活动才能予以记录，作为教师职后更新教育框架的一部分内容。

表7-12　　昆士兰州教师职后更新教育活动类型

为了满足所要求的教师职后更新教育的活动类型和最低限度的活动量，教师需要规划和进行职后更新教育，它有助于专业成长和学习目标的达成。教师必须进行一定范围的活动，它与教师的职后更新教育计划相关，符合昆士兰州教师专业标准，并且是符合职后更新教育确认的三种类型，即雇主引导和支持的、学校支持的、教师个体进行的活动。

以下是主要活动的清单：
- 对教育系统里的一些创新性工程、初始性计划、尝试性计划和正式项目作出积极贡献
- 课程、讲习班（包括学校组织的）、会议、假期学校或与教学相关的在线课程
- 编写教学大纲、由昆士兰州研究机构（Queensland Studies of Authority, QSA）或者雇主组织的有关课程和评价方面的职后更新教育活动
- 就课堂教学实践、研究成果或当前的教育问题向同事作汇报
- 引领校本课程和政策的开发
- 对担任新教师指导者角色的同事提供支持，并从中获得发展
- 教育研究或者行动研究项目
- 积极参加得到批准的海外教师交换计划，包括事前的准备、现场的职后更新教育活动和随后的汇报
- 与诸如研究、准备论文撰写、向同事汇报论文、进行专业实践相关联的专业阅读活动
- 为了获得学历证书或者与获得教学领域相关的证书而进行正规学习

教师职后更新教育的时限规定

昆士兰州规定，全日制教师进行的职后更新教育活动每年不得少于30个小时。对那些少于全日制教师工作量的教师而言，参加职后更新教育活动的时限要求可以作调整。[①] 就教师个体确认的职后更新教育而言，一位教师可以选择在注册的五年时段里累积所参加的职后更新教育活动的小时数，教师职后更新教育所需的时间总量可以包括学生放假时段及其他场合中的职后更新教育活动。

昆士兰教师学院认识到参与诸如正式的学术研究方面的职后更新教育活动的价值，并认可这类活动可以超过规定的最低的学习时间总量。同时，教师学院也认识到教师个别情况的特殊性，并对长期休假的教师提出建议。例如，对那些具有新近教学实践经历的教师并且能提供证据表明他们休假一年以上的教师（他们在那一年不进行教学），或者对于整年参加其他工作的教师来说，那一年的职后更新教育要求可予以取消。

表7-13　昆士兰州教师职后更新教育时间总量要求：全日制教师和非全日制教师[②]

每年教学实践的天数和时间	每年的职后更新教育要求
全日制教师	至少30小时
200天及以上［1000小时及以上］	至少30小时
160—199天［800—999小时］	至少25小时
120—159天［600—799小时］	至少20小时
80—119天［400—599小时］	至少15小时
40—79天［200—399小时］	至少10小时

教师职后更新教育的记录和汇报

大多数雇主在支持教师确认和开展职后更新教育活动方面已取得一定的成效。教师与学校协调一致，并让教师通过综合的方法达成两个方面的目标（教学实践要求和教师职后更新教育框架要求）。这样能使那些长期

---

① Qeensland College of Teachers. Continuing Professional Development Framework. http://www.qct.edu.au/PDF/PSU/CPDFramework20081212.pdf, 2010-01-02: 4.

② Qeensland College of Teachers. Continuing Professional Development Framework. http://www.qct.edu.au/PDF/PSU/CPDFramework20081212.pdf, 2010-01-02: 4.

任职的教师和签订雇佣合同的教师，通过参加获批的雇主组织的活动，[①]达到教师职后更新教育框架的要求（即在表7-14中指明的途径）。临时雇佣的教师虽然不参加那些获批的雇主组织的活动，但他们也要达到教师职后更新教育框架的要求，并向昆士兰教师学院报告个人的职后更新教育情况（表7-14中指明了上述两种途径）。

昆士兰教师学院将在教师注册更新后的12个月内，对教师个体的职后更新教育情况和教师所在学校对职后更新教育的安排情况进行随机调查。

十一 澳大利亚教师职后更新教育实践的透视

澳大利亚的教师职后更新教育是对度过入职期、已经初步胜任教学工作的教师以及有多年教学经验的老教师而言的。它在某种意义上等同于教师职后继续教育；之所以用它来替代教师职后继续教育的提法，主要是基于这种教育重在通过教师们的各种课程学习与业务进修，不断更新他们的知识结构、能力结构与教学智慧的考量。它是现代终身教育理论在教师教育领域的实践，对于教师的专业可持续发展和与时俱进、对于中小学师资高水准的保有和中小学教学质量不断地提升，具有不可小觑的意义。

表7-14　　　　　　　昆士兰州教师职后更新教育框架

- 与教师职后更新教育框架中提出的概念相一致，教师依据专业标准反思他们的实践和角色，制定个人职后更新教育计划，进行职后更新教育活动，以满足持续的教师职后更新教育框架中提出的要求。
- 教师个体有责任保存自己的职后更新教育档案。档案将采用最能适合个体需要、职业变迁路径、雇主要求的形式。
- 在职后更新教育提供者组织开展职后更新教育的时候，教师参与活动的证据将予以证实。
- 教师的档案将包括依据职后更新教育框架的要求而确定的职后更新教育活动的时间总量、标准的侧重点、确定的活动类型和范围。
- 昆士兰教师学院将提供可选择的在线工具和模板，它们可用于职后更新教育的记录工作。教师要在注册更新后的12个月内保存他们的职后更新教育的档案和证据，以便在昆士兰教师学院进行随机审查时提供可资利用的证据。

⇩　　　　　⇩

[①] 雇主组织的持续专业发展活动要通过昆士兰教师学院的审批，以符合昆士兰教师专业标准。

续表

（1）长期任职的教师和签订雇佣合同的教师，通过参加获批的雇主组织的活动，达到教师职后更新教育框架的要求：	（2）临时雇佣的教师虽然不参加那些获批的雇主组织的活动，但他们也要达到教师职后更新教育框架的要求，并向昆士兰教师学院报告个人的职后更新教育情况：
支持教师达到经昆士兰教师学院审批的教师职后更新教育框架的要求。 雇主确认，教师通过与学校协调一致的活动，达到昆士兰教师学院提出的教师职后更新教育的要求并见证了教师提供的职后更新教育活动的证据。 雇主代表学校和教育系统的所有教师向昆士兰教师学院递交年度报告。 每一个教师有责任在进行注册更新后的一年内，保存职后更新教育的档案和证据。 雇主对职后更新教育过程的档案材料保留六年，以便昆士兰教师学院对学校进行审查时可以查阅。	教师就完成的教学实践天数和在注册期间进行的职后更新教育的时间总量和参加各个类型的职后更新教育活动的均衡状况，做出书面申报。申报依据教师教学实践的时间总量和所需的职后更新教育情况而定。 教师在进行注册更新时将书面申报递交给昆士兰教师学院。 教师有责任在注册更新后的一年内保存他们的职后更新教育的档案和证据。

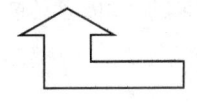

↑　　　　　　　　　　　　　　　　　↑
昆士兰教师学院进行审查
昆士兰教师学院管理个体教师的持续性职后更新教育
和在注册续期后 12 个月内的雇主进程的随时审查

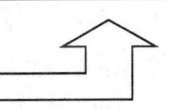

　　澳大利亚教师在职后更新教育上所进行的一系列摸索与尝试，许多方面是颇有革新意味和具有促进教师专业发展价值的，值得人们思考与琢磨。

　　教育内容综合化，此其一。一般而言，无论在教育理论界还是在中小学教育第一线，一提到教师职后更新教育，人们就会将思维定格于更新教育思想与改善课堂教学这两个方面。有关的实践也确实主要聚焦于这几个方面的。澳大利亚各州各地区则打破了这种思维定势，在内容上将教师职后更新教育的范畴拓展到了学校管理等领域，要求中小学教师通过这方面的教育，在不断学习课堂教学方面的新的知识技能如"教学过程最优化"、"学生评价艺术"、"课堂管理方法"等的同时，还要一丝不苟地了解与努力掌握诸如"学校规划的设计原理"、"有关的法律问题"、"学校与所在社区关系的处理"、"学校财政预算"、"资产与设备管理"、"学校领导力要素"等有关学校管理方面的知识。这种冲破教师职后更新教育内容单一化而使之综合化的做法，无疑是有益于教师专业成长的。教师们会因为了解与习得这些知识技能，而能更好地促进他们与学校管理层的相互理解和沟通，也能更好地处置与社区的关系，在某种意义上，这也是对教师专业发展的一种促进。

教育形式多元化，此其二。创造条件，让教师参加高校的有关课程学习，借以提高他们的学历，更新他们的知识结构，学习先进的教育理念，这种学历教育无疑是教师职后更新教育重要的也是常用的形式和途径之一。然而，由于学校师资队伍需要相对稳定，教学教育工作不能间断，加上学校教育经费的制约以及中小学教师自身对工作收入的需要，任何一所学校都无法也不可能在同一时期内送很多教师去高校脱产接受学历教育，事实上一些教师已经获得规定的学历，他们需要的只是短期的在职课程进修。澳大利亚的教师职后更新教育充分考虑到中小学教育的这一情况和教师需求的实际，在鼓励教师接受高校学历教育的同时，引导教师参加中小学与高校合作举办的短期课程学习、学校利用各种有利条件举行各种教学研讨会、教育反思会等。他们的这种将教师职后更新教育形势与途径多元化而非单一化的做法，显然是可取的，也是必要的，它既符合中小学校的经费实情，也符合中小学教师的需要，很受中小学校和教师的欢迎。

其三是财政激励的面、点兼顾。中小学教师职后更新教育既有一个学校与教师的积极筹划和能动参与的问题，也有一个必要的经费支撑的问题。实践中可见，很多国家或地方难以在中小学教师职后更新教育领域有所作为，或只能蜻蜓点水般象征性地进行，或全然放任自流任由中小学校实施，以致收效欠佳，重要原因之一，就在于财政资助问题未能解决所致。澳大利亚基于对教师职后更新教育的重视，不但每年都要在这方面投入相当数额的经费，而且还将它分为"学校定向资助"和"项目定向资助"，前者所有的中小学都有份额，后者则只有一些有特别更新教育项目的学校才能申请。澳大利亚在财政资助上不用司空见惯的平均主义，而取这种面、点结合的策略应该说是恰当的。这样做，既能推动教师职后更新教育工作在所有学校的展开，又能激励一些中小学就教师职后更新教育中的一些重要问题如教学技能、教学方法改革等，组织教师进行深入的研究培训，从而使教师职后更新教育既有了广度也有了深度。

毫无疑问，澳大利亚的教师职后更新教育实践仍不太完善，甚至是存在诸多局限与问题的。比如其在鼓励与推动教师进行各种教育教学研究方面，系统性不够、激励力度不大，导致教师对研究的动力不足，积极性差强人意，从而未能充分发挥教学研究、课题探讨在教师职后更新教育中的作用。这些局限显然亟待消弭，也给我国的教师职后更新教育提出了警示。

第八章

结　　语

　　从萌芽发端到蹒跚向前，从职前教育到入职教育乃至职后更新教育，澳大利亚的教师教育走过了一条蜿蜒的发展之路。如今，在联邦及各州地区政府的支撑和教育界的努力下，已呈现出了一派充满生机的景象，为其中小学教育提供着高水准师资的有力保障。其间的许多特点、策略抑或做法，值得思考。

一　澳大利亚教师教育的主要特征

（一）如影随形于社会发展的需要

　　从古到今，无论何国，其社会发展所依的条件从来不可能是单一的，从来是该国人才、资源、交通、科技、社会体制等因素整合运作的产物。任何一个领域因素的缺失或状态不良，都会导致整个社会的运行障碍。而其中最为重要的要素则非人才莫属。因为无论资源的利用，交通的规划与建设，还是科技的开发与繁荣，乃至社会体制的建构与变革，归根结底是维系于人才这一首要因素的。然而，作为社会发展支柱因素之一的人才，并非没有受过高水准教育的"原生人"的同义词。青少年只有经过一系列的高水准的学校教育，掌握了一定的知识技能、形成了社会所期望的各种品质，他们才有可能真正融入社会，为社会的发展和繁荣作出贡献。因此，任何一个国家若要社会昌盛，经济发达，都无法漠视学校教育的发展。并且，它必须在学校教育上投入必要的人力和物力，通过促进学校教育对人才的培养，来实现推动社会发展的目的。

　　澳大利亚教师教育的种种发展与变革，在某种意义上，正是这一社会需要的反映。该国从成为英国殖民地初期，在英国流放者人口基数总体不大、需受教育的青少年人数相对不多、社会发展对人才培养的需求相对较低的情况下，将教育的任务交由有学问的流放者，或由导生制和短期培训班培养出来的教师，尚能应对社会对小学教育质量的要求的话，那么，随着受教育人数的不断增多，更由于工业化的推进，社会需要大量受过正规教师教育的教师来执教中小学，以使中小学人才培养水平得到提高，建立专门的培养师资的学校乃至学院便已势所必然。二战后，特别是近几十年来，澳大利亚经济发展势头良好，随着后工业化时代的到来，社会对中小学人才培养的质量，进而对高校教师教育的水准，提出了更高的要求。它要求学生不仅掌握扎实的学科知识，形成一般的学科教学能力，而且还要具有良好的创新意识和团队合作精神等。要使学生如此，学校教师首先就得提升自身的教育水平和科研能力。澳大利亚的教师教育由此从师范学院层面转向了由综合性大学来承担中小学校教师的培养工作之路，这一方面是澳大利亚社会发展所要求的，也是其教师教育对社会发展的能动适应。

（二）丝丝入扣于教育发展的规律

纵观澳大利亚今天的教师教育可见，该国在优化中小学师资培养的问题上，现代教育科学重要的方法论思想，尤其是教育系统论和教育控制论的思想或理念，始终自觉不自觉地贯穿于其间。教师教育本身就是一项巨大的系统工程，这一工程的质量如何不是由某一单个的因素所能左右的。

从纵向的角度来看，澳大利亚强调这一工程的实施及其绩效维系于教师职前教育、教师入职教育、教师职后更新教育等各个亚系统的整体运行是否到位和优化。澳大利亚认为教师职前教育系统的良好运行是基础与根本，无此，中小学师资的高质量培养便将无从谈起；但紧随其后的教师入职教育和教师职后更新教育两个亚系统的优质运行同样不可或缺，不然，新教师的角色进入和角色胜任将会举步维艰，教师的专业持续发展也将会困难重重，这一切对教师发展而言都是极为不利的。只有使教师职前教育、教师入职教育和职后更新教育三个亚系统的运行有序化，中小学教师的优质培养与专业持续发展才有实现的可能。

而从横向看，在澳大利亚人看来教师教育的质量还与教师教育的课程设置、实施途径以及教师教育的质量保障等亚系统的运行情况有关。无论是职前教育阶段、入职教育时期还是在职后更新教育过程中，教师教育课程设置的不科学、不切实际抑或远离教师发展、学校发展的需要，都将给整个教师教育系统的运行质量带来无量的影响，甚至是灾难性的后果，使中小学师资培养以及他们的专业发展困难重重。而教师教育作为一个有诸多亚系统构成的复杂的大系统，只有当它有序、规则而富有创意地运行时，它的教师培养质量才会获得有效保障，学校与教师内在的创新潜能才能获得充分发掘。由是，澳大利亚一方面将教师教育各阶段的课程设置、途径选用等作为一个整体来考量与处理，不偏不倚，齐头并进；另一方面，则设计教师专业标准与教师教育认证机制，对教师教育实施全面质量管理。显而易见，这种理念与做法是符合教师教育系统内在的运行规律的。在某种意义上，正是这种符合教师教育发展内在运行规律的做法才使澳大利亚的教师教育得以有条不紊、优质高效地实施。

（三）教师职前教育的严格性

澳大利亚的教师职前教育颇有一些高标准、严要求的色彩。其教师职前教育课程主要有本科单一学位课程、双学位课程和研究生课程。只有修完这些经过认证的教师职前教育课程，才具备进入教师职业的要求，当然在入职前，有关管理部门还要对毕业生有无犯罪记录、性格特征等进行调查与评估。职前课程的入学标准也是较高的，开设教师职前教育课程的高等院校都精心挑选适合从事教师工作、符合各方面条件的应试者。

教师素质的高度在某种意义上决定着学校教育水平的高度。澳大利亚在对教师素质的要求上遵循了一条就高不就低的原则。澳大利亚规定，要进入教师行业，必须要修完经过认证的教师职前教育课程。学习每一类教师职前教育课程的学生要经过严格的培训才能成为合格的准教师。学生除了要学习将来所教学科的知识，还要学习教育理论知识以及进行教育专业实践。

较之澳大利亚的教师职前教育体系来说，我国的教师职前教育要求乃至教师素养要求，从总体上来看存在着相对较低的问题。在我国，对中小学教师的培养工作做得最好的应属各地师范学院或师范大学。这些高校的教师职前教育与澳大利亚相比，应该说也是有一定的差距的，比较明显的应该就是教学实践这一方面。澳大利亚一贯十分重视理论与实践的结合，教育界人士不断致力于这方面的革新，联邦政府也一如既往地对职前教师的专业实践方面进行资助，目的就是要提高与保证职前教师在实践方面的质量。就目前来说，该国所有学习三至四年的本科教育学位课程的学生必须参加不少于为期 80 天的专业实践；所有学习两年制研究生课程的学生必须参加不少于为期 60 天的专业实践；所有学习一年制研究生课程的学生必须参加不少于为期 45 天的专业实践。我国在这方面做得是不够到位的，在四年的本科学习中，学生的见习犹如蜻蜓点水，大四的实习时间仅为短短的 8 周（40 天），近几年也只增加到 12 周（60 天）。而在研究生阶段，我国还没有切实可行、详尽严格的专业实践方面的要求。这就在很大程度上导致了许多非教育专业的学生根本就没有进行教育实践的机会，他们一旦进入中小学工作后，在相当长一段时间内会对工作显得束手无策。

除此之外，我国还有很多综合性大学非教育类专业的毕业生进入中小学教师行业。他们没有经过系统的教育理论知识与教育实践培训，只需通过教师资格考试，取得教师资格证即可，而教师资格证的考试就是考教育学、心理学与普通话等课程。这样的职前培训显然是不符合教师培养标准的，职业准备期不足，就会直接影响到教师培养的质量。

澳大利亚教师职前教育的严格之处就在于，所有有志于教师职业的人必须经过系统的职前教育课程培训，达到相应的要求，每一类课程都要进行专业学科知识、教育理论知识的学习并参加规定的专业实践。

（四）教师入职教育与职后更新教育体系的相对完备性

接受完职前教育的毕业生走上工作岗位时往往还不能达到"合格"教师的要求。新教师要经过一段时间的实践，并且通过入职教育和职后更新教育，不断提高水平，才能符合教师规格。澳大利亚教师入职教育的原则清晰，目标明确。其入职教育由雇佣机构，学校和学校所在地区共同承担。

他们对新教师的入职教育是多侧面、多层次、全方位的，不仅为新教师配备一位指导者，并且动员全体教师都关心新教师的成长，都对新教师予以支持，因为他们认识到入职教育的有效实施有赖于学校的文化氛围，他们致力于为新教师创设一种开放性、合作性和支持性的文化氛围。同时，入职教育计划又是根据新教师个人的需要和目标进行制定，而不是一律采用标准化的内容，并时刻关注新教师需求的改变。

学校所在地区或所属教育系统一般组织新教师参加短期在职专题研讨班或新教师的大型会议，探讨教育系统的有关政策或普遍的教学问题。而入职教育的主要承担者则是教师所在的学校。校本入职培训的三个阶段——适应阶段、确立阶段和成长阶段各有其侧重的内容与策略。

如在"适应阶段",入职教育的内容关注让新教师掌握如何有效利用教学材料和资源、了解学校的政策和程序、如何获取学校中的设备和器材、明确教师的角色和责任、熟悉学校课程、获得校内外专家的有效帮助,那么到了"确立阶段",侧重点则转换到了管理学生行为、有效的教与学的策略、组织学生学习、满足学生的学习需要、对学生的评估、与学生家长沟通、对残障学生的教育、激发学生的学习动机、保存学生的学习记录、时间的调控、制定课时计划等。进入到"成长阶段",入职教育的内容除了继续关注"确立阶段"的那些项目外,又着力培训新教师撰写报告的能力。

当然,在每一阶段的实施策略也有所不同。如在"适应阶段"的基本策略是让新教师入职前参观学校、为新教师确定入门指导者、与校长及资深教师座谈、发放有关学校情况的手册;到了"确立阶段",策略的侧重点则转移到了与团队教师合作进行教学设计、与指定的指导教师座谈、观摩其他教师的课堂教学、与教师同伴座谈、减少教学工作量、参加专业会议、团队教学、访问其他学校、与其他学校的新教师保持联络等。进入"成长阶段"后,除了继续使用"确立阶段"的那些策略外,更加注重其他教师对新教师的评价与反馈信息,以使新教师不断地对自身的实践进行反思。

澳大利亚教师入职教育的内容与实施策略,是基于新教师专业成长的实际需要而定的。它不仅关注新教师的教学能力,也注重新教师的管理能力、洞察学生的能力以及处理人际关系的能力等,真正体现了培养新教师综合素质的导向性。学校教师全员支持新教师的工作,为新教师提供了一种人性化的氛围。对新教师的指导不仅仅是指导者一人之事,而有庞大的同事团作为后盾,对新教师的培养不仅仅在于提高其教学能力,更注重其全方面素质的提升,这是值得我国中小学教师入职教育借鉴的。

新教师在经过系统的教育培训后,成为一名胜任的教师。澳大利亚的有关教育部门却未丝毫放松对教师的培养,仍然十分注重对教师的职后更新教育。终身教师教育体系的构建是对日新月异的社会与教育变革的一种响应,教师的基本专业知识需要不断地更新,与此同时,教育理论知识与教学方法也需要与时俱进。为了防止教师的职业倦怠性,澳大利亚工党提出要重新唤起具有十年或以上从教经历的教师的激情，在稳定教师队伍的同时，不断提升师资质量。澳大利亚政府对于教师的职后发展予以了高度的重视，将发展教师作为国家优先发展的事项来看待，自 2000 年以来，一直实施联邦高质量教师计划，不断加大资助力度，以促进教师的专业发展与更新能力。澳大利亚教师的职后教育机构较为完善，除了高等院校外，各中小学校、学校集团、学科或专业协会、会议中心、教师联合会等都是职后教育的培训场所。高等院校除了承担教师职后学历教育的职责外，还承担一小部分的非学历教育活动，一般都是起到引领与顾问的作用。职后更新教师的主要场地是教师所在的学校。非学历职后更新教育的形式有参与校本课程开发、参与访问其他学校、指导新教师、阅读有关学科内容、教学策略和方法论以及有关学校管理的书籍、了解自己教学领域的最新发展情况、与其他学校的教师互通信息等。教师尤其关注在某些方面的改进，如激励学生的技巧、辅导后进学生的技能、发展自我评价的技能以改善教学、提高计算机应用技能、设计个别化教学计划、学习管理技能以成为学校的管理者、缓解压力的技巧、人际交往技能等。在这些职后更新教育活动中，有的是教师个体进行，如阅读自身感兴趣的书籍，而有些是通过团体或小队参与的方式开展的。这种既有学历教育，又有非学历教育活动；既有高等院校作指导，又有基层中小学、专业协会、教师联合会等组织开展；既有个体独立的学习，又有团体学习方式的多层次多样化的模式，构筑了澳大利亚教师职后更新教育的体系。澳大利亚的教师教育体系无疑体现了教师职业是一个从职前到职后的持续不断的专业发展过程，真正做到了终身教育体系下的教师的可持续发展。

教师入职教育以及职后更新教育的意义在今天的我国早已尽人皆知，但离有效实施却仍有相当的距离。其症结之一就在于我国此类教育的实施主体单一（基本上由中小学独力承担）、系统性不够（随意性大，甚至盲目跟风，理论界热什么就让教师学什么）等，从而在很大程度上影响了实施效果与中小学教师的发展。澳大利亚在入职教育与职后更新教育上的上述种种做法，在某种意义上为我们改进教师入职教育与职后更新教育提供了有益的参照，其实施过程中学校与地方当局联手、大学与中小学共担、教育内容多层次多侧面兼顾等，尤其值得我们思考。

（五）教师教育的质量保障体系的同步性

在职师资的质量必须达到一个基本的水准，这样才能适应社会的要求，胜任培养学生的重任。因此须有一个相应的质量保障机制来确保师资的基本质量。澳大利亚对此做了大量有益的探索与实践。澳大利亚的教师教育之所以有较高的质量，固然是其教师教育体系较为健全使然，但更是其教师教育质量保障体系的同步实施所致。从教师的职前教育到入职教育，再到职后更新教育，都有一套较为完善的质量监控机制。澳大利亚的教师教育认证机制是确保教师职前教育质量的重要机制。职前教育的质量取决于开设什么课程、课程的质量如何以及学生是否达到必要的学业和综合素质方面的标准和要求。澳大利亚高等院校开设的每一类教师职前教育课程都需经过有关部门的认证，方可实施。认证的过程严密、标准严格，通过认证的课程在实施的过程中还要接受有关部门的监控。经过认证的课程每隔四至五年又要重新接受认证，这就敦促高等院校开设的职前教育课程不断地进行改进与革新，以最优化地保证学生的受教育质量。成功修完经认证的教师职前教育课程的毕业生才有资格在澳大利亚的州或地区的教师学院（教师注册委员会）进行临时注册。那些符合教师临时注册要求的毕业生必须达到澳大利亚各地区的教师专业标准（教师临时注册标准），而职前课程标准中就已涵盖了达到各地教师专业标准（临时注册标准）的要求，因而，一般说来只要完成教师职前教育课程的毕业生便能在当地进行临时注册，注册后毕业生便成为了一名新教师。新教师一般在接受了为期一年的入职教育，积累了一定的实践经验，达到了一定标准后，就可申请进行正式注册。澳大利亚的某些州有教师正式注册的专业标准，如维多利亚州，新教师需递交申请正式注册的表格，并提供相关的材料供教师管理机构进行审核，审核的标准便是正式注册的教师专业标准。有些州的教师专业标准中将教师的职业生涯分为"新手型、胜任型、高成就型与领导型"，那么申请正式注册的教师便要达到"胜任型教师"的专业标准。如果不能达到正式注册的要求，那么该新教师就要延缓进行正式注册。

已经正式注册的教师并不是从此就一劳永逸了，在长年的教学生涯中，必须还要不断地致力于知识技能的更新与整体素质的提高。为了保证职后教师的质量，澳大利亚各地一般每五年要求教师进行一次"注册更新"，各地教师管理机构负责对教师的实践情况进行审查，以确保教师的职后更新教育质量。在这一机制下，教师不仅必须保证规定的教学实践量，同时也要完成规定的参加专业学习的量，达到专业发展的目标，只有达到注册更新要求的教师方可继续执教。

二 澳大利亚教师教育的实施成效

(一) 促进了中小学教师的角色胜任

中小学师资队伍是一个由许许多多具有鲜活个性教师构成的系统。经过数年教师职前教育的准教师们能否有机地融入该系统，抑或为该系统所认同与接受，他们能否真正迅速地进入角色和胜任角色，对于中小学教育系统的正常运行与教育水平的有效保持，对于教师自己的职业生涯来说，都具有十分重要的意义。澳大利亚构建教师入职教育机制的重要原因之一也在于此。实践表明，该国在教师入职教育领域所进行的上述种种探索，是颇有成效的。以其对教师的入职教育为例，高达 62.9% 的处于"适应阶段"的新教师认为教育行政当局与所在学校分别进行或合作进行的教育，对他们迅速熟悉学校的教学环境与人际关系环境十分有效，使他们得以顺利地进入教师角色；而 59.2% 的处于"确立阶段"的新教师觉得入职教育工作对他们在课堂教学领域快速立足很有帮助，因而在调查中对入职教育给予了"满意"甚至"非常满意"的评价。处于"成长阶段"的新教师对他们在这一时期所受入职教育的有效性问题，也表达了他们的感受——虽然也有 35.4% 的人觉得这种教育对他们的职业适应和角色适应的作用不甚理想，但认为这种教育相当及时和有效，对他们胜任教学工作帮助显著的新教师仍占多数，对入职教育感到满意与非常满意的新教师，计达 64.5% 之多！[①] 教师教育尤其入职教育成效的有无与大小，最有发言权的不是其他人，而是作为受教育者的新教师自身。在澳大利亚新教师们看来，他们所受的入职教育总体上是富有成效的，在他们的职业进入与角色胜任中发挥了十分重要的作用。

(二) 推进了中小学教师的专业发展

澳大利亚的教师教育不仅在促进新教师职业进入与角色胜任方面富有

---

① Tasmanian Educational Leaders Institute (Department of Education Tasmania). An ethic of care: effective programs for beginning teachers. Canberra: Department of Education, Science and Training, 2003: 55, 69, 81.

成效，受到了多数教师的认同与支持，而且在推动教师专业持续发展方面也可谓效果不菲。他们所推行的教师职后更新教育在这方面的作用尤其如此。教师们对职后更新教育的目标诉求和内容安排的欢迎态度上，清楚地反映了这一点。如上所述，在职后更新教育的目标领域，有61%—87%的小学教师、59%—89%的中学教师对于更新教育中将及时了解所教学科教学领域的最新发展、学习解决当前教学中存在的问题等作为更新教育的目标诉求之一，感到十分恰当，对于他们专业素养的提高起到了促进作用。对于教师的专业发展来说，影响最大的受制因子还在于教学资源利用、良好教学方法与技能习得以及与学生、家长沟通等能力和素养的不断获得与提升，而澳大利亚在教师教育尤其在职后更新教育中根据教师发展的实际需要在这些方面给予了特别的重视，使得中小学教师在职后更新教育中学有所得，既促进了他们各种课堂教学问题的解决，又推进了他们整体素养的升华。在调查中，50.1%—71.4%的小学教师、50.7%—86.0%的中学教师，[①] 对于他们所获得的职后更新教育认为富有成效，感到满意，因为这种职后更新教育，包含了他们亟须的"激励学生的技巧"、"辅导后进生的方法"、教师自我教学评价技能、学生评价方法、个别化教学及小队教学等方面的学习，通过教育有效地促进了他们专业素养的改善与专业能力的提升。

（三）推动了中小学教师的工作流动

由于澳大利亚实行的是联邦制，各州政府具有高度的自主性，各高等院校更是拥有极大的办学自主权。因此，长期以来，澳大利亚高校在教师教育领域呈现出了一幅各行其是，各唱各调的景象。它不可避免地在一定程度上导致了走出大学校门的准教师们水平的参差不齐，也对中小学教师的流动造成了一定的困难。澳大利亚各州教师专业标准的陆续研制与推行，各地教师教育认证机制的构建与实施，无疑向各高校的教师教育祭起了一道达摩克利斯剑。它意味着各高校自主设计与规划的教师职前教育课程只有得到认证才有可能获准实施，这样就给其教师教育水准上了一道保险杠；从而使得走出高校毕业的准教师们具有社会所要求的基本素养。正

---

① Philip Hughes. Teachers' Professional Development. Vic：The Australian Council for Educational Research Ltd, 1991：67—73.

因为如此，中小学教师的流动才成为可能，至少在州内各中小学间的流动变得相对容易起来了。以往那种因未据专业标准进行认证的高校教师教育，所带给人们的对教师水准的疑虑，因此得以有效消解，教师的工作流动也因他们均经过认证而变得容易起来。至少在本州范围内是如此。中小学师资队伍的相对稳定无疑有益于学校教学质量的维持，但是教师工作的超稳定容易导致其教学思维的定势、教学模式的僵化，因此，澳大利亚教师教育经由设置教师专业标准、施行教师教育认证之路，推进中小学教师的工作流动，对于中小学教育发展而言，显然是一种历史的进步。

三　澳大利亚教师教育存在的问题与发展趋势展望

应该认为，澳大利亚的教师教育发展速度较快，绩效显著，满足了其中小学对师资培养的基本需求。但人们也不得不承认，澳大利亚教师教育工作的推进离社会的期望依然存在不小的差距，问题依然不少，因而在一定程度上制约了教师教育的更快更优的推进。由是，在进一步深化改革的过程中，该国的教师教育发展出现了一些新的情况抑或新的趋势。

（一）教育资源整合的困难与行政介入的积极化

教师教育所需的资源范畴较广，牵涉因素甚多。只有将这广阔范畴的各种资源利用起来，学校的教师教育工作才能有效进行。但澳大利亚在其教师教育实施中发现，很多教师教育资源仅靠学校自身的力量是很难将它们有效地整合为己所用的。在一切都走市场道路、行政尽量不介入和教育放权于学校的传统影响下，高等院校与中小学的教师教育无可避免地遭遇上了诸多难以解决的问题。例如社区配合教师教育的问题、高等院校与地区内中小学之间的联系问题、举办中小学教师教育问题讨论会的问题等。在某种意义上，这些问题的解决都是教师教育，包括高等院校的教师职前教育与中小学教师的入职教育及职后更新教育所需要的；却又是高等院校或中小学自身所难以做到的。因为很多问题尤其是教师教育资源的整合与开发问题，本身就是一项系统工程，绝不是凭某校之力就能完成的。这便出现了教育资源整合的困难与浪费，教师教育未能最优开展的尴尬局面。

无疑，将教育权最大限度地下放给学校包括高等院校与中小学的传统，给这些学校依据自己的教育理念和实际情况办学带来了诸多的便利，事实上也确实使澳大利亚学校在办学过程中得以有效地避免了各种非理性的外来扰动对学校教师教育的掣肘。然而行政的不作为或者作为不力，对于教师教育来说，同样是一种悲哀，抑或是行政部门的一种失职。它在一定程度上需要行政有所作为，作为公众政府的行政当局也有义务履行其应有的责任，来整合本州本地区内的各种可资开发的教育资源，为教师教育工作服务。如前所述，在其教师教育中，澳大利亚对此已有充分的认知，并在诸多领域进行了初步的行政介入尝试，如通过财政资助的方式支持高校教师教育中的教学实习；通过组织培训班的方式统合各方力量对新教师进行入职教育等。实践证明，教育行政适度的积极介入是必要的而且是富有成效的，它在教师教育中起到了单一学校所无法达到的教师教育资源利用最大化、最优化的作用。因此受到了澳大利亚各州各地区的特别关注与效仿，甚至大有一种力倡的趋势，从而对澳大利亚的教师教育发展形成新的推力。

（二）教师流动的受限与教师专业标准、教师教育认证的全国化

澳大利亚各州各地区教师专业标准的研发与推行，以及教师教育认证制度的建构与实施，使得州属高等院校进行的教师职前教育有了基本的质量规定，也使得他们的毕业生有了一个基本的素养规格；同时使得他们经过各种入职教育与职后更新教育，通过教师专业标准的检验，而有可能在州内或地区内各中小学间进行交流或流动。然而澳大利亚教育界也清楚地看到，一方面，高等院校教师教育各行其是、各唱其调，水准参差不齐的问题只是获得一定程度的缓解，中小学教师的流动问题只是在一定范围内得以实现，离根本上解决这些问题，还相距甚远。事实上，各州各地区的教师专业标准与教师教育认证制度都是从本州本地区的实际情况出发制定的，因此差异的存在无可避免，这便导致了各州各地区之间教师资格能否相互认可的问题。从而在很大程度上制约了中小学教师在各地乃至全国范围内的流动或交流，对中小学教学质量的提升也有颇多的负面影响。另一方面，因各州各地区只认可本州本地区的教师专业标准与认证机制，一些州往往极不愿意接纳毕业于其他州的高校的学生或教师，或是要对其进行重新认证。因而在毕业生跨地区就业时重复认证的现象并不鲜见，从而造成了各种资源的极大浪费。

面对这种情况，澳大利亚教育界以及澳大利亚教育行政当局，开始了

在各州工作的基础上研发和建构全国教师专业标准与教师教育认证机制的工作，旨在使全国高校的职前教师教育有一个统一的规格，使他们培养出来的中小学教师在知识技能等素养方面都达到规定的高度，从而有利于中小学教师在全国范围内的流动。诚如西澳大利亚州的大学部门的一位发言人所指出的那样，"建立国家层面上的教师职前教育课程认证程序比建立各州自己的教师职前教育课程认证程序要更有益处。建立国家统一的教师教育系统是为了提升这些教师教育课程的权威性，提高毕业生的质量，特别是方便教师在国家各地区的流动。"[1]

如上所述，目前，澳大利亚全国教师专业标准国家框架与教师教育认证的国家认可框架已经初现雏形。但因其不是法律意义上的文本，无强制执行的效力，况且其本身尚有很多方面需要各州各地区讨论，在此基础上进一步修改有关条文，使之完善化，并最终形成一个正式的全国通用与认可的、各州各地区必须施行的教师专业标准和教师教育认证制度，已是大势所趋，也是澳大利亚教育界所热切希望的。

（三）教师发展需要的偏离与教师教育过程的实践化

如果说上述两个方面主要是属于教师教育体系外部环境改造与优化问题的话，那么，人们也不难看到，澳大利亚的教师教育体系内部也不乏问题存在，尤其是教师教育与教师发展实际需要的脱节问题亟待解决。比如，澳大利亚教师职前教育方面，人们虽然认识到教学实践环节对于准教师们的成长来说，十分重要，不可或缺，而应加强，但由于经费的紧缺，这方面的工作仍与准教师们所期望的有不小的距离，从而在一定程度上影响了职前教育的质量。另一方面，澳大利亚教育界在调查中发现，尽管其教师教育经过长期的发展如今已日臻成熟，其教师职后更新教育的绩效尤为显著，被调查的教师也对他们工作期间所获得的职后更新教育表示满意，从而给予了肯定的评价。但调查中也发现，仍有相当多的教师对于职后更新教育是不甚满意，特别是对其职后更新教育中有关"社区语言"、"多元文化教育"、"课堂教学的管理与控制"、"课程开发技能"等课程的

---

[1] Lawrence Ingvarson, Alison Elliott, Elizabeth Kleinhenz, Phil McKenzie. Teacher Education Accreditation: A Review of National and International Trends and Practices. Canberra: Teaching Australia, 2006: 19.

安排及其内容设计表示了质疑，认为是不符合他们发展的需求的，需要改革。这些问题的存在在不同程度上制约了教师教育的效果与教师参加教师教育的积极性。因此，澳大利亚教育界在欢迎行政积极介入与支持教师专业标准及教师教育认证全国化，关注教师教育外环境改善的同时，还要十分重视教师教育内环境的优化，尤其是重视教师教育的设计要突出实践化，一是多渠道争取经费支持，加强职前教育中的教学实习环节，使准教师们毕业时不但拥有扎实的学科知识基础，而且初步积累了一定的教学实践经验；二是改造职后更新教育课程，使之适切于教师专业发展需要的实际和提高课堂教学水平需要的实际，从而使教师职后更新教育效益最大化。

参考文献

英文参考文献

1. C. Turney. Innovation in teacher education: a study of the directions, processes and problems of innovation in teacher preparation with special reference to the Australia context and to the role of co-operating schools. Sydney: Sydney University Press, 1977.

2. B. K. Hyams. Teacher preparation in Australia: a history of its development from 1850 to 1950. Hawthorn, Vic: Australian Council for Educational Research, 1979.

3. Alan Barcan. A History of Australian Education. Melbourne: Oxford University Press, 1980.

4. J. A. Richardson, James Bowen. The Preparation of Teachers in Australia. Melbourne: F. W. Cheshire Publishing Pty. Ltd, 1967.

5. Barbara Comber, Joelie Hancock. Developing Teachers—A Celebration of Teachers' in Australia. N. S. W: Methuen Australia Pty Ltd, 1987.

6. Philip Hughes. Teachers' Professional Development. Vic: The Australian Council for Educational Research Ltd, 1991.

7. Batten, M., Griffin, M., Ainley, J. Recently Recruited Teachers: Their Views and Experiences of Preservice Education, Professional Development and Teaching. Canberra: Australian Govt. Pub. Service, 1991.

8. Australia. Parliament. Senate. Employment, Education and Training References Committee. A class act: inquiry into the status of the teaching profession. Canberra: Senate Employment, Education and Training References Committee, 1998.

9. Lawrence Ingvarson, Alison Elliott, Elizabeth Kleinhenz, Phil McKenz-

ie. Teacher Education Accreditation: A Review of National and International Trends and Practices. Canberra: Teaching Australia, 2006.

10. Australian Bureau of Statistics. Year Book Australia. Canberra: Australian Statistical Press.

11. O'Donnell, Brian Charles. A model for registering teachers, accrediting teacher education and awarding advanced certification in Australia: A means for advancing the status of teaching as an autonomous profession. Thesis (Ph. D.). Sudney: University of Western Sydney Macarthur, 2000: 1.

12. Coolahan, J. Teacher Education and the Teaching Career in an Era of Lifelong Learning. OECD Education Working Papers, No. 2. Paris: OECD Publishing, 2002.

13. Department of Education, Science and Training. Survey of Final Year Teacher Education Students. Canberra: DEST, 2006.

14. Department of Education, Science and Training. Survey of Former Teacher Education Students: A Follow-up to the Survey of Final Year Teacher Education Students. Canberra: DEST, 2007.

15. Ballantyne, R, Bain, JD and Preston, B. Teacher Education Courses and Completions-Initial teacher education courses and 1999, 2000 and 2001 completions. Canberra: Commonwealth Department of Education, Science and Training (DEST), 2003.

16. Australia. Dept. of Education, Science and Training. Backing Australia's ability: real results, real jobs: the Australian Government's innovation report 2003-04 s. Canberra: Dept. of Education, Science and Training, 2003.

17. Australia. Parliament. House of Representatives. Standing Committee on Education and Vocational Training. Top of the class: report on the inquiry into teacher education. Canberra: House of Representatives Publishing Unit, 2007.

18. Australian College of Education. Teachers in Australian Schools: A Report from the 1999 National Survey. Canberra: Dept of Education, Training and Youth Affairs, 2001.

19. Ministerial Council on Education, Employment, Training and Youth Affairs. The Adelaide Declaration on National Goals for Schooling in the Twenty-First Century. Adelaide: Commonwealth of Australia, 1999.

20. National Board of Employment, Education and Training (NBEET). The Shape of Teacher Education: Some proposals. Canberra: Australian Government Publishing Service. 1990.

21. Commonwealth Department of Education, Science and Training. Teachers for the 21st Century: Making the Difference——A Commonwealth Government Quality Teacher Initiative. Canberra: Commonwealth of Australia, 2000.

22. McRae, D., Ainsworth, G., Groves, R., Rowland, M., Zbar, V. PD 2000 Australia: A National Mapping of School Teacher Professional Development. Canberra: DETYA, 2001.

23. Tasmanian Educational Leaders Institute (Department of Education Tasmania). An ethic of care: effective programs for beginning teachers. Canberra: Department of Education, Science and Training, 2003.

24. Mary Kalantzis. Response to the Commonwealth Review of Teaching and Teacher Education. Canberra: Australian Council of Deans of Education Inc, 2002.

25. Mary Kalantzis. Submission to the Allen Consulting Group: Establishing a National Institute for Quality Teaching and School Leadership. Canberra: Australian Council of Deans of Education Inc, 2004.

26. Australian Council of Deans of Education. New Teaching, New Learning: A Vision for Australian Education. Canberra: Australian Council of Deans of Education, 2004.

27. Australian Council of Deans of Education. Preparing a Profession- Report of the National Standards and Guidelines for Initial Teacher Education Project. Canberra: Australian Council of Deans of Education, 1998.

28. Terence J. Lovat. The Role of the 'Teacher' Coming of Age?. Canberra: Australian Council of Deans of Education, 2003.

29. Barbara Preston. Teacher supply and demand to 2005: projections and context. Canberra: Australian Council of Deans of Education, 2005.

30. Terry Lovat, President. Teaching Tomorrow's Teachers -ACDE submission to the House of Representatives Inquiry into Teacher Education. Canberra: Australian Council of Deans of Education, 2005.

31. Mary Kalantzis. Submission to the Victorian Education and Training

Committee-Inquiry into the Suitability of Pre-Service Teacher Training Courses. Canberra: Australian Council of Deans of Education Inc, 2004.

32. Department of education and training. Initial Teacher Education Professional Experience Policy. NSW: Professional Learning and Leadership Development, 2001.

33. Ministerial Advisory Council on the Quality of Teaching (MACQT). Report Identifying the Challenges: Initial and Continuing Teacher Education for the 21st Century. Sydney: NSW Department of Education and Training, 1999.

34. Association of independent school of Tasmania. Tasmanian Professional Teaching Standards Framework. Tasmania: Teachers Registration Board, 2007.

35. Lawrence Ingvarson, Elizabeth Kleinhenz, Siek Toon Khoo, and Jenny Wilkinson. The VIT Program for Supporting Provisionally Registered Teachers: Evaluation of Implementation in 2005. Victorian Institute of Teaching, 2007.

36. Lawrence Ingvarson, Adrian Beavis, Elizabeth Kleinhenz. Teacher Education Courses in Victoria: Perceptions of Their Effectiveness and Factors Affecting Their Impact. Victorian Institute of Teaching, 2004.

37. Jenny Wilkinson, Adrian Beavis, Lawrence Ingvarson, Elizabeth Kleinhenz. The Victorian Institute of Teaching. Standards and Professional Learning. Evaluation of Implement ation in 2004. Canberra: Australian Co Educational Research, 2005.

38. Australia. Department of Education, Science and Training. Attitudes to Teaching as a Career: a synthesis of attitudinal research. Canberra: Department of Education, Science and Training, 2006.

39. Organisation for Economic Co-operation and Development. Teachers Matter: Attracting, Developing and Retaining Effective Teachers. Paris: Organisation for Economic Co-operation and Development, 2005.

40. Committee for the Review of Teaching and Teacher Education. Australia's teachers: Australia'sfuture: advancing innovation, science, technology and mathematics: main report. Canberra: Department of Education, Science and Training, 2003.

41. Committee for the Review of Teaching and Teacher Education.

Australia's teachers: Australia's future: advancing innovation, science, technology and mathematics: Background Data and Analysis. Canberra: Department of Education, Science and Training, 2003.

42. Ministerial Council on Education, Employment Training and Youth Affairs. A National Framework for Professional Standards for Teaching. Canberra: Curriculum Corporation, 2003.

43. Australian College of Education. Teachers in Australian Schools: A Report from the 1999 National Survey. Canberra: Dept of Education, Training and Youth Affairs, 2001.

44. Neal Sellars, Peter McNally, Kate Rowe. Queensland Board of Teacher Registration Induction Project 1997: an Evaluation, a report commissioned by the Board of Teacher Registration. Qld: Board of Teacher Registration, 1999.

45. Board of Teacher Registration, QLD. Learning to Teach: Report of the Working Party on the Practicum in Preservice Teacher Education. Qld: Board of Teacher Registration, 1994.

46. Board of Teacher Registration, QLD. Welcoming New Teachers: Report of the Working Party on the Induction of Provisionally Registered Teachers. Qld: Board of Teacher Registration. 1991.

47. Schools Council (Australia). Australia's teachers: an agenda for the next decade. Canberra: Australian Govt. Pub. Service, 1990.

48. Lawrence Ingvarson, Adrian Beavis, Elizabeth Kleinhenz, and Alison Elliott. Pre-Service Teacher Education In Australia: A Mapping Study Of Selection Processes, Course Structure And Content, And Accreditation Processes. Canbera: ACER, 2004.

49. Australia. Inservice Teacher Education Project Steering Committee. Teachers' learning: improving Australian schools through inservice teacher training and development. Canberra: Australian Govt. Pub. Service, 1988.

50. Andrews, Bob. Some exemplary practices in inservice teacher training and development. Canberra: Australian Govt. Pub. Service, 1988.

51. Johnson, Neville. The role of higher education institutions in inservice teacher training. Canberra: Australian Govt. Pub. Service, 1988.

52. F Ebbeck. Teacher education in Australia, report to the Australian Edu-

cation Council by an AEC working party. Canberra: Australian Government Publishing Service, 1990.

53. Tertiary Education Authority of South Australia. Teacher education in South Australia: proposals for action. Adelaide: Tertiary Education Authority of South Australia, 1980.

54. Queensland. Dept. of Education. Review and Evaluation Directorate. The Provision of teacher professional development in a devolving education system. Canberra: Australian Govt. Pub. Service, 1991.

55. South Australian Enquiry into Teacher Education. Report of the South Australian Enquiry into Teacher Education. Adelaide: Government. Printer, 1980.

56. Victorian Enquiry into Teacher Education. Teacher education in Victoria: interim report of the Committee of the Victorian Enquiry into Teacher Education. Melbourne: Government. Printer, 1980.

57. Victorian Enquiry into Teacher Education. Teacher education in Victoria: final report of the Committee of the Victorian Enquiry into Teacher Education. Melbourne: Government Printer, 1981.

58. Queensland. Board of Teacher Registration. Towards a learning community: report of the working party on the proposed Queensland teacher professional development consortium. Toowong, Qld: Queensland Board of Teacher Registration, 1991.

59. Queensland. Board of Teacher Education. School experience in Queensland pre-service teacher education programs 2: Conference report. Toowong, Qld: Board of Teacher Education, 1985.

60. Preston, Barbara. Initial teacher education in Australia: A study in Progress. Bristane, Queensland: the Annual Meeting of the Australian Teacher Education Association, 1994.

61. Wake, Andrew; Danaher, Patrick. Student Performance Standards and Qeensland Teacher Education. Bristane, Queensland: the Annual Conference of the Australian Teacher Education Association, 1994.

62. Mclaughlin, Denis; Hanifin, Pam. Empowering the Novice: Promoting Reflection in Preservice Teacher Education. Bristane, Queensland: the Annual

Conference of the Australian Teacher Education Association, 1994.

63. Sumsion, Jennifer, Empowering Beginning Student Teachers: Implications for Teacher Educators. Bristane, Queensland: the Annual Conference of the Australian Teacher Education Association, 1994.

64. Committee to Review Australian Studies in Tertiary Education. Australian Studies in Teacher Education—Two Reports: Victoria and Western Australia. Canberra: Committee to Review Australian Studies in TertiaryEducation, 1986.

65. Committee of Inquiry into Teacher Education. Teacher Education in Western Australia. Western Australia: Education Dept. of Western Australia, 1980.

66. McMeniman, Marilyn. Report of the review of the powers and functions of the Board of Teacher Registration. Brisbane: Dept. of Education and the Arts, 2004.

67. Australian Council of Deans of Education. Preparing a Profession: Report of the National Standards and Guidelines for Initial Teacher Education Project. ACT: ACDE, 1998.

68. Ramsey, Gregor A. Quality matters: revitalising teaching: critical times, critical choices: report of the Review of Teacher Education. Sydney: NSW Dept. of Education and Training, 2000.

69. Hardy, Ian. The production of Australian professional development policy texts as a site of contest: The case of the federal quality teacher programme. Australian Educational Researcher, 2009, 36 (1): 73—88.

70. Dinham, S. Teacher Induction: Implications for Administrators. The Practising Administrat or, 1993, 14 (4): 30—33.

71. Gale, T. Jackson, C. Preparing Professionals: Student Teachers and Their Supervisors at Work. Asia-Pacific Journal of Teacher Education, 1997, 25 (2): 177—191.

72. Kyriacou, C., 'Research on the Development of Expertise in Classroom Teaching During Initial Training and the First Year of Teaching'. Educational Review, 1993, 45 (1): 79—87.

73. Reid, D., Jones, L. Partnerships in Teacher Training: Mentors Constructs of their Role. Edu cational Studies, 1997, 23 (2): 263—276.

74. Martin, J. Concerns of First Year Teachers in Australian Catholic Schools. South Pacific Journal of Teacher Education, 1992, 20 (2): 95—104.

75. Martinez, K. Supporting the Reflective Beginning Teacher. Education Research and Perspectives, 1993, 20 (1): 35—45.

76. Martinez, K. Teacher Education: Wasteland or Watershed. Australian Educational Researcher, 1992, 19 (1): 59—68.

77. Martinez, K. Teacher Induction Revisited. Australian Journal of Education, 1994, 38 (2): 174—178.

78. Lyons, J. Ignore, Induct or Develop? Implementing Effective Beginning Teacher Development Strategies. The Practising Administrator, 1993, 15 (2): 12—16.

79. Lorraine M. Ling, Noella Mackenzie. The Professional Development of Teachers in Australia. European Journal of Teacher Education, 2001, 24 (2): 87—98.

80. Pansegrau, H. Teachers' perspectives on inservice education. Alberta Journal of Educationa lResearch, 1984, 30 (4): 239—258.

81. Ballantyne, R, Thompson, R., Taylor, P. 'Principals' Conceptions of Competent Beginning Teachers'. Asia-Pacific Journal of Teacher Education, 1998, 26 (1): 51—64.

82. Murray, S., Mitchell, J., Dobbins, R. An Australian Mentoring Programme for Beginning Teachers: Benefits for Mentors. Australian Journal of Teacher Education, 1998, 23 (1): 22—28.

83. John Smyth. The Politics of Reform of Teachers' Work and the Consequences for Schools: Some implications for teacher education. Asia-Pacific Journal of Teacher Education, 2006, 34 (3): 301—319.

84. Malcolm Vick. "It's a Difficult Matter": Historical perspectives on the enduring problem of the practicum in teacher preparation. Asia-Pacific Journal of Teacher Education, 2006, 34 (2): 181—198.

85. Ewing, R., Smith, D. Retaining quality beginning teachers in the profession. English Teachi ng: Practice and Critique, 2003, 2 (1): 15—32.

86. Richard Bates. An anarchy of cultures: the politics of teacher education

in new times. Asia-Pacific Journal of Teacher Education, 2005, 33 (3): 231—241.

87. Carmel M. Diezmann. Growing scholarly teachers and educational researchers: a curriculum for a Research Pathway in pre-service teacher education. Asia-Pacific Journal of Teacher Education, 2005, 33 (2): 181—193.

88. Diane Mayer, Jane Mitchell, Doune Macdonald and Roslyn Bell. Professional standards for teachers: a case study of professional learning. Asia-Pacific Journal of Teacher Education, 2005, 33 (2): 159—179.

89. Jackie Walkington. Becoming a teacher: encouraging development of teacher identity through reflective practice. Asia-Pacific Journal of Teacher Education, 2005, 33 (1): 53—64.

90. Cherry Collins. Envisaging a new education studies major: what are the core educational knowledges to be addressed in pre-service teacher education?. Asia-Pacific Journal of Teacher Education, 2004, 32 (3): 227—240.

91. Richard Bates. Public Education, Social Justice and Teacher Education. Asia-Pacific Journal of Teacher Education, 2006, 34 (3): 275—286.

92. Julie White. Arias of learning: creativity and performativity in Australian teacher education. Cambridge Journal of Education, 2006, 36 (3): 435—453.

93. Richard Bates. Australian Teacher Education: some background observations. Journal of Education for Teaching, 2002, 28 (3): 217—220.

94. Judyth Sachs. Teacher professional identity: competing discourses, competing outcomes. Education policy, 2001, 16 (2): 149—161.

95. Peter Sullivan. Issues and Directions in Australian Teacher Education. Journal of Education for Teaching, 2002, 28 (3): 221—226.

96. Martin, J. Concerns of First Year Teachers in Australian Catholic Schools. South Pacific Journal of Teacher Education, 1992, 20 (2): 95—104.

97. Martinez, K. Teacher Induction Revisited. Australian Journal of Education, 1994, 38 (2): 174—188.

98. Martinez, K. Teacher Education: Wasteland or Watershed. Australian Educational Researcher, 1992, 19 (1): 59—68.

99. Stephens, M., Moskowitz, J., From Students of Teaching to Teachers of Students: Teacher Induction around the Pacific Rim. http://www.ed.gov/pubs/APEC/, 1998-02-25.

100. Australian Council of Deans of Education. Preliminary Commentary on Teaching Australia (TA) and AFTRAA proposals of June 2007, Each For a National System of Accreditation as Presented to the Meeting of the Joint Project Streering Group-Preservice on Thursday 28 June2007. http://www.acde.edu.au/docs/A%20Accreditation%20response%2011july.doc, 2009-12-26.

101. Teaching Australia. A Proposal for a National System for the Accreditation of Pre-service Teacher Education. http://www.teachingaustralia.edu.au/ta/webdav/site/tasite/shared/Publications%20and%20Covers/A%20Proposal%20for%20a%20National%20System%20for%20the%20Accreditation%20of%20Pre-service%20Teacher%20Education%20June%202007.pdf, 2009-11-25.

102. Teaching Australia. Australia wide accreditation of programs for the professional preparation of Teachers: A consultation paper. http://www.aitsl.edu.au/ta/go/home/dsm/cache/offonce?sr=tasite&sr=tadspace&sr=ta+the+professional+programs+for+the+professional+preparation+of+teachers&x=11&y=10, 2009-11-25.

103. Australasian Forum of Teacher Registration and Accreditation Authorities. The Framework for The National Recognition of Approved Pre-service Teacher Education Programs. http://www.acde.edu.au/docs/AFTRAA.pdf, 2009-11-28.

104. Victorian Institute of Teaching. The Standards, Guidelines and Process for the Accreditation of Pre-service Teacher Education Programs. http://www.vit.vic.edu.au/files/documets/1 158_ Future-Teachersfinal.pdf, 2009-10-25.

105. Teacher Registration Board of the Northern Territory. The Standards, Guidelines and Process for the Approval of Initial Teacher Education Programs. http://www.trb.nt.gov.au/docs/EducationPrograms.pdf, 2009-09-25.

106. Department of Education, Science and Training. Australian Government quality teacher programme: Client guidelines, 2005 to 2009. http://www.dest.gov.au/NR/rdonlyres/350AB00B-0F01-4E2A-806A-00AA02A0E9F3/15343/AGQTPClientGuidelines200509RevisedOctober2006.pdf, 2009-11-16.

107. Queensland Government, Department of Education, Training and Arts. Flying start induction ideas for beginning teacher induction programs. http://education.qld.gov.au/staff/development/docs/flyingstart_ ideas_ beginningteachers.pdf, 2010-02-25.

108. Australian Council of Deans of Education. Preliminary Commentary on Teaching Australia (TA) and AFTRAA proposals of June 2007, Each For a National System of Accreditation as Presented to the Meeting of the Joint Project Streering Group-Preservice on Thursday 28 June 2007. http://www.acde.edu.au/docs/A%20Accreditation%20response%2011july.doc, 2009-12-26.

109. Qeensland College of Teachers. Continuing Professional Development Framework. http://www.qct.edu.au/PDF/PSU/CPDFramework20081212.pdf, 2009-12-29.

110. University of Adelaide. Graducate Diploma in Education. http://www.adelaide.edu.au/programfinder/2010/gdedu_ graddiped.html, 2010-03-25.

111. Queensland University of Technology. Bachelor of Applied Science/Bachelor of Education (Secondary) (IX02). http://pdf.courses.qut.edu.au/coursepdf/qut_ IX02_ 9488_ sf.pdf, 2010-03-28.

112. Queensland University of Technology. Bachelor of Education (Primary) (ED91). http://pdf.course.qut.edu.au/coursepdf/qut_ ED91_ 9540_ sf.pdf, 2010-04-03.

113. Queensland University of Technology. Bacherlor of Education (Secondary) (ED90). http://pdf.course.qut.edu.au/ coursepdf/qut_ ED90_ 9534 sf.pdf, 2010-04-09.

114. Queensland Deans of Education Forum, submission no. 65, Response to Discussion Paper: Strategies to Attract and Retain Teachers of Science, Technology andMathematics. http://www.dest.gov.au/archive/schools/teachingreview/submissions/RTTE65.PDF, 2009-12-16.

115. V. Eyers. Guidelines for Quality in Practicum. http://newsstand.educationmonash.edu.au/attachments/2092/Draft%20guidelines%20for%20a%20high%20quality%20teaching%20practicum.pdf, 2009-12-28.

116. Tony Brandenburg. Improving the Practical Component of Teacher Edu-

cation (IPCTE) Program. Pilot Project FinalReport. http：//www. education. mon ash. edu. au/staff/governance/committees/faculty-forum/docs/2009/improving-the-prac-of-teacher-ed-final-report. doc，2009-12-28.

117. Department of Education, Employment and Workplace Relations. Administrative Information Improving the Practical Component of Teacher Education Program. http：//www. deewr. gov. au/Schooling/QualityTeaching/professionalexperience/Documents/AdminInfo. pdf，2009-11-26.

118. Australian College of Educators, National statement from the teaching profession on teacherstandards, quality and professionalism：towards a common approach. http：//austcolled. com. au/article/national-profession-teacher-standards-quality-and-professionalism，2009-06-23.

119. Queensland College of Teachers. Professional Standards for Queensland Teache rs. http：//www. qct. edu. au/Publications/ProffesionalStandards/ProfessionalStandardsForQldTeachers2 006. pdf，2008-12-08.

120. NSW Institute of Teachers. Professional Teaching Standards. http：//www. nswteacher. nsw. edu. au/IgnitionSuite/uploads/docs/Professional%20Teaching%20Standards. pdf，2008-07-26.

121. Education Department of Western Australia. Competency Framework for Teachers. http：//www. d et. wa. edu. au/policies/detcms/policy-planning-and-accountability/ policies-framework/guidelines/competency-framework-for-teachers. en？oid = com. arsdigita. cms. contenttypes. guideline-id-3738620，2008-10-02.

122. Teacher Registration Board of the Northern Terrirory. Teacher Registration (Northern Territory) Act. http：//notes. nt. gov. au/dcm/legislat/legislat. nsf/64117dddb0f0b89f482561cf0017e56f/f9c4f8172f4f1bdf692572e2000f4cbe/ $ FILE/Rept043. pdf，2009-10-23.

中文参考文献

1. 雷晓春：《澳大利亚师范教育》，广东高等教育出版社1991年版。
2. 王斌华：《澳大利亚教育》，华东师范大学出版社1996年版。
3. 成有信：《十国师范教育和教师》，人民教育出版社1990年版。
4. 祝怀新：《封闭与开放——教师教育政策研究》，浙江教育出版社

2007年版。

5. 吴祯福：《澳大利亚历史（1788—1942年）》，北京出版社1992年版。

6. ［澳］博尔顿：《澳大利亚历史（1942—1988年）》，李尧译，北京出版社1993年版。

7. ［澳］西蒙·马金森：《现代澳大利亚教育史——1960年以来的政府、经济与公民》，沈雅雯、周心红、蒋欣译，浙江大学出版社2007年版。

8. ［澳］西蒙·马金森：《澳大利亚教育与公共政策》，严慧仙、洪淼译，浙江大学出版社2007年版。

9. 王保华：《国际教师教育机构认证制度研究》，华中师范大学出版社2007年版。

10. 南开大学经济研究所世界经济研究室编：《澳大利亚经济》，人民出版社1975年版。

11. 王国富、王秀珍总编译：《澳大利亚教育词典》，武汉大学出版社2002年版。

12. ［法］保罗·朗格让：《终身教育导论》，滕星译，华夏出版社1988年版。

13. 毕淑芝、王义高：《当今世界教育思潮》，北京人民教育出版社1999年版。

14. 陈永明：《教师教育研究》，华东师范大学出版社2003年版。

15. ［德］第斯多惠：《德国教师培养指南》，袁安译，人民教育出版社2001年版。

16. ［美］费斯勒、克日斯藤森：《教师职业生涯周期：教师专业发展指导》，董丽敏、高耀明译，中国轻工业出版社2005年版。

17. 顾明远、薛理银：《比较教育导论：教育与国家发展》，人民教育出版社1996年版。

18. 洪明：《教师教育理论与实践》，福建教育出版社2007年版。

19. 皇甫全：《新课程中的教师角色与教师培训》，人民教育出版社2003年版。

20. 靳希斌：《教师教育模式研究》，北京师范大学出版社2009年版。

21. ［美］柯南特：《柯南特教育论著选》，陈友松译，人民教育出版社 1988 年版。

22. ［英］朗沃斯：《终身教育在行动：21 世纪的教育改革》，沈若惠译，中国人民大学出版社 2006 年版。

23. 李涵生、马立平：《教育学文集·教师》，人民教育出版社 1991 年版。

24. 连榕：《教师职业生涯发展》，中国轻工业出版社 2008 年版。

25. 李进：《教师教育概论》，北京师范大学出版社 2009 年版。

26. 梅新林：《聚焦中国教师教育》，中国社会科学出版社 2008 年版。

27. 梅新林：《中国教师教育 30 年》，中国社会科学出版社 2008 年版。

28. 梅新林、杨天平：《教师教育实践和思考》，重庆大学出版社 2008 年版。

29. 联合国教科文组织国际教育委员会编著：《学会生存：教育世界的今天和明天》，华东师范大学比较教育研究所译，教育科学出版社 1996 年版。

30. 苏真：《比较师范教育》，北京师范大学出版社 1991 年版。

31. 唐玉光：《教师教育发展与教师教育》，安徽教育出版社 2008 年版。

32. 叶澜等：《教师角色与教师发展新探》，教育科学出版社 2001 年版。

33. 陈永明：《国际师范教育改革比较研究》，人民教育出版社 1998 年版。

34. 谌启标：《教师教育大学化国际比较研究》，福建教育出版社 2008 年版。

35. 赵中建：《全球教育发展的研究热点：90 年代来自联合国教科文组织的报告》，教育科学出版社 1999 年版。

36. 赵中建：《全球教育发展的历史轨迹：国际教育大会 60 年建议书》，教育科学出版社 1999 年版。

37. 周南照、赵丽、任友群：《教师教育改革与教师专业发展：国际视野与本土实践》，华东师范大学出版社 2007 年版。

38. 黄崴：《教师教育体制国际比较研究》，广东高等教育出版社 2002 年版。

39. 谷贤林、彭岚：《90 年代澳大利亚师范教育的变革》，《比较教育研究》2000 年第 4 期。

40. 潘海燕：《澳大利亚师范教育的改革及启示》，《中小学教师培训》（中学版）1997 年第 3 期。

41. 张贵新、张连玉：《澳大利亚师范教育改革与教师培训考察纪实》，《中小学教师培训》（中学版）1998 年第 1 期。

42. 王金秀：《澳大利亚师范教育考察之思考》，《贵州师范大学学报》（社会科学版）1997 年第 2 期。

43. 戴星东：《澳大利亚的高等教育学院》，《日本学论坛》1982 年第 2 期。

44. 鞠彦华：《澳大利亚的师范教育（上）》，《教师教育研究》1990 年第 1 期。

45. 鞠彦华：《澳大利亚的师范教育（下）》，《教师教育研究》1990 年第 2 期。

46. 朱水萍：《澳大利亚教师教育实践课程述评与启示——拉筹伯大学教育学院的教学实习考察》，《南通大学学报》（教育科学版）2006 年第 12 期。

47. 曹剑英：《澳大利亚教育浅谈》，《比较教育研究》1984 年第 3 期。

48. 田恩舜：《澳大利亚高等教育投资体制改革综述》，《比较教育研究》2002 年第 12 期。

49. 王永达：《澳大利亚高等教育学院的若干特点》，《外国教育资料》1985 年第 3 期。

50. 郭威：《澳大利亚校本教师教育特点》，《中小学教师培训》2007 年第 5 期。

51. 祝怀新、李玉静：《澳大利亚以质量为本的教师教育政策》，《外国教育研究》2005 年第 8 期。

52. 朱水萍：《从拉筹伯大学教育实践课程看澳大利亚教师职前培养的特点》，《世界教育信息》2007 年第 1 期。

53. 朱水萍、Peta Heywood：《教师成长初期的教育实践能力培养——基于澳大利亚拉筹伯大学教育实践课程考察的启示》，《宁波大学学报》（教育科学版）2007 年第 2 期。

54. 谬苗、许明：《澳大利亚教学专业国家标准框架述评》，《外国教育研究》2005 年第 10 期。

55. 韩映雄、刘文胜、林似非、万金雷：《澳大利亚中小学教师评价政策的转向及其影响》，《全球教育展望》2005 年第 11 期。

56. 徐莉莉：《澳大利亚中小学校本入职教育的实施策略及启示》，《外国中小学教育》2007 年第 8 期。

57. 周川：《悉尼大学是怎样培养各级师资的》，《师范教育》1985 年第 4 期。

58. 周川：《悉尼大学的师范教育及其给我们的启示》，《比较教育研究》1985 年第 1 期。

59. 冯大鸣：《美国、英国、澳大利亚教师专业发展研究新进展》，《教育研究》2008 年第 5 期。

60. 张文军、朱艳：《澳大利亚全国教师专业标准评析》，《全球教育展望》2007 年第 4 期。

61. 俞婷婕、肖甦：《推动中小学教师专业发展的一项新举措——评述澳大利亚政府优秀教师计划及其进展》，《外国中小学教育》2007 年第 9 期。

62. 李·S. 舒尔曼：《理论、实践与教育的专业化》，王幼真、刘婕编译，《比较教育研究》1999 年第 3 期。

63. 谌启标：《澳大利亚基于合作伙伴的教师教育政策述评》，《比较教育研究》2009 年第 8 期。

64. 许明：《近年来澳大利亚高等教育政策的走向》，《吉林教育科学》1997 年第 5 期。

65. 任学印：《教师入职教育理论与实践比较研究》，博士学位论文，东北师范大学，2004 年。

66. 姚志峰：《教师教育应有的基本理念》，硕士学位论文，内蒙古师范大学，2008 年。

67. 凌朝霞：《澳大利亚"教育专业标准运动"研究》，硕士学位论文，华南师范大学，2008 年。

68. 朱艳：《澳大利亚教师专业标准研究》，硕士学位论文，浙江大学，2007 年。

主要网站

1. 澳大利亚教育、科学与培训部（现已停用）：http://www.dest.gov.au/

2. 澳大利亚教育、就业与工作场所关系部：http://www.deewr.gov.au/Pages/default.aspx

3. 澳大利亚教育学会：http://austcolled.com.au/index.php?option=com_content&task=view&id=2382&Itemid=0

4. 澳大利亚教师教育协会：http://austcolled.com.au/index.php?option=com_content&task=view&id=2382&Itemid=0

5. 澳大利亚教育研究理事会：http://www.vit.vic.edu.au/content.asp?Document_ID=1

6. 澳大利亚教师与学校领导协会：http://www.aitsl.edu.au/ta/go

7. 澳大利亚教育学院院长理事会：http://www.acde.edu.au/index.html

8. 南澳大利亚州教育与儿童服务部：http://www.decs.sa.gov.au/

9. 西澳大利亚州教育部：http://www.det.wa.edu.au/

10. 北部地区教育与培训部：http://www.det.nt.gov.au/

11. 塔斯马尼亚州教育部：http://www.education.tas.gov.au/

12. 昆士兰州教育与培训部：http://education.qld.gov.au/

13. 澳大利亚首都地区教育与培训部：http://www.det.act.gov.au/

14. 新南威尔士州教育与培训部：https://www.det.nsw.edu.au/

15. 昆士兰州教师学院：http://www.qct.edu.au/

16. 维多利亚州教师学院：http://www.vit.vic.edu.au/content.asp?Document_ID=1

17. 新南威尔士州教师学院：http://www.nswteachers.nsw.edu.au/

18. 塔斯马尼亚州教师注册委员会：http://trb.tas.gov.au/

19. 南澳大利亚州教师注册委员会：http://www.trb.sa.edu.au/default.php

20. 西澳大利亚州教师学院：http://www.wacot.wa.edu.au/index.php?section=1

21. 阿德莱德大学：http://www.adelaide.edu.au/

22. 澳大利亚天主教大学：http：//www.acu.edu.au/
23. 查尔斯特大学：http：//www.csu.edu.au/index.html
24. 西悉尼大学：http：//www.uws.edu.au/
25. 堪培拉大学：http：//www.canberra.edu.au/search
26. 昆士兰技术大学：http：//www.qut.edu.au/
27. 南澳大利亚大学：http：//www.unisa.edu.au/
28. 塔斯马尼亚大学：http：//www2.utas.edu.au/
29. 墨尔本大学：http：//www.unimelb.edu.au/
30. 迪肯大学：http：//www.deakin.edu.au/
31. 埃迪斯科文大学：http：//www.ecu.edu.au/

后　　记

　　三年前金秋十月的一个夜晚,我在书桌上铺开一系列的外文资料、中文书籍和几本工具书,开始了我的澳洲教师教育探索之旅。三年后,也是在金秋时节的一个深夜,我写下了澳大利亚教师教育书稿的最后一字。抚摸着眼前这些陪伴我无数个不眠之夜、漂洋过海来自澳洲的原始资料,细看电脑里承载着无数信息和汗水的书稿,我长长地吁了一口气。世上何事最"炼狱"?显然不是失眠,也非远足,而是追求真正的学问,探索未知的世界。

　　坦率地说,以前的我对于澳洲从未有过什么兴趣,更谈不上有过关注。这个大洋洲上的蕞尔小国、曾经的英国殖民地,它兴它衰,与我何干呢!但是,自我开始关注我国教师教育以及中小学教育问题后,我再也无法对澳大利亚的一些事情,尤其是近些年来颇有些风生水起的该国教师教育实践,视而不见了。我希望在此方面能做些探索并有所突破,弄清他们是如何有效地进行这方面的实践,对我国教师教育改革有些什么借鉴与启迪。

　　然而国内现有的研究虽然不少,但主要集中在某一方面,鲜有较为系统且全面的论著。这使我的研究工作一时陷入了困境。于是,我尝试着搜集第一手资料。我始终认为,对外国教育进行研究,一手资料是最为可靠和可信的。我在数据库中费尽心思搜索外文期刊、学位论文等,然而斩获甚少。在我为资料之事犯愁之时,舅舅毛海平先生对我提供了极大的帮助。当他得知我在资料获取方面的困难后,在百忙中抽空跑遍了阿德莱德的书店,却仍未有所获。此时,我想到了大学的图书馆,上网一查果然有不少文献,舅舅千方百计托朋友在阿德莱德大学图书馆里借来了弥足珍贵的书籍,并在繁忙的工作之余进行扫描,第一时间发送给我。每当看到舅舅清晨给我发的邮件时,心中总有深深的感动。我将下载后的文件打印成册，竟是一本本厚厚的书！然而，要完成一部著作，尚需更多的材料，这里还要感谢韩芳师姐对我在资料搜集途径上的指点，每次发邮件向她询问，总能得到她耐心的答复，虽然与她交流不多，但总能体会到师姐温暖的关心。

寒来暑往，我的书稿在几易其稿后终于出炉。回忆起写作过程，虽不能用历尽磨难来形容，却也遭遇过诸多的坎坷。在写作接近尾声时，我经历了一场不小的病痛，忍受了整整一个多月食无味、寝难安的折腾。未料身体才稍有好转，电脑的硬盘又破天荒地骤然崩溃，尽管多次请专家尝试数据恢复，竟也回天无力！在饱尝了失眠与无助的滋味后，终于不得不另起炉灶，挥笔重写，直至今日，方得终稿。

浙江大学的魏贤超教授对书稿的结构和理论方面的提炼作了指点。感谢华东师范大学单中惠教授对我的选题的肯定与鼓励，他十分仔细地阅读我的书稿，即使是一个词的翻译，也会细心地进行指正，使我获益匪浅。

感谢杭州师范大学张伟平教授对我在书稿撰写过程中自始至终的关心与帮助，为我答疑解惑，讨论观点，使我对教师教育有了更深层次的思考。

山是水的故事，云是风的故事，思考是我的故事。我将在不断的思考中继续我对澳大利亚以及其他发达国家教师教育的关注，以期有所收获，对我国教师教育和中小学教育事业的发展有所贡献。

赵 凌

2013 年 11 月 10 日